发挥校园联盟优势　促进学校共同发展

四校联盟教育教学文集

（教学设计）

主　编　刘和发　褚春梅　张丙益
马　飞　樊海龙

學苑出版社

图书在版编目（CIP）数据

四校联盟教育教学文集：全2册 / 刘和发等著．--北京：学苑出版社，2020.12
ISBN 978-7-5077-6119-1

Ⅰ．①四… Ⅱ．①刘… Ⅲ．①中小学－教学研究－文集 Ⅳ．①G632.0-53

中国版本图书馆CIP数据核字（2020）第271119号

责任编辑：任彦霞
出版发行：学苑出版社
社　　址：北京市丰台区南方庄2号院1号楼　100079
网　　址：www.book001.com
电子信箱：xueyuanpress@163.com
印 刷 厂：保定市彩虹艺雅印刷有限公司
开　　本：787mm X 1092mm　1/16
印　　张：40.5
字　　数：595千字
版　　次：2021年1月第1版
印　　次：2021年1月第1次印刷
定　　价：125.00元（全2册）

《四校联盟教育教学文集》编委会

序

百善学校、阳坊中学、亭自庄学校、长陵学校是北京市昌平区的四所农村、山区学校。长期以来，学校面临着规模较小，教师单人单岗多的情况。如何促进学校之间、教师之间、学生之间的沟通交流、资源共享呢？为了应对这些问题，2008 年四所兄弟学校组成了四校联盟。联盟的合作从联合阅卷开始，发展到合作教研、队伍建设，并在此基础上，进一步拓展到学校管理、立德教育等方面。四校联盟十多年的教育实践，为四所学校师生的发展开辟了广阔的空间，促进了联盟兄弟各校教育质量的提升。

学校教育教学是核心工作，教学工作备课是基础，备课环节教学设计是关键。教学设计关系到教学活动的有序、有效开展，关系到学生的学习效果，是学校教学工作的关键所在。我们主张所有教师深入思考与研究，认真书写教学设计，并在教学实践中不断调整、优化。四校联盟的老师们相互借鉴、相互学习、仔细揣摩、大胆实践，历经数年，积累了许多教学设计。我们从中挑选出质量优异者合为一辑，作为教师们学习和参考的资源。这就是《四校联盟教育教学文集》的《教学设计》分册。书中所收集的这些教学设计寄寓着教师们的教育理想，也包含着他们丰富的教学经验，展现着多年来教师们的进步与成长。

教学本是遗憾的艺术，没有完美的案例，再充分的备课也不可能百分之百与课堂实践无缝对接。四校联盟的教学设计，源自联盟内教师对于所面对的课程内容、学生情况、教学目标的把握，源自教师对教学环境、教学内容等要素的创造性组织与安排。本书分为 7 个部分，收集了四校联盟教师的各学科和主题班会设计共 40 篇，所选设计体现着四校教师对教学工作的钟爱，体现着联盟教师追求更好的精神，能为联盟后期的教学工作提供正确的导向。本书是四校联盟发展中不可多得的教育成果，也是四校联盟教师们孜孜不倦、砥砺前行的心血结晶。

对于具体的教学设计或许仁者见仁、智者见智，它们可能会激发读者的思考，可能会给您带来一定启发。本分册留下的是四校联盟“各美其美、美美与共、抱团发展”的求索足迹。“不积跬步，无以至千里”，相信，四校联盟的巨轮会在“跬步”的基础上，拓展更新的航线，向着“千里”之外前进。

编者

2020 年 9 月 10 日

目 录

◆ 主题班会教学设计

◆ 语文学科教学设计

◆ 数学学科教学设计

◆ 英语教学设计

◆ 物理、化学、生物学科教学设计

◆ 历史、地理、道德与法治学科教学设计

◆ 体美、艺术学科教学设计

◆ 主题班会教学设计

指导专家：王晓春　黄琳妍　马英

挫折伴我高飞——我能“与挫折同行”

长陵学校　王鹏

教学人员		
班主任年限	单位	年级
10年	北京市昌平区长陵学校	九年级
班会说明		
教育背景	理论背景： 挫折教育是指让受教育者在受教育的过程中遭受挫折，从而激发受教育者的潜能，以达到使受教育者切实掌握知识并增强抗挫折能力的目的。在教育过程中，对受教育者进行挫折教育是非常有必要的。许多到达光辉顶点的人往往不是最聪明的人，而是那些在生活中遭受挫折的人，这是因为，那些自认为自己聪明的人往往会选择走一些所谓的“捷径”，这些所谓的“捷径”往往会让人丧失一些非常有意义的锻炼机会；而那些生活在逆境中饱经风霜的人，才更能深刻理解什么叫成功。因此，在教学中，对学生进行挫折教育是激发学生潜能的一种很好的方法。 实践背景： 在班集体活动中对学生进行挫折教育是一个重要的手段。在学校各种竞赛评比中，如校运会、合唱比赛、班级美化大赛等，当学生认真准备活动，最后却失败时，如不及时进行活动后的总	

教育背景	结教育，可能会打击学生参与此类活动的积极性，无法提升集体荣誉感。如果处理得当，就能提升学生的抗逆力，提升遇到挫折时的韧性。 学情分析： 随着年级的上升，学生在学业上的挫败感也会逐年增强。尤其是七年级的学生，此时他们正面临学习生涯中一个重要的转折时期，因此对失败的感受也特别强烈，有的学生考差了就一蹶不振。同时，父母、老师都对学生期望很高，无形中又增加了他们的压力。
班会目标	1. 通过本次主题班会，让学生了解挫折在人生路上的不可避免性，提高承受力，掌握正确的应对方法。 2. 培养学生积极进取、不畏挫折的意志品质，树立信心，让挫折成为自己向上攀登的垫脚石。
前期准备	“奋斗脚丫卡”“高飞卡”每人1张；精美“勇气卡”（小奖品）若干；视频；flash《飞得更高》。
班会流程	
一、团体热身阶段：“小鸟长大” 1. “小鸟长大” 2. 教师点评 二、团体转换阶段：“小鸟折翅” 1. 聆听故事，感悟挫折 2. 小组交流 三、团体工作阶段：振翅高飞 1. 心灵感悟 （1）小组讨论　（2）教师点评　（3）小组活动 （4）学生交流　（5）教师点评 2. 心语心愿 3. “勇气卡”大派送	

四、团体结束阶段：飞得更高 1. 播放 flash《飞得更高》 2. 教师小结

主题活动过程（含会后延伸教育）	设计意图
一、团体热身阶段：“小鸟长大” 1. “小鸟长大” （1）游戏规则。同桌两人猜拳，胜者变“小鸟”，“小鸟”找“小鸟”猜拳，胜者变“王”。如果输了，就下降一个层级。时间3分钟。 （2）游戏要求：真实，诚实；不到时间不能停止，升到了“王”也要找“王”猜拳，音乐停止，活动才停止；活动结束后记住自己的身份。 （3）学生开始做游戏，教师随机指导。 （4）分享：从游戏中你感受到了什么？ 2. 教师点评 在游戏中我们并不是一帆风顺的，有前进，也有后退。人在成长道路上也是如此。	导入班会主题，告诉学生生活中会遇到挫折。
二、团体转换阶段：“小鸟折翅” 1. 聆听故事，感悟挫折 （1）教师引导：每个人的成长道路上，都会遇到这样那样的挫折。有些挫折，我们是无法控制的，是不可避免的。但有些挫折，我们是可以掌控的。对待挫折的态度不同，结果会有何不同呢？下面，我们来听听两个真实的故事。 （2）出示课件。 故事1：有一个12岁的小男孩，为了参加车模比赛，每天放学后练习，但是在参加正式比赛时，因车子跑出赛道，未取得名次，自此退出车模社团。 故事2：另外一个12岁的小男孩，也是学校车模小组的成员，多次参加比赛未获得名次，但是他从不气馁，请教老师，自己钻研琢磨，最后功夫不负有心人，在一次比赛中获得了冠军。	引导学生用正确的态度和人生观面对自己遇到的挫折。

（3）学生讨论：故事中的两个男孩对待挫折的态度有什么不同？结果又有什么不同？ 2. 小组交流 （1）小组讨论：在你的记忆中印象最深的一次挫折或失败是什么？当时你的心情怎样？分析过原因吗？ （2）全班分享（教师随机引导，说明学生分享的事例中，有一些是挫折，有一些可能只是困难，或者是意外变故，以澄清对“挫折”的认识）。 （3）教师点评：我们每个人在生活中都会有一些努力的目标，当这些努力遇到障碍或失败时，我们就有一种受挫的感受。这些都是很正常的，关键是看我们怎么对待它。	引导学生提高挫折适应能力，提高自我心理调节能力。
三、团体工作阶段：振翅高飞 1. 心灵感悟 前段时间有一位同学和大家一样，遇到了些挫折，我们来看看。 （出示课件） 大家好，我是小飞，是七年级的学生。以前我的成绩一直排在中上。进入新学期时，我还暗下决心，要在期中考试中取得好成绩，各门成绩都要“优”。但是两个星期前的期中考试，因为一些应用题不会做，数学考砸了，没能取得“优”。成绩出来后，我被父母骂了一顿，心里特别难受。我不停地想：我努力了，但还是没能取得“优”，我挺笨的！从那以后，我对学习越来越没有兴趣。暑假又迷恋上电脑游戏，现在成绩更差了。 （1）小组讨论：刚开始小飞还是有决心好好学习的，是什么原因使他考后大变样？ （2）教师点评：小飞对待挫折的态度是：悲观失望，自暴自弃。有一位成功的人曾说，如果我碰了99个“钉子”后，就会有1个成功的机会，那我每碰一个“钉子”就离成功近了一步，所以每次碰一鼻子	引导学生正确面对遇到的挫折，养成快乐习惯，做个乐观者。

灰时我都会很高兴。由此可见人们看待挫折的方式不同，结果也不同。积极对待挫折一定会有不错的结果。 （3）小组活动：如果你是小飞，考砸了以后会怎么办？把你想到的方法写在“奋斗脚丫卡”上。写的过程中可以互相交流。 （4）学生交流：每组派代表汇报，并把“奋斗脚丫卡”贴在黑板上。 （5）教师点评：“寻找原因、合理宣泄、寻求帮助、自我鼓励、正确认识、树立信心、磨炼意志、转移注意、替代补偿、幽默消愁……”这些方法都能帮助我们渡过受挫之后最艰难的时刻。 2. 心语心愿 （1）出示乙武洋匡的图片（遮住下半身）。 （2）教师引导：他考上了日本最有名的早稻田大学，当上了作家及一家电视台的主持人。看着乙武洋匡灿烂的笑容，你们感觉这个人生活得怎么样？ （3）（投影呈现乙武洋匡的下半身）你现在有何感受？ （4）学生分享感悟。 （5）教师点评：相信乙武洋匡的遭遇和奋斗经历一定震撼着我们每一个人的心灵。他并没有以自身的残疾为借口，而是在平时的学习中付出比别人更多的努力。他的目标就是做最好的自己。因此，他勇敢地面对生活中的种种不幸遭遇，最终成就了自己的灿烂人生。 3. “勇气卡”大派送 （1）活动规则：同学们只要回答出下面三个问题中的一个，就可以获得“勇气卡”： ①请你讲一个自己面对挫折、鼓起勇气战胜挫折的事例； ②请你讲一个伟人克服挫折、取得成就的事例； ③请你讲一句你最欣赏的有关战胜挫折的名言。 （2）学生自由发言，老师给发言的同学赠送“勇气卡”。	帮助学生建立科学的心理防御机制，在思想上树立起辩证唯物主义观点，充分认识挫折对人生的意义，同时增进心理健康。

（3）教师点评：刚才同学们对如何战胜挫折提出了很多好办法。正如古人所说，“两军相遇勇者胜”，希望你们今后遭遇挫折时能正视挫折、战胜挫折，成为生活中的“勇者”和“强者”。	启发学生发掘自身潜能，用积极的心态面对挫折。
四、团体结束阶段：飞得更高 1. 播放 flash《飞得更高》 （1）教师引语：人生中难免会遇到挫折，只要我们把挫折踩在脚下，就一定会飞得更高！一起来欣赏 flash《飞得更高》。 （2）填写“高飞计划”表 其实，成功的人之所以能取得成功，是因为他们都有一个明确的目标，朝着目标不断努力，即使失败了，也不放弃。可见树立目标、确定计划可以帮助我们提高对自己的认识，鞭策自己，让我们来制作一份“高飞计划”吧！	帮助学生运用积极的自我暗示来摆脱挫折，用积极的暗示来增强自信，激励自己。
2. 教师小结 在人生的风雨历程中，刚开始我们会像初生的小鸟一样，遇到许多坎坷。但只要你一步一个脚印，只要你不断尝试，只要你坚强、勇敢、自信，就一定会拥有七彩的人生，一定能够飞得更高、一飞冲天！ 【活动参考资料】 重要的是你愿意再做尝试 挫折和艰难经常能加强我们的力量。南丁格尔伯爵是一位著名的激励演说家，他曾经讲过一次自己游览大堡礁的故事。他注意到在礁石的平静侧面生长的珊瑚虫，虽然此处的海水平缓安静，这些珊瑚虫看起来却苍白没有生命力。可是，不断受到强大的波浪噬咬的珊瑚虫，却显得健康而又有生命力。 伯爵先生问导游何以如此。回答是：“很简单。在礁湖平静面生长的珊瑚虫由于遇不到成长和生存上的挑战而迅速死亡，而面对开放的海水的珊瑚虫，由于每天都受到挑战和检验而兴盛发达、成倍生长。”	

<table>
<tr><td colspan="2">地球上的所有生物都是如此。如果我们从不挑战自己，就绝不会有成功的机会。我们可以选择维持现状，也可以利用我们生活中的失败和挫折来加强自身，并帮助自己不断接受我们的目标。集中注意你过去的成功，忘掉过去的失败。从你的错误中学习，然后把它们从记忆中抹去。你在过去有过多少次失败并不重要，重要的是你愿意做尝试。（维特利：《成功心理学——发现工作和生活的意义》）</td><td></td></tr>
<tr><td>后续
教育计划</td><td colspan="2">针对刚进入初中的学生尚不能正确面对挫折的现状，选择了“应对挫折”作为主题。学生对自我的认识带有很大的片面性，如果不能正确认识挫折，一旦他们在学习中遭遇挫折，就很容易自暴自弃，对他们的学习和个人成长都会带来负面的影响。所以本节课的内容非常有针对性，贴近学生生活，符合学生心理发展的需要。
“心育”必须回归儿童的世界，回归生活的世界，回归现实的世界。要做到这一点，除了在内容的选择上要贴近学生现实生活外，更要求我们在辅导过程中能够理解学生的心灵、情感和实际困惑。在这节活动课中，我们十分重视学生的情感体验，注重引导学生在团体活动中感受同伴的力量，从同伴身上获取智慧和勇气。如小组合作帮助故事中的“小飞”解决问题的过程，就是在帮助别人的同时，也帮助了自己与班里其他有同样问题的同学。同时，榜样的力量对鼓舞学生战胜挫折也极为重要，活动中展示的日本青年乙武洋匡的感人事迹，确实震撼了学生的心灵，给他们带来了难忘的启迪。相信他们通过这一次活动能收获体验，收获成长！</td></tr>
</table>

生活自理我能行

长陵学校　左颖

教学人员		
班主任年限	单位	年级
8年	北京市昌平区长陵学校	三年级
班会说明		
教育背景	理论背景： 《北京市中小学生日常行为规范》规定：勤俭自立。热爱劳动，珍惜劳动成果，生活不攀比。自己的事情自己做，学会管理个人生活，掌握基本的劳动、生活技能。 实践背景： 现在家庭大都是独生子女，父母、长辈对孩子十分宠爱，所有的事情都为孩子包办代替，结果使孩子成了衣来伸手、饭来张口的“小皇帝”“小公主”，加上孩子年龄小，很多学生没有劳动意识，缺乏生活自理能力，没有吃苦耐劳的精神。梁启超先生曾经说过：少年强则国强，少年独立则国独立。因此，我们要教育孩子用自己的双手做一些力所能及的事情，养成良好的劳动习惯。 学情分析： 三年级的孩子年龄较小，班里大多又是独生子女，备受父母	

教育背景	宠爱，娇生惯养，无论生活还是学习自理能力较差。针对这样的现象，我决定开展一次以自理为主题的班会，加强同学们热爱劳动：自理、自立的意识，倡导学生主动参与，引导学生在活动中体验和感悟，促进其身心的全面发展。
班会目标	1.结合学生的年龄特点和班级实际情况，使学生懂得从小做一个独立自主的人，长大才能成为有用之才。 2.通过活动进一步教育学生从小就要做到自己的事情自己做，不让父母操心，并能帮助父母干力所能及的家务活。 3.培养他们的自理能力，改掉依赖父母的生活习惯，培养做事用心、不畏困难、持之以恒的品质。
前期准备	班主任： 1：制作PPT 2：搜集资料 学生： 1：主持人练主持词 2：练三句半 3：全体同学学唱歌曲 4：搜集有关劳动的名言

班会流程
一、导入 二、听《小狮子的故事》 三、看看身边发生的反面的例子 四、身边的榜样 五、情景剧表演：《起床铃声响后》 六、小组讨论，生活中应该怎样做 七、表演《三句半》 八、小游戏《系红领巾》和《系鞋带》 九、全班齐唱歌曲《劳动最光荣》

十、班主任总结

主题活动过程（含会后延伸教育）	设计意图
一、导入 主持：同学们，咱班都谁是独生子女？ 咱班即使不是独生子女的，家里也就两个孩子。 有人称我们为“小公主”、“小皇帝”，因为有了大人太多关心让我们衣来伸手，饭来张口，事事不让做。 时间长了，我们中的一些人就成了生活中的矮人，什么事情都不会做了。所以今天，我们要召开一节班会，来和大家讨论关于“自理”的事情。三（1）班“生活自理我能行”主题班会现在开始。	主持人用话语导入，从学生的生活实际入手，引起学生的兴趣。
二、听《小狮子的故事》 有几只刚出生不久的小狮子，被猎人带回家中精心喂养。小狮子慢慢长大，无忧无虑，有吃有喝。当然，猎人给它们设计的笼子也温暖、舒适。没有想到，一只小狮子从笼子里跑了出去。后来，猎人外出再也没有回来，笼子里的小狮子活活被饿死了。那只当年跑出去的小狮子，独自在野外。饿了，自己找食吃；渴了，自己找水喝；有了伤，会用舌头舔伤口；遇到敌人，知道怎样保护自己。它顺利地活下来了。 主持：这几只狮子的命运为什么不同？大家从这个故事中得到什么样的启示？	通过小动物的故事导入，激发学生听故事的积极性，也为之后班会的开展做铺垫。
三、看看身边发生的反面的例子 听完了《小狮子的故事》后，咱们再来说说发生在我们身边的事吧。请同学们谈谈你听后的感受，你们觉得这几个小朋友应该怎么做。 1. 一次上早操，一个小朋友不会系鞋带。 2. 在做值日时，有一个同学正坐在座位上喝酸奶，而扫地的却是他奶奶。 3. 一个小朋友，早上穿衣要喊妈妈，叠被子要喊妈妈，吃早饭要喊妈妈，甚至晚上整理书包也要喊妈妈。	因为三年级的学生较小，经历的事情也少，认知能力有限，所以，不适合讲太广泛的事例。所以，让学生从身边的事情入手，知道哪些事情是不对的，不应该学习。

四、身边的榜样 在日常生活中，如吃饭、穿衣、听课、做作业、整理书包、整理自己的房间、买日用小商品等事情是我们自己的事情。理所当然应该由我们自己来做。你们说对不对呀？ 咱班有些同学已经表现得很好了，在课前，我们收集了一些同学在家里做家务的照片，咱们同学一起来看一看吧。希望咱们同学能向身边的小榜样学习。	当学生知道哪些事情是不对的后，及时告诉学生哪些事情是对的，通过身边的榜样，发挥正面的激励、引导作用。
五、情景剧表演：《起床铃声响后》，看完后，说说有什么想法 学生演绎生活中发生的情景。	通过情景剧这种形式，演绎生活中发生的事，联系生活实际，让学生思考。让学生知道什么是对，什么是不对。
六、小组讨论，生活中应该怎样做 我们这些父母宠爱着的“小皇帝”和“小公主”们，起床如此忙乱，怎么办呢？当务之急就是学会劳动，具备良好的生活自理能力。生活自理包括哪些方面呢？具体有哪些要求呢？请同学小组讨论后汇报。 热爱班级，班集体是我家，要想建设好靠大家，作为家中的一份子，有责任、有义务让家充满温馨，友谊和欢乐。那如何做好家中的一分子呢？我们在班里，应该怎么做呢？	通过小组讨论的形式，让学生说说生活中应该怎样做，进而升华到在班级里应该怎样做，激发起学生热爱班级的情感。
七、表演三句半 你们说的都对，把这些小事做好就是爱集体，就是自理的表现。劳动是光荣的。咱班还有4名同学给大家准备了一个小节目——《三句半》，下面，让我们掌声欢迎他们上场！《三句半》表演。	增强劳动和自理的光荣感。
八、小游戏《系红领巾》和《系鞋带》 刚才看了个小节目，下面活动一下，玩个小游戏。先玩一个系红领巾的小游戏。红领巾是咱们同学每天都需要佩戴的，那你是自己系红领巾还是让爸爸妈妈帮你系呢？你能又快又好的系好红领巾吗？下面，我想找5个同学，咱们来比拼一下，看谁系得又快又好。谁想来玩？	寓教于乐，让学生参与其中，体会到自己的事情自己做带来的乐趣。

<table>
<tr>
<td colspan="2">刚才的游戏好玩吗？有的同学可能觉得玩得不太过瘾，那咱们再玩一个小游戏好不好？系鞋带的小游戏，系好后拿跳绳跳几下，鞋带不开就算成功。

九、全班齐唱歌曲《劳动最光荣》

我们都是能够学会自理的好孩子，也都是能够自己的事情自己做的好孩子。下面，全班齐唱歌曲《劳动最光荣》。全体起立。

十、班主任总结

通过此次班会，同学们知道了自己的事情要自己做。那么，你觉得自己有哪些方面做得不够好，需要改正练习的呢？请你把想进步的那方面写在小条上，然后贴到自理树上。现在开始。（学生把自己写完的小条贴在自理树上）

自己的事情自己做，从小学会自理，可以使自己生活方便，少给人添麻烦，从小培养生活自理的能力，养成爱劳动的好习惯，自己的事情会做的，要自己做；不会做的要学着做。老师相信你们一定会成为一个能自理的好孩子！

“生活自理我能行”主题班会到此结束。</td>
<td>让学生用歌声表达自己此时的想法，情感得到升华。希望同学们将来能做得更好。

通过班会，让学生能够真正有所改变，落实到行动上，深化主题，总结提升。</td>
</tr>
<tr>
<td>后续
教育计划</td>
<td colspan="2">通过此次班会，孩子们从思想上认识到劳动是光荣的，是快乐的，激发了他们自己的事情自己做的愿望。

学会生活自理，有利于培养生活、学习的主动性和自信心；学会生活自理，有利于培养责任感和爱心；学会生活自理，有利于培养处理问题的能力；学会生活自理，有利于身心健康发展。

要想提高学生的生活自理能力，首先要增强生活自理的意识；其次要学习生活自理的技巧；再次要让劳动成为一种习惯；最后家校共同制订生活自理的计划，让此次班会真正能落到实处，让学生有所收获。

这次班会一个月后，我与家长又进行了沟通交流，从家长们的反馈中得知，孩子们对家长的依赖少了，独立意识变强了，自理能力变强了，在家里能做到自己的事情自己做了。每天晚上收拾自己的书包，自己洗袜子，有的孩子还会帮父母做一些力所能</td>
</tr>
</table>

后续教育计划	及的家务，帮父母洗碗、擦地等。在教室里，地上的垃圾有同学主动拾起来，讲台有同学主动整理，值日生做值日更加主动，把教室打扫得更干净了。学生在自理的过程中，更加懂得了尊敬长辈、孝敬父母，体会父母的辛苦，热爱班集体，也更加珍惜别人的劳动成果了。

我是校园文明小使者

亭自庄学校　孙冬雪

教学人员		
班主任年限	单位	年级
22年	北京市昌平区亭自庄学校	三年级
班会说明		
教育背景	理论背景： 《德育纲要》提出：教育学生关心、爱护、尊重他人，对人热情有礼貌，说话文明。会用礼貌用语，不打架、不骂人；初步掌握在家庭、学校、社会上待人接物的日常生活礼节；遵守学校纪律和公共秩序；讲究个人卫生，保持环境整洁；爱护公用设施、文物古迹，爱护花草、树木，保护有益动物。 实践背景： 作为小学生，部分同学思想尚未成熟，对某些行为的正确与否不能作出正确的判断，所以在文明礼仪方面出现少数的不文明行为是可以理解的，但这并不等于可以对之放任自由。 学情分析： 学校的整体文明礼仪气氛比较好，但是在教育教学活动中却发现班级里少部分同学的行为存在某些不和谐因素，如不文明	

教育背景	用语、课间追跑打闹等。因此，本次班会的内容为“校园内的文明礼仪教育”，并以此为契机对学生进行持续教育，培养学生“讲文明，懂礼貌”的意识。
班会目标	1. 通过本次主题班会，学生知道怎么做是讲文明、懂礼貌，提升学生文明礼貌意识。 2. 培养学生从现在做起，从自我做起，从一点一滴做起，努力提高自己的文明修养，做一个讲文明、懂礼貌的好孩子。
前期准备	1. 会前布置学生围绕主题广收材料，如儿歌、小品等。 2. 制作相关的课件。 3. 编排情景剧。

班会流程
开始阶段：欣赏歌曲，揭示班会主题。 展开阶段：情景剧表演，学生内化讲文明，懂礼貌的意识。 深入阶段：分组讨论，归纳总结出校园文明礼仪的行为。 总结阶段：活动总结，拓展延伸意义。

主题活动过程（含会后延伸教育）	设计意图
一、通过欣赏歌曲，揭示班会主题 学生欣赏《咱们从小讲礼貌》歌曲。 教师提问：这首好听的歌唱的是什么内容？要告诉我们什么？ 教师小结：大家说得真好，这首歌就是告诉我们从小要做个讲文明、懂礼貌的好孩子，文明礼貌是一粒最有生命力的种子，心里播下这粒种子，在我们的精神世界里生根、开花、结果，人人就会有良好的礼仪规范和文明行为表现。 主持人宣布班会的主题是：我是校园文明小使者。 二、情景剧表演 下面请看情景剧并思考：情景剧中的同学哪些地	学生通过欣赏《咱们从小讲礼貌》歌曲，初步感受怎么做才是一个讲文明、懂礼貌的好学生，并揭示本次班会的主题。

方做的好？哪些地方做的不好？做的不好的地方我们应该怎样帮助他们？

1. 情景剧《乱扔垃圾》

情景：小刚随手把垃圾扔在地上，视而不见。小丽捡起了垃圾，并扔到了垃圾箱里去了。

主持人：这两位同学谁做得好？谁做的不好？做的好的同学我们给他在文明评比中加3分，做的不好的同学我们来帮帮他。

主持人：班级我们的家，美化靠大家，我们都是这个家的小主人，我们都应该爱这个家。

2. 情景剧《见到老师不打招呼》

情景：两个学生边走边闹，看见老师过来了，就低下头跑过去，假装没看见。

主持人：这两位男同学的做法对吗？请用手势表示。

主持人：都认为这两位同学的做法不对，为什么啊？谁来说说？

主持人：通过讨论，大家一致认为这两个同学的做法不对，老师每天给我们上课，关心我们，我们应该尊敬老师，见到老师主动打招呼，这才是文明的行为。

3. 情景剧《老师没有宣布下课私自离开》

情景：听到下课铃响时，老师还未宣布下课，有的学生忙着收拾书本，有的学生已经离开座位准备走出教室。

教师：这两位同学的做法对吗？

主持人：这是对老师的不尊重。下课时，全体同学仍需起立，与老师互道“再见”。待老师离开教室后，学生方可离开。

4. 情景剧《课间文明活动》

情景：听到下课铃响，同学们纷纷走出教室跳长绳，有个别同学不好好参加活动，给别人捣乱。

主持人：课间文明游戏和玩耍，既能避免同学间

真实并具有对比性的数据能引发孩子的思考与交流讨论。

情景剧是根据学生在班级、校园内真实事件创编的，不仅贴近学生生活，更能加深学生的感受。通过贴近学生生活的情景剧表演，可以帮助学生认识文明礼貌的重要性，让学生内化讲文明、懂礼貌的意识，知道文明礼貌对个人发展的重要性。

不必要的冲突和摩擦，还能开发我们的智力，增进伙伴间的团结。 三、分组讨论：如何做一个文明小学生 主持人：要想成为一名文明的小学生，在校园的学习生活中我们应该怎样做呢？下面进入讨论交流环节（学生畅所欲言）。 1. 主动和老师或客人打招呼。 2. 与同学、老师说话用文明语言，和同学友好相处。 3. 不乱扔垃圾，不随地吐痰。 4. 课间不追逐打闹。 5. 课间做好课前准备，认真听讲，上课回答问题要举手。 6. 集会活动要守纪，人人做到有秩序。 主持人：是的，要想成为文明小学生，必须做到语言美、行为美。让我们从自我做起，从身边的小事做起，把道德规范落实到每一个人的言行上。 四、总结提升 班主任（总结）：“勿以善小而不为，勿以恶小而为之。”文明行为，贵在实践。文明用语、文明交往、文明聚会、文明上网……看上去都是日常学习、生活的小事，但真正做起来并不容易。我们每位同学都要少说空话，多做实事，积极参加各种修身养性的活动，做到举止得体、言行文明、品德高尚、尊敬师长、尊重他人，以自己的实际行为，告别各种不良行为，坚持不懈地提升自身的道德素质，做一个文明的小学生。今天，我们学习的是校园生活中的礼仪知识。其实啊，不但在校园里要讲礼仪，在我们的家庭中、在社会中，在日常生活的每个细节中，我们都要讲礼仪。只有这样，我们才能成为真正的讲文明、懂礼貌的人。老师真心希望同学们无论走到哪里都能做个讲文明、懂礼貌的好孩子，而且老师也相信你们一定能够做到。最后，让我们在齐读《小学生文明礼仪》这首儿歌中结束今天的班会。	学生通过分组讨论发言，归纳总结出校园文明礼仪，知道校园中如何做是讲文明有礼貌的，树立在校园中讲文明懂礼貌的意识。

<table>
<tr>
<td colspan="2">五、齐读儿歌：《小学生文明礼仪》
小学生，讲礼仪，人人都从我做起。
习惯好，会交际，大家都会喜欢你。
遇师长，敬个礼，问好要用文明语。
同学间，要亲密，互相帮助结友谊。
做错事，省自己，主动说声对不起。
还礼时，要和气，礼貌回答没关系。
做好事，人谢你，婉言道声别客气。
进师门，经允许，报告通过再进去。</td>
<td>通过齐读儿歌来习得、巩固，所以在这一环节，老师引导学生全员参与，树立在校园中讲文明、懂礼貌的意识。</td>
</tr>
<tr>
<td>班会反思</td>
<td colspan="2">本次主题班会采用了小学生常见的活动形式，如儿歌、情景剧、讨论等，使他们了解了校园生活中的一些基本的礼仪知识，培养了他们从小就要讲文明、懂礼貌的意识，让他们懂得了讲文明、懂礼貌要从我做起，从身边的小事做起。由于本次班会的主题为讲文明、懂礼貌，活动过程中涉及的都是校园生活中的礼仪。为了使学生注意到生活中其他方面的礼仪，在活动的第三个环节“班主任讲话”中，精心设计了班主任的讲话，通过班主任的讲话引导学生明白：不仅在校园里要讲礼仪，在校园以外的任何地方都要讲文明、懂礼貌，以此达到长期教育的目的。</td>
</tr>
<tr>
<td>后续
教育计划</td>
<td colspan="2">
<table>
<tr><td></td><td colspan="2">姓名：</td><td colspan="2">班级：</td><td colspan="2">总分：</td></tr>
<tr><td rowspan="2">分值：</td><td colspan="2">表现优秀（3分）</td><td colspan="2">表现良好（2分）</td><td colspan="2">表现一般（1分）</td></tr>
<tr><td>自评</td><td>互评</td><td>自评</td><td>互评</td><td>自评</td><td>互评</td></tr>
<tr><td>1. 进校礼仪</td><td></td><td></td><td></td><td></td><td></td><td></td></tr>
<tr><td>2. 升旗礼仪</td><td></td><td></td><td></td><td></td><td></td><td></td></tr>
<tr><td>3. 上课礼仪</td><td></td><td></td><td></td><td></td><td></td><td></td></tr>
<tr><td>4. 两操礼仪</td><td></td><td></td><td></td><td></td><td></td><td></td></tr>
<tr><td>5. 课间礼仪</td><td></td><td></td><td></td><td></td><td></td><td></td></tr>
<tr><td>6. 放学礼仪</td><td></td><td></td><td></td><td></td><td></td><td></td></tr>
</table>
</td>
</tr>
</table>

后续 教育计划	规则一：按照小学生日常行为规范，由纪律委员和小组长负责班级内的文明礼貌行为的监督。 规则二：利用每周一班会时间进行及时总结，对遵守文明礼貌规范的同学的事迹进行公示与表扬，对于班中存在的问题进行商讨，共同解决。 【设计意图】通过班级“礼仪之星”评比表的评选，在老师和同学的共同监督之下，让学生在今后的学习和生活中真正把文明礼仪意识内化于心，外化于行。

与父母相处——换位思考，角色互融

百善学校　陈欣欣

教学人员		
班主任年限	单位	年级
6 年	北京市昌平区百善学校	七年级
班会说明		
教育背景	理论背景： 《教育部中小学心理健康教育指导纲要（2012 年修订）》指出，初中的心理健康教育应帮助学生加强自我认识，客观地评价自己，积极与老师及父母进行沟通，抑制冲动行为，建立良好的人际关系。 实践背景： “亲子关系”是我们每个人来到世间的第一种人际关系，它对我们每个人的心身健康都是十分重要的。青春期的孩子正处于半幼稚半成熟，独立性和依赖性、自觉性和幼稚性错综矛盾的时期。在此期间，孩子与父母的交往中常表现出疏远与冲突。国外有学者称这一阶段为“亲子关系的危机期”，是父母感到教育孩子最困难的阶段。国内外的一些研究表明，亲子关系对这一时期孩子的人格特征、问题行为、心理健康及以后的发展都会带来不可替代的深刻而深远的影响。如何尽快地消除亲子间可能产生的隔	

教育背景	阂、冲突和淡漠，建立起民主平等、健康和谐、稳定的亲子关系，如何促进孩子的健康发展、家庭和睦幸福，成为这一时期家庭教育的重要问题之一。 学情分析： 随着中国智能手机的普及以及移动互联网的发展，手机已经成为人们生活中非常重要的一部分，短短几十年的时间，手机从最初的语音通话工具摇身一变成为兼具电话、游戏机、电台、GPS和互联网接入功能的设备。手机已经不是过去传统意义上的通信产品，现在它更多承载了人们的娱乐、消费、商务、办公等活动。学生用手机、玩手机已经成为普遍现象。通过调查我们发现，学生用手机的目的不外乎聊天、听音乐、看小说、打游戏等，教师和家长担心孩子由于玩手机，影响身体健康、引起攀比、影响学业，因此如何引导初中生使用手机成为摆在我们面前的一个课题。 手机引发的亲子冲突时刻上演着，冲突始发于手机，但是背后却隐藏着家庭教育的大问题。合理使用手机固然重要，优化家庭教育、学会换位思考、进行有效沟通才是解决问题的根本。
班会目标	1. 知识与技能：了解父母为家庭生活及为子女健康成长的操劳，觉察冲突对亲子关系的影响。 2. 过程与方法：通过倾听、思考、体验、分享等形式，体会亲子沟通中处理矛盾的方法，学会换位思考。 3. 情感、态度、价值观：建立积极正向的认知方式，正确处理生活中的冲突。
前期准备	任务单、PPT

班会流程
一、热身活动 通过动态雕塑，畅想20年后手机的样子，调动学生的积极性。 二、情景建立 体验不理人游戏，让学生看见自己日常对待他人的态度。 三、故事深入 通过饰演小明、小明家长，体验不同人物在情景中的态度和想法。

四、我的自白

站在双方的立场分析冲突的原因。

五、析习惯　增信心

分析习惯形成的过程。

六、总结反思

回顾整节课，反思自身。

主题活动过程（含会后延伸教育）	设计意图
一、热身活动 图片引入：大哥大、诺基亚黑白屏、彩屏、智能手机。 现在，手机已经成为我们生活的一部分。我们用它来联系小伙伴、听音乐、追剧、玩游戏、学习等。大家有没有想过20年后手机是什么样子? 活动：动态雕塑 以静态画面展示20年以后手机的样子与功能。 （一人介绍功能，其余成员画面定格） 二、情景建立 手机带给我们便利的同时，是否也会引发一些问题呢? 活动：故事引入 小明和小明的家长遇到了这样的难事，我们一起来帮帮他吧。 【故事背景】忙碌了一天，下班刚回到家，就看到孩子（小明）躺在沙发上玩手机。 1. 活动步骤： （1）以小组为单位发放剧本： A. 看他，他回避。（回避式不理会） B. 哦哦哦，行了行了。（敷衍式不理会） C. 啊，你刚才说什么？（失聪式不理会） D. 有人跟你打招呼，你就哼一声回避。（傲慢式	活跃气氛，引出主题。 进入戏剧情景，主题铺垫。 引入主线故事。

不理会） （2）小组成员进行准备，饰演小明的家长，教师入戏，饰演小明。 2. 分享与讨论：以上哪种情况让你最不好受？ 饰演家长的同学谈感受； 观看的同学谈感受。 小结：其实 A、B、C、D 四种情况都很让人难受，被人忽视、拒绝的感受是非常令人不舒服的。以上情景又是否在你的身边出现过呢？所以，我们和人相处时，最好能进行角色互换，考虑到对方的感受。	代入角色 让学生看见自己日常对待父母的态度。
三、故事深入 继续和小明沟通 1. 活动步骤： （1）以小组为单位发放剧本，以画面定格的方式展示： A. 争吵　B. 动手　C. 冷战　D. 离家出走　E. 威胁 （2）小组成员进行准备，分别饰演小明的家长、小明，画面定格。 2. 分享与讨论： （1）教师采访：你饰演的是什么角色？发生了什么事？你的感受是什么？ （2）采访观看的同学：看到这一幕，你的感受是什么？ 小结：因为一部手机，孩子和父母之间发生了很大的冲突，那站在双方的立场上，他们到底是怎么想的呢？	体验不同人物在情景中的态度和想法。
四、我的自白 活动步骤： （1）作为小明谈： a. 我为什么总是玩手机。 b. 我希望您以……的方式跟我沟通。 （2）作为家长谈： a. 我为什么不让你总玩手机。	站在双方的立场分析冲突的原因。

b. 我希望你能…… （3）将关键词进行总结，梳理板书 小结：现在看来，小明有小明的理由，家长有家长的道理，似乎都没有错，那为什么会有这么大的冲突呢？你们认为问题出在哪？——没有换位思考。要想真正地理解别人的想法就要设身处地地站在别人的角度看问题，这就叫作换位思考。 五、总结反思 同学们，自己与活动中的角色有哪些相似之处或不同之处呢？ 结束语：因为手机，我们和家长之间可能发生了很大的冲突，其实不仅仅是手机会引发冲突。引发冲突的原因不重要，重要的是冲突出现后，我们如何进行换位思考，进而解决冲突。		从主角的角度，将前面的经验做整理与落地。
后续 教育计划	孩子与家长的关系是孩子成长中第一个人际关系，也是对孩子身心发展都非常重要的人际关系。青春期的孩子身体、心理、情感、认知都在发生极大变化，所以孩子与父母之间的矛盾冲突也变多了。当下手机使用频繁，这更成为不少家庭中孩子与父母发生矛盾的导火索。设计本节课的内容，目的在于让学生通过了解、思考、体验、分享等形式，学习在与父母的沟通中处理矛盾的方法，学会换位思考。而手机的兴起更是对亲子关系有了很大的冲击，通过调查，发现手机引发了父母与孩子的很多冲突，因此我们设计了本次主题班会，旨在让学生通过倾听、思考、体验、分享等形式，掌握亲子沟通的方法，学会换位思考。 1. 突出现实性 现代生活，人们无论是工作与沟通还是生活与娱乐都离不开手机，而手机中五花八门的应用与资讯也吸引了无数的人沉浸在手机中不能自拔。这一现象当然也体现在不少学生身上。当下学生使用手机的比例很高，手机在学生来讲，其用途大多在同学朋友之间的聊天，聆听流行音乐，读小说等文字作品，还有很重要的一项就是打游戏。这些占据了学生很大一部分时间与精力，给学生的生活与学习带来很大影响。首先，因为沉浸在手机中，分散	

后续 教育计划	了学生的学习精力，使之不能专心课业。其次，沉迷于手机小说、游戏，影响睡眠与休息，对于正是长身体的时候的孩子带来很多健康隐患。再次，学生之间不免交流手机品牌与型号，导致相互攀比。可见，如何使用手机对于学生来讲，是一个非常需要合理引导的课题。本课题与学生的实际生活紧密结合在一起，让学生对课题感兴趣、有话说。 2. 依托教育戏剧，让学生真正成为学习活动的主人 将戏剧融入教学起源于法国思想家卢梭的两个教育理念：在实践中学习和“在戏剧实践中学习”。本次活动的设计主要包括三个环节：(1) 动态雕塑——畅想 20 年后手机的样子；(2) 深入到小明和小明父母的冲突故事中去，体验小明和小明父母的想法；(3) 我的自白，通过饰演小明和小明的父母，剖析双方想法，体会、理解双方想法，分析冲突产生的原因。 本次班会中学生的参与度极高，新的教学形式引发了大家的热情，随着问题的深入分析，学生逐渐冷静下来，开始分析自己平时生活中是否存在这种情况、父母为什么希望自己少玩手机、如何让亲子的冲突变小、我到底应该如何做……学生们通过自己去感受、去理解、去表达，逐渐将问题分析清楚。在这期间，教师并未做过多引导，而这也正是本次活动最想达到的状态。 3. 明线、暗线齐头并进 本次活动设置了明线和暗线，明线展现了因手机而引发的亲子冲突，而暗线是学生在体验的过程中逐渐学会换位思考，学会有效沟通。最终通过“我的自白”环节，将学生所想、父母所想在黑板上呈现出来，不仅分析出了孩子、父母的诉求，还分析出了冲突产生的原因及如何有效沟通——换位思考，好好说话。 4. 不足之处 结束后几个孩子跑过来说：“老师，我们觉得这个课也应该让家长来听听，我们已经学会换位思考了，他们也应该学习一下。”这句话当时给我的触动很深，是啊，班会主题是换位思考，缺少了家长可不行，因此还应该邀请家长来，让双方都互相听一听、演一演、说一说，这样才真正做到了换位思考。 因此后续还将通过观察和访谈的形式了解学生和家长的冲突，延续教育戏剧的方式让家长和学生共同参与到活动中来。

一个橙子的班会

亭自庄学校　谢秀秀

教学人员		
班主任年限	单位	年级
9年	北京市昌平区亭自庄学校	九年级
班会说明		
教育背景	理论背景： 人最伟大的能力，就是战胜自我的能力。只要战胜自己，就能克服其他的壁障，取得卓越的成果。 实践背景： 中考在即，三次联考，我班成绩皆不如意，学生情绪低迷。第一次失利，我安慰了一番；第二次失利，我鼓动了一回；第三次失利，我一时无“计”可施。一日，到网上购书，看到《褚时健：影响企业家的企业家》！我眼前一亮，读吴晓波的《大败局》时曾深深被这个人物跌宕起伏的人生所吸引，后来在网上看到他出狱后承包荒山种橙的消息，我立即下单，用三天时间读完了这本书，再次被他的故事震撼了。一个想法在我头脑中生成，何不借褚时健的精神来激励我的学生。 学情分析： 这个班大部分同学愿意学习，但是因为难以克服自身的惰性，	

教育背景	比较懒散，不够自律，需要提醒和督促；班集体的可塑性比较大。根据这个班集体情况，加上三次联考失利，就有了开这样一个班会的设想。
班会目标	1. 帮助学生树立自觉学习意识，提高克服困难和自制、自律的信心。 2. 教育学生要勇于反思，不断超越自我。 3. 借当代商界英雄人物褚时健跌宕起伏的人生故事激励学生永不言败。
前期准备	我先到网上买了“褚橙”和褚时健的传记并收集学生的月考反思材料，对学生在反思中提出的问题进行分析归类。

班会流程
一、导入 二、故事分享 三、品尝“褚橙” 四、推荐书籍 五、总结

主题活动过程（含会后延伸教育）	设计意图
一、导入 班会时，我搬着箱子来到班级。学生好奇地看着我，不知我葫芦里卖的是什么药。 师：我说，同学们，今天班会，我们一起品尝橙子，每人一个，不许多吃多占。 学生立即沸腾起来，七手八脚，很快帮我分发到每位同学的手中。  师：我说，大家先别急着吃，请观察一下外包装。 很快有几个学生喊了出来：“人生总有起落，精神终可传承！”	

二、故事分享 师："红塔山"的背后，有一个了不起的人物——褚时健。褚时健先生是中国第一代企业家中的佼佼者，也是中国最具争议的财经人物之一。他从1979年任云南玉溪卷烟厂厂长，用17年的时间将默默无闻的烟厂缔造成亚洲排名第一、世界排名第五的大型企业，红塔山牌香烟享誉全国。71岁他因经济问题入狱，女儿在狱中自杀。 生：有人为他的命运叹息。 2001年，73岁的他获减刑，保外就医，与妻子承包荒山种橙。10余年后，褚橙年产1000万吨，利润上亿，被称为"云南最好吃的橙子""中国最励志的橙子"，并风靡全国。 86岁的褚时健从"烟王"变身"橙王"，实现触底反弹，开始攀登他人生的又一高峰。他的故事和精神，深深影响了中国企业界和无数要为明天而奋斗的年轻人。 师：韩寒说："我欣赏所有跌倒后能爬起来的人。" 冯仑说："一个人跌倒再爬起来并不难，难的是从至高处落到最低谷，还能走得更远。" 巴顿将军说："衡量一个人成功的标准，不是看这个人站在顶峰的时候，而是看这个人从顶峰上跌落低谷之后的反弹力"，一个真的英雄总是在无法想象的困境中、在不可思议的时刻崛起！褚时健因凭借这些橙子，使自己成为一个不朽的励志英雄和不倒的商业传奇。柳传志、王石等商界名人纷纷前去哀牢山上拜访褚老。 生：学生纷纷表示，我们本来还为自己的失败而难以自拔，和褚老比起来，我们的失败不值一提。 师：我趁势总结：经历就是财富，战胜挫折，就能战胜中考，人生就会留下一段难忘的拼搏记忆，中考就是最好的成人礼！如果我们的生命不为自己留下一些让自己热泪盈眶的日子，你的生命就是白过的。 掌声热烈响起，久久回荡在温暖的教室。	

<table>
<tr><td colspan="2">三、品尝褚橙
师：我说，咱们一起吃橙子。
生：学生小心翼翼地打开包装，鲜亮的橙子照亮了每一张激动的脸。
四、推荐书籍
师：大家一边品尝，我一边说，今天还要送给大家一个礼物。哇！一波刚平，一波又起。我说，这就是褚老的传记——《褚时健：影响企业家的企业家》。“人生总有起落，精神终可传承！”希望这本书能陪伴大家度过初三后期的日子，照亮我们的前程。
五、总结
班主任总结：三次联考已经结束，联考考试并不是句号，更不是人生的全部。我们要从暂时的困难中走出来，从暂时的沮丧中走出来，宠辱不惊，及时调整自己。展望未来，我们依然任重道远。超越自我，是一个信念，是一个不断向前无限延长的终点，而自己始终在追逐。让我们一道，走一段超越自我的旅程吧。</td><td>让学生意识到超越不是一件难事，别人可以，自己也可以。</td></tr>
<tr><td>后续
教育计划</td><td colspan="2">进行学习方法、学习习惯养成的指导。比如：
1. 考试之前，让学生树立目标，确定超越的对象。
2. 表扬超越了自己也超越了对手的同学。
3. 在本次活动中表现突出的同学在班里进行交流活动。</td></tr>
</table>

读书好　读好书　好读书

百善学校　翟福祥

<table>
<tr><th colspan="3">教学人员</th></tr>
<tr><td>班主任年限</td><td>单位</td><td>年级</td></tr>
<tr><td>24 年</td><td>北京市昌平区百善学校</td><td>五年级</td></tr>
<tr><th colspan="3">班会说明</th></tr>
<tr><td>教育背景</td><td colspan="2">理论背景：
指导学生阅读课外书，不但能扩大学生的知识面，更重要的是能够培养学生课外阅读的兴趣和习惯，提高他们的自学能力。此次班会是在班杜拉理论的指导下，引导学生主动参与，通过观察和分析，感悟读书的重要性，了解课外书的选择方法与阅读方法，由此激发学生读好书的兴趣。
实践背景：
学生虽然已经到了高年级，但是读书的氛围不浓，家长反映孩子经常沉迷于电脑游戏和手机游戏中，或者书没少买，但是孩子只是浏览，没有什么收获。老师也观察到课间的时候很多学生在看《阿衰》一类的书，男生比较明显，还有个别学生课上偷偷看。尽管老师一直倡导学生多读书，但是对于学生读书的指导还很不够，没能关注读书的效果。所以我决定开展一次读书主题班会，帮助孩子养成“好读好书”的习惯。</td></tr>
</table>

<table>
<tr><td>教育背景</td><td>学情分析：
在老师的倡导下，本班学生已经有了一定的看书氛围，大部分学生都有几本课外书，但最爱的还是电脑、手机上的游戏，尤其是男生。有一小部分学生已经爱上了读书，他们的阅读量很大，范围也很广，知识丰富，是同学们的榜样。但是也有不少学生不清楚自己要看什么书，往往追风看一些没有营养的书籍、连环画等。</td></tr>
<tr><td>班会目标</td><td>情感目标：
使学生逐步有意识地养成“读好书”“好读书”的好习惯，为学生自主学习奠定基础。
认知目标：
充分认识读书的重要性，选择适合年龄的书籍，掌握正确的读书方法。
行为目标：
通过观察和讨论活动，引导学生自选好的书籍阅读。</td></tr>
<tr><td>前期准备</td><td>教师准备：
1. 收集家长发来的信息和视频。
2. 抓拍学生课间读书的照片。
3. 制作课件。
学生准备：
1. 召开班委会，剖析存在的问题，商讨解决办法。
2. 训练几个读书“标兵”。
3. 读书笔记、读书手抄报。</td></tr>
<tr><td colspan="2">班会流程</td></tr>
<tr><td colspan="2">班会围绕着“读书好 读好书 好读书”主题分为四个版块展开：
第一版块：联系学生实际找到课余生活存在的问题，引出班会的主题。
第二版块：通过讲名人读书故事和身边同学读书的事迹，激发学生读书的兴趣，认识到读书的“好处”。
第三版块：通过观察同学读书的照片，指出看没营养的书的危害，然后由读书之星推荐好书，教师推荐书单，指导学生“读好书”。</td></tr>
</table>

<table>
<tr><td colspan="2">第四版块：教师系统地说明读书的步骤，让学生学会读书，让读书成为他们的爱好。</td></tr>
<tr><th>主题活动过程（含会后延伸教育）</th><th>设计意图</th></tr>
<tr><td>一、结合实际，引入主题
1. 出示视频和截图照片：家长反映问题
截图内容：现在孩子在家玩电脑和手机游戏成瘾，为此，我和他妈妈都想了很多办法，甚至手机和平板电脑都摔过了！（配孩子玩电脑游戏的照片）
视频内容：孩子趴着玩手机，妈妈一再催促孩子学习，但无效。
2. 引入主题：教师分析问题
过渡：怎样有效利用课余时间，养成读书习惯呢？针对咱班的情况，我们召开一节主题班会，下面欢迎两位主持人上场。
主持人宣布：百善学校五（1）班“读书好 读好书 好读书”主题班会现在开始。</td><td>联系学生实际找到课余活动存在的问题。</td></tr>
<tr><td>二、读书故事，激发兴趣
过渡：很多名人都很爱读书，他们也都是“读好书”的受益者，我们来听听他们的故事。
1. 讲名人故事（司马光、毛泽东、高尔基）。
如果说这些人离我们太遥远了，那么我们身边也有一些同学以书为友，大家来说一说。
2. 身边读书故事（三位“好读书”的同学介绍）。
3. 同学交流感悟，对读书产生兴趣。</td><td>通过名人故事激发学生读书的兴趣。</td></tr>
<tr><td>三、交流讨论，学会选择
1. 观察照片，发现问题
（1）播放教师抓拍的学生读书画面，引导学生关注读书内容存在的问题。
（2）教师组织学生展开讨论。
2. 结合实际，畅谈危害</td><td></td></tr>
</table>

（1）学生自由发言 ①书的内容没有营养。 ②书中有错别字影响平时学习。 ③书中内容有暴力倾向影响健康成长。 ④读书姿势不正确，影响身体健康。 （2）教师总结提升 教师小结：读无营养的书除了浪费我们的时间以外，还可能让我们接触到一些不健康的内容，如消极、怪异、暴力等，对我们的身心会造成危害，所以希望孩子们博览群书的同时注意选择适合我们的书籍。 3.“标兵”介绍，好书共享 过渡：大家都知道读无营养的书籍能给我们带来这么多危害，那么如何才能让同学们选择适合我们年龄的书籍，养成读好书的习惯呢？ （1）读书标兵进行好书推荐 请班里几名同学用不同的方式给同学推荐自己最喜欢的书籍。 《动物农场》——乔治·奥威尔 《昆虫记》——法布尔 《狼国女王》《最后一头战象》——沈石溪 《夏洛的网》——E.B. 怀特 （2）教师进行高年级课外阅读推荐（发书单） 让同学说说自己读过了几本，看了推荐后想读哪几本书。 教师小结：通过刚才的观察交流、好书推荐，我们更加明确了可以读哪些书，老师希望你们在以后读书时，能选择合适的、有营养的书籍。	榜样作用，了解课外好书的精彩。
四、学会读书，共同成长 导入：我们很多同学都跃跃欲试，准备开始读书了，那么，拿到一本好书之后我们应该怎样读才会更有收获呢？ 1. 读书之星叙述读书方法，展示读书笔记。 2. 教师指导读书方法	师生共同交流，掌握读书方法。

<table>
<tr><td colspan="2">（1）看封面，简单了解（书名、作者、出版社等）。
（2）看封底和扉页，了解主要内容和作者的简介。
（3）边看书边记录（批画、摘抄、感受）。
（4）看后写感悟、收获（自己、家长）。
3. 配乐诗歌朗诵（读书伴我成长）

五、班主任讲话，总结提升
孩子们，通过今天的班会，大家都开始跃跃欲试想看书了，这让老师非常高兴。希望大家能够记住今天的话，记住这份感动，在今后的课余生活中充满书香。期待在下个月的读书交流课上有更多的同学参与进来，并且有更精彩的表现。相信我们五（1）班会在书的相伴下，取得更大的进步！</td><td>深化主题，总结提升。</td></tr>
<tr><td>班会反思</td><td colspan="2">本次班会目的在于促进学生从小养成阅读的好习惯，让读书成为课余生活的重要伙伴，收获更多的知识。
班会以三个版块呈现：“读书好、读好书、好读书。”采用了多种活动形式：朗诵、讲故事、语文积累展示。从学生的各种表现来看，他们很喜欢这一类型的活动，参与的积极性也比较高。问题是学生锻炼的机会很少，所以，一遇到大场面就有点怯场，无法将自己的实际能力展现出来。以后更要加强学生表达能力的锻炼，让他们能够积极地加入，展现自己的才能。
通过班会达到了预期的效果，学生们意识到读书是一种享受，想让书成为课外生活中不可缺少的一部分，并且学会了怎么选择和怎样读一本好书。班会的后续计划，更可以督促学生逐渐养成良好的读书习惯。</td></tr>
<tr><td>后续
教育计划</td><td colspan="2">1. 联合家长参与学生的读书习惯培养活动。提醒学生勤读书，发放读书记录卡。
2. 一个月后进行读书交流活动。
3. 学期末进行，展示学生的读书收获，评选“读书小标兵”。</td></tr>
</table>

◆ 语文学科教学设计

指导专家：周小春　韩明英　刘月霞

雷雨

长陵学校　于畅

【教材分析】

部编本语文教材二年级下册第六单元围绕“观察·思考”这个主题，《雷雨》这篇课文是向学生展示美丽神奇的自然景象，炎热的夏日，骄阳似火，一场雷雨，送来一阵凉爽，呼吸着清新的空气，欣赏着美丽的彩虹，耳边送来蛙鸣，是多么令人舒畅。本文用字精练而且准确，语言优美而生动，是一篇很富有表现力的文章。为我们描绘了雷雨前、雷雨中、雷雨后的自然景象。

【学情分析】

对于二年级下学期的学生而言，学习《雷雨》一课生字、新词难度较小，但学会说雷雨前、雷雨中和雷雨后景色的变化，领悟作者按一定顺序描写观察到的景色的文字有一定难度。因此，教学中，教师可降低难度，结合图片（视频），联系生活经验说说雷雨前、雷雨中、雷雨后景色的变化。二年级的学生具有好奇的心理特点，容易被新鲜的事物吸引住，在教学这一课时，学生已经能说一段较完整的话，并能在老师创设的情境中体验、感受所描写的事物，并达到情感的共鸣。

【教学目标】

知识与技能：

能正确流利地朗读课文，了解雷雨前后的景象。

过程与方法：

品读句子，感悟“压、垂、挂”等词语在句中的表达作用。

情感、态度和价值观：

通过课文的学习提高对雷雨这一自然现象的感受力，激发学生观察生活中自然景色的兴趣。

【教学方法】

谈话法、朗读感悟法、情境教学法、想象感悟法、合作探究法。

【教学重点】

能通过朗读表现雷雨前后的不同景象。

【教学难点】

体会文中用词、造句的准确与生动。

【教学准备】

学生：观察大自然的天气变化。

教师：多媒体课件、雷雨前后视频、音频，有关雨的诗句。

【教学流程】

猜谜激趣，揭示课题 → 自主品读，感悟雨前景象 → 图文结合，体会雨中景象 → 对比阅读，欣赏雨后美景 → 总结全文，揭示主旨 → 布置作业，拓展延伸

【教学过程】

一、猜谜激趣，揭示课题

1.猜谜：有位老兄脾气大，爱发怒的就数他，发起怒来大声吼，成串的泪珠伴着下。

2.出示雷雨课件，伴随雷雨声，观察插图。

3.同学们，刚才我们看到的是夏天什么时候的景象呢？今天，我们来学

习一篇描写雷雨的课文。（板书课题）

设计意图：通过猜谜、播放雷雨声，结合观察课文插图，边听轰隆隆的雷声和哗啦啦的下雨声，使学生产生身临其境的感觉，激活雷雨前、雷雨中自然界的景象变化的生活体验。激发学习课文、产生探究自然奥秘的兴趣。

二、自主品读，感悟雨前景象

1. 请同学们轻声读课文，找出文中具体描绘雷雨前的景象的自然段。

2. 指名反馈。

3. 引导自由读，想一想：作者抓住了哪几样景物描写雷雨前的景象？

交流预设：

①“满天的乌云，黑沉沉地压下来。”

理解：结合学生生活经验理解“压”。观察图片，指导朗读。

②树上的叶子一动不动，蝉一声也不叫。

雷雨前没有一丝风，真闷真热，范读——真安静啊——指名读。

③忽然一阵大风，吹得树枝乱摆。

怎么样是“乱摆”？做动作。

拓展说话“一阵大风吹来，还吹乱了什么？”

④蜘蛛从网上垂下来，逃走了。

根据图片和生活经验辨析理解“垂”。

⑤闪电越来越亮，雷声越来越响。

4. 要下雨了，你有什么感受？

雷雨前的天气闷得让人透不过气来，黑沉沉的乌云像巨石一样压下来，狂风席卷大地，闪电、雷声也不甘示弱，赶来凑热闹，多可怕的气氛呀！把你感受到的通过朗读来告诉大家，让老师也感受到。齐读 1 ~ 3 自然段。

设计意图：阅读教学中始终围绕“有感情地朗读课文”的教学目标进行。通过朗读把欣赏雷雨前景象的感受表达出来，这也是语言训练的教学目标。让学生说说写到了哪些景物，引导学生抓住重点词句来体会作者语言运用的精妙。

三、图文结合，体会雨中景象

1.出示课件：不一会，雷雨来了（出示插图，配上雷雨声音），你看见什么？听见了什么？（板书）

2.作者是怎样描写的，请自读 4～6 自然段，画出体现雷雨变化的词句。

3.教师引导学生交流讨论，指名反馈：雨下得怎么样？你是从哪里体会到的？（学生回答后教师点拨）

（1）“哗，哗，哗，雨下起来了。”播放大雨视频 。

①品读要点：连续的三个“哗”让人感受到雨很大，这是通过描写声音体现雨的大。

②指导读好“哗，哗，哗”。

③齐读这一句。（先一组齐读，然后两组齐读，接着三组齐读，最后全班读，通过声音的逐渐增强来体现雨越下越大。）

（2）“雨越下越大。往窗外望去，树啊，房子啊，都看不清了。”

①学生自由说一说。

②出示课文插图，感受雨大的样子。

③教师引导学生想象，学生说一说：除了树、房子看不清了，还有什么也看不清了？

4.小结：雷雨由大变小，真是变化莫测！让我们一边听雨声，一边带着刚才的感受读一读 4～6 自然段。

设计意图：阅读教学中，结合课文插图，运用多媒体手段来帮助学生形象、直观地理解课文。通过各种方式朗读，加强学生对雨中景色变化的理解。

四、对比阅读，欣赏雨后美景

1.渐渐地，雷声、雨声都小了，雨很快就停了，雷雨后的景色是什么样的呢？读 7、8 自然段雷雨后的景象。

2.教师示范读。你仿佛看到了什么，听到了什么？学生交流。

3.体会用得好的加点词。朗读指导。

一条彩虹挂在天空。

4.“雷雨前”“雷雨后”景色对比读。引导学生观察、比较：雷雨过后，发生了哪些变化？学生小组合作学习，汇报。

景物	雷雨前	雷雨后
天空		
蝉		
蜘蛛		
……		

5. 小结：雨过天晴，呼吸着清新的空气，欣赏着美丽的彩虹，耳边传来声声蛙鸣，这是一幅多么美丽的图画呀。

设计意图：学生通过雷雨前、雷雨后的对比，畅谈雷雨过后的感受。从朗读中感受雷雨过后给人的轻松、喜悦之情，“清新的空气”“雨后的彩虹”体现了景象的美好。

五、总结全文，揭示主旨

1. 教师引导学生思考：为什么作者会将雷雨前、雷雨中、雷雨后的景象写得如此细致？

2. 教师揭示全文的主旨，鼓励学生留心观察生活，善于去发现、去探究。

设计意图：通过教师引导，学生认真思考，联系自己的生活经验去用心体会，经过交流体会能够把这些场面写得如此生动、形象，留心观察是最重要的。从而达到学生愿意留心观察生活，善于发现的目的。

六、布置作业，拓展延伸

诵读有关雨的诗句。

夜来风雨声，花落知多少。　　好雨知时节，当春乃发生。

空山新雨后，天气晚来秋。　　细雨鱼儿出，微风燕子斜。

天街小雨润如酥，草色遥看近却无。清明时节雨纷纷，路上行人欲断魂。

设计意图：与学生生活对接，强化积累意识，有利于儿童丰厚其语言和文化积淀。

【板书设计】

16. 雷雨	雷雨前	压	垂
	雷雨中		
	雷雨后	挂	

【设计特色】

1. 阅读教学中，结合课文插图，运用多媒体手段来帮助学生形象、直观地理解课文。在指导朗读描写雷雨各个语言片段时，让学生说说写到了哪些景物，引导学生抓住重点词句来体会作者语言运用的精妙。

2. 阅读教学中始终围绕“有感情地朗读课文”的教学目标进行。通过多种形式的朗读把欣赏雷雨前、雷雨中、雷雨后景象的感受表达出来。这也是语言训练的教学目标。

3. 教学方法多样。在每一段课文引入上运用一定技巧。教学“雷雨前”时，让学生听雷声、看闪电，感受“雷雨前”的紧张气氛。教学“雷雨中”时，让学生看课件，听大雨哗哗的声音，并不时穿插轰隆隆的雷声，产生身临其境的感觉 。在教学“雷雨后”时，请学生欣赏课件，听蛙鸣、蝉叫、鸟啼等各种自然界的声音，并配以优美动听的音乐，看精美的图片，彩虹，太阳……感受“雷雨后”的美丽。就这样，把学生带进文本，激发他们学习的兴趣，引领他们感受大自然的变化，激起他们探究自然奥秘的欲望。

小题目，大学问

——题目的含义与作用

长陵学校　孙思聪

【教材分析】

本课属于阅读专题指导课。根据《语文课程标准》和《2019年中考说明》的要求，学生应能够整体感知文章的主要内容，把握文章中心，体味重点词句在文章中的意义和作用。文章的标题即文眼，理解文章的标题有助于学生读懂文章，把握文章的主要内容和思想感情。本课以分析标题的含义和作用为重点内容，归纳标题类阅读题的答题思路，并把这种方法运用到作文审题中。

【学情分析】

九年级学生对记叙文阅读已经有了一定的基础，但是在做阅读题中，对文章的内容和中心把握不准,尤其在阅读文章时容易忽略题目,对于有象征义、比喻义等深一点的作文题目,也难以下笔。针对这一情况,我设计了以“标题”为中心的专题指导课，帮助学生提高阅读及写作能力。

【教学目标】

知识与技能：

分析文章题目的含义和作用。

过程与方法：

通过总结归纳典型标题的含义和作用、探究中考阅读题，对标题类阅读题有清晰的分析思路。

情感、态度和价值观：

温故知新，养成善于积累的学习习惯。

【教学方法】

分析法、归纳法、练习法。

【教学重点】

掌握分析文章题目含义和作用的方法。

【教学难点】

引导学生举一反三，对标题类阅读题及作文的题目，有清晰的分析思路。

【教学准备】

学生：完成导学案的自学部分。

教师：制作课件。

【教学流程】

导入 → 分析典型标题，学生合作探究 → 板书总结方法 → 学以致用，分析中考题 → 作文审题指导 → 布置作业

【教学过程】

一、导入

我们在翻阅一本散文集、一本杂志或者拿到新发的语文书时，通常会先看什么？——目录

明确：标题即文眼，理解文章的标题有助于我们读懂文章，把握文章的主要内容和思想感情。

学生活动：回答问题

设计意图：学生在阅读文章时容易忽略题目，这一环节让学生理解标题对于读懂文章的重要性。

二、温故知新

1. 我们的语文书中有很多难忘的篇章，请你结合文章内容，分别解读以下文章的题目。

《阿长与〈山海经〉》《背影》《秋天的怀念》

《白杨礼赞》《变色龙》

（提示：1. 分析题目表层含义、深层含义、作用、表达效果；2. 文章的议论、抒情等含义深刻的句子是理解标题深层含义的钥匙。）

2. 小结，书写板书

学生活动：

1. 小组讨论

2. 交流答案

3. 学生做笔记

设计意图：

1. 通过回顾学过的文章，总结分析题目含义和作用的方法。

2. 引导学生注重积累，在复习阶段可用“范例归纳法”整理笔记。

三、学以致用

1. 阅读《与一株蒲公英的默契》，结合文章内容，说说标题的含义。

2. 请你试着根据本文的题目和文章内容，出一道阅读题。

3. 出示中考原题

（举一反三，提示其他理解型阅读题的思路）

学生活动：

1. 学生自读文章，完成练习

2. 交流答案

设计意图：进一步掌握分析题目的方法；能够举一反三，对理解型阅读题有清晰的分析思路。

四、作文审题

1. 作文审题指导

题目："甘之如饴"，出自《诗经·大雅·绵》，意为感到像糖一样甜，比喻心甘情愿地从事某种辛苦的工作，甘愿承受艰难和痛苦。请你以"甘之如饴"为题，写一篇文章。

明确：深层含义就是作文的立意

2. 名家的作品题目有什么特点？

①往往是生活中熟悉的，细小的事物

②会运用一些修辞或表现手法来使题目更加吸引人

补充作文题目：一直都在

学生活动：

1. 分析题目的含义

2. 说说自己作文的立意和选材

3. 总结作文审题的方法

4. 补充作文题目，简述思路

设计意图：

1. 将分析标题含义和作用的方法运用到写作中。

2. 通过分析名家文章的题目特点，提升学生拟题目的水平。

五、作业

1. 完成阅读练习《萍水相逢之美》。

2. 完成作文《甘之如饴》。

【板书设计】

标题
- 含义
  - 表层——写了什么
  - 深层——修辞义、象征义等（怎么写的）
    与文章主旨的关系（为什么写）
- 作用
  - 结构：线索、悬念等
  - 表达效果

【设计特色】

1.“温故知新”的环节指导学生在复习阶段用“范例归纳法”整理笔记，引导学生复习要有方法，同时回顾教材中的经典文章。

2.“学以致用”环节让学生尝试自己命题，进一步体会标题的含义和作用。

3.以读促写，将分析题目的方法运用到作文审题上。

4.注重课堂环节的梯度性，由课内到课外，由阅读到写作，由合作探究到独立完成。

獾的礼物

亭自庄学校　李姗

【教材分析】

《獾的礼物》（苏珊·华莱著、绘，杨玲玲、彭懿译，明天出版社2017年版）是一本有关友情、死亡和生命意义的图画书。獾是一位值得大家信赖、依靠、乐于助人的朋友。由于年老，充满智慧的獾离开了它的身体，也离开了所有的动物朋友。虽然它在生前常常告诉朋友们它只是去了长隧道，大家不要为它难过。但是，在寒冷的冬天里没有了獾，这对大家来说，实在是太难过了。冬去春来，大家开始相互串门，回忆起和獾在一起的那些快乐日子以及它教给大家的本领。所有动物对獾都有一段回忆，也发现獾给每个动物都留下了值得珍藏的礼物。獾虽然永远离开了，但它所留下来的"礼物"却像矿藏一样，永远都在帮助有需要的人。

【学情分析】

本年级学生是四年级学生。本班学生具有初步阅读图画书的经验，对图画书阅读充满着兴趣，具有一定的阅读理解能力。四年级的学生人生阅历较浅，他们对死亡的理解停留在简单的认识和哀伤的情绪里。通过图画书《獾的礼物》的教学，感受獾与朋友们之间深厚的友谊，帮助学生更深入地理解"生命"的含义，即通过自身的言行关爱他人，给他人带来温暖和力量，学会在生活中帮助别人。

【教学目标】

知识与技能：

结合图画书文字，读懂故事内容，明白獾的礼物是什么。

过程与方法：

通过猜测、预测、想象等阅读策略学习阅读图画书的方法，激发学生阅读兴趣。

情感、态度和价值观：

通过獾的语言、行为，感受到獾带给朋友们的温暖和爱，并感悟生命的意义和价值。

【教学方法】

讲授法、观察法、谈论法、启发法。

【教学重点】

通过学习，明白獾的礼物是什么；通过猜测、预测、想象等策略学习阅读图画书的方法。

【教学难点】

通过《獾的礼物》教学，明白礼物是什么，以及礼物的意义。

【教学准备】

学生：登录虚拟课堂。

教师：PPT、登录虚拟课堂。

【教学流程】

一、激趣导入，揭示绘本课题

二、观察画面，走进人物、故事

三、品悟正文，理解礼物含义

四、总结提升，感悟生命意义

五、推荐阅读，拓展课外资源

【教学过程】

一、激趣导入，揭示绘本课题

1. 课前老师发布了讨论帖“最难忘的礼物是什么”，大家都进行了参与讨论，谁来跟大家分享一下？

2. 今天我们一起来阅读一本和礼物有关的图画书——《獾的礼物》。

设计意图：从生活实际出发，通过虚拟课堂主题讨论帖交流最难忘的礼物，激发学生的阅读兴趣，从而顺利进入故事主题。

二、观察画面，走进人物、故事

1. 观察封面，猜测故事内容

看，这是图画书的封面，结合题目，你猜猜它会讲什么呢？

揭示阅读策略“猜测”：读图画书之前先对故事内容进行大胆的猜测，在阅读中边读边发现可以体会阅读的乐趣。

2. 导读环衬

翻开前环衬，是一片很舒服的绿色。

3. 解读扉页

接下来是图画书的扉页。年迈的獾拄着拐杖，一个人站在野外，晚风吹起了他的围巾。獾孤独地望着远方，他要到哪里去，他想干什么？让我们一起走进图画书。

设计意图：通过观察封面让学生猜测故事内容，揭示阅读策略“猜测”。导读前环衬和扉页，走进故事内容和主要人物，激发阅读故事的兴趣。

三、品悟正文，理解礼物含义

1. 初步了解主人公——獾

教师讲故事：

獾是一个让人依靠和信赖的朋友，总是乐于帮助大家。他已经很老了，老到几乎无所不知，老到知道自己快要死了。

（即将走到生命尽头的獾，独自坐在晚秋的木桩上，更增添了一份凄凉之感。）

2. 关注长隧道，理解长隧道的含义

教师和学生接读讲故事：

獾并不怕死。死，仅仅是意味着他离开了他的身体，獾不在乎。因为随着岁月的流逝，他的身体早就不听使唤了。他只是担心他离去之后朋友们的感受。为了让他们有心理准备，獾告诉过他们，不久后的某一天，他会去下面的长隧道，当这一天到来时，希望他们不要太悲伤。

有一天，当獾看着鼹鼠和青蛙比赛冲下山坡时，他觉得自己特别的老、特别的累。他多想和他们一起跑啊，可是他知道他的老腿跑不动了，他久久地看着鼹鼠和青蛙，分享着朋友们的快乐。

（1）当读到“长隧道”时你有什么发现？（长字特别大）

（2）那这个大大的长字带给你什么感受？

（3）我想这也是作者的一种表达方式，希望引起我们对长隧道的关注。

设计意图：引导学生发现图画书中语言表达的特点，为接下来的故事发展做铺垫。

3. 预测梦的内容

教师和学生接读讲故事：

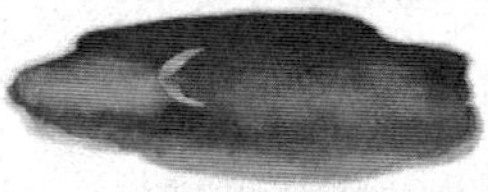

他很晚才回到家。他向月亮道了声晚安，然后就拉上窗帘，把寒冷的世界关在了外面。他慢慢地朝深深的地下走去，那儿有温暖的火炉在等着他。

他吃过晚饭，坐在书桌前面写信。写完信，他在火炉边的摇椅上坐了下来。他轻轻地来回摇晃着，很快就熟睡过去了。他做了一个奇怪却很美的梦，一点都不像他从前做过的梦。

根据前面的故事内容，你能猜猜獾梦见了什么吗？

预测学生回答：梦见“长隧道”。

4.谈谈对“长隧道”的发现

教师讲故事：

> 让獾吃惊的是，他正在奔跑。他的前头是一条好长好长的隧道。他觉得双腿非常强壮，稳稳地朝着隧道跑去。他不再需要拐杖了。他把它扔到了隧道的地上。獾飞快地跑着，在长长隧道里越跑越快，最后，他的脚离开了地面。他觉得自己在翻腾、旋转，起起落落。跌跌撞撞，却没有受伤。他觉得自由了，好像已经脱离了他的身体。

（1）读到这儿你有什么发现？

（作者用一段神奇的文字，向我们呈现出了一个不同于往日的獾。让我们一起再来读读感受一下）

（2）出示“长隧道”：

这就是那个没有尽头的长隧道，带给你什么感受？（无尽的、黑暗的、神秘的……）关注图画书中的环境能帮助我们发现更多有趣的内容。

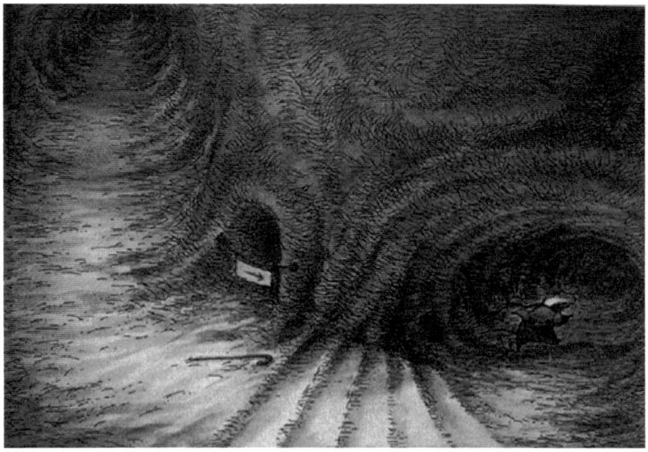

（3）孩子们你们知道这个奇怪的梦意味着什么吗？（獾死了）

揭示阅读策略“预测”：我们边读故事，边对接下来要发生的事情进行预测，这也是阅读图画书的好方法，让阅读更有趣。

设计意图：引导学生发现图画书中的语言表达特点，并通过观察图画书中的环境引导学生更好地理解故事内容。同时引入“预测”的阅读策略。

5.感受悲伤

教师讲故事：

> 第二天，獾的朋友们都焦急地聚集到了他的门外。他们担心，是因为他没有像平时那样出来说早安。
>
> 狐狸报告了一个悲伤的消息——獾死了。他把獾的信读给大家听。信写得很简单：“我去下面的长隧道了，再见。獾。”
>
> 所有的动物都爱獾，大家都非常伤心。特别是鼹鼠，他非常失落、孤独，难过得要命。

（1）关注细节，感受悲伤：

故事果然向大家预测的那样——獾离开了大家。插图中朋友们的动作、表情，甚至于画面中满地的落叶和光秃秃的树枝，这些细节都向我们传达了一种悲伤的心情和氛围，我们在阅读图画书时要关注细节。

（2）观察画面谈发现，感受悲伤：

继续讲故事。大家之所以如此的悲伤难过，是因为在大家心中——獾是一个让人依靠和信赖的朋友，总是乐于帮助大家。这样的獾离开了，小动物们的世界也开始下雪了。观察画面，你发现了什么？（通过阅读我们发现图画书中的细节和色彩能够帮助我们更好地感受人物的情感变化，这就是阅读的乐趣。）

设计意图：引导学生关注图画书中的细节表达、色彩的变化，这些可以帮助我们更好地感受人物的心情和情感变化，从而发现图画书独特的叙事方

式和表达特点——图文合奏。

6. 回忆“礼物”，感受爱

（1）自主阅读，小组交流：

通过虚拟平台自主阅读图画书第 12~21 页，找一找，獾曾经帮助了哪些朋友？想一想：他们得到的礼物是什么？有什么感受？在小组内进行交流。

（2）小组汇报：

教会了鼹鼠剪纸——喜悦

教会了青蛙滑冰——勇气

教会了狐狸打领带——自信

教会了兔子太太烤姜饼——快乐

獾曾经带给大家这么多的帮助和快乐，难怪大家认为：獾是一个让人依靠和信赖的朋友，总是乐于帮助大家。（齐读）

7. 想象创编

（1）创编提示：想一想，还有谁也得到过獾的帮助？获得了什么样的礼物？他们的心情怎么样？仿照故事写一写。

（2）通过虚拟平台学生交流作品

揭示阅读策略“想象”：大家根据故事内容展开了合理的想象，让故事变得更丰富、更有趣了。

（3）总结齐读：所有的动物对獾都有一段特殊的回忆——他教过他们的一些事情，他们现在做得好极了。獾给每个朋友都留下了离别礼物，他们可以永远珍藏下去。有了这些礼物，他们就能够互相帮助。

8. 理解礼物的含义

獾的离别礼物到底是什么？

獾把温暖的爱和真心的帮助永远的留在了朋友们的心间。獾虽然离开了，但他的这份离别礼物却可以一直伴随着大家。

设计意图：以虚拟平台讨论帖的形式布置小组讨论任务，意在培养和训练学生自主、合作学习能力，同时帮助学生更好地理解重难点，理解“礼物”

的含义。

以虚拟平台讨论帖的形式布置仿写任务，展开学生的想象，丰富故事内容，让学生将写完的作品拍照上传，可以相互借鉴欣赏、点评，有助于及时呈现学生的作品，突出对语言能力训练和对思维的培养。

9. 道别

（1）教师继续讲述：等到最后的积雪融化了的时候，动物们的悲伤也慢慢地融化了。每当提到獾的名字，说起獾的又一个故事，大家都露出了微笑。

为什么大家都露出了微笑？（獾的离别礼物带给了大家生活的动力以及温暖的力量。）

（2）配乐齐读：一个温暖的春日，鼹鼠走到他最后一次看到獾的山坡上，他想要谢谢獾送给他的离别礼物。

“谢谢你，獾。”他轻轻地说，他相信獾能听到。

是的……獾一定会听到。

（3）道别

鼹鼠站在早春的原野上跟獾道别，画面上呈现了淡淡的绿色，似乎给人勃勃生机的感觉。

（4）后环衬

翻过来是后环衬，故事虽然结束了，但作者的表达并没有结束。

（5）感受叙事特点

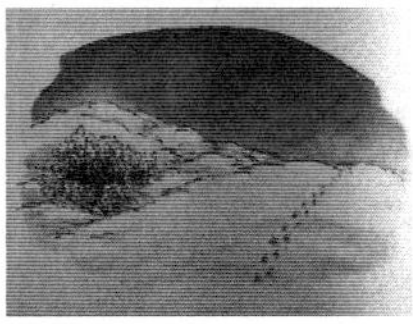

作者从秋天画到冬天，再从冬天画到春天，把故事的所有情感起伏转折都融合到了四季的变化。四季交替，好像生命轮回，獾去了“长隧道”，但他并没有离开大家，他只是换了一种方式陪伴在大家每一天的生活中。

设计意图：通过“道别”环节，感受到獾的礼物带给大家的温暖和力量。再次引导学生关注作者的表达方式，加深对文本的整体感悟。

四、总结提升，感悟生命意义

（1）再次回归封面。

你能再说说这是一个怎样的故事吗？

（2）解读封底

教师读封底文字内容。

从封面到封底，故事里的每一段文字、每一张图片、每一个细节，作者苏珊·华莱都是那么用心，完美的结合在一起，展现给我们这样一个触动心灵又温暖人心的故事，我想所以这本书才会一问世就一鸣惊人！

（3）回看图画书，联系生活实际

好书值得反复回味，接下来请同学们回看图画书，并想一想生活中你有没有收到过这样的礼物，或是送给过别人这样的礼物？

（4）关注“献给我的导师们”，感悟生命的意义

在扉页之前出现了这样一句话“献给我的导师们”。你们觉得什么样的人可以被称为导师？——能够交给我们本领，指引我们人生方向的人被称之为导师。

那故事里的獾，像生活中的谁呢？像老师，像长辈，像每一个教会我们本领的人。所以“献给我的导师们”也是献给所有帮助过我们的人，给我们温暖和力量的人。希望我们每一个人都可以成为獾，将这份礼物传递下去。

最后是故事书的封底，此时画面中升起了一轮圆月，月光下，獾似乎还在乐此不疲的和小老鼠讲述着什么，这也许又是獾的另一个故事……

设计意图：引导学生整体回归感悟文本。关注“献给我的导师们”，并引导学生联系生活实际，更好地感悟生命的价值和意义。

五、推荐阅读，拓展课外资源

推荐课外阅读：《獾的坏心情》。

设计意图：拓展阅读，了解獾和朋友们的另一个故事。

【板书设计】

獾的礼物	剪纸	喜悦	力量	猜测
	滑冰	勇气		预测
	打领带	自信		想象
	烤姜饼	快乐		

【设计特色】

1. 关注学生能力，融入学法指导

教学中教师通过“边读边发现”的方式引导学生感受阅读的乐趣，关注学生能力的培养，并在阅读中教会学生猜测、预测、想象等阅读图画书的方法。同时引导学生通过关注图画书的画面语言，感受图画书如何叙事，如何传情达意。融入学法指导。

2. 应用 Pad 教学，提升学习效率

在 Pad 技术手段的运用下，激发学生学习兴趣，学生通过教师推送的平台资源进行自主阅读，并通过小组合作的方式突破重难点问题。在利用“想象”策略进行教学时，让学生展开想象对故事内容进行创编，并在 Pad 平台讨论帖中拍照上传自己的作品，互动点评，及时呈现学生的作品。突出对语言能力训练和对思维的培养，提升学习效率。

草船借箭

百善学校　李微

【教材分析】

《草船借箭》是五年级下册第五单元的一篇课文，本单元的主题为“中国古典名著之旅”，本文是根据我国著名古典小说《三国演义》中有关“草船借箭”的情节改变的。课文写周瑜由于嫉妒诸葛亮的才干，要诸葛亮在十天内造好十万支箭，以此来陷害他，诸葛亮同周瑜斗智，用妙计向曹操“借箭”，挫败了周瑜的暗算，表现了诸葛亮的有胆有识，才智过人。

【学情分析】

本班只有少数学生对名著比较熟悉，大部分学生还是比较陌生的。本篇文章是小学阶段学生第一次接触古典名著，尽管在选编课文的时候已经对故事进行了处理，使文章更加通俗化，学生们完全可以读得通、读得懂。但是，对于五年级的孩子来说，要真正透过文字来看清人物的性格特点，清清楚楚地明白事情的前因后果，似乎并不是一件容易的事。而如果不帮助孩子通过此关，孩子的阅读兴趣就会等于零。

【教学目标】

知识与技能：

理解课文内容，了解故事情节及“草船借箭”成功的原因，体会诸葛亮的神机妙算。有感情地朗读课文，激发学生学习、亲近古代文学作品的兴趣。

过程与方法：

通过小组合作、圈点勾画的方法，提高对文本的解读和概括能力。

情感、态度和价值观：

在阅读中感受诸葛亮的足智多谋和神机妙算，体验阅读名著的乐趣。激发学生阅读名著的兴趣。

【教学方法】

小组合作探究法、多媒体辅助教学法、谈话法。

【教学重点】

理解课文内容，了解故事情节及“草船借箭”成功的原因，体会诸葛亮的神机妙算。

【教学难点】

感受诸葛亮的足智多谋和神机妙算，体验阅读名著的乐趣。

【教学准备】

学生：搜集《草船借箭》的历史背景资料，搜集故事中四个主要人物的资料。

教师：多媒体课件。

【教学流程】

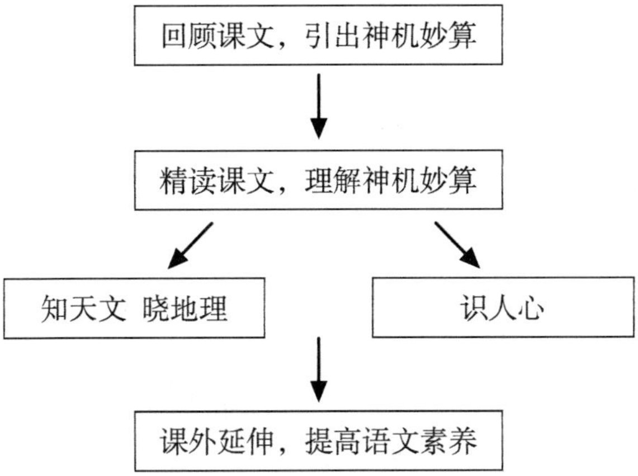

【教学过程】

一、回顾课文，引出神机妙算

1. 齐读课题。

2. 概括课文内容。

设计意图：整体把握课文内容，培养学生概括课文主要内容的能力。

二、精读课文，理解神机妙算

（一）自学提示：思考：哪些地方让你感受到了诸葛亮的神机妙算？画出相应的句子，在小组内交流感受

设计意图：本环节设计中，教师为学生创设自主学习的空间，学生自己默读，潜心会文，阅读体验，初步与文本对话。

（二）交流

1. 预设一：知天文　晓地理

> 句子一："这时候大雾漫天，江上连面对面都看不清。"

（1）学生汇报、说感受。

（2）教师指导朗读。

> 句子二：诸葛亮下令把船头朝西，船尾朝东，一字摆开，又叫船上的军士一边擂鼓，一边大声呐喊。

（1）学生汇报，说感受。

（2）教师指导朗读。

> 句子三：诸葛亮又下令把船掉过来，船头朝东，船尾朝西，仍旧擂鼓呐喊，逼近曹军水寨受箭。

（1）学生汇报，说感受。

（2）教师指导朗读。

（3）教师小结。

设计意图：通过抓句子，有感情地朗读，使学生进一步体会诸葛亮谋划

之周密，安排之巧妙。

2. 预设二：识人心

还有哪些句子让你感受到了诸葛亮的神机妙算？

> 诸葛亮笑着说："雾这样大，曹操一定不敢派兵出来。我们只管饮酒取乐，天亮了就回去。"
>
> 曹操听到鼓声和呐喊声，就下令说："江上雾很大，敌人忽然来攻，我们看不清虚实，不要轻易出动。只叫弓弩手朝他们射箭，不让他们近前。"

（1）识曹操

①学生汇报，谈感受。

②讨论：此时，诸葛亮算的是什么？

③学生分角色朗读课文。

④体会诸葛亮的笑。

设计意图：引导学生想象鲁肃、诸葛亮、曹操的心情，使学生学会抓住人物心理活动来了解人物性格特点的学习方法，真正走进文本，与文本中人物对话，从而感受诸葛亮的神机妙算。

（2）识鲁肃

学生汇报，说理解。

讨论：哪些句子体现出了诸葛亮的神机妙算？

（3）识周瑜

①学习对话并补充资料，体会周瑜和诸葛亮各自的心理活动。

②体会周瑜和诸葛亮的人物形象。

③学生分角色朗读课文。

设计意图：结合有关课外资料和自己的想象，让学生更形象地感受到人物的性格，并通过分角色朗读，体会人物的性格特征。

（4）齐读中心句

诸葛亮神机妙算，我真比不上他！

三、课外延伸，提高语文素养

1. 总结学法：抓住对话，体会人物形象。

2. 拓展延伸：出示《草船借箭》原文，学生阅读原文，体会文言文与白话文的不同，对原著产生兴趣。

3. 推荐阅读：《孔明智退司马懿》《诸葛亮火烧新野》《诸葛亮智算华容》《诸葛亮三气周公瑾》……

设计意图：总结抓对话，体会人物性格特点的方法，使学生能够把这一方法运用到其他文本中去，拓展原著中的对话，初步感受文言文的特点，并激发学生对原著的阅读兴趣。

【板书设计】

19 草船借箭
神机妙算
- 知天文　晓地理
- 识人心
  - 周瑜：心胸狭窄
  - 曹操：小心谨慎
  - 鲁肃：忠厚守信

【设计特色】

1. 长文短教，重点突出。全文共 10 个自然段，但是需要理解的内容不少，本课紧紧抓住正面人物诸葛亮的“神机妙算”来统领全文，完成教学目标。

2. 运用资料，突破难点。《草船借箭》是一篇节选自古典名著《三国演义》的课文，正是因为这样，在讲授这篇课文的时候，要正视它的局限性——历史背景，就是所谓的前因后果。因此，在课前就要布置搜集资料的任务，并指导学生如何搜集资料，如何对资料进行取舍，当学生品读周瑜与诸葛亮之间的对话时，学生适时的讲解周瑜和诸葛亮之间的关系及周瑜设计陷害诸葛亮的原因，周瑜和诸葛亮的人物形象立刻就生动起来了。

3. 品词、读句，尊重学生的价值取向。在这节课上，要着重注意对学生朗读的训练。通过齐读部分语句、快速阅读整篇课文、分角色朗读等方式，全方位的调动学生的热情。文中所涉及的四个重要人物，主要通过品词、读句，来使学生体会出他们的性格特点，让学生在读中体悟他们丰满具体的人物形象，进而衬托出主人公诸葛亮的神机妙算。在教学最后，出示原著中《草船借箭》的原文，体会文言文与白话文之间的不同，激发学生阅读原著的兴趣。

祥福何处觅，血泪纸中寻

——《骆驼祥子》人物及主题探究课

亭自庄学校　苗璐

【教材分析】

本课属于名著阅读领域。

【学情分析】

本课的学生是七年级学生。本班学生通过一个月的打卡式阅读，初步完成了对整本书人物、故事情节的基本了解，但碍于学生人生阅历有限，对书中人物祥子和小福子的形象认识仍有待深入，并对《骆驼祥子》一书通过特定人物的学习来表现的社会主题需要进一步升华认知。

【教学目标】

知识与技能：

学生通过分别联系“祥子不祥”“小福子不福”的具体情节，利用“气泡图”对比二人在面对磨难时的生活态度异同点，感受本书中作者凸显的“旧社会黑暗”这一主题。

过程与方法：

学生通过对比不同版本的结局，升华对小说主题重要性的认识。

情感、态度和价值观：

学生通过对底层人民命运的关注，激发对老舍先生质朴崇高的平民情怀的敬仰之情。

【教学方法】

小组合作、启发式、讲授式。

【教学重点】

通过剖析造成“祥福”二人悲剧命运的社会因素加深对小说主题的认识。

【教学难点】

通过对比不同结局版本，升华对小说主题重要性的认识。

【教学准备】

学生：《骆驼祥子》原著、Pad、气泡图。

教师：PPT、Pad。

【教学流程】

一、回顾阅读足迹，聚焦重点人物

二、串连祥福命运，思索悲剧原因

三、剖析现象主因，再叹祥子厄运

四、再赏福子之福，感慨社会弄人

五、对比祥福形象，加深主题认知

六、改写人物命运，丰富主题内涵

七、了解作者生平，感悟人格魅力

八、延伸拓展

【教学过程】

一、回顾阅读足迹，聚焦重点人物

导入

上个月，我们集体共读了老舍先生的《骆驼祥子》，在读后调查中，有21名同学（本班24人）都将祥子和小福子作为自己最同情的两位人物。今天，我们再次走近祥福二人的生活，感受他们的悲欢离合。

出示课前问题及调查结果

学生活动：通过教师投屏展示的阅读记录单，回看之前的阅读足迹。

设计意图：本节课从学生的问题生成，并努力引导解决。在总结前期的阅读成果基础上，聚焦祥子和小福子两位重要人物。

二、串连祥福命运，思索悲剧原因

出示问题：祥福二人名字寓意非常美好，但他们的人生经历名不副实，难逢“祥福”。祥子不“祥”，小福子不“福”，从哪些地方看出来的？为什么？

学生活动：了解“祥福”名字背后的文化常识；联系概述相关具体情节。

祥子“不祥”具体表现：

1. 围绕“车”（三起三落、杨宅受辱等）；

2. 围绕“情”（与虎妞的婚姻和小福子的爱情）。

小福子“不福”具体表现：

自己为养活家人不断沦为“物品”，最后自缢身亡。

总结：两位朴实青年的悲惨命运着实令人同情，到底是什么原因造成了这样的结果呢？

设计意图：让学生将与“祥福”有关的人物和情节建立联系。

三、剖析现象主因，再叹祥子厄运

出示讨论问题：祥子命运的起落，总是与一些人、物紧密相关，请大家根据刚才回顾的情节，将折线图补充完整。（蓝色字体人物）

祥子前两次不幸的命运

都与同一个人有直接关系，孙排长抢车，孙侦探骗钱，这么一个人，为什么会有这么大本事呢？

学生活动：学生对孙其人身份（先兵后警所代表的政府）、说话内容反映的性格（欺软怕硬、有恃无恐）展开议论，一窥当时社会的黑暗。

出示原文：祥子被孙侦探诈骗后的感受。

齐读：“谁都有办法，哪里都有缝子，只有祥子跑不了，因为他是个拉车的。一个拉车的吞的是粗粮，冒出来的是血；他要卖最大的力气，得最低的报酬；要立在人间的最低处，等着一切人一切法一切困苦的击打。”

“他领略了一切苦处，他的口张不开，像个哑巴。买车，车丢了；省钱，钱丢了；自己一切的努力只为别人来欺侮！谁也不敢招惹，连条野狗都得躲着，临完还是被人欺侮得出不来气！”

出示：这一切只因“这是一个没有公道的世间！”

设计意图：通过剖析孙侦探这一次要人物，感受祥子身处社会时代的黑暗。

四、再赏福子之福，感慨社会弄人

出示问题：前两次命运的起落，虽然给这位朴实的农村青年以沉重的打击，但并没有令祥子彻底绝望，为什么在小福子死后，祥子却彻底堕落了呢？

学生活动：

学生围绕小福子的“福”回答：

1. 一介女流凭一己之力养活一家人；

2. 善待虎妞和祥子。

出示原文：祥子眼中的福子

学生活动：齐读“在他的眼里，她是个最美的女子，美在骨头里，就是她满身都长了疮，把皮肉都烂掉，在他心中她依然很美。她美，她年轻，她要强，她勤俭。假若祥子再娶，她是个理想的人。”

提问：你怎么理解这段话？

总结：小福子的一生都在为别人活着，为别人着想，为别人奉献，她没有自己。

出示：“死是最简单最容易的事，活着已经是在地狱里。”

总结：小福子是人性美好品德的化身，她死了，祥子的精神垮了，这黑暗的人世再无灵魂寄托。

设计意图：透过小福子的好与其厄运对比，学生加深对社会黑暗让人变“兽”的认知。

五、对比祥福形象，加深主题认知

出示问题：请大家结合对祥子和小福子的认识，小组讨论：两人在面对命运无情地捉弄时，生活态度有什么异同，完成气泡图，拍照上传到Pad平台。

择典型成果展示：

学生活动：两人一组，结合文章相关内容，完成气泡图。典型成果代表发言。

总结：祥福二人，原本拥有如此美好的品质，最后的结局却如此悲惨，他们的遭遇是个人的悲剧，更是时代的悲剧，是黑暗的旧社会把生活在最底层的贫苦民众一步步推向了绝望的深渊。

出示鲁迅《论雷峰塔的倒掉》原文，使学生进一步理解旧社会的黑暗本质。

设计意图：学生借助气泡图，在对比祥福二人生活态度异同点的过程中，加深“社会黑暗”这一主题认识。

六、改写人物命运，丰富主题内涵

出示问题及材料：这部彻头彻尾的悲剧，让我们读来觉得十分压抑。那样的社会环境，太让人窒息，不让好人有活路。有的同学曾尝试改写人物的命运，大家来说说下面的版本怎么样？

学生活动：学生共赏“皆大欢喜”型版本内容。

（从故事情节的前后关联、人物性格的可塑性等方面综合评价）

出示老舍生前的话：老舍先生曾多次表示小说《骆驼祥子》没能给祥子找到出路，并因此愧疚。1954年小说再版时曾说：“出书不久，即有劳动人民反映意见：‘照书中所说，我们就太苦了，太没希望了！’这使我非常惭愧！在书里，虽然我同情劳苦人民，敬爱他们的好品质，我可是没有给他们找到出路；他们痛苦地活着，委屈地死去。这是因为我看出了当时社会黑暗一面，而没有看到革命的光明。”

出示《骆驼祥子》画传最后3幅图画：结尾与原著最大的不同是祥子经曹先生介绍去了解放区。

总结：肯定学生美好心愿，回归作者主题原意，尊重名著成书历史年代。

设计意图：学生通过不同命运走向的情节对比，认识到阅读文学作品，分析人物和主题要尊重作者所反映的历史年代。

七、了解作者生平，感悟人格魅力

出示老舍相关资料：

1.《骆驼祥子》较以往反映人力车夫生活题材的文学作品的进步意义；

2. 生活经历

3. 文联入会誓词

4.“舍予”的深刻含义（忘我）

强调：老舍自称自己是“文艺界尽责的小卒”。

学生活动：在老舍先生诞辰 120 周年之际，重温他曾经的入会誓词，感受他“舍予”（忘我）的“人民艺术家”质朴伟大的“平民情怀”。

设计意图:知人论世,感受作者身为一名知识分子谦和质朴的“平民情怀”。

八、延伸拓展

阅读《记忆中的老舍先生》和《四世同堂》，结合相关文献资料，了解作者和其代表作背后的创作故事。

【板书设计】

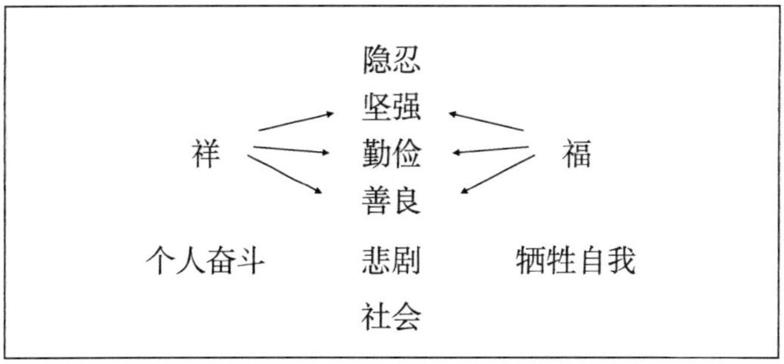

【设计特色】

1. 选取小说中最典型的两位重点人物，通过勾连主要情节，设计较为有效的问题链，引导学生深入理解小说主题。

2. 将文本的理解与信息技术手段相结合，尝试探究小说阅读教学的新路径。

品《诗经》之纯美

阳坊中学　韩永丽

【教材分析】

《诗经》是我国第一部诗歌总集，它的文字和语言给人一种质朴、纯净的感觉。八年级下册选入了《诗经》中的四首诗。音韵和谐，内容纯美，韵味悠长。本节课以《关雎》为例，进行教学。

【学情分析】

学习本课的是八年级的学生，他们已经能借助注释和工具书理解诗歌基本内容。学生通过反复诵读、品析，能够初步体会诗歌独特的音韵美。学生能够进行拓展阅读，拓宽、加深对《诗经》的了解，建立起对《诗经》的初步的审美认知。

【教学目标】

知识与技能：

在理解内容的基础上能够有自己的感受，并会比较准确地表达。能通过读《诗经》、查资料等方式，找到《诗经》对我们的深远影响。

过程与方法：

利用 PPT 导学，难点分组合作学习，品析重点语句，逐层深入的理解诗歌之音韵美与内在美，理解古人对人性美好的追求。

情感、态度和价值观：

感受《诗经》的美及对后世的影响；激起学生继续品读《诗经》的兴趣；在孩子心中种下一颗热爱传统文化的种子。

【教学方法】

启发引导，分组合作学习。

【教学重点】

品析重点语句，从中理解古人对人性美好的追求。

【教学难点】

逐层深入的理解诗歌的音韵美与内在美，落实学生对于《诗经》的继续品读。

【教学准备】

学生：朗读《关雎》，理解《关雎》的内容。阅读《诗经》中的其他作品。

教师：结合生活有新的理解与体悟，积累有关《诗经》大量的资料。

【教学流程】

孔子的话导入 → 感知《关雎》 → 重点研读 → 拓展巩固

【教学过程】

一、导入新课

“诗三百，一言以蔽之，思无邪”，“思无邪”是孔子对《诗经》的高度概括，你们知道“无邪”的意思吗？

学生活动：初读《关雎》，说说自己对“无邪”的理解。

设计意图：为下一环节做铺垫。

二、整体感知

1. 范读《诗经》经典《关雎》

寻找《关雎》的美和同学们交流。

追问：“心没有邪念”“对，心无邪念就是纯正，我们再看看读读这首诗，你有什么新的理解吗？”

2. 组内吟咏交流。

学生活动：分组品读，感知内容，体悟诗经的韵律美，画出印象深刻的诗句。初步体验诗歌的纯美。美在韵律、美在内容，自己品味，吟咏读出美感，体会音律与内容的美。

朗读指导：如何能够读出诗歌的音韵美？读出双声词、叠韵词、连绵词的音韵美，读出反复叠唱的结构美。

设计意图：结合PPT和板书，在不肢解文章内容的基础上，在读中体会美，体验作者的情感。

三、研读赏析

再读《关雎》，理解《诗经》的纯美：（赏析）

《诗经》多用起兴的手法，这种手法的运用是否只是为了音韵的和谐，为了引出所咏之物呢？我们就以《关雎》为例仔细研读一下吧！

问：为何要以雎鸠鸟起兴呢？

学生活动：大声朗读，以问题为突破口，结合朗读分析《关雎》有何深层含义？

方法：结合全诗内容进行深入研读。画出重点词句，如参差荇菜、窈窕淑女、君子好逑等。

（预设：学生结合课本注释可知，“雎鸠”起兴不仅是追求音韵的美，还是因为雎鸠是一种忠贞的水鸟，这就是先人们的爱情观。再结合诗歌内容“淑女”是文静美好的女子，她的身上体现着人性之美。所以那时的人们不只是在追求爱情，也绝不是盲目的表达爱情，更多的是表现他们对人性纯美的追求。）

设计意图：深入读诗才能理解《诗经》美的实质，理解我国古代人们内心深处的感受，以及他们对美好事物和情感的追求。

四、拓展交流

寻找今天的"诗经"：从远古走来《诗经》温婉端庄，即使在今天依旧散发着沁人的芳香。如"呦呦"一词，提到这个词，同学们首先就想到了屠呦呦这位时代的楷模，诺贝尔医学奖的获得者。

2. 点拨："呦呦"便选自《小雅》中的《鹿鸣》"呦呦鹿鸣，食野之苹。我有嘉宾，鼓瑟吹笙……"整首诗情趣高雅，以之取名寄托了多么美好的祝愿呀！

3. 学生活动：进一步感觉到《诗经》在我们的生活中，也许就在我们的名字里。体会《诗经》对于后世的影响。

4. 继续拓展交流：现在仍活跃在我们名字中充满活力的"诗经"词汇。（预设：如蓁蓁选自《周南·桃夭》："桃之夭夭，其叶蓁蓁"。"蓁蓁"，茂盛貌。芃芃选自《鄘风·载驰》："我行其野，芃芃其麦"。"芃芃"，草木茂盛貌。）

设计意图：感悟到《诗经》其实离我们的生活很近。传统文化离我们并不遥远，它深深地植入我们的心灵并影响着我们。巩固加深印象，激起学生的兴趣，激发学生对我国优秀传统文化的热爱之情。

五、课后延伸

寻找《诗经》丰韵内涵。要求：课下继续研读，结合具体诗篇，谈谈自己的新发现，之后交流。

学生活动：课下完成。一些同学还交流了一些题材更广阔、思想更深刻的话题。把课堂的深度与广度延伸下去。

设计意图：学生课下继续探究，如《硕鼠》把统治者比喻成又肥又大的老鼠是多么的形象生动，从中读出了劳动人民的控诉与不满。《节南山》有大量的叙事并在叙事表达了想要追责君王之错，表达了当时百姓们对安居乐业的希冀。

【板书设计】

赏《关雎》之韵味		品《诗经》之纯美	
双声	参差	纯：	无邪
叠韵	窈窕		心灵
连绵词	辗转	美：	音韵
反复叠唱	参差荇菜		结构

【设计特色】

1. 以研读《关雎》为切入点，拓展到对于《诗经》的阅读感悟。
2. 从感知到研读逐层深入的引导学生体会《诗经》的美。
3. 注重学生的情感体验，引导学生爱我们的传统文化。
4. 拓展环节，从课堂引向了课外。

记承天寺夜游

百善学校　韩宝玉

【教材分析】

《记承天寺夜游》是统编教材八年级上册第三单元中的一篇，本单元所选的诗文，都是我国古代歌咏自然山水的优秀篇章，都具有情景交融的特点。《记承天寺夜游》是一篇以游记形式抒发“闲人”之“闲情”的散文小品。文章仅80余字，却创造了一个清幽宁静的艺术境界，传达了作者复杂微妙的心境，展现了苏轼豁达乐观的精神世界。

【学情分析】

八年级的学生经过初中一年多的文言文学习，具备了一定的文言文基础，借助注释和工具书理解课文的能力有所提升，但对文言文阅读分析还不够到位，特别是对情景交融、借景抒怀的文言文。讲解本文时，将会以诵读为主，激发学生兴趣，教给学生学习方法，让学生能够在读中思、读中品、读中悟。

【教学目标】

知识与技能：

反复诵读课文，积累文言词汇，理解文意。

过程与方法：

通过朗读、背诵和阅读助读资料，学会赏析文中意境优美的写景句子，并深入了解诗人。

情感、态度和价值观：

理解作者在文中所表现出来的复杂而微妙的感情，启发学生乐观豁达地面对人生。

【教学方法】

诵读法、合作探究法。

【教学重点】

分析文章的景色描写并体味其意境。

【教学难点】

理解“闲人”含义，体会作者旷达的心境。

【教学准备】

学生：查阅资料。

教师：制作课件和学习任务单。

【教学流程】

导入新课 → 读美文 → 赏美景 → 悟“闲人”

【教学过程】

一、导入新课

教师活动：夜空中美丽的月亮总能引起人们无限的遐想，古往今来，有许多文人墨客借月抒怀，你能举出一些咏月的诗句吗？

学生活动：列举有关咏月的诗句，如“举头望明月，低头思故乡”；“海上生明月，天涯共此时”；“但愿人长久，千里共婵娟”……

设计意图：通过回顾学过的关于咏月的古诗，拉近学生与文本的距离，降低学习门槛，增加学生的古诗积累量，激发学生的学习兴趣。

二、读美文

活动 1：读准字音

听范读，请给下面加点字注音

遂（　）寝（　）荇（　）

学生活动：听范读，注音并纠错，自由朗读课文后指名读课文。

活动 2：读出节奏

请用“／”给下面句子划分节奏

①念无与为乐者

②遂至承天寺寻张怀民

③相与步于中庭

④庭下如积水空明，水中藻、荇交横，盖竹柏影也。

⑤但少闲人如吾两人者耳

学生活动：划分节奏，两人一组交流，全班解决疑问，最后齐读课文。

设计意图：“诵读”是打破古今隔膜的利器，所以“读”应反复进行。本课采用教师范读，学生个人读、齐读、学生展示读等多形式朗读，让学生每次读都有任务，每次读都有新的收获，以读带动对课文内容的理解，从而积累文言词汇。

三、赏美景

活动 1：整体感知内容

思考：本文主要写了一件什么事？

学生活动：概括文章内容，相互补充、纠正。

活动 2：赏析美景

思考：作者看到了怎样的美景？是怎样描写的？请圈画出来并作批注。

预设一：“月色入户”

“入”字运用了拟人手法，写出了月亮的温柔多情。（背景可参看资料 1）

预设二：“庭下如积水空明，水中藻荇交横，盖竹柏影也。”

“积水空明”，喻庭院中月光的清澈透明；“藻荇交横”，比喻月下美丽的竹柏倒影，纵横交错，摇曳生姿，扑朔迷离，亦真亦幻。“盖”字有一种恍然大悟的味道。

齐读，读出恍然大悟的感觉。

学生活动：圈画、批注，全班交流。

设计意图：一切景语皆情语，景是情的依托，情是景的灵魂。这篇小品文字简约而富有深意。首先表现在月色描写上，看似平平无奇，实为苏轼的艺术功力所在。赏析美景，旨在让学生读出自己的感悟，为下面理解心境打好基础，且在文言文教学中力求做到“文言结合”。

四、悟“闲人”

活动1：说“闲人”

思考：从文中哪些语句能读出作者是“闲人”？

预设：闲而不睡、闲而见月、闲而寻友、闲而散步、闲而赏月、闲而自得……

学生活动：圈画、批注，全班交流。

活动2：悟“闲人”

思考：作者真是“闲人”吗？请你结合文章内容和所给材料，谈谈你的理解。

资料1：宋神宗元丰二年七月，御史李定等人摘出苏轼的有关新法的诗句，说苏轼以诗讥谤新法。八月，将他逮捕入狱。他被长时间审问折磨，差一点丢了脑袋。十二月获释出狱，被贬谪到黄州任团练副使，但不得“签书公事”，也就是说做着有职无权的闲官。本文写于元丰六年，苏轼被贬谪到黄州已经有四年了。

资料2：张怀民，作者的好朋友，1083年贬黄州，起初寓居承天寺，心胸坦然，绝不挂怀于贬谪之事公务之暇，以山水怡情悦性，处逆境而无悲戚之容，为品格清高超逸之人。

资料3：苏轼以犯人的身份被贬黄州，无薪俸，故租五十亩荒地经营。他筑水坝，建鱼池，移树苗，种植稻麦和蔬菜，并在坡边自筑茅屋，号“东坡居士”。有诗云“不令寸土闲，饥寒未知免。”“去年东坡拾瓦砾，自种黄桑三百尺。今年刈草盖草堂，日炙风吹面如墨”“自笑平生为口忙”。

资料4：在黄州，他给天下写出了四篇他笔下最精的作品，一首词《赤壁怀古》，两篇月夜泛舟的前、后《赤壁赋》，一篇《记承天寺夜游》。单以能写出这些绝世妙文，仇家因羡生妒，把他关入监狱也不无道理。

——林语堂《苏东坡传》

预设：

①被贬后无职无权，很清闲——被贬的悲凉、失意的落寞。

②夜游时的心境，空灵自在，悠然自如——赏月的欣喜。

③被贬后仍“不闲”，表达了自我排遣的乐观豁达的人生态度。

学生活动：阅读助读资料，个人思考、小组讨论、全班交流。

设计意图：抓住本文的文眼——“闲”字，引导学生深入研读文本。通过加入助读资料，帮助学生更好的理解作者的心态，鼓励学生发表自己独特的见解。

五、课堂小结

教师活动：

人生之路，充满坎坷。面对困难，苏轼用他“但愿人长久，千里共婵娟”的乐观，用他“但少闲人如吾两人者耳”的旷达，用他“西北望，射天狼”的豪迈，穿越千年时空映照了我们，也希望我们在面对困难时，也能像东坡一样，心灵永远澄澈明净，人生更加豁达从容。

最后请同学们一起背诵课文。

学生活动：背诵课文。

设计意图：这一环节的设计是想把学生的学习由课堂延伸到课外，引导学生读“苏轼”，使学生的感悟达到一个新的高度。最后，让朗朗的读书声照亮学生的心灵，让书香常伴学生左右。

六、作业

积累重点字词。

推荐阅读：林语堂《苏东坡传》。

【板书设计】

记承天寺夜游 苏轼 月色——皎洁 空明 闲人——清闲 悠闲 闲情逸致 悲凉落寞 欣喜 乐观豁达

【设计特色】

1. 依托学校课题，研究文言文教学中“以文带言、文言结合”的教学方法，力求达到文言、文章、文学、文化的统一。

2. 以读促悟，提升学生理解感悟能力。重视诵读是文言文教学中的一个传统，通过诵读能达到培养语感，理解文本，积累知识和情感的学习目标。为此，本节课采用学生个人读、齐读、学生展示读等多形式朗读，通过诵读实现整体感知内容，推测词语含义，理解作者情感以及苏轼的文化心理。

3. 为学生提供必要的学习支架。本节课以新课程理念为指导，采取自主、合作、探究的学习方式，引导学生通过与文本、与作者的多重对话理解文章内容，领悟作者情感。

4. 找准关键词句，抓住本文的文眼——“闲”字的理解，来带动对文意的理解，从而突破本文的教学难点。

◆ 数学学科教学设计

指导专家：鲁彬　刘金凤　赵震

平移和旋转

长陵学校　杨春燕

【教材分析】

本课属于“图形与几何”学习范畴。“平移和旋转”是京版教材二年级上册第四单元的内容，本课内容是让学生认识较为简单的平移和旋转现象。平移和旋转现象是生活中比较常见的几何现象，是培养学生空间观念一个很重要的内容。教材通过提供生活中丰富的例子引导学生观察、比较、体会，初步认识平移和旋转现象，并通过“说一说”“移一移”等活动，让学生体会哪些图形通过平移可以互相重合。

【学情分析】

二年级的学生，在生活中见到过许多的平移与旋转现象，在他们的头脑中已有一些平移与旋转的意识，只是没有很清晰认识。因为他们还不能透过现象用数学的眼光抓住运动方式的本质，对于好多现象的判断还有些模糊，所以在课上列举一些学生比较熟悉的事物，如升国旗的运动、电风扇的运动等，以此唤起学生更多的联想，使他们重新审视生活里的某些常见现象，认识哪些是平移，哪些是旋转。在结合实例，初步感知平移和旋转的基础上，体会它们的不同特点。

【教学目标】

知识与技能：

结合生活实例，初步感受平移、旋转的现象，直观认识物体的平移和旋转，并能对生活中的平移和旋转现象进行正确判断。

过程与方法：

通过观察、操作和交流等活动，培养学生的空间观念。

情感、态度和价值观：

感受数学与生活的密切联系，运用数学知识可以解决生活中的简单实际问题。

【教学方法】

根据教学内容、学生的认知水平，依据新课标理念，本课采用师生互动学习方式和观察法、分析法，让学生充分应用多种感知方式来感悟平移和旋转的特点。

【教学重点】

学生初步感受物体平移、旋转的特点。

【教学难点】

学生初步理解物体平移、旋转的特点，能正确判断生活中的平移与旋转现象。

【教学准备】

PPT 课件、自制人物图。

【教学流程】

一、创设情境，初步感知

二、操作观察，准确分类

三、巩固练习，深化理解

四、课堂总结，应用生活

【教学过程】

一、创设情境，初步感知

1. 孩子们，老师每天上班都是开车来到学校的，老师也想知道你们平时是怎么来上学的呢？

预设：步行、乘汽车、电动车、自行车、摩托车……

师：你是走着来的；你是乘公共汽车来的；你是坐电动车来的……我们来到学校的方式各不相同。

2. 小结：像人通过行走，汽车、电动车、摩托车、自行车行驶，我们都可以说它们是在运动。

3. 生活中你还见过哪些物体或人在运动呢？（学生举例）

4. 小结：是啊，生活中有很多东西都在运动。今天老师给大家带来一些运动的物体，请大家一起观看。

设计意图：将学生熟悉的场景引入课堂。从生活中来的数学才会是“活”的数学，有意义的数学。本节课创设了让学生说说每天上学的生活情境，唤起了学生亲近数学的热情，让课堂真正成了生活化的课堂。

二、操作观察，准确分类

1. 模仿，感知

师：请同学们仔细观察画面，看看它们是怎样运动的？边看边用手势模仿它的运动方式？

（1）依次出现运动的画面（如：升国旗、电风扇、旋转门、滑梯、火车、钟表）。

（2）师：同学们模仿的太像了，它们运动的方式相同吗？能不能给它们运动的方式起个名字呢？

（3）询问模仿“旋转”的一位同学：“你刚才这样的运动（手势）叫它什么？”

（板书：旋转）

升国旗也是旋转吗？它的运动方式叫什么？

（板书：平移）

师：今天我们就一起来研究这两种不同的运动方式。

设计意图：让学生做一个表示平移和旋转的动作，实际上是把学生放到主体位置上，让他们用形体语言来表示这两种运动方式的特征，从中获得积极的体验，充分感知这两种运动方式。

2. 分类，感知

（1）分类

学生活动一：

师：下面老师想请 6 名同学帮忙把这些物体找到家，请你们每人选择一个，先模仿一下它是什么样的一种运动，然后把它贴在你认为正确的运动方式后面。（学生模仿、张贴、分类）

师：这 6 位同学帮这些物体找到了各自的家，我们来看。

（2）归纳概括

A. 像火车向前行驶，我们可以说是向前平移；升国旗是向上平移；滑滑梯是斜着平移，这些运动现象都是平移。

B. 那你们发现平移有什么特点了吗？（横着、竖着、斜着）

横着我们可以说是左右平移、前后平移；

竖着是上下平移；

滑滑梯斜着可以说左下平移。

C. 模仿运动方式

学生活动二：

师：下面请同学们跟着老师口令做运动方式：向上平移、向下平移、向右上平移……

D. 师：下面我们再来看看旋转

电风扇的叶子是怎样旋转的？——这位同学说它是围绕中间固定的一点旋转的。

旋转门是怎样旋转的？——你说是围绕中间的这根棍，数学上我们称之为轴，所以旋转门是围绕点（轴）旋转的。

那旋转有什么特点呢？——通过手势模仿，老师看到了你们理解了旋转。

E.举例助理解

教师旋转手臂，问：“请问，老师现在的手臂的运动方式是什么？”

“对，是旋转。”

拿起数学书，问：“那它的运动方式是什么？”

“没错，就是平移。”

请你站起来用自己的动作也表现其中一种运动方式。

教师小结：看来平移和旋转在我们的生活中还是很常见的。

设计意图：分类是一种基本的教学思路。在这里学生结合自己的生活经验，按运动方式的不同，对熟悉的火车、缆车、观光电梯、电扇、钟面进行划分。在这个过程中，学生进一步感知了平移和旋转，在头脑中自然形成了这两种运动方式的表象。

3.操作，感知

（1）平移小芳

师：下面老师想请一名同学帮小芳向不同方向平移，哪位同学愿意来试一试？（出示卡通图片贴在黑板上）

请听口令：向上平移　向左平移　向右平移　向右下平移。

设计意图：在“做中学”，让学生亲手移一移，再一次落实感知平移的过程。

（2）在平移的时候，你发现了什么吗？

你所说的“直直的”的意思就是说小芳站的直直的吗？

噢，那就是说小芳在平移的时候，既要站的直直的，走的也要直直的，本身方向不能歪、不能发生变化。

也就是平移是沿着直线运动的，形状、大小、方向都没有变化。

（板书：直线　形状、大小、方向不变）

（3）旋转

好，请这名同学回到座位，同学们，她回到座位一定会做什么动作？在旋转的时候，她什么变了？什么没变呢？（旋转）（形状、大小都没变，只是方向变了）

师：那平移和旋转有什么不同呢？（方向有变化；平移是直线运动，旋转是围绕一个点或轴运动）

（4）小结：这两种运动方式都是形状、大小不变，只是平移方向不变，旋转方向变了。

导语：你们学会了吗？

三、巩固练习，深化理解

1.小小指挥官

下面请你来当指挥官，指挥晓东走出迷宫（展示迷宫图）。

真聪明，通过你的指挥，晓东成功走出迷宫。

导语：平移可以帮晓东走出迷宫，生活中哪些地方还存在平移和旋转运动呢？让我们共同来判断一下。

2.请用手势判断是平移还是旋转。

如，风车　拧水龙头　缆车　观光电梯　汽车行驶

导语：其实，生活中还有更为神奇的事情呢！你听说过楼房还会搬家吗？（出示 PPT）

师：这是一个真实的事情，就发生在我国的上海。上海音乐厅这栋高高的大楼就是这样老老实实的、稳稳当当的平移了 66 米多的路程。太神奇了，这就是知识的力量，知识就是这样伟大。为什么这栋大楼能稳稳地平移呢？这里面有很多知识，以后去了解它。

四、课堂总结，应用生活

1.通过今天的学习，你最大的收获是什么？还有什么遗憾？

2.生活中处处有数学，希望大家能认真观察，勤于思考，在我们身边发现更多有意义的数学问题。

设计意图：利用多媒体动画和图片，深深地吸引每一个孩子的注意，激发学生爱数学、发现美的情感。这样安排活动，不仅可以培养学生发现和欣赏美的自觉意识，而且可以培养学生运用数学去创造美的意识。

【板书设计】

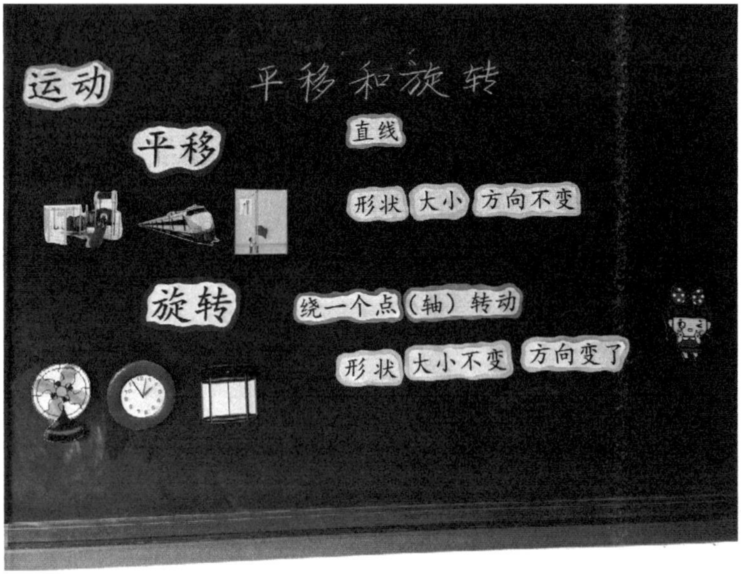

【设计特色】

1. 本设计真正做到了将数学概念与生活中的现象相结合，在师生互动和生生互动中完成教学任务，达到教学目标。

2. 根据学生年龄特点，放大他们喜欢活动的特点，放手让他们用肢体语言表达想要说的数学语言，借此准确判断物体平移和旋转的运动现象。同时作为学生，首次接触平移和旋转概念，这样的教学安排并不显得突兀，学生也容易接受，体现了“以生为本”的课堂教学理念。

中点四边形

阳坊中学　吴晓玉

【教材分析】

本课选自北京版《义务教育教科书·数学八年级下册》第十五章“四边形探究学习”。本课探究中点四边形是对三角形中位线定理、四边形的性质和判定的应用的深化，同时还是对学生研究图形变化能力的训练，为学生进行探究性学习提供方法与步骤，进一步培养和发展学生的推理能力。

【学情分析】

学生经历了四边形、三角形中位线定理等知识的学习，已获得特殊四边形的性质和判定方法，证明线段位置关系和数量关系的基本方法。通过观察、度量，学生能直观感知中点四边形的形状，获得数学猜想。但利用转化思想，添加适当的辅助线，完成猜想证明，归纳原四边形对角线的数量与位置关系对中点四边形形状的影响是本节课的重难点。

我的学生喜欢探索新的东西。我按照“最近发展区与建构主义理论”，在学生已有的基础上，设计、组织学生进行自主合作探究，调动学生的学习积极性，发挥其潜能，扩充认知结构。

【教学目标】

知识与技能：

了解中点四边形的概念，探索并证明中点四边形的形状。

过程与方法：

在探索过程中，培养学生独立分析问题、小组合作交流的学习模式。

情感、态度和价值观：

在判定中点四边形形状的过程中，发展合情推理，提高学生演绎推理能力。

【教学方法】

合作探究式、启发式。

【教学重点】

学生利用转化思想，添加适当的辅助线，完成猜想证明，并归纳原四边形对角线的数量与位置关系对中点四边形形状的影响。

【教学难点】

学生利用转化思想，添加适当的辅助线，完成猜想证明，并归纳原四边形对角线的数量与位置关系对中点四边形形状的影响。

【教学准备】

学生：复习三角形中位线定理、四边形的性质和判定等相关知识，并完成预习作业。

教师：制作 PPT 并录入学校智能教学平台，编制学案。

【教学流程】

问题创设 → 合作探究 → 总结结论 → 应用结论 → 课堂小结。

【教学过程】

<table>
<tr><th>环节、时间</th><th>教师活动</th><th>学生活动</th><th>设置意图</th></tr>
<tr><td>问题创设
3′</td><td>预习作业：画一个四边形ABCD，其中点E、F、G、H分别为边AB、BC、CD、DA的中点。顺次连接各边中点，得到新四边形EFGH就是中点四边形。
1. 阅读题目，这个概念的特征是什么呢？
概念特征：中点四边形的四个顶点是原四边形各边的中点。
2. 观察预习作业，你有什么发现？
发现问题：学生所画的原四边形的形状多样，相应的中点四边形的形状情况也多样。中点四边形的形状究竟是什么样的？</td><td>课前动手画图。
观察并发现特征。
对比观察，提出问题。</td><td>创设问题情境。
引入概念，强调特征。
引入课题。</td></tr>
<tr><td>合作探究
20′</td><td>1. 如何入手研究这个问题？
情况一：按原四边形的形状分成6组，分别是一般凸四边形、平行四边形、矩形、菱形、正方形、凹四边形。
情况二：按中点四边形的形状分成4组，分别是平行四边形、矩形、菱形、正方形。
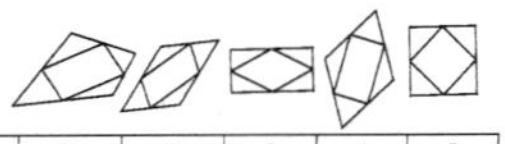
<table><tr><td>组号</td><td>1</td><td>2</td><td>3</td><td>4</td><td>5</td></tr><tr><td>原四边形 ABCD 的形状</td><td>一般凸四边形</td><td>平行四边形</td><td>矩形</td><td>菱形</td><td>正方形</td></tr><tr><td>中点四边形 EFGH 的形状</td><td></td><td></td><td></td><td></td><td></td></tr></table></td><td>观察思考，根据分类确定分组讨论方式。</td><td>引导学生观察，发现分类研究的必要性，确立研究方式，培养学生分析问题的能力。</td></tr>
</table>

<table>
<tr><td rowspan="3">合作探究
20′</td><td>2. 观察你画的中点四边形是什么形状的四边形？提出猜想。</td><td>快速调组。
通过观察和度量、推三角板平移等动手操作方式，形成组内猜想。</td><td>培养学生独立分析问题、小组合作交流的学习模式。</td></tr>
<tr><td>3. 按小组序号分享猜想。</td><td>叙述观察过程，分享小组猜想。</td><td>引导学生有条理地叙述观察过程与结果，并认识证明猜想的必要性。</td></tr>
<tr><td>4. 请各小组对你们的猜想进行验证，并按组号顺序分享。</td><td>将文字语言转化成符号语言。小组合作探究，尝试证明，并展示分享。</td><td>培养小组合作交流的学习模式，发散学生思维，发展合情推理，提高演绎推理能力。</td></tr>
<tr><td rowspan="2">总结结论
10′</td><td>1. 观察5个组证明过程的相同点与不同点，你有什么发现？
2. 决定中点四边形形状的主要因素是什么？
3. 对角线什么样的位置与数量关系决定中点四边形的形状？
<table><tr><td>组号</td><td></td><td></td><td>3</td><td>4</td><td>5</td></tr><tr><td>原四边形的对角线关系</td><td colspan="2">相交</td><td>相等</td><td>垂直</td><td>相等且垂直</td></tr><tr><td>中点四边形 $EFGH$ 的形状</td><td colspan="2">平行四边形</td><td>菱形</td><td>矩形</td><td>正方形</td></tr></table></td><td>自主观察反思，叙述个人观点。小组总结一般规律，组间分享补充。</td><td>对学生的证明结果予以肯定，强调利用对角线将四边形问题转化为三角形问题是解决四边形问题的常用思路，并提出问题，引发深度思考，促进学生思维发展。</td></tr>
<tr><td>4. 进入几何画板来看看，同学们的分析是否正确？观察动图，你发现了什么变与不变？</td><td>观察几何画板动态变化，验证分析成立。</td><td>观察动态变化，验证分析结果，得到一般性结论。</td></tr>
</table>

总结结论 10′	动态演示一：去掉对角线平分的条件，原四边形的形状都发生了改变，中点四边形的形状类型不变。 动态演示二：改变对角线间相交、相等、垂直关系，中点四边形的形状对应改变。		
应用结论 7′	若原始四边形ABCD是凹多边形，猜想并证明中点四边形的形状。 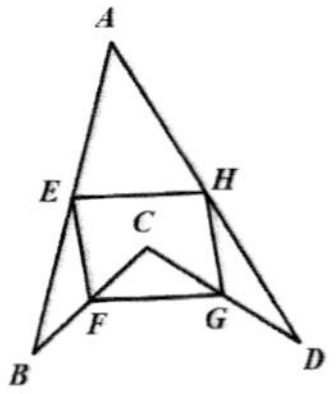 	学生自主解决，小组交流答案。	完善预习作业的问题解决。提高学生数学应用意识与解决问题的能力。
课堂小结 5′	1.通过本节课的学习，你有哪些收获和体会？ 2. 教师进行思想和方法总结提升。 知识：原四边形对角线的关系与中点四边形的形状的对应关系。 方法：分类研究是研究多种情况问题的一种基本方法；观察、猜想、证明是研究数学问题的一般过程；添加辅助线转化、建模是解决几何问题的一般思路方法。	回顾本节课的探究过程，回答问题。	加深学生对知识的认识和方法的理解，逐步提升学生数学素养。

【板书设计】

探究学习：中点四边形

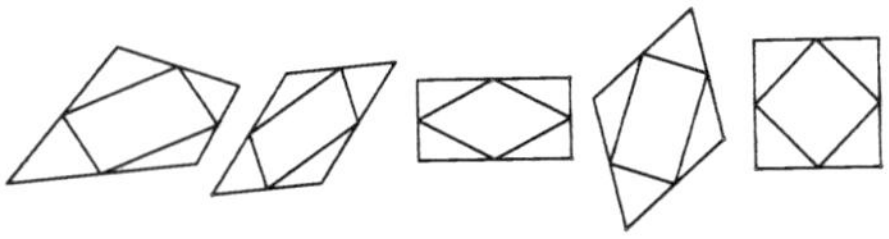

组号	1	2	3	4	5
原四边形 *ABCD* 的形状	一般凸四边形	平行四边形	矩形	菱形	正方形
原四边形的对角线关系	相交		相等	垂直	相等且垂直
中点四边形 *EFGH* 的形状	平行四边形		菱形	矩形	正方形

【设计特色】

1.研究内容的层次发展清晰，来源于学生作业与课堂经验，贴合学情发展。从学生预习作业中原四边形与中点四边形的形状情况多样性引发思考，再到证明辅助线的一致性引发中点四边形形状的关键影响因素的深入探索，符合学生的认知发展。

2.以问题为中心，组织课堂教学。围绕中点四边形的形状这一核心问题展开，下设三个问题形成问题链。问题 1　观察学生所画的中点四边形是什么形状的四边形？引导学生观察度量，获得猜想；问题 2　如何添加适当的辅助线证明你的猜想？发散学生思维，引导演绎证明；问题 3　原四边形对角线什么样的位置与数量关系直接决定中点四边形的形状？引导学生反思推广，总结归纳。问题链的设置与解决能够帮助学生经历知识的发生、发展过程，感受数学研究的一般方法。

3.学生自主合作探究为主。本节课以学生的学习为中心组织课堂教学，给予学生充分的时间和空间经历观察、猜想、验证、归纳等活动过程，在独立思考、小组合作不同层级的研究过程中感受数学知识的生成和研究问题的方法。

4. 注重学生能力的培养。教学过程中给予学生充分交流和展示的机会。通过学生展示和小组交流等多种形式，培养学生沟通、表达和合作学习的能力，提高学生的参与感，并逐步积累数学活动经验。

勾股定理

长陵学校　张凤文

【教材分析】

勾股定理是直角三角形非常重要的性质，是几何中最重要的定理之一。它揭示了直角三角形三边之间的数量关系，可以解决直角三角形中的计算问题，是解直角三角形的主要依据之一。本课目的是通过实际分析、拼图等活动，让学生获得较为直观的印象；通过联系和比较，理解勾股定理，以利于正确的进行运用。

【学情分析】

本班学生缺乏较为严谨的逻辑推理能力，所以在探索勾股定理时，主要通过直观的、乐于接受的拼图法去验证勾股定理。

【教学目标】

知识与技能：

了解勾股定理的不同证明方法，理解勾股定理内容并能够应用公式解决实际问题。

过程与方法：

通过小组合作学习探究勾股定理的证明过程，进一步体会数学中的数形结合思想。

情感、态度和价值观：

在探究活动中，体验解决问题方法的多样性，培养学生的合作交流意识和探索精神。提高数学素养能力，并在学习中感受数学的乐趣和魅力。

【教学方法】

观察法、探究法、小组交流合作法、练习法。

【教学重点】

实践探索及验证勾股定理的过程。

【教学难点】

用拼图的方法证明勾股定理。

【教学准备】

学生：复习相关直角三角形知识，准备四个全等的直角三角形。

教师：准备 PPT 课件。

【教学流程】

问题引入，大胆猜想 → 动手拼图，定理证明 → 感知勾股 → 学以致用 → 总结提升

【教学过程】

一、问题引入，大胆猜想

毕达哥拉斯：古希腊著名的哲学家、数学家、天文学家。相传有一次他在朋友家做客时，发现朋友家用砖铺成的地面中反映了 A、B、C 三块地砖面积之间的数量关系，进而发现直角三角形三边的某种数量关系。

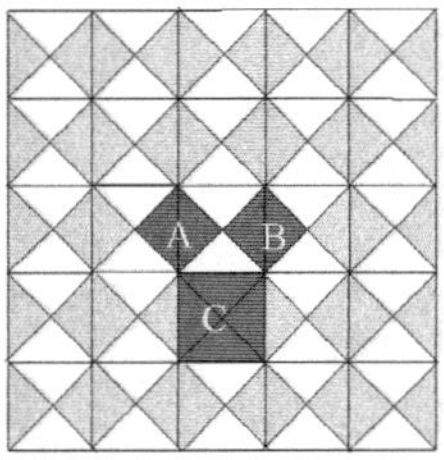

1. 我们也来观察右图的地面，你能发现 A、B、C 三块地砖面积之间有什么数量关系吗？你是怎么看出来的？

2. 图中正方形 A、B、C 所围等腰直角三角形三边之间有什么关系？

3. 在一般的直角三角形中这个结论是否还成立？

学生活动：

观察思考

大胆猜想：如果直角三角形的两直角边长分别为 a、b，斜边长为 c，那么 $a^2+b^2=c^2$。

设计意图：学生在轻松的伟人故事中积极参与对数学问题的讨论和探索。激励学生用心观察，带领学生情绪激昂的继续探索，进而得出等腰直角三角形三边满足关系。

二、动手拼图，定理证明

1. 请各组拿出准备好的四个全等的直角三角形（设直角三角形的两条直角边分别为 a、b，斜边 c）。你能用这四个直角三角形拼成一个正方形吗？拼一拼试试看。

2. 你能否就你拼出的图形，通过面积建立关系？继而找出直角三角形三边之间的关系？

学生活动：

1. 先让学生完成拼图游戏；

2. 让学生从拼图中通过面积找到 $a^2+b^2=c^2$ 的数字关系；

3. 小组代表前台展示本组验证过程。

设计意图：通过学生动手拼图的探究和交流，发现利用代数观点证明几何问题的思路，培养学生的发散思维、一题多解和探究数学问题的能力。

三、感知勾股

勾股定理：直角三角形两直角边的平方和等于斜边的平方。

符号语言：在△ ABC 中

$\because \angle C=90°$

$\therefore AB^2=AC^2+BC^2$

$AC^2=AB^2-BC^2$

$BC^2=AC^2-AB^2$

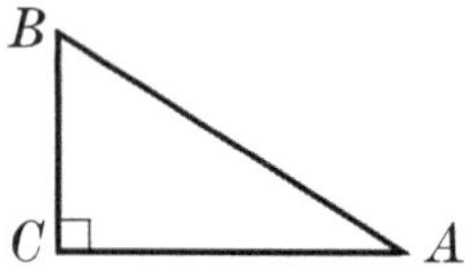

介绍勾股定理的相关资料。

学生活动：独立完成归纳总结。

设计意图：明确勾股定理的内容及几何语言的表示。

展示图片介绍勾股定理的历史背景。

四、学以致用

例：在 ΔABC 中，$\angle C=90°$，$AB=7$，$AC=5$，求 BC 的长。

练习：

1. 求图中直角三角形的未知边的长度。

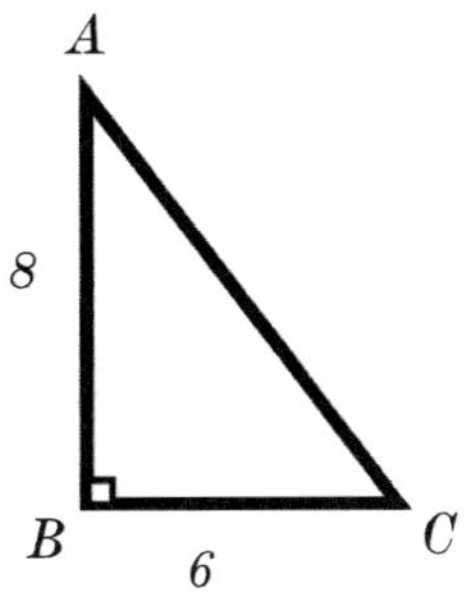

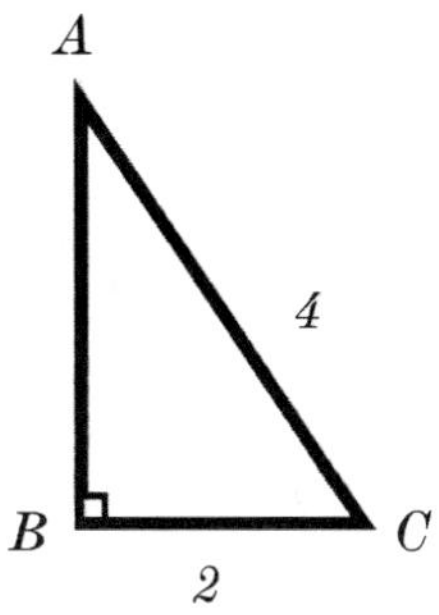

2. 已知一直角三角形中，两边的长为 3 和 4，则第三边长为______。

检测：

学生活动：独立思考完成，并进行展示。

设计意图：明确写题格式，巩固知识。

五、总结提升

总结收获：通过本节课的学习，大家有什么收获？有什么疑问？

设计意图：强调本节课的重点内容，注重知识体系的形成，培养学生回顾反思的良好习惯。

【板书设计】

勾股定理

勾股定理：直角三角形两直角边的平方和等于斜边的平方。

符号语言：在△ ABC 中

∵ $\angle C=90°$

∴ $AB^2=AC^2+BC^2$

$AC^2=AB^2-BC^2$

$BC^2=AC^2-AB^2$

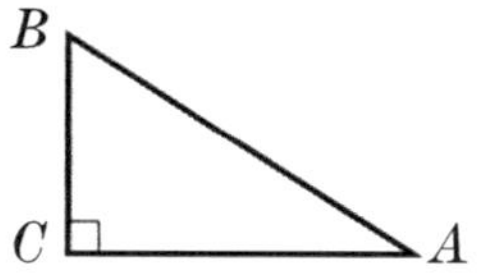

【设计特色】

探索勾股定理时，主要通过直观的、乐于接受的拼图法去验证勾股定理。“操作＋思考”的方式符合八年级学生认知水平，适应其思维发展规律及心理特征。让学生感悟到：学习任何知识的最好方法就是自己去探索，在探索中领悟、在领悟中理解，让他们“学会学习”。

圆中的计算

百善学校　陈欣欣

【教材分析】

“圆”在初中几何教学中占有重要地位，圆是初中阶段几何教学中涉及的第一个曲线型图形，由认识平面的直线图形到曲线图形，是学生认识发展的一次飞跃。而且在中考中圆的解答题也是一道综合性极强的题目，需要有极其熟练的三角形、四边形的知识做铺垫。所以，要求学生不仅要学好本章知识，还要对前面所学过的知识进行再认识，是对知识的梳理和综合应用，属于能力提升阶段。在这一章中常见类型题目的解法，重在体会思想、方法，把握问题的本质。

【学情分析】

本课程授课对象为九年级学生，学生已经学习了圆的有关概念与性质、与圆有关的位置关系，具备了解决圆的综合问题的知识基础，但是解决问题方面还存在不足。

本班学生的数学水平参差不齐。班级共 28 人，有 4 ~ 5 位同学数学程度较好，有 10 个同学处于不及格水平，但是大部分同学对于数学抱有热情，课上能做到积极参与。针对班级特点，本节课难度将会有所降低，为学生搭建台阶，将题目进行拆解，旨在教会学生通过一步步观察、联想，进而得出结论。

【教学目标】

知识与技能：

体会怎样依据题目的条件、图形及结论联想到圆中相关定理来解决较简单的数学问题，体会圆中条件在寻找解题思路中的重要作用。

过程与方法：

学会识别基本图形，逐渐形成将复杂问题简单化、抓住问题的本质的能力。

情感、态度和价值观：

通过动手实践、观察比较、合作交流，提升自己的学习信心，体验探索的快乐。

【教学方法】

自主探究、小组合作。

【教学重点】

1. 识别圆中的基本图形，明确圆的作用。

2. 利用基本图形解决圆中的计算问题。

【教学难点】

1. 添加辅助线构建基本图形。

2. 与圆中几何知识有机结合解决较复杂的数学问题。

【教学准备】

学生：课前完成题目的（1）问。

教师：几何画板。

【教学流程】

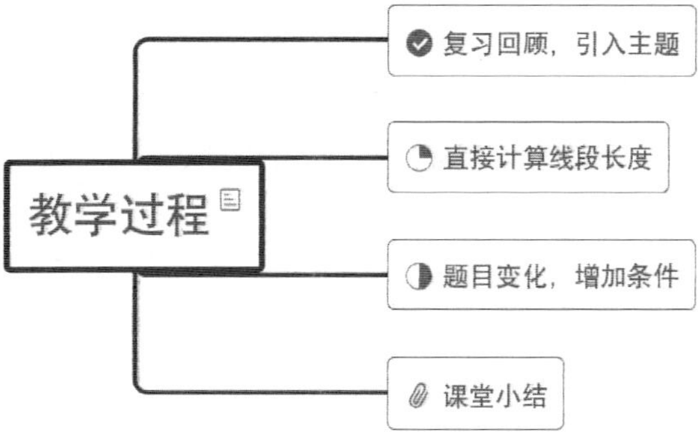

【教学过程】

一、复习回顾，引入主题

内容回顾：

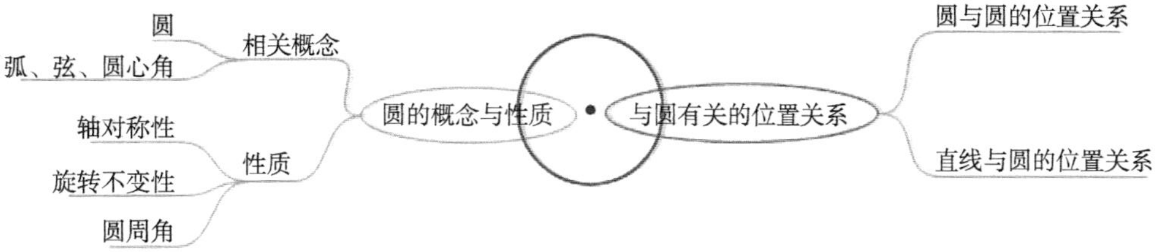

学生活动：和教师一起梳理、回顾本章知识，形成知识框架图。

设计意图：对本章知识进行简单回顾，再次帮助学生梳理知识框架，引出本节课内容。

二、圆中的计算

如图，以△ ABC 的边 AB 为直径作⊙ O，AC 是⊙ O 切线。

如图，$\sin B=\frac{2}{3}$，$BD=5$，你能求出哪些线段的长？

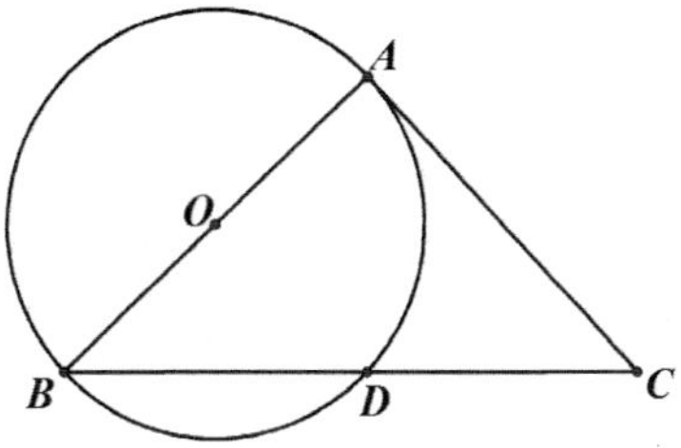

学生活动：结合已知条件，添加辅助线，画出基本图形，计算线段的长。

设计意图：学生结合已知条件，联想所学知识，求出线段长度，为后续的计算做好准备。此处没有指定让学生求出哪些线段长度，而是通过设置开放性问题，让学生通过已知条件，探索哪些线段可求，帮助学生分析问题。

问题：

1. 你求的是哪条线段？

2. 为了求这条线段，你做了什么？为什么这么做？

3. 具体如何求的？

学生活动：连结 AD，构造双垂图，利用相似或锐角三角函数解决问题，可求 AB、AD、CD、AC 线的长度。

设计意图：要抓住问题的本质，明确圆能提供哪些条件，提供完条件后，最终解决三角形问题。

小结：

$$\text{连结 } AD \rightarrow \begin{cases} \text{直角三角形} \rightarrow \text{勾股定理} \\ \text{双垂图} \rightarrow \text{锐角三角函数/相似} \end{cases}$$

学生活动：梳理总结。

设计意图：通过小结，让学生再次对直径、切线的作用进行认识，形成对基本图形的意识。

（2）在（1）的条件下，点 E 是弧 BD 的中点，此时新增了哪些线段？你能求出这些线段吗？

追问：

1. 新增了哪些线段？

2. 你求出了哪条线段？

3. 为了求这条线段，你做了什么？为什么这么做？具体如何求的？

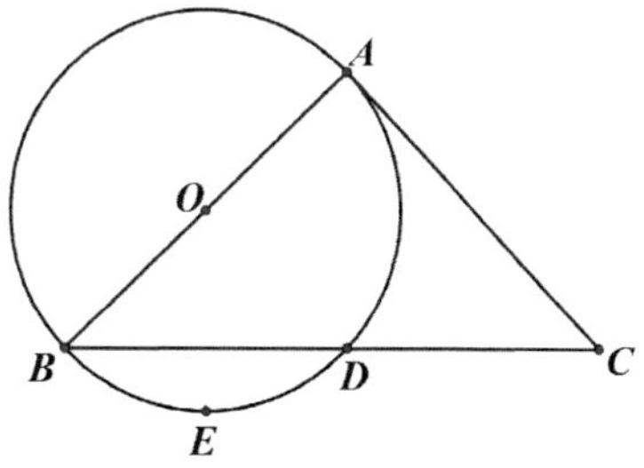

学生活动：结合上述已经求得的线段，观察图形，联想已学知识解决问题。

设计意图：通过增加条件，让学生观察新条件的出现为我们提供了哪些结论，这些结论又有哪些联系，进而培养学生的审题能力。

小结：

$$\text{连结 }OE \rightarrow \begin{cases}\text{直角三角形} \rightarrow \text{勾股定理} \\ \text{A字型} \rightarrow \text{相似}\end{cases}$$

（3）在（1）、（2）的条件下，连结 AE，交 BD 于点 M，求 BM 的长。

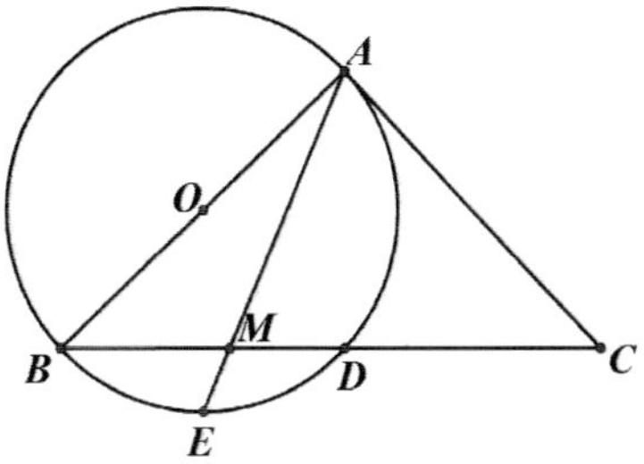

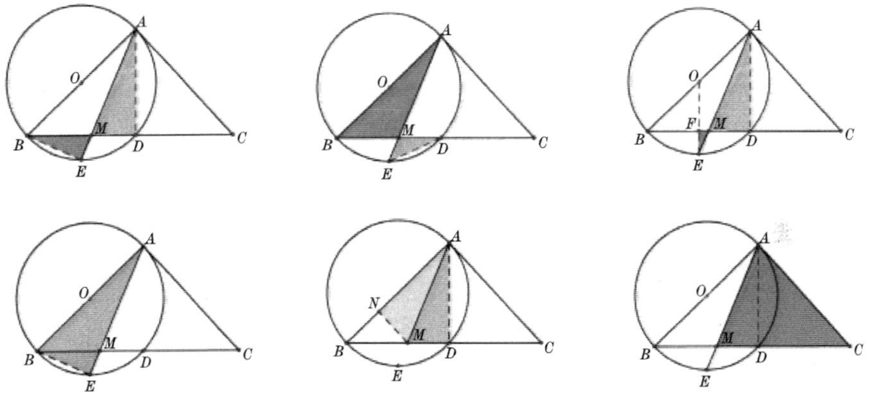

学生活动：独立思考，组内交流，班级展示。

设计意图：（1）、（2）均可以在一个三角形中借助勾股定理或锐角三角函数解决问题，而求 BM 较为复杂，需要借助其他三角形解决问题。因此此处要让学生形成一种意识——当在一个三角形中无法解决问题时，要将所求线段与其他三角形建立联系（往往借助相似解决），进而求得线段长度。

三、课堂小结

1. 本节课你有哪些收获？

2. 在解决圆的计算问题时用到了哪些方法？

学生活动：谈收获，梳理本节课所学内容。

设计意图：学生分享收获、困惑，对本节课知识、方法再次梳理，让学生对圆中的计算有思考的方向。

【板书设计】

圆中的计算

基本图形　　　　　　知识　　　　　　思想方法

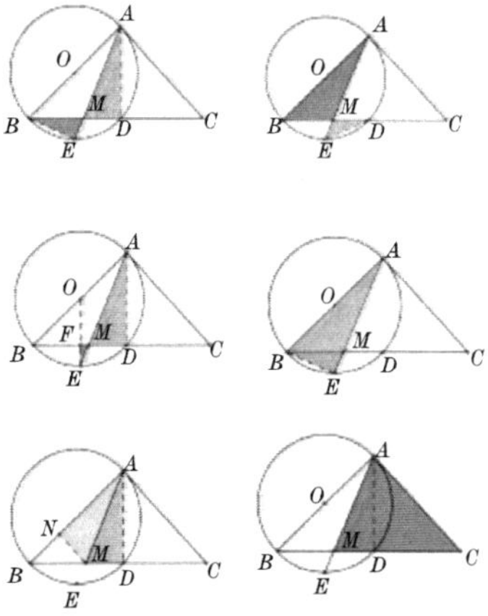

直角三角形 → 勾股定理
双垂图 → 三角函数/相似　　转化
A字/8字型 → 相似

【设计特色】

1. 教会学生进行知识梳理，构建知识体系的方法

构建知识网络，建立知识间联系是一种很好的将知识进行总结的方法。本节课有意识的去引领学生构建知识框架，建立知识的联系。

2. 教会学生化繁为简的解题方法

首先，在教学结构上化繁为简。本节课避免了平时复习时的题海战术。考虑到本班的学情，而是将一道圆的综合题进行了拆分，使问题的梯度更加明显，由浅入深，层层递进，让不同层次的孩子都有了不同程度的收获。

其次，图形的化繁为简。在每个问题之后，都会引领学生进行方法的总结。不仅如此，为了让问题更加简单化，在总结时将基本图形分离出来，明确了此类问题的落脚点，同时也没有忽视圆在这当中的作用。

3. 创设开放性问题

设计开放性问题的目的是想让学生通过解决此问题，能进一步理解、巩固圆中提供的有利解题条件，同时锻炼学生的思维，培养学生的创新意识和能力。

本节课前两个小题都是开放性问题。这样的设计能够引导学生从不同的角度对问题进行思考，形成多样的解题思路，甚至引起学生的争论；另外（2）小问是在原题的基础上适当改变了条件，引导学生从已知的开放性问题出发进行引申、推论，从而激发学生的探索兴趣。

4. 一题多解

只求一种解法，容易造成“一根筋”，一旦面对的是不曾遇到的习题，就很可能绞尽了脑汁，却什么也想不出来。而掌握一题能多解的方法，不仅是解题方法的增多，还能有更多的收获。

本节课让学生尝试用不同方法去解题，力争教会学生多个考虑问题的角度。当然，本课的目的不是为了寻求方法而找方法，优中选优也是很重要的。

观察、猜想与证明

亭自庄学校　袁晓曚

【教材分析】

本课属于“造型·表现”学习领域，数学解题与数学发现一样，通常都是在通过类比、归纳等探测性方法的基础上，获得对有关问题的结论或解决方法的猜想，然后再设法证明或否定猜想，进而达到解决问题的目的。类比、归纳是获得猜想的两个重要的方法，也是人们在学习和生活中常用的思维方式，是发展理性思维的重要方式。数学与其他学科的区别除了研究对象的不同，最突出的就是数学内部规律的正确性必须用演绎推理的方式来证明，而在证明或学习数学的过程中，又经常要用合情推理去猜测和发现结论，探索和提供思路。两者紧密联系、相辅相成。因此，无论是学习数学、教授数学，还是对于学生理性思维的培养，都需要在基础教育阶段的初中数学中加强这方面的学习和训练。

【学情分析】

本年级学生比较喜欢学习数学，在课堂上基本上能做到认真听讲，积极思考，但是主动发言表达看法的同学不多。本节课是合情推理的第二课时，在前面已经学习了归纳推理。学生已经初步体会并认识到合情推理在数学发展中的作用。对于类比，学生其实并不陌生，它出现在各个章节中，但实际上，学生对它的认识是模糊的。通过本节课的系统学习，学生会进一步了解什么是类比、如何进行类比，感受数学的创造过程。初中数学教学中存在很多可以类比的知识与方法。如一元一次方程与一元二次方程之间的解法类比，等式的基本性质和不等式的基本性质的类比，不等式的解法和一元一次方程的解法类比等。初中已将类比推理渗透到教材的很多章节，有的学生已经在自觉不自觉的应用着。

【教学目标】

知识与技能：

结合数学实例和生活中的实例，了解类比推理的含义及作用，掌握类比推理的一般步骤；能利用类比进行简单的推理；了解经类比推理得到的结论是否正确需要严格证明。

过程与方法：

通过证明，感受类比推理在探索和提供解决问题的思路和方向上所具有的作用，体会并认识类比推理在发现中的作用。

情感、态度和价值观：

建构类比推理的思维方式，培养和发展逻辑思维能力及创新思维能力。

【教学方法】

观察比较法、探究法、示范法、谈话法、练习法等。

【教学重点】

了解类比推理的含义，掌握类比推理的方法和步骤。

【教学难点】

找到合适的类比对象，分析两类事物在结构或功能等方面的关系，正确运用类比推理的方法解决相关问题。

【教学准备】

学生：学案。

教师：PPT、学案。

【教学流程】

创设情境，引出课题 → 由《鲁班造锯》引发思考

↓

举例说明，体会类比含义 → 1. 鲨鱼皮泳衣；2. 听诊器的发明；3. 学生举例 } 总结并理解类比的含义

↓

理解类比的作用 → 《流浪地球》引发的思考 { 1. 类比作用；2. 爱护地球

↓

课中探究，应用类比 → { 活动 1. 数角；活动 2. 画图研究数交点；活动 3. 交流

【教学过程】

环节一：创设情境，揭示课题

问题（一）：什么是类比推理？

创设情景境：鲁班发明锯子

问 1：刚刚的小片段讲了一件什么事？谁能归纳鲁班发明锯子的思路？

小结：鲁班观察到齿形小草割破手臂，联想到齿形工具也会锯断木头，于是付诸实践，制造锯，并且通过事实证明锯真的能够快速地锯断木头。这伟大的发明至今流传，造福人类。

问 2：这里运用了什么推理？

引出课题：类比。

学生活动：观看视频，思考问题。

设计意图：由熟知话题引入本节课，使学生初步感知什么是类比。

过渡：它是一种类比推理。（板书课题）

环节二：深入理解类比的含义

运用类比推理的例子还有很多，谁能说说生活或者学习中运用类比推理的例子？

问 1：你能根据自己的理解说说什么是类比推理吗？

问 2：任何两类事物都能进行类比吗？

总结：类比推理的含义和特点。

通过两个或两类研究对象进行比较，找出它们之间某些属性的相同点或相似点，以此为依据，推测它们的其他属性也可能有相同或相似点的结论，这种推理方法称为类比推理。

板书：从具体问题出发 → 观察、分析、比较、联想 → 类比 → 提出猜想

学生活动：学生举例，思考回答。

设计意图：老师用问题引发学生认真思考发明家、设计者的灵感来源及设计思路。从学生熟悉的事例出发，从生活与实践的类比开始，让学生感受到数学源于生活，又服务于生活。在此基础上，帮助学生深入理解怎样的两个事物才能进行类比，即必须是具有某种相似性的两个事物才能进行类比。通过该问题，强调类比的对象。

环节三：理解类比的作用

问题（二）：类比推理的结论是否正确？类比推理的作用是什么？

2019 年寒假热映的电影《流浪地球》讲述了在不久的未来太阳即将毁灭，太阳系已经不适合人类生存。面对绝境，人类将开启“流浪地球”计划，试图带着地球一起逃离太阳系，寻找人类新家园。宇宙中真的存在外星生命吗？

问 1：能说说你的推理结果吗？说一说你的推理依据？

问 2：事实上火星上真的有生命吗？

问 3：运用类比得到的结论一定对吗？

小结：火星上是否有生命，还需要我们进行不断的科学验证。虽然类比的结论不一定正确，但它能帮助我们拓展新思路，提供研究的方向。

板书：验证。

学生活动：推测外星存在生命的可能性，并说一说依据。

对外星生命的猜想

	地　球	火　星
公转	绕太阳公转	绕太阳公转
自转	自转一周需用 23 小时 56 分 4 秒	自转一周需用 24 小时 37 分 22.6 秒
是否有大气层	有大气层	有大气层
季节变更	一年中有季节变更	一年中有季节变更
生物生存变更	温度适合生物生存	大部分时间的温度适合地球上已知生物生存
结论	有生命存在	可能有生命存在

设计意图：感知类比的作用，强调提出猜想，并得出结论后的验证的重要性。

过渡：德国著名的物理学家开普勒曾说：“我珍惜类比胜于任何别的东西，它是我最可信赖的老师，它能揭示自然界的秘密，在几何学中它应该是最不容忽视的”。

环节四：课中探究

活动 1：数角

问题：在一个角的内部，从顶点引出若干条射线，求出图中共有多少个小于平角的角。

分析：从角的顶点引 1 条射线，图中共有____个角？从角的顶点引 2 条射线，图中共有____个角？从角的顶点引 3 条射线，图中共有____个角？

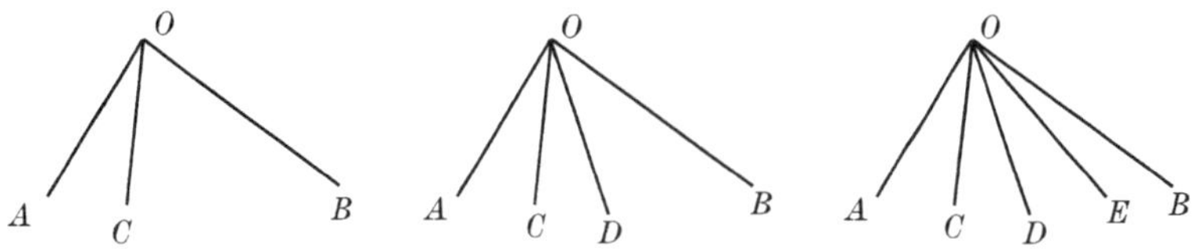

从角的顶点引 9 条射线，图中共有____个角？从角的顶点引 99 条射线，图中共有____个角？从角的顶点引 n 条射线，图中共有____个角？

问 1：你是如何回答的呢？

问 2：这道题哪里运用了类比推理？

小结：通过与上一节课的数线段问题在数的方法及计算过程进行类比，并且每一幅图都与前一幅图进行类比推理，可见当我们发现其问题的相同或相似点时，类比推理有助于快速解决问题。

学生活动：学生思考并拍照上传探究结果

活动 2： 画图数交点

问 1：两条直线相交，有几个交点？

问 2：在两条直线相交的前提下，出现第三条直线会有几个交点？请你利用手中的平板进行探究。

问 3：有几种情况？分别是什么？

问 4：三条直线相交，怎样画交点最多？

问 5：那么四条直线相交，最多有几个交点呢？你能动手画一画吗？

两条直线相交最多有____个交点；三条直线相交最多有____个交点；

四条直线相交最多有____个交点；五条直线相交最多有____个交点；

…………

十条直线相交最多有____个交点；

n 条直线相交最多有____个交点。

小结：这一活动不仅是类比学习，同时也能发现数形结合的妙处所在。当图形中直线条数较少时，“以形助数”推理出交点数量变化规律；而直线数量不断增加，图形较为复杂时，“以数解图”推理出图形的变化，正所谓“数形结合百般好”。

学生活动：学生画图分析并拍照上传探究结果

活动 3：小明在学习解不等式时，类比解方程的方法解不等式 $\frac{-2x+4}{-3}>0$，他的做法对吗？给你带来什么启示？

问 1：小明在解不等式时，哪里运用了类比推理呢？

问 2：为什么结果错了呢？

小结：虽然运用类比推理的方法有助于我们解决问题，但是在此过程中也要注重问题本身的特性。

解方程：	$\frac{-2x+4}{-3}=0$	解不等式：	$\frac{-2x+4}{-3}>0$
去分母得	$-2x+4=0$	去分母得	$-2x+4>0$
移项得	$-2x=-4$	移项得	$-2x>-4$
系数化 1 得	$x=2$	系数化 1 得	$x>2$

设计意图：通过三个活动使学生充分理解类比推理的含义及特点，并能应用类比解决实际问题。

过渡：学习了类比推理，让我们在课后小试牛刀。

环节 5：课后探究，学以致用

1. 如图，在一个三角形的一条边上取四个点，把这些点与这条边所对的顶点连接起来，则图中共有几个三角形？

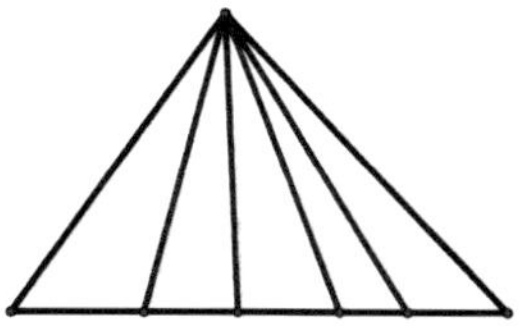

2. 为了求 $1+2+2^2+2^3+\cdots+2^{2018}$ 的值，

可令 $S=1+2+2^2+2^3+\cdots+2^{2018}$，

则 $2S=2+2^2+2^3+2^4+\cdots+2^{2019}$，

因此 $2S-S=2^{2019}-1$，

所以 $1+2+2^2+2^3+\cdots+2^{2018}=2^{2019}-1$。仿照以上推理计算出 $1+5+5^2+5^3+5^4+\cdots+5^{2019}$ 的值是（　　）

A. $5^{2019}-1$　　B. $5^{2020}-1$　　C. $\frac{5^{2019}-1}{4}$　　D. $\frac{5^{2020}-1}{4}$

学生活动：学生课后完成

设计意图：学以致用，巩固提高。

【板书设计】

7.4 类比

从具体问题出发 → 观察、分析、比较、联想 → 类比 → 提出猜想 → 验证

【设计特色】

1. 以学生为中心开展教学；

2. 让学生学以致用，在学习过程中获得成功的满足感。

◆ 英语学科教学设计

指导专家：王萍兰　徐雨玲

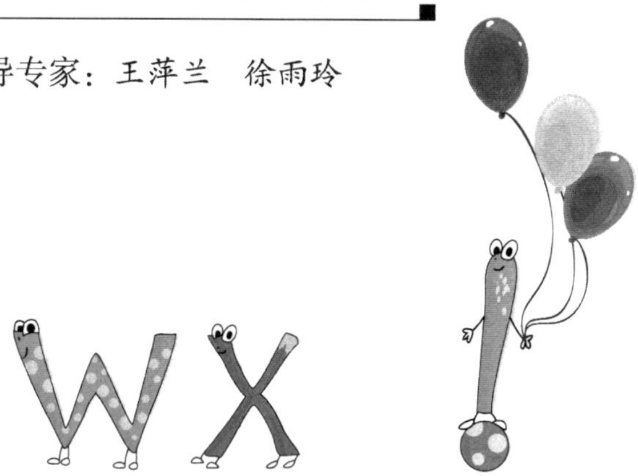

Lesson17 The Dragon Boat Festival

百善学校　马桂霞

【教材分析】

本课属于“传统节日文化”学习领域。本课教学内容是北京版四年级下 Unit5 Lesson 17 左右页。本节课讲的端午节右页涉及的元宵节是中国的传统节日。三、四年级教材已经出现过十几个国内外节日，介绍了一些有关节日的文化。

【学情分析】

本班学生平时的预习情况比较好，大约有 2/3 的学生课前能基本正确的朗读课文,有一部分学生能够通过预习背诵课文。课前让学生们上网搜集资料，完成调查表。调查端午节和元宵节的日期、食物、 习俗。课前准备将学生分为三至五人的小组，每组选定一个节日进行准备，组长给每位组员分配介绍的内容，并让组员为制作海报做准备。

【教学目标】

知识与技能：

1. 通过看图片视频、跟读文章、做游戏等活动，学生能够初步感知并整体认读单词 The Dragon Boat Festival 、special 、places 、relative、 lantern。

2. 通过跟读、模仿，能够正确朗读或表演课文。

3. 通过老师提示，小组合作制作一张有关传统节日的海报并让组员介绍节日。

过程与方法：

1. 通过看图猜节日的游戏复习以前的节日，自然引出新授课内容。

2. 通过看图提问、看视频、小组活动等方式学习生词并表演课文。

3. 通过一名学生介绍端午节由来，了解节日背景。

4. 通过老师提示、小组合作完成海报并集体介绍节日。

情感、态度和价值观：

通过提前查阅有关传统文化的资料，小组分工再合作完成节日海报的活动，来进一步了解传统文化，激发学生对传统文化的热爱。

【教学方法】

游戏教学法、情境教学法、任务型教学法。

【教学重点】

1. 学习讨论节日所必备的基本用语。“What's special on this day？”“In many places people…”以及 The Dragon Boat Festival、special、places、relative、lantern 的正确发音。

2. 学生能够正确理解并朗读课文，部分学生能够表演课文。

【教学难点】

通过老师提示、小组合作完成海报并集体介绍节日。

【教学准备】

学生：完成调查表，完成组长分配的任务。

教师：画板书背景、词条、PPT。

【教学流程】

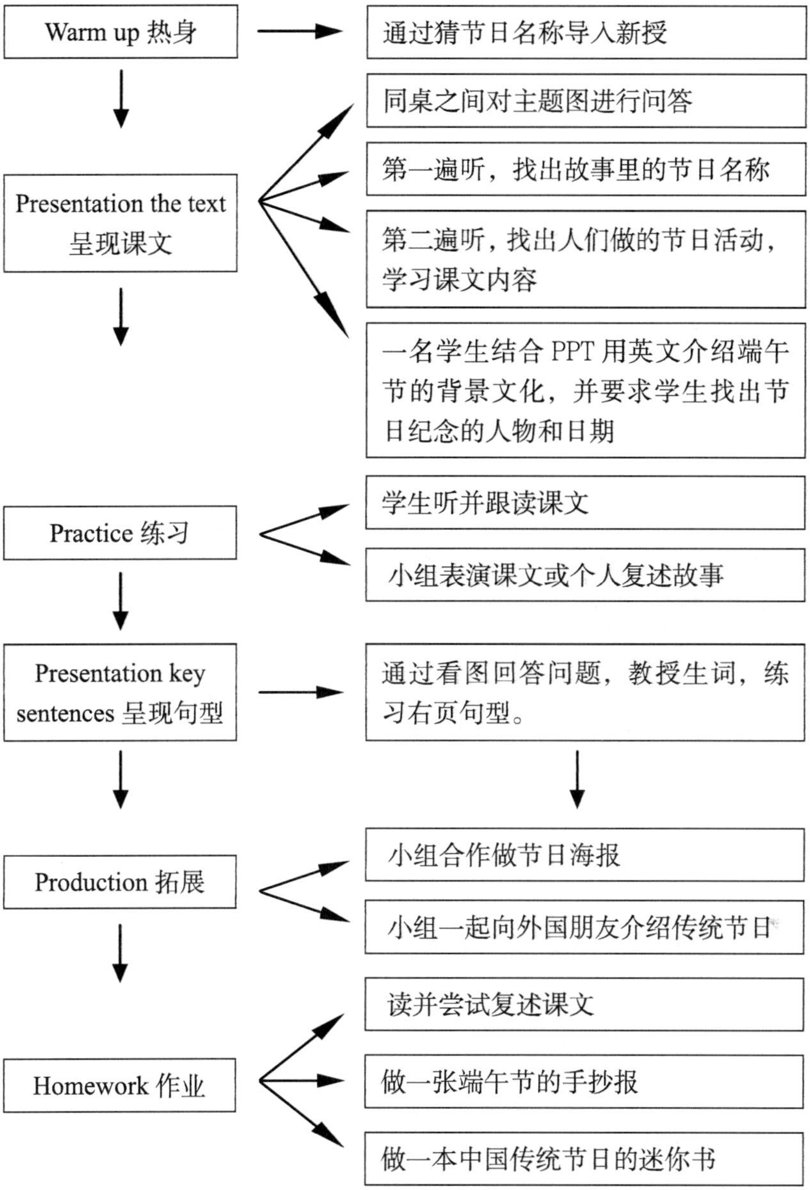

【教学过程】

Step 1. Warm up

1. T：We have learned some festivals. Do you remember them?

Ss：Yes.

2. T： Show picture 1. Look at the picture and guess: What festival is it?

S： It's Chinese New Year.

3. T：When is it?

S: It's on the first day of the first month in the Chinese calendar.

4. T：Read the answer together. Show the sentence.

Chinese New Year is on the first day of the first month in the Chinese calendar.

5. T：Show picture 2. Look at the picture and guess：What festivel is it? When is it?

S：Tree-planting Day is on March 12th.

设计意图：通过看图猜节日名称并说出节日的日期来复习以前所学的 8 个节日，调动学生学习英语的积极性。

Step 2. Presentation

1. T：Today we will learn a new festival. First look at this picture（课文主题图）, can you ask and answer some questions? Practice with your partner.

S: Who are they? They are Maomao and Sara.

Where are they? Maybe they are in the library（reading room）.

What are they doing? They are reading a book. （They are talking）

设计意图：让学生观察图片，对故事的地点、人物、起因提问并回答，锻炼学生的口语能力及思维能力。

2. Watch the story first and think: What festival are they talking about?

Watch carefully and answer.

S：They are talking about the Dragon Boat Festival.

设计意图：通过第一遍听，找出故事里提到的节日名称。

3. T：Point to the blackboard and says： This is a dragon, this is a boat. So dragon boat means…

S：龙舟。

4. The Dragon Boat Festival means…

S: 端午节（龙舟节）

设计意图：通过看黑板的背景图片，帮助学生理解词义。

5. Show me your finger, write and say the word. /dr/ /dr/ dr/, /æ/ /æ/, /dr/ /æ/ /dræ/, /g/ /g/ /g/, /ən/ /ən/, /g/ /ən/ /gən/./drægən/dragon.

设计意图：通过空写与拼读法帮助学生记忆单词。

6. Put on a phrase. The Dragon Boat Festival.

7. T： Watch the story again and think :

Is it a Chinese festival?

What's special on this day?

8. S：Watch and think the questions.

Yes, it's a Chinese festival.

T：Put on the phrase. a Chinese festival

Read it together.

S：People eat zongzi and have dragon boat races.

T: Put on the phrases.

Eat zongzi. have dragon boat races.

Read it together.

设计意图:通过第二遍观看,让学生检索重要信息,学习本节课重点内容。

9. T：Where do people eat zongzi and have dragon boat races? Show a map of China.（PPT）Circle many places. And ask place means…

S：Look at the pictures and understand the meaning of place：地区、地方

设计意图：通过大屏幕出示地图，并且圈出端午节赛龙舟的地区，让学生直观体会单词 place 的意思。

10. T：Do you want to know more about the Dragon Boat Festival?

Let Feng Xuewei introduce it for us.（文化背景材料附后）Please listen carefully and think two questions:

Who do people remember on this day?

When is the Dragon Boat Festival?

S：People remember Qu Yuan.

S：It's on the fifth day of the fifth month in the Chinese calendar.

设计意图： 通过学生用英文介绍节日文化 PPT，调动其他学生们听的兴趣。其他学生要带着问题听，锻炼学生检索信息的能力。

11. Check the answer, Put on two phrases.

12. Look at the blackboard , let's try to introduce the festival.

Say after me…

设计意图：根据板书内容，帮助孩子复述故事。

Step 3. Practice

1. T：Open your books , listen and repeat.

2. T：There are two tasks. Your group choose one. 4 students in one group to at the text out. 1 student tries to introduce the festival.

设计意图：学生根据自己的能力及喜好选择合适的任务。

3. Act out.

Step 4. Presentation

1. T：This is the Dragon Boat Festival. What's special on this day?

S：In many places people eat zongzi.

2. T：Show the picture.

T：What festival is it?

S：It's Chinese New Year.

T：What's special on this day?

S：In many places people visit their friends and relatives.

T：Relatives means…

S：亲戚。

T：Read after me.

3. T：Show picture.

Point to the lantern ask：What's this?

S：It's a lantern.

T：Read after me "lantern".

S：Read together.

T：What festival is it?

S：It's the Lantern Festival.

T：What's special on this day?

In many places people see lantern shows at night.

设计意图：通过看图回答问题，练习右页句型，教授生词。

Step 5. Production

T：Today，Mike comes our lesson. He doesn't know Chinese traditional festivals.Please introduce to him. You have looked up information about the festivals yesterday.（附表一）Each group has chosen a festival. The group leader has given each student a task .Introduce festival's date, food or customs. Now please take out your pictures and cards. Let's make a poster and introduce the festivals in groups. Finish in 6minutes.今天我们要以小组为单位制作一幅海报，并介绍节日。

设计意图：创设情境，让学生们向外国小朋友介绍中国的传统节日。激发他们完成任务的兴趣。本任务为开放型任务，学生可以发散思维，培养学生的创新能力。

Sept 6. Homework

1. Read and try you best to recite the text.

2. Make a poster about the Dragon Boat Festival.

3. Make a mini book about Chinese festival.

（2or 3，choose one to finish）

设计意图：根据学生情况自主选择感兴趣并有能力完成的作业。

【板书设计】

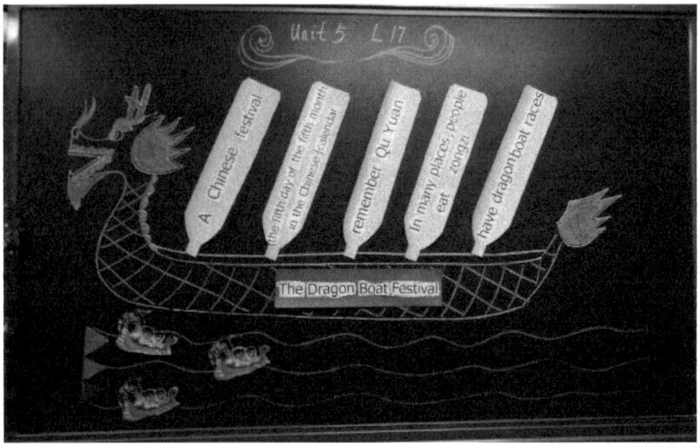

背景文化材料

The Dragon Boat Festival is a traditional Chinese festival. People remember Qu Yuan on this day. Qu Yuan is a famous Chinese poet. He loved his country very much. When Qu Yuan knew their capital was conquered by Qin. He was very sad. On the fifth day of the fifth lunar month. He jumped into Miluo River. After he died in river. People were very sad. They threw food into the river to feed the fish, so the fish would not eat Quyuan's body.

People also tried to scare the fish away with the dragon-head boats. Today, we eat zongzi and race dragon boats to remember Qu Yuan. There are other customs. For example drinking Realgar wine, making five colours rope and wearing a sachet.

表 1

Name	Date	Chinese festival or Western festival	Food	Special things
Chinese New Year				

The Lantern Festival				

【设计特色】

1. 课堂内容能充分调动学生的主动性和积极性，使学生全身心投入其中

热身环节，通过看图片猜节日名称，并说出节日日期，让所有学生都参与进来，提高学生的专注度。

2. 以学生为主体，给学生创设更多的思考空间

先出示故事主题图片，同桌两人根据图片互相提问并回答，让学生发散思维，再引出本节课要讲一个新的传统节日，要求学生看第一遍视频后回答节日名称，看第二遍回答这个节日的特殊活动。通过几个问题将本课重点句型引出，进行重点短语的练习。之后由一名学生来介绍端午节的背景知识。其他学生认真检索端午节的日期、纪念的人物两个重要信息。这样不但让学生成为主体介绍节日由来，而且增加其他学生听的兴趣。

3. 充分发挥小组合作的优势，给学生展示的空间

拓展环节设计小组合作的形式，每个小组制作一张传统节日海报。各小组选择自己喜欢的节日，组员之间合作很默契，有写有画，有贴有说。最后将海报展示出来，全组一起介绍节日特色。其他学生根据他们的汇报，提出一些问题，最终培养了学生思维品质和文品格化。

4. 板书设计兼顾美感、创意，并能准确切中课堂主题，使课堂评价自然的融入其中

课文讲的是端午节，板书以龙舟为背景，本课的重点词组以船桨的形状逐渐添加在龙舟上，上方浪花托着标题，龙舟下方的波浪里有三条小龙舟竞赛，代表三组学生的课堂表现。

5.创设出真实的交流环境

各组在汇报后，其他小组提出自己感兴趣的问题，发现不同地区在相同的节日中的饮食各有特色，这样的交流培养了学生的语言能力，丰富了学生对传统节日的认识。

Unit5 Is May Day a holiday? Lesson17

亭自庄学校　李艳红

【教材分析】

本课是北京版教材小学英语四年级下册第五单元 Is May Day a holiday? 的第三课时。本单元围绕“节日及安排”这一话题展开。Lesson15 课教材呈现了中美劳动节时间的不同及各自的节日意义；Lesson16 课呈现了儿童节这天孩子们都做些什么；Lesson17 是本单元的第三课时，场景为学生呈现如何向国外朋友介绍中国传统节日——端午节及相关的传统文化知识。

【学情分析】

四年级的学生有一定的语言基础，对中国节日有一些了解，本课侧重的是对中国传统节日及相关习俗的讨论。在前面两课时中，学生已经学会了如何去介绍节日，通过本课的学习，帮助学生用英文来描述端午节。在学习端午节的基础上，为学生拓展延伸传统节日春节、元宵节和中秋节的相关知识及传统习俗，尝试引导学生用英语来描述这些传统的中国节日。

【教学目标】

通过学习本课，学生能够：

1. 通过交流学习听说读 special、race、relatives 及 It sounds fun 等词汇用语；听说认读句型 What’s special about this day? 能用 In many places people... 对节日习俗进行简单的交流。

2. 通过听读对话提取端午节信息，并引导学生根据关键词来描述端午节。

3. 尝试用英语来描述春节、元宵节、中秋节等传统节日，简单了解中国传统节日及其传统习俗，感受中国传统文化。

【教学方法】

情景教学法、观察比较法。

【教学重点】

1. 听说认读句型 What's special about this day? 运用 In many places people... 对节日习俗进行简单的交流。

2. 能在对话中提取端午节的相关知识，并用英语来描述，感受中国传统文化。

【教学难点】

1. 能根据提示正确提取端午节的相关信息并介绍。

2. 尝试用英语介绍春节、元宵节、中秋节等传统节日。

【教学准备】

课件、词卡及图片等教学用具。

【教学流程】

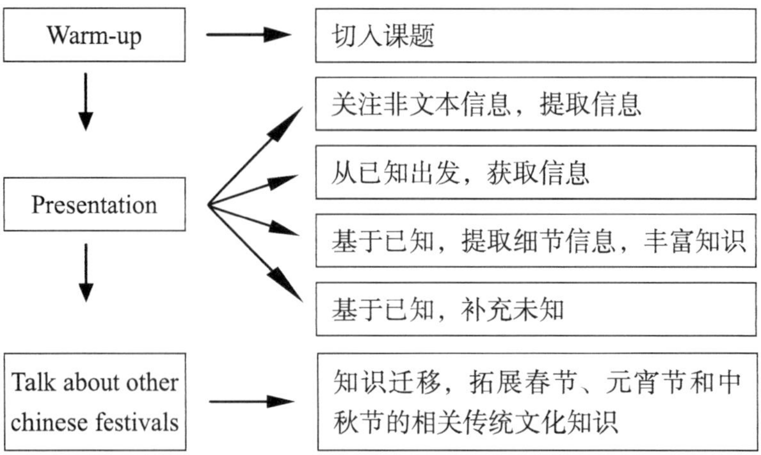

Production	→	学以致用，运用 when、what、why 框架来描述春节、元宵节和中秋节，并做出思维导图
Homework	→	布置作业，练习巩固

【教学过程】

一、Warm-up

Today we're going to learn Lesson17. It's about Festival.

二、Presentation

1. Lead in. Get the information from the key picture.

Qs：Where are they? Why do you say so ?

What are they doing?

What are they talking about?

How do you know? (eg:What book is it?)

What Chinese festival do you know?

T：You know on these festivals. We will have holidays. Do you like Chinese festival? Let's listen. What Chinese Festival are they talking?

设计意图：观察主题图，通过问题的引领让学生们关注非文本信息并引发思考，通过 small talk 引出学生已知的节日信息。

2. Learn the dialogue

1）What Chinese festival are they talking about ?

S：They are talking about DBF.

T：从黑板上拿下 DBF 贴在中间

What's Dragon Boat Festival? Look，What animals is it? （此时出示 dragon）This animal is dragon. I'll draw sth. Look, what's this? This is boat. So this is dragon boat. The dragon boat is for DBF. So DBF means “端午节”.

2）We often talk about festival with three sides.What are they?（引导学生说

出 When? What? Why?)

What do you know about DBF ?

设计意图：引导学生仔细观察图片，认真倾听两人对话，提取关键信息，引出端午节，并获知描述节日要从 when、what、why 三方面来提取信息并描述。

3）T：Oh,you know so much about this festival. Does Sara know these? Why not? Because she is from America. That's why she says: tell me more. So Maomao tells her more. Let's see the whole story.

Q：What does Maomao tell her?

设计意图：让学生通过回答问题，并学习完整故事，来理解教学内容，教师根据内容构建板书。

T：Maomao tells Sara these special things. She thinks: It sounds fun,It sounds interesting. Let's see：

① Look at the map of China. In Beijing, people eat zongzi on DBF. In Hebei, people eat zongzi … In these places people eat zongzi, but not everywhere. Look here, In Zhejiang Taizhou, people don't eat zongzi. They eat another special food Shi bing tong（食饼筒）. Look there. In Yu Xi Lu Shi（豫西卢氏）people eat Hubao（槲包）. Hubao is the special food for there. So we say: In many places people eat zongzi. Do we eat zongzi on Chinese festival? Do we eat on the Mid-autumn festival? So zongzi is special food for this festival. And there also have another special activity on this day. Look.

②（出示划龙舟图片）What do people do on this day? —They also have dragon boat races. So dragon boat race is special activity about this day. Have you ever seen the dragon boat races? Where did you see it? Do you want to watch? OK. Let's watch together.

③ Now we know special food and special activity on this day. So what's meaning of "special"? So what's special about this day?

设计意图：从 Sara 想知道端午节的相关信息为切入点，引出整篇对话的学习，引导孩子在听的过程中提取关键信息，通过地图和视频的展示帮助学生理解运用“In many places people...”就节日习俗进行简单的交流，并在上下文的语境中帮助孩子理解“special”的含义。

3. We have talked so much about this day.So when is it? And why do we celebrate?

T：Yes. It’s on the fifth day of the fifth month in Chinese calendar. It’s often in June. But sometimes it’s in May.Look this year’s DBF is on June 18th. Last year it’s in May. So we also say: It’s often in June or May.

设计意图：基于学生已知，通过听、讨论交流，提取更多细节信息，丰富学生知识。

4. Let’s watch the whole video.

教学思路：全班学生对音频内容进行跟读，之后进行分角色跟读，最后由老师介绍文章大意。

三、Talk about other Chinese festivals.

1. Sara knows all these things about DBF. And now she wants to know more about other Chinese Festivals. Let’s tell her what’s special about these festival? First let’s say what do you know about these festival

What else do you know? OK. I have some pics about these festivals. Look, what do people do?

教学思路：阅读图片内容，引导学生说图中人们的活动。

T：These are special activities. And there also have some special food. Look.

教学思路：说出图中的食物名称。

2. Talk about in group

Now please choose one festival to talk in your group. And then check it with another partner.

设计意图：通过此环节帮助学生获取春节、元宵节和中秋节的相关知识及传统习俗，给予学生充足的语言支持，为后面描述节日的输出做准备。

四、Production

1. Now T have worksheet for you. We're going to make mind map about festival. And you're going to introduce. If you don't know how to do it. Please look at the board. But if you don't know why we celebrate just leave it or ask each other.

2. Share time. But if you don't know why we celebrate. After class we can check the answer on the internet.

设计意图：通过讨论整理各节日信息，再根据 when、what、why 让学生自己动手绘制 mind map 来梳理春节、元宵节和中秋节，引导学生运用思维导图来梳理知识框架，并学会运用英语，感受中国传统文化。

五、Homework

1. Talk about these Chinese festivals.

2. Make a mind map about these Chinese Festivals.

【板书设计】

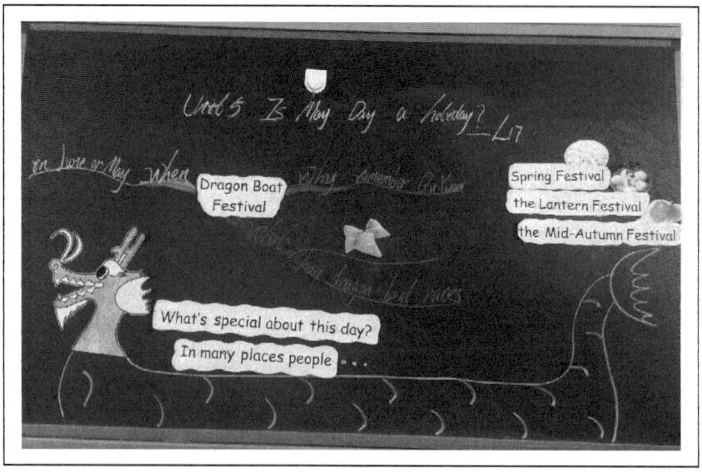

【设计特色】

本节课讲述的是如何向国外朋友介绍中国的传统节日——端午节及相关的传统文化知识。教学环节基于学生的“学”来展开设计，从学生的“学”出发；接着基于已知处理细节，丰富学生的知识；然后补充学生的未知；最后输出环节知识的迁移，也就是让学生学以致用。通过 when, what, why 引导学生梳理节日的信息，围绕这三个框架来描述节日。在这个框架的基础上引导学生能够了解更多的传统节日，如春节、元宵节和中秋节，让孩子们知道描述节日的框架，从而能够用清晰、简单、准确的语言去描述中国传统节日。

Unit4 Seasons and weather Communication Workshop

长陵学校　杨静

【教材分析】

What：本课是北师大版《初中英语》七年级下册教材第4单元的Communication Workshop部分。本单元的话题为季节与气候。在前三节输入课的学习中，学生通过听力，能够获取天气情况的信息；通过阅读，了解北京及世界各地不同的天气情况并且能够获取假日旅行信息。本课主要内容为：介绍旅行社海报的信息：江西婺源、吉林长白山、北京长城及海南三亚4个中国著名旅游景点的最佳旅游时间和推荐原因与推荐活动。

Why：本课阅读材料旨在通过对海报中4个旅行地的阅读与理解，让学生了解每个景点的最佳游览时间及推荐的理由。学生要综合使用本单元所获取有关的信息和词汇，以书面形式仿写一篇短文，充分介绍和推荐自己去过的或自己想去的景点，提供假日旅行信息。

How：该文是以海报的形式展现文章，主要使用the best time to, You'll …,We will…, it's great for… 等句型、短语，来介绍4个著名景点的最佳游览时间和推荐理由及活动。文章结构清晰、目的明确 、内容具体，主要使用一般现在时描述天气和推荐理由，用一般将来时描述活动推荐。句子应简短而具有说服力。

【学情分析】

授课学生是初一（1）班学生，共25人。学生英语基础参差不齐。

学习基础：大部分学生英语语言基础基本达到合格水平，对学习英语有一定的兴趣和热情，适合小组合作学习。

学习态度：学生学习积极性较高，愿意参与课堂活动，教师需要给予鼓励和帮助。

已知起点：学生在小学已经学过天气及季节的词汇，通过前两课的学习，对 seasons / weather/ holiday 这个话题已经熟悉，具备描述此话题的基本词汇和表达方式，如描述季节的、与季节相应的各种出行活动等。学生在学习了 Lesson 11 和 Lesson 12 两课后，掌握了从 place、season、reason 和 activities 四个部分来介绍要旅行地点的方法。同时学生对旅行话题感兴趣，积极性较高。文章提到的 4 个旅游景点中，学生对三亚、长城比较熟悉。

存在困难：本课的重点短语较多，学生理解使用可能存在困难。学生假期出行可能较少，对旅游景点了解不多，因此在书面写作输出时可能存在困难。

突破措施：通过问卷调查和课前预习，了解学情并设置搜集中国著名旅行景点介绍的任务。同时教师出示自己去过的著名景点，拓宽学生视野的同时激发学生的兴趣。通过观察本课范例和运用长、难短语进一步理解和掌握本课重点短语的用法，为输出做好铺垫。

【教学目标】

在本节课结束时，学生能够：

1. 通过阅读范文，获取有关旅游海报的信息，如（place、season、reason 和 activities）等；

2. 分析和归纳范文结构，用曲线画出制定旅游海报所用的描述语和时态，如 the best time to visit …is…, you'll, we'll 等；列出写作提纲，并能简要口头展示写作内容；

3. 根据季节情况，合理计划旅行，培养热爱旅行的情趣。

【教学方法】

观察比较法、示范法、问答法、练习法。

【教学重点】

运用快速阅读及列提纲的技能，获取文中海报的关键信息。

【教学难点】

列出写作提纲，并能简要口头展示写作内容。

【教学准备】

学生：完成自己旅游经历的问卷调查，搜集中国著名旅行景点的英文介绍。

教师：制作学情分析调查问卷，制作课件，学案，收集材料，打印照片。

【教学流程】

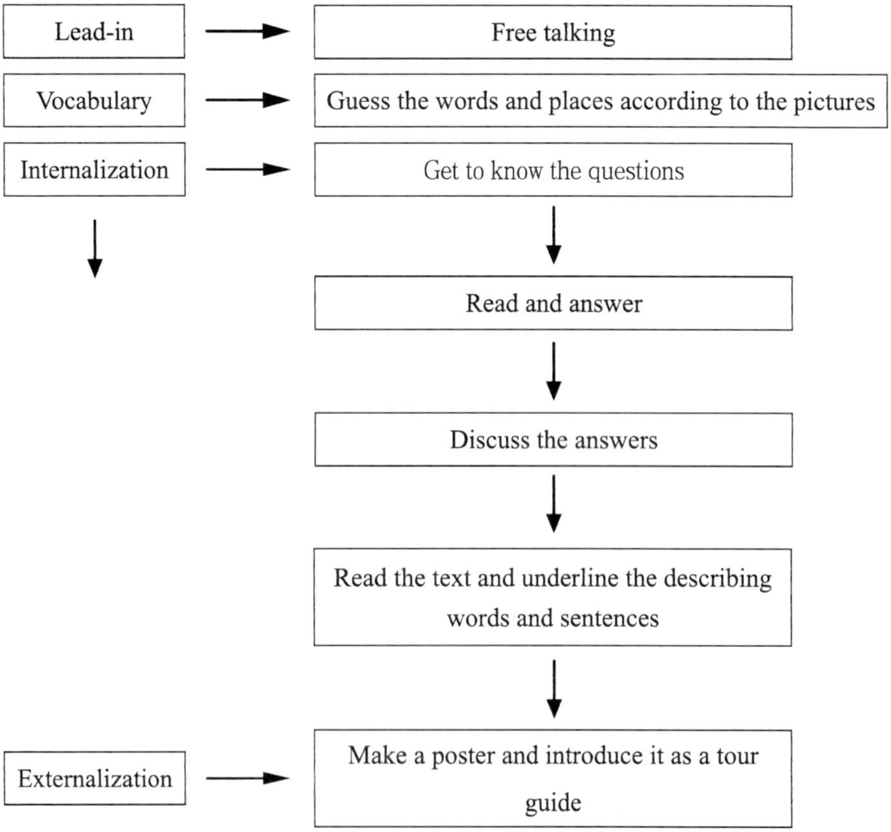

【教学过程】

教学环节	教师活动	学生活动	设计意图	时间
Step 1 Lead-in	以一首英文歌曲导入 summer holiday 话题 · Teacher shows some students' pictures and ask them if they like traveling . Ask students some questions and lead to the travel agency poster: Ask students: What will people do first before traveling? · Teacher shows the poster to students and ask them the four places on the poster. Ask students: If you want to travel there, what information do you want to know about it?	Free talking: Guess the person in the picture and talk about if they like traveling and where they have been to . Free talking: Talk about if they want to travel there, what information do they need to kown.	通过一系列歌曲和图片问题，将学生思路引入教学环节。	6’
Step 2 Reading	Ask students to read the fourth sample text and answer some questions: 1)Which season do you think is the best to go there? 2)Why do you choose that particular season to go there? 3)What can you do there? · Teacher shows the first photo and ask students to complete the second table. Ask students to read the passage.	Students read the fourth sample text and answer some questions. Students complete the table in Exercise 1. Students read the first sample text and answer some questions.	1. 学生阅读第4张关于海南海报的信息，通过回答几个问题，理解短文大意并初步获取写作的相关信息。 2. 再读文章，依据给出的示范，获取江西婺源的旅游海报的相关信息。	20’

Step 2 Reading	· Teacher shows the other photos and ask students to complete the table. Ask students to read the passage.	Students read the other sample text and answer some questions. Check the answers by asking and answering the questions.	3. 培养学生自读能力及对话复述能力。	
Preparing for writing				
Step 3	· Teacher helps students find out the structure of the text. Teacher demonstrates. · Teacher helps students find out the language they can use in their writing from the text. e.g., 1）"Spring is the best time to visit Wuyuan in Jiangxi." What sentence does the writer use to describe the season? (The best time to visit is… …is the best time to…) 2)What word or key structure does the writer use to describe the place? (Yellow flowers, fairytale world, beautiful countryside, famous tea, in the clear water.) 3）What tense does the writer use to describe the activi-	Find out the structure of the text. Read the text and underline the describing words and sentences Read and share in groups.	1. 帮助学生关注文章结构。 2. 引导学生关注文本语言。为学生写作提供语言支持。	7'

Step 3	ties? (You'll…,we'll…, there won't be…)			
Writiactivi-ng				
Step 4	· Ask students to read the text and underline the describing words and sentences. · Ask No.3,4,5 students to introduce the poster on the book as a tour guide . · Ask No.1,2 students to make a new poster and introduce it as a tour guide .	Choose a place they like from the poster and introduce the poster as a tour guide in groups. Choose a place they like and make a new poster, introduce it as a tour guide.	分层任务：学生依据自身的英语水平选择不同任务； 1. 英语稍弱的学生依据范文，当一名导游复述自己喜欢的海报信息。 2. 英语层次较好的同学选择自己喜欢的旅游景点，制作新的旅游海报，并能以导游的身份口头输出。	11'
Homework	1. 听说练习。 2. 完善自己的旅游海报，并录制成视频上传到班级网站。			1'

【板书设计】

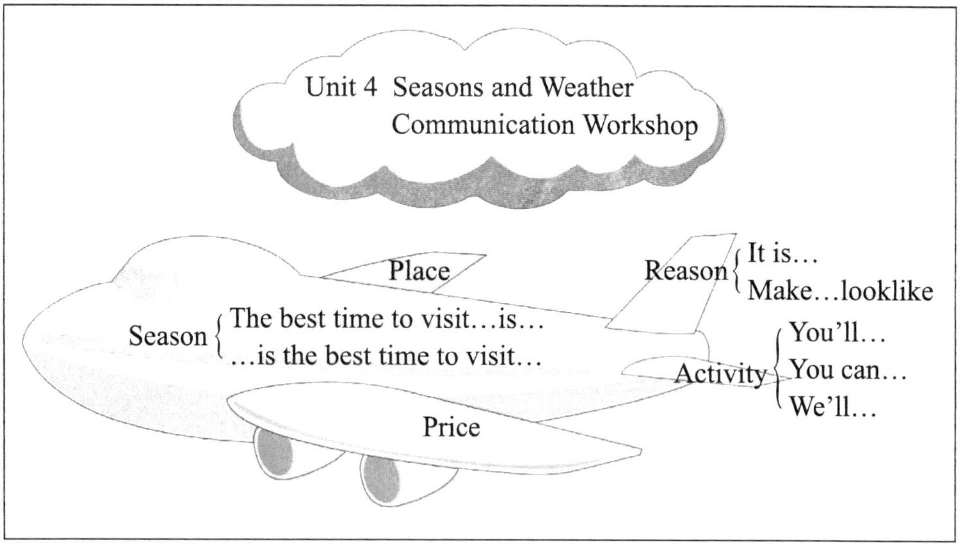

【设计特色】

1. 本课在课前设计调查问卷，充分了解学生的旅游经历和喜欢的旅游景点，学情分析精准到位，为本课的目标和活动设定提供很大帮助。

2. 用学生熟悉的老师和学生旅游照片导入，快速激发学生的学习兴趣和求知欲。

3. 引导学生运用类比、总结、分类的方法，分析文章的结构和语言，为语言内化、输出做充足准备。

4. 采用分层设置任务的方法，让每一层次的学生都能参与活动，都能有展示的机会，收获成功的喜悦。

Unit 9 Save the Planet

百善学校　赵楠楠

【教材分析】

WHAT：主要内容

本课是北师大版《初中英语》九年级 Unit 9 "Save the Planet" 的写作课。本课为本单元的最后一课，在前三课关于保护环境的听力和阅读课基础上，本课要求学生能够根据所学写出一篇以“Save the Planet”为题的作文。本课由一篇阅读引入，主要内容为介绍 Matthew 一家保护地球的做法及今后将要开展的措施。文章共分为三段，第一段，介绍了 Matthew 和父母在保护地球方面所做的举措；第二段，说明了他们一家需要做但还没做的措施，并以节约用水为例进行说明；最后一段列出了 Matthew 希望更多人参与环保的呼吁。学生可以通过阅读，获取关于保护环境的相关做法作为素材，为写作做铺垫。

WHY：文本意图

本文旨在通过介绍 Matthew 一家保护地球的举措，让学生联想到自己的实际生活，反思自己对于保护环境所做的举措，从而倡导学生学习主人公一家的做法并树立保护环境的意识。

HOW：文体结构和修辞语言

本文为描述文（Description），文体结构清晰。语篇涉及一般过去时、一般现在时和一般将来时。

【学情分析】

整体情况：学生为百善学校九年级1班学生，九年级采用分层教学，1班作为最好的班级，英语整体水平在全年级较好。但班级内仍旧存在层次不齐的现象和个别由于偏科，英语比较弱的学生，所以教学需考虑差异性并注意在题型设置上有一定阶梯性。

已有知识：学生对于保护环境的话题比较熟悉；在阅读策略方面，学生能够通过根据上下文和寻找关键词等方法获取信息。

可能存在的问题：学生对于保护环境的措施短语较缺乏，不会用英文表达；在写作方面缺乏清晰的思路和条理，思维品质有待提升。

应对策略：利用情境模拟、视频和图片带领学生来了解保护环境的相关举措和重要性；通过问题链和表格的引导，带领学生对写作结构进行梳理和规划。

【教学目标】

At the end of this class, students will be able to：

知识与技能：

Get the detailed information of what Matthew and his family have done and will do to save the planet；

过程与方法：

Make an outline of their writings on saving the planet according to the worksheet；

情感、态度和价值观：

Think about their own actions on saving the planet and set up environmental consciousness.

【教学方法】

小组合作，PWP。

【教学重点】

1. Get the detailed information of what Matthew and his family have done and will do to save the planet;

2. Make an outline of their writings on saving the planet according to the worksheet.

【教学难点】

Make an outline of their writings on saving the planet according to the worksheet.

【教学准备】

学生：英语书、笔记本。

教师：PPT 学案。

【教学流程】

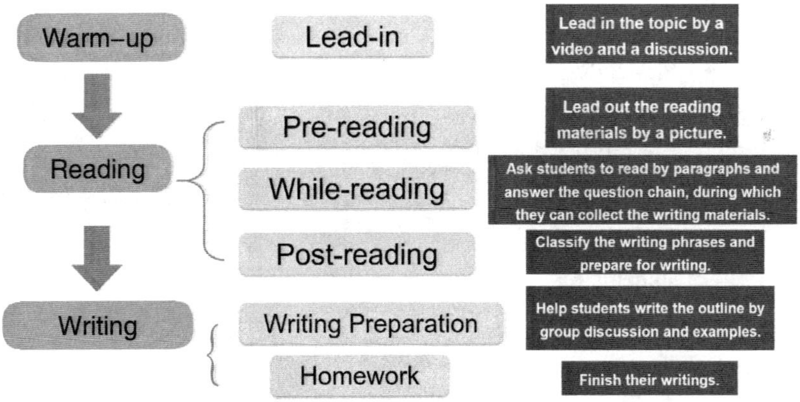

【教学过程】

教学环节	教师活动	学生活动	设计意图	时间
I. Warm-up	Step1 Lead-in 1. Show a video about Man and ask students to think about these questions: What did the Man do? What happened to the planet? What happened to the Man at last? 2. Ask a question and let students work in groups and talk about it: What can we do to save our planet? 3. Share their opinions in class.	Watch the video and think about the questions. Work in groups and talk about the question. Share in class.	通过一个人类如何走向灭亡的视频引入本课话题，并通过问题引发学生思考环境破坏的危害。再让学生思考如何拯救地球的措施，激活学生已知知识背景，为写作铺垫。	10’
II. Reading	Step 2 Pre-reading Show a picture of Matthew and his family, lead out the reading materials. Step 3 While-reading 1. Let students read the first paragraph and answer the question: What do Matthew and his family do to save the planet? 2. Check the answers in the whole class. 3. Let them read the second paragraph and answer the question: What will they do to save	Look at the picture and read. Read and answer the question. Talk about answers. Read and answer the question.	出示主人公图片，创设情境，分段阅读，依次回答问题并获取段落主要内容，为写作积累素材。	15’

II. Reading	the planet? 4. Check the answers in the whole class. Step 4 Post-reading 1. Show a table and ask students to classify what Matthew and his family do and will do into the table. 2. Ask them to share their opinions in groups. 3. Check the answers together.	Talk about answers. Classify into the table. Talk in groups and share opinions. Check together.	设置表格，让学生将所获取的信息进行分类整理，为写作提纲做准备。	
III. Writing	Step 5 Writing Preparation 1. Show the writing task and explain the details. 2. Show a writing table like the one in Reading and ask them to think about their thoughts on Save the Planet. 3. Give students the table in reading part and ask them to think about their actions, and then fill in the table in worksheet. 4.Give students some more phrases on different part of the table by showing them examples and ask them to talk about their ideas. 5. Ask them to think about the last part of the table and then fill in the table. Give them some examples. 6. Explain the writing structure by showing of	Read the requirements. Look at the table and think about their writings. Get the information of the writing materials on each part of the table. Work in groups and talk about the table. Think about the last part and fill in the table. Get to know the structure of the writing. Finish their writings.	通过写作任务单，让学生了解写作要求。 展示一个与阅读环节中相似的表格，让学生根据实际情况思考自己保护地球的做法。 给予一些写作素材，让学生在讨论中为写作做充分的准备。	20’

III. Writing	examples and give detail information about the writing. Emphasize on language tense. Step 6 Homework Finish their writings at home.		解析写作结构，帮助学生理清写作思路，训练总结概括思维品质。	

【板书设计】

Unit 9 Communication Workshop

Save the Planet

1. My family and I…
2. To help save the planet, we will…
3. I believe our planet will be…

【设计特色】

1. 理论依据扎实。在本次教学设计中的指导思想与理论依据中，我提到了《普通高中英语课程标准（2017 年版）》中的英语学科核心素养、《义务教育英语课程标准（2011 年版）》中课程基本理念（四）和写作技能五级目标，这些都为本节课的教学设计提供了良好的理论依据。依据这些，本节课的教学设计将由一个关于环境污染的视频导入，让学生在充分讨论中展开本课话题并进入阅读环节。在阅读环节采用分段阅读法，依据问题链和表格带领学生分析理解文章信息，获取关于保护环境的短语，为写作打下坚实的基础。之后，设计了以中考作文为依托的真实语境话题，让学生依据实际情况，反思自己对于保护环境所做的举措，并畅想未来生态环境，帮助学生树立环保意识。

2. 文本分析透彻。文本分析或者说文本解读对于教师进行教学设计起着至关重要的作用，它决定了这节课教什么、怎么教和为什么教的问题。所以本节课进行教学设计时，教师需要在文本分析上花很多时间进行解读，以便能更好的吃透文本，完善教学。

3. 课堂用语规范。在整节课中教师课堂用语简洁、规范，因为学生听老师说的过程也是练习听力的过程。在依据本班学生学情的基础上，要选择适合学生的、与本课主题相关的且规范的课堂用语，对于提高学生英语综合素养也是有一定提升作用的。

Unit 6 Communication Workshop

亭自庄学校　骈淑霞

【教材分析】

本课是北师大版《初中英语》七年级下册教材 Unit 6 "Communication Workshop"，本单元的话题为动物。通过前三个输入课时的学习，学生能够讲述他们喜欢的动物；通过阅读，了解两种有趣的动物，以及一则人类保护动物并与其成为亲密朋友的故事。在本节课，学生将综合使用本单元所获得的有关动物的信息和词汇，以书面形式介绍自己游览动物园的经历。

本节课的教学设计分为两课时。第一课时在获取范文信息的基础上，引导学生关注游记类文章的结构、语言表达方式和链接词；经过相关练习，学生能够介绍自己游览动物园的经历，并通过小组合作的方式完成互评。

在第二课时，教师根据评价反馈表，在范文点评示范基础上，引导学生进行写作自评和互评，学会欣赏他人写作的优点。学生根据评价，自己修改文章，完成写作作品。

本节课后，学生通过范文学习，能够说出自己游览动物园的所见、所闻、所感。为第二节课仿写一篇动物园游记做一个铺垫。

课前研学的设计，目的在于让学生发现游记分段介绍的时间逻辑顺序词汇，对游记介绍布局谋篇的作用。学生带着问题进入课堂研展，并且通过课上的学习，找出问题的答案，为课后研做提供台阶。

在课前研学的过程中，教师利用 Pad 在互联网发布课前练习。指导学生根据游记时间顺序，对于动物园游记的介绍进行排序。教师利用互联网提供的数据整理和呈现功能，将学生的数据收集后，教师在课上研展阶段将结果呈现出来，便于学生带着兴趣开展本节课的学习。

在课上研展的过程中，教师利用Pad提供的课堂教学平台，发布学习任务，学生完成任务并在线提交，根据平台数据统计，针对学生需要解决的问题进行课堂研学。

在课后研做阶段，教师布置分层任务，基础较弱的学生完成基本的学习任务即可；而对于水平较好的学生，教师布置的任务应在原有的基础上有适当的拓展，给学生提供一个比较开放的空间，让较好的学生发挥自己的能力，既为课上研展提供了输出，同时又为课上学习内容提供反馈。

【学情分析】

本节课的授课班级为七年级（2）班，该班学生整体水平处于中等偏下的水平。在满分 40 分的口语测试中，有 6~7 个学生口语只有十几分。部分学生难于开口、羞于开口。学生在介绍游记中常常忽略时间顺序词汇的使用，且 2 / 3 的学生喜欢采用一段式对游记进行介绍。此外，在课前调研中发现，将打乱段落顺序的范文进行排序，（2）班有 76% 学生参与，反馈结果 69% 学生的排序正确；然而学生们在动物园介绍中仅仅采用“看”的单一形式，以流水账的方式进行游园介绍。语言上词汇积累较少，如形容词使用只有 happy、funny； 动词也只有 went、visited 等。

通过课前的调研，不同水平的学生都会存在一些学习英语的困扰，然而由于学生水平的不同，学生的英语学习困扰也不同，较好的学生在课堂学习中，除了获取文本内容和相关细节信息之外，在语言运用及内容拓展上，也会有更高的要求。

【教学目标】

知识与技能：

1. 通过阅读游览动物园的范文，获取有关 Amy 动物园之旅的信息；

2. 提取 Amy 有关所见、所做、所感的语言表达方式；

3. 分析和归纳范文结构，画出描述时间顺序的词汇和短语，如 first, our next stop, then, after 等；

4. 通过教师引导，列出写作提纲，根据提纲介绍自己去动物园的一次经历，并完成评价。

过程与方法：

Warm-up, Pre-reading, While-reading, Post-reading, Homework.

Task-Based Language Teaching.

情感、态度和价值观：

学生通过学习本课了解游记介绍的写法，从而鼓励学生读万卷书，行万里路，并将路上的所见所闻通过自己的语言记录下来。动物园之行，让学生看到动物的千姿百态，让学生了解到这个地球不仅是我们的家园，同时也不要忘记也是动物们的家园。

【教学方法】

交际法、任务教学法。

【教学重点】

使学生掌握游记介绍时所需的重点词汇，提升学生的语言表达水平。

【教学难点】

通过教学，学生能否得当地介绍自己的旅行经历，是本课的教学难点。

【教学准备】

学生：七年级教科书，笔记本，Pad。

教师：PPT，Pad，学案。

【教学流程】

整体输入 → 分段细读 → 综合应用 → 强化练习

【教学过程】

Step 1. Pre-reading

Warm-up：

Show four pictures such as cinema, zoo, park, supermarket.

T：Where did you go yesterday?

Show Amy's passage.

T：What about Amy?

Step 2. While-reading

First reading：

1. Read Amy's blog and choose the best title.

T：Which one did you choose? Why?

2. Pad 上呈现练习题：Read Amy's blog again and match animals' photos with time order.

Second reading：

I.Read and finish the following questions quickly.

1. What animals did you see?

2. What were animals like？ What did they do?

3. What did Amy do? How did Amy feel?

II.Read and finish exercise.

1. Read and fill in blanks.

2. Read and Circle correct words in a table.

III.Read exactly and frequently by yourself on Pad.

Step 3. Post-reading

Lead to sum up the artical about a trip to Animal World on chalkboard.

Ask students to introduce their trip in the zoo.And give them some tips.

Work in pairs to listen and complete self-assessment.

Show scores and invite someone to show their introduction.

学生活动：

Look at the picture and answer teacher's questions

Read fast and choose the best answer on Pad. And answer teacher's questions.

Focus on time order to match animals.

Read and finish answers on Pad directly.

Circle correct words and verbs in sentences in a table.

Read exactly by yourself on Pad.

Sum up the outline about a trip to Animal World.

Listen and learn how to introduce a trip to the zoo.

Work in pairs and complete self-assessment.

Watch the scores and show their introduction before class.

设计意图：

Lead to the topic about trip.

Get the main idea.

Know time order with photos of animals.

Focus on some information about animals.

Make sure correct pronunciation clearly. It is helpful to introduce a trip to the zoo.

Students can introduce a trip to the zoo with the help of outline.

Introduce a trip to Animal Word.

【板书设计】

Unit 6 Communication Workshop

—— A Trip to Animal World

First...	I saw...	They were cute. They ate some things
Next ...	I felt...	
Then...		
After that...		

【设计特色】

1. 以阅读为依托，帮助学生写出语言恰当，结构完整，逻辑合理的游记。

2. 整体阅读可帮助学生初步认识游记写法。

3. 分段阅读中，引导学生关注文本语言的使用，培养学生语言运用能力。

4. 学生小组合作完成表格中动物的长相、动物行为等，培养学生学习能力与协作能力。

5. 学生根据展示要求向大家介绍自己的一次动物园之行，学生在演讲过程中能锻炼思维品质和语言的条理性。

阅读理解专项

阳坊中学　海容

【教材分析】

授课内容为 2018 朝阳区一模 D 篇、2016 北京中考 D 篇，2018 朝阳区二模 C 篇和海淀区二模 C 篇作为备选和家庭作业。4 篇文章涉及的阅读理解试题类型相似，分别为细节信息获取、生词词义推断、简单推理、理解观点意图四类试题。

本节课力求通过分享阅读过程和解题思路来纠正一些普遍错误的阅读方式和解题思路。通过比对阅读能力要求和分析典型例题，学生能明确不同类试题的不同解题思路并能灵活运用。

1. 推理判断：运用关键词定位法搜寻直接信息，通过转换选项中的表述搜寻间接信息；

2. 猜词：运用代入法，推断上下文逻辑，还可运用同义、反义、解释和举例等方法；

3. 目的意图：联系文章主旨分析，目的意图为表达中心而服务，来源于主旨又高于主旨。

【学情分析】

本次授课班级是初三（1）班学生，整体水平较好，优秀生占 1 / 4，另有 1 / 4 学生英语基础差，词汇量少，阅读理解能力弱。单词量普遍积累不足，语法知识较充分基本可以支持完成阅读任务。存在问题一：整体上学生语篇意识较差，长难句分析能力薄弱，阅读策略运用不灵活，导致在推断生词词义和观点意图类试题正答率较低。具体表现在：1. 根据信息进行推理判断时，机械定位题干和选项词汇，不整体理解就盲目选择，只观其形，不思其意。2. 观点意图题比较生疏，只考虑表面意思，不知从语篇层面解题，经常选中干扰性最大的错误选项。3. 推断词义题，不会利用线索句，无法准确理解线索句信息与生词的逻辑联系和意义关联。存在问题二：部分学生在阅读习惯和解题思路存在不当和疑惑。具体表现在：每句都仔细读；没看问题就精读文章；无依据做题，把自己的观点当做作者观点或者文章主旨；目的意图题不考虑语用功能，当成主旨题做。

【教学目标】

基于对教学内容和学生情况的分析，本课确定了以下教学目标：

1. 改进阅读方式，拓展试题解题思路，发现和纠正不良阅读习惯和解题思路。

2. 提升推理判断、意图观点和推断词义类题型的解题能力。

3. 养成严谨的做题习惯，解题必须有依据。

【教学方法】

启发式、讨论式。

【教学重点】

改进学生的阅读方式，从而提升学生的阅读能力。

【教学难点】

根据学生在做题过程中反映出的问题，有针对性地解决学生的困惑，从而提升学生的解题能力。

【教学流程】

导入 → 学习理解 → 实践内化 → 总结提升

【教学过程】

一、导入

读前激活知识技能背景，梳理阅读策略、现存疑惑和困难。教师主要通过以下问题导入课题和激发学生相关知识技能背景：

问题一：你通常是如何完成阅读理解 C、D 篇的？有什么好的方法吗？或者你有什么困惑和疑问吗？

How do you usually do reading comprehension C&D？

Any good tips to share？ Any difficulties or puzzles？ List them.

师生活动 1：学生通过回答问题，回顾、梳理和评估阅读习惯、行为和态度。

设计意图：本环节中，教师通过师生、生生互动，引导学生分享阅读习惯和疑惑，借此让学生明确自己在阅读品质（习惯、行为、态度）和阅读能力方面的优势和不足。同时稍作总结，自然引出本节课的学习重点和主要目标。即提升推理判断、意图观点和推断词义类题型的解题能力。

二、学习理解

师生活动 2：学生在 6 分钟内完成 2018 年朝阳区一模试题 D 篇阅读。教师利用扫描仪和十六进制平台收集学生答案并对做题结果进行分析，包括正答率、正答学生名单、错选答案学生名单等。

设计意图：获取学生答题情况。

师生活动 3：根据答题情况，师生共同分析梳理阅读能力。

问题二：本篇阅读理解考查了什么具体的阅读能力，学生是如何解答这类问题的？具体阅读了哪部分内容？

What type of question is it?

How did you deal this type of question?

How did you get the answer? Which part of the passage did you read?

设计意图：了解学生对各题题干的理解；阅读能力类型的识别。具体题目和阅读能力的匹配。在互动中学生梳理和评估自己的阅读方法和解读思路，发现问题并意识到自己的不足。同时在教师和同伴的引导下扩展思路和纠正不良习惯，澄清和解除疑惑，逐步提升解题能力。

下文以第 31 题，即猜测词义题为例师生对话：

T：What kind of reading skills do you need to do question 2 well？

S5： Know the meaning of the underlined word or phrase.

T：Did you get it right？ How did you get the answer？

S5：Just read the sentence before the underlined word, I found “grouping”. “grouping” is similar to “choice B groups”.

T：Did you try to understand the relationship between these three sentences？

S5：No.

T：The what does chunk mean？ Chinese？

S5：Sorry.

T：ok, Ellen, how did you get the answer？ Which part of the passage did you read？

S6：I also read the sentence after the underlined word, I find the words “impossible, but and easier” . I know sentence2 and sentence3 are opposite. So I compare the two groups of numbers and find the difference. A group and many groups. So I get the answer.

T：Good, that’s right. These three words you found are very important. They tell us the logic of the relationship. Then, what’s the relationship between sentence1, 2&3？

S7：Topic sentence and example.

T：Good, sentence 2&3 are explanations for sentence 1.

师生活动 4：教师让学生分组梳理总结以上四道题的题目类型和解题思路，形成笔记。然后以图片展示和口头解说的形式进行组间分享。

通过典型例题分析，你获取了哪些阅读思路和方法?

师生活动 5：组内处理阅读中遇到的长难句（教师指定三句，各小组可附加本组成员提出的其他长难句），每个成员自主负责一项或者多项内容：

进行句法分析，整句翻译，词组积累等。每组汇报一句。教师点评。

设计意图：在小组合作互助下解决词汇和句式方面的疑惑和困难。

三、实践内化

师生活动6：运用纠正提升后的阅读思路和策略再次实践巩固，完成2016年中考试题D篇和海淀区二模C篇。

设计意图：两篇阅读理解的实践将本节课的语言技能进行内化。

四、总结提升

师生活动7：学生以Exit Note出门条的方式反馈本节课所学。教师及时收到反馈，利用评估本节课和为以后的课作为参考。

【板书设计】

猜词：代入法，上下文逻辑，同义、反义、解释和举例等； 目的意图：联系主旨分析，为表达中心而服务； 推理判断：关键词定位法搜寻直接信息，转换选项中的表述搜寻间接信息。

【设计特色】

1. 从学生需求出发，有针对性地选择文章和习题，通过典型习题的互动讨论引导学生总结归纳阅读方法。读前阅读习惯和解题思路的交流使师生双方都明确了学生在阅读品质和阅读能力上的优势与不足，进而明确了需求和目标。

2. 以学生实际获得为导向，以学生为主体。充分调动学生，学生真正做到了动脑思考。在例题分析的师生互动环节，老师要尽力鼓励学生，助其建立信心。根据学生的不同情况进行追问、引导启发，达到解惑，纠正错误习惯，扩展解题思路和思维训练的目的，增强学生实际获得感。

3. 重视学习能力的培养，学生对学习习惯和策略方面的评估和调整在本节课体现突出。读前学生在教师的问题引领下对阅读品质和能力进行梳理和评估。读中在自主阅读环节，学生对自己的阅读能力进行实践，实践中调整和改进阅读策略。读后师生反馈互动中，学生再次评估和调整自己的阅读习惯和策略，进而扩展思路和提升能力。

◆ 物理、化学、生物学科教学设计

指导专家：

物理学科：王颖　王瑶

化学学科：崔平

生物学科：周然

光的传播

长陵学校　王琪

【教材分析】

本课是光学的起始课，知识虽然简单易懂，但涉及实验很多，因此实验环节是本课的重点内容。实验不仅是为了教学，同时也力求给学生带来美的感受，让学生感受光学的奇妙。

【学情分析】

本班学生较为活跃，基础相对较好，因此教学过程中可以把每个知识点深挖，与学生的前概念紧密相连。在小孔成像的学习中加入学生自制学具的环节，让学生“做中学、玩中学”。

【教学目标】

知识与技能

1. 学生理解光在同种均匀介质中沿直线传播。
2. 学生认识光的直线传播在生活中的实例。

过程与方法

通过观看、演示实验和自制学具体会光的直线传播。

情感、态度和价值观

学生在学习知识的同时，感受物理光学的美妙。

【教学方法】

探究法、示范法。

【教学重点】

通过实验的方式让学生体会光在同种均匀介质中的传播。

【教学难点】

将每个零散小实验的结论有机统一，最终归纳成结论的过程是教学难点。

【教学准备】

学生：常规准备。

教师：常规光学教具、自制烟箱等。

【教学流程】

1. 视频引入光学现象，让学生了解本课及本章所学的光学知识。

2. 通过实验得出结论：光在同种均匀介质中沿直线传播。

3. 解释生活中的现象，学生自制学具感受小孔成像。

【教学过程】

教学阶段	教师活动	学生活动	设置意图	技术应用
新课讲解	一、引课：视频引入，让学生感受炫丽的激光。 	观看视频。	通过视频引入，激发学生兴趣。	

新课讲解	二、通过视频引入光源的概念，进入本节课第一个知识点：光源。 提问1：教室里的光从哪来？ 总结：教室里的灯可以照亮整个教室，称作光源。 提问2：生活中还有哪些常见的光源。 得出结论：自行发光的物体叫做光源。 提问3：月亮是光源吗？为什么？ 三、利用激光笔等教具，从光源过渡到光的传播，进入本节课第二个知识点：光的传播。 用激光笔演示光的传播之前先进行安全教育，警告学生千万不要用激光笔照射皮肤和眼睛。激光笔即使没有通电的情况，也不能对着人。	学生回答：灯 引导学生回答出太阳、萤火虫灯、手机屏幕；对光源进行分类：自然光源和人造光源。 学生通过生活常识能够解释出月亮不是光源，并且通过举手方式调查有多少同学知道月亮是反射，让学生自己解释。 学生基本上都能回答出月亮不是光源，因为月亮发光是反射而不是自行发光。	常规引入，先思考光源，保证知识的逻辑性。 利用学生已有的经验自行解释，回归定义。 用最直观的方式给学生呈现光的直线传播。不跟学生说看到的并不是光线，最后学完光的色散再告诉学生，实际上看到的并不是光线，光线是看不到的。 安全教育	

新课讲解	打开激光笔，照射墙壁，发现墙壁上有绿色的光点。			激光笔
	提问：凭借你的经验说说光是如何传播的？ 将激光穿过喷壶喷出的水雾可以清楚看到“光线”，让学生初步感受光是沿直线传播的。	学会根据生活经验回答：光是沿直线传播的。		水槽
	过渡语：我们初步认识到光好似是沿直线传播的，那么是不是这样呢？请大家观察演示实验。			
	实验1：将激光笔的光通过烟箱照射，发现烟箱里出现一条光的直线传播路径。 	观看演示实验 学生回答：光在气体中沿直线传播。		激光笔
	实验2：将激光笔的光通过水照射，发现水中也出现一条光的直线传播路径。 	观看演示实验。 学生回答：光在水中沿直线传播。		
	提问：我们已经研究了光在气体和液体中的传播，那么请同学们猜想还可能做什么实验来证明光的直线传播结论？ 实验3：将激光笔的光通过玻璃砖照射，发现玻璃砖中仍然出现光的直	学生回答：光通过固体传播的实验。	引导学生回答出直线，帮助学生从已有的概念过渡到本节课学习的概念。	盐水 漏斗 搅拌棒

新课讲解	线传播路径。 提问：通过这3个实验能得到什么结论？ 得到初步结论： 1. 光沿直线传播。 2. 光可以在固、液、气体中传播，与声音类似，即光可以在介质中传播。	学生回答：1. 光沿直线传播。 学生回答：2. 光可以在固、液、气体中传播。	学生可以回答答案1，但是答案2学生未必能说出来，我引导学生得到答案2。	
	提问：声音无法在真空中传播，光能否在真空中传播呢？	引导学生回答太阳光从宇宙空间传播到地球，我们知道太空是真空的，因此光可以在真空中传播。		
	提问：利用以上实验器材还可以做哪些更深入的实验？	学生回答：将玻璃砖放到液体中，将液体（水槽）放到烟箱中。	光只能在同种（固体、气体或液体）中沿直线传播，若多种物质中光如何传播，我们无法得知。	小孔成像演示
	实验4：将激光笔照射有玻璃砖的烟箱，发现光线发生偏折，不沿直线传播了。 	观看演示实验，思考光线什么情况下不沿直线传播：两种不同的介质。	此实验中不提“折射”二字，通过此实验让学生知道光的直线传播必须是在同一种介质中。	
	提问：与之前的烟箱实验相比，这次实验有什么区别，能提炼出什么结论？	学生回答：光在不同介质中（可能）不沿直线传播。		

新课讲解	总结结论：光的直线传播有条件，即必须是同一种介质。 实验5：在装有水的水槽中用激光笔照射，发现光是沿直线传播的。接着用漏斗向其中加浓盐水。发现光发生了偏折，水槽中液体上下分层，液体不再均匀，所以光也不再沿着直线传播。 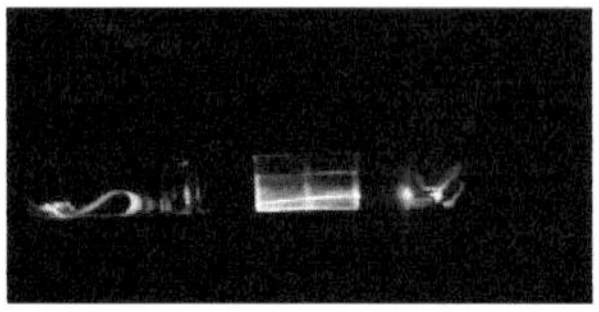 提问：光为什么又不沿直线传播了呢？ 引导学生向水槽中加盐水，盐水的密度大于水的密度，盐水在水的下方，液体上下密度不同，发生分层，液体不均匀，因此光也不再沿直线传播。为了制造液体的分层，需要用漏斗缓慢加入盐水。 提问：如何让光线再次沿直线传播？ 总结两个实验的结论：光在同种均匀介质中沿直线传播。 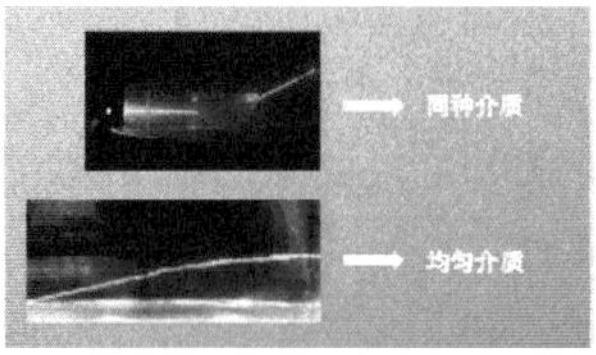	观看演示实验，提示学生观察水的变化和光的变化。 学生回答出液体上下层不均匀。得出结论：光的直线传播介质必须均匀。 把水搅拌均匀。 学生演示光在搅拌均匀后的液体中又沿直线传播。		手电

新课讲解	四、光沿直线传播的例子： 例 1：汽车远灯的光，晚霞的光芒，激光瞄准镜都是光的直线传播。 例 2：影子类。 提问：影子是如何产生的？  通过影子联想到皮影戏、圭表等代表中华民族传统文化的应用实例。 影子过渡到日食。 演示实验：用地球仪演示日食的形成，再通过灯光照射的方式从第一视角让学生感受日食。 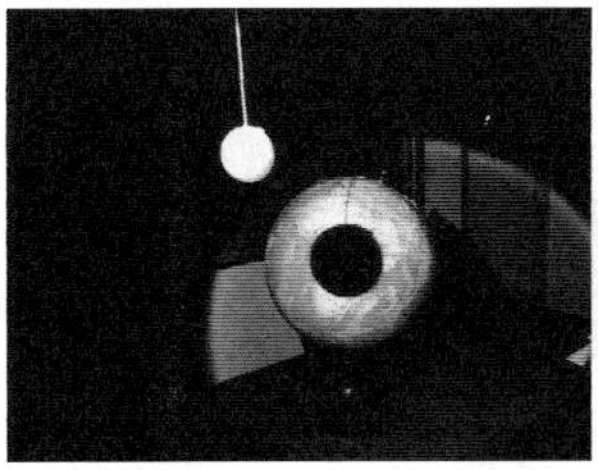 用 PPT 演示日食和月食的形成。 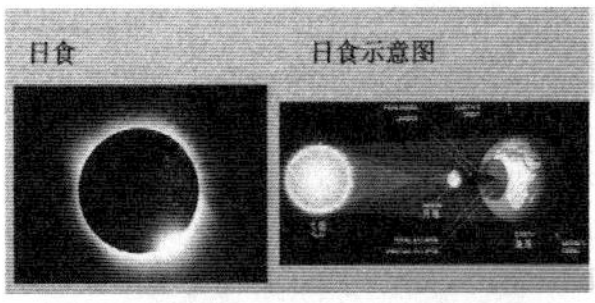 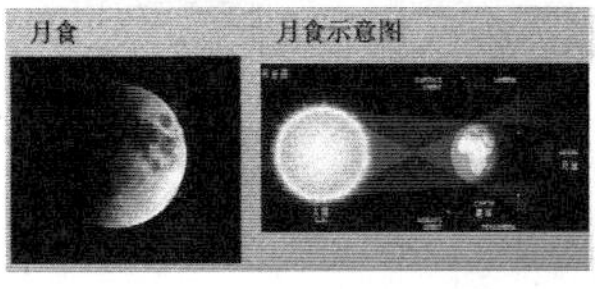 	观看手影视频  演示手影 不透明的物体将光挡住了，然而光又是沿直线传播的，因此被挡住的区域没有光，所以出现影子。 观看实验，感受日食。	通过实验，完善学生的认知。 学生实验更加直观。 直观感受日食，通过不同视角感受日食。	地球仪模拟月球

新课讲解	例3：小孔成像，黑板画小孔成像的光路图，介绍小孔成像的装置。 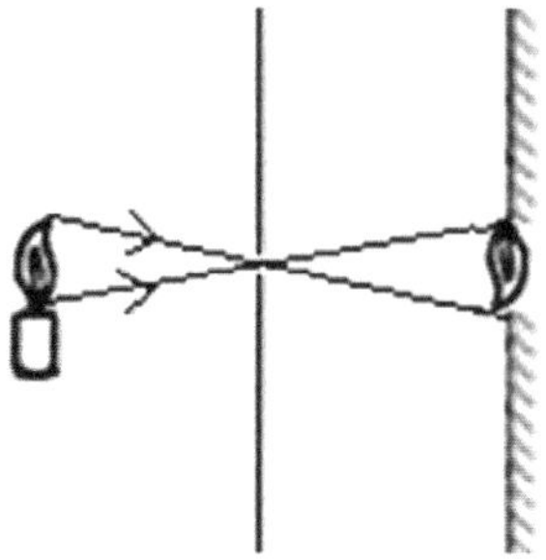 演示实验：小孔成像，强调光屏上能接收到的像是实像。与学生脑海中的像的样子吻合。  学生实验：学生自制小孔成像。 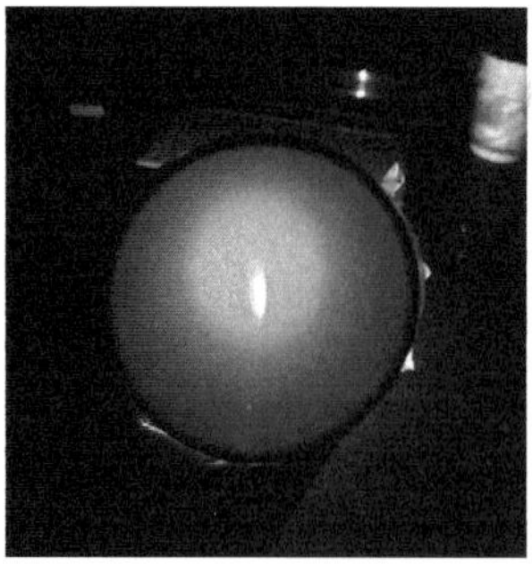 学生在观察到自制的小孔成像后，再给5~10分钟的时间，让学生进行思考。视情况提示学生可以将装置改进：①小孔大小	观看演示实验 从蜡烛顶端发出正好能通过小孔的光沿直线传播到光屏下方，同理，蜡烛底部的光传播到光屏上方，因此小孔成像是倒立的像。 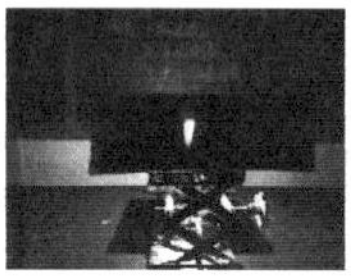 动手制作小孔成像装置，近距离观察小孔成像。思考关于小孔成像的知识。  继续探究的过程中，学生可以观察到： 1. 小孔成像中孔越小，	小孔成像必做实验，先演示实验再学生分组实验。 学生亲自制作小孔成像装置，感受实验，从中发掘更深层次的物理问题。	

新课讲解	的改变；②小孔形状的改变；③物距或像距的改变。 介绍墨子号量子通信卫星 	像越清晰。 *2. 将两个纸杯组合一起做成抽拉式的小孔成像装置，可以清楚地看到改变像距后物体大小发生变化。 观察小孔成像。 作业：改进小孔成像实验装置，目的是改变像的大小。	培养良好的学习习惯。	

【板书设计】

光的传播

一、光源

正在自行发光的物体叫光源

如太阳、灯等。

二、光在同种均匀介质中沿直线传播

三、实例

1. 激光准直；

2. 小孔成像；

3. 影子、日食、月食。

小孔成像

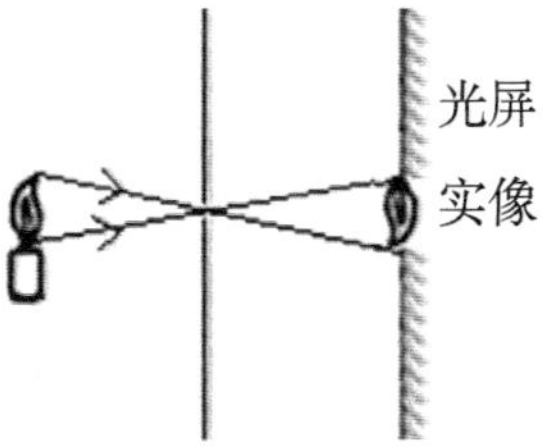

【设计特色】

本节课是光学的起始课，我用各种光学实验呈现出五彩缤纷的画面，让学生感受物理学的魅力，给学生眼前一亮的感觉。本节课始终贯彻用最简单的语言和最直观的实验现象，讲明白每一个物理问题。利用激光笔和烟箱给学生演示光的直线传播，利用玻璃砖和盐水给学生演示光的直线传播条件是在同种均匀介质中。然后与学生分享光的直线传播在生活中的应用，利用自制器材给学生演示，小孔成像再组织学生用纸杯和薄膜进行小孔成像实验。在影子的讲解中，让学生上前来表演手影，再利用地球仪、实心球和手电筒给学生演示日食的形成。

1. 作为每一章的起始课，必须给学生眼前一亮的感觉，本节课在每个实验中都给学生呈现最佳观赏效果。

2. 本节课每个实验效果都很明显，尤其是光在盐水中不沿直线传播的实验更为突出。

3. 让学生用最简单的材料（纸杯和塑料袋）自制小孔成像。

4. 光的直线传播条件和小孔成像为倒像的原因是本节课的难点，在难点突破时讲解到位。

特殊方法测量未知电阻

亭自庄学校　吴昌隆

【教材分析】

本课属于“造型・表现”学习领域，属于九年级物理第十章“伏安法测量未知电阻”的扩展内容，旨在加强学生对欧姆定律、串并联电流、电压关系等知识点的应用及基本电路图的识别、判断，为后续的电学计算打下基础。

【学情分析】

本年级学生已经学习了串并联电路中电流、电压的关系和欧姆定律的计算，其中一部分学生已经对欧姆定律的应用有了更深的认识，本课的学习也会加深学生对伏安法测量电阻实验原理的了解。本课在伏安法测量未知电阻的基础上，进行了必要的延伸和拓展，旨在希望让学生锻炼必要的思维能力并更加熟练的掌握欧姆定律。

【教学目标】

知识与技能：回忆伏安法测量电阻；

掌握伏阻法测量未知电阻；

拓展安阻法测量未知电阻；

过程与方法：通过教师引导，学生能够掌握用电压表完成对电流的间接测量；

通过问题链，学生能够理清特殊方法测量未知电阻的思路；

情感、态度和价值观：锻炼学生合作交流能力；

学会结合已有知识解决新问题。

【教学方法】

观察比较法、探究法、示范法、谈话法、练习法等。

【教学重点】

掌握“一表两用”解决测量未知电阻的问题。

【教学难点】

用电压表完成对电流测量的引导。

【教学准备】

学生：学案。

教师：PPT，学案。

【教学流程】

练习引入 → 设问 → 新知 → 拓展 → 小结 → 课后延伸

【教学过程】

环节一：练习引入

安排学生进行计算练习。

1. 已知：V_1、V_2、R_1，求：R_2= ?

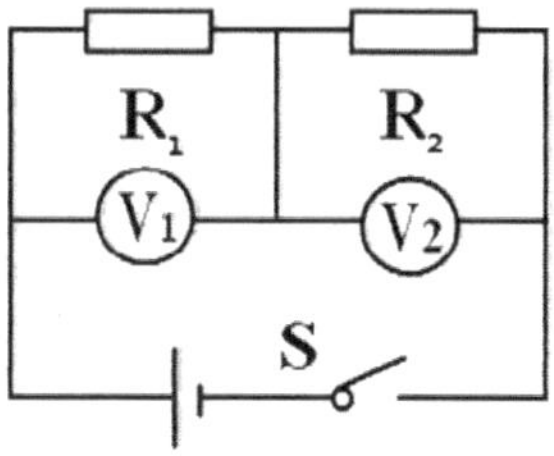

2. 已知：V、V_1、R_1，求：R_2= ?

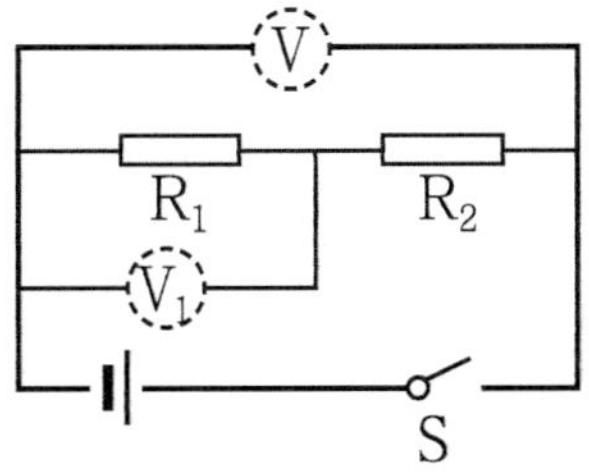

学生活动：完成两道练习题，并上讲台通过实物投影进行答案展示和讲解。

设计意图：复习欧姆定律计算，巩固欧姆定律的应用，并为学习本课后续的新知识做好铺垫。

环节二：设问

提问：测量未知电阻大小的实验原理是什么?

学生活动：学生回答问题

设计意图：温故知新。

环节三：情景一　温故

我们现有一只待测的未知电阻 R_X，电源一只，符合实验要求的开关，导线若干，请从电流表、电压表、定值电阻 R_0、最大电阻为 R 的滑动变阻器中选择合适的元件设计出测 R_X 阻值的电路图，并推导出 Rx 的表达式。

学生活动：设计电路图

教师巡视并针对有问题的学生进行指导。

设计意图：回忆伏安法测量未知电阻的方法和实验电路图，检验学生对于画电路图方法的掌握情况，并作为后续学习延伸的切入点。

情景二　知新

伏安法测电阻咱们已经十分熟悉了，也就感受不到用这种方法测量电阻的成就感，接下来，我来给同学们设置一个障碍。

设问：

现在我们手中的测量工具如果只有电压表的话，能不能完成对这个未知电阻的测量呢？

教师引导：

1. 电压表的作用是什么？

2. 能不能利用测出来的电压知道电流的大小呢？

3. 我们又如何获取未知电阻的电流？

4. 如果需要让定值电阻的电流能够替代未知电阻的电流，这两个电阻应该如何连接？

利用电压表都有哪些方法能够完成对未知电阻的测量？

教师引导，并组织学生进行交流评估，介绍伏阻法。

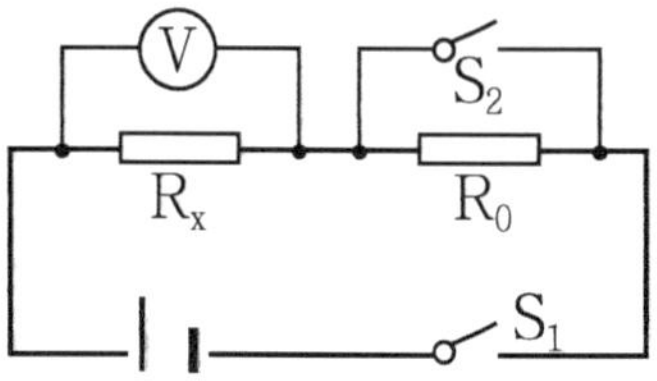

学生活动：学生思考，并在教师的引导下进行作答。通过小组交流，讨论用一只电压表完成未知电阻测量的方法和电路图，画出电路图，并进行交流展示。

设计意图：教师为学生设置问题，从而让学生进行思考、讨论，锻炼学生的思维拓展能力，在学生间的互动交流中体现合作精神。

情景三　延伸

刚刚我们利用电压表非常好地实现了对未知电阻大小的测量，接下来，我们能不能只利用电流表来完成同样的任务呢？

教师巡视、引导、提示，介绍安阻法。

学生活动：交流讨论，完成电路图的设计并在展台展示介绍。

设计意图：学生举一反三，在掌握只用一只电压表完成测量的基础上，利用同样的思路，讨论只用一只电流表完成未知电阻测量的方法。

小结：

今天我们学到了什么？

其实最重要的收获不是知识本身，而是方法和思维过程。

我们今天学到的这些方法不仅可以用来测量未知电阻，也能够用来测量电功率。

学生活动：伏阻法和安阻法

设计意图：让学生总结一节课的收获，重点是让学生回顾收获过程，并强调本课学到方法的应用范围。

环节四：课后延伸

最后，我给大家布置一个思考题：给你一块电流表和滑动变阻器（或者是一块电压表和滑动变阻器），请你设计出测量未知电阻的实验方案。

希望同学们能延续思路，继续解决新难题，记住：做难事，必有所成。

设计意图：拓展思维。

【板书设计】

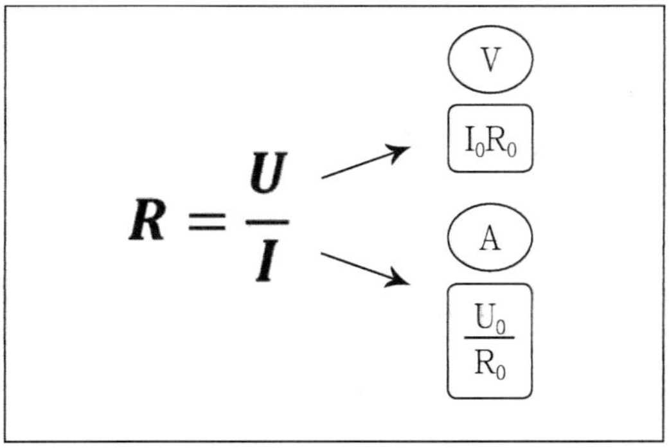

【设计特色】

1. 环环相扣，引导学生逐步思考。
2. 练习引入，明确本课的解题思路。
3. 增加师生互动，活跃课堂气氛。
4. 调动学生思维和课堂学习的积极性。

探究浮力的影响因素

阳坊中学　邵学锋

【教材分析】

本课属于实验探究课，通过经历探究过程发现问题、解决问题，提倡“做中玩，玩中学，学中思”，锻炼学生科学思维和科学探究的能力，提升学生物理科学素养。本课学习内容为北师大版八年级《物理》第四章第六节“浮力”第二课时“探究浮力的影响因素”。本课在教材体系中的地位：是学习液体压强、压力的进一步巩固，又为学习浮沉条件打下基础，起到承上启下的作用。

【学情分析】

1. 学生在生活中积累了一些有关浮力的错误认识，且对于浮力现象解释不清楚。

2. 学生已经具有一定实验探究能力，掌握了基本的物理研究方法，但对于选取实验器材认知不足，通过实验和推理获得新知的能力不强。

【教学目标】

知识与技能

1. 知道浮力的定义，掌握测量浮力的方法。

2. 知道影响浮力大小的因素。

过程与方法

1. 在探究浮力的大小与哪些因素有关的过程中，培养分析、归纳和推理能力；提升物理核心素养。

2. 在探究浮力的大小与哪些因素有关的过程中，掌握控制变量法的运用。

情感、态度和价值观

1. 自主分组设计实验，培养交流能力和团队协作能力。

2. 通过探究培养实事求是的态度，树立学以致用的意识。

【教学方法】

教师演示与学生体验相结合；教师讲授与学生探究相结合；教师引导与学生分析归纳相结合。

【教学重点】

掌握浮力的影响因素。

【教学难点】

解决实验过程中出现的问题。

【教学准备】

学生（每组）：铁架台、水、盐水、糖水、铁块（1 块）、铜块（1 块）、铝块（1 块）、弹簧测力计（量程不一样的 2 个）、烧杯（3 个）。

教师：水盆、水、铁块、橡皮泥、细线、塑料瓶。

【教学流程】

复习回顾测浮力方法 → 创设情境提出猜想 → 提出方案分类探究 → 合作交流总结提升

【教学过程】

一、复习回顾怎么测浮力？

教师活动：

教师提出问题复习回顾：

（1）浮力是什么样的力？

（2）浮力产生的原因是什么？

（3）浮力的测量方法是什么？

学生活动：

学生回答：

（1）浸在液体中的物体受到液体向上托的力叫作浮力。浮力的方向总是竖直向上的。

（2）浸在液体中的物体受到向上和向下的压力的合力，就是浮力。

公式： $F_{浮}=F_{向上}-F_{向下}$。

（3）测量浮力的方法：用测力计分别测量物体受到的重力和物体在水中受到的拉力，利用公式$F_{浮}=G-F_{拉}$计算出物体受到浮力的数值。

设计意图：

通过复习，回顾浮力第一课时所讲的浮力定义、产生原因及浮力的测量方法，为本课做好知识基础。

二、合作探究影响浮力的因素是什么？

活动一：猜想假设影响浮力的因素是什么？

教师活动：

教师实验，提出问题：物体受到的浮力可能与什么因素有关？

学生活动：

学生讨论：第一幅图：手把瓶子越向下按，力量必须越大。可能物体受到的浮力与深度有关。第二幅图：人在普通的水里容易沉下去，在死海里沉不下去，可能物体受到的浮力与液体密度有关。第三幅图：密度大的物体沉入水中，密度小的物体浮在水面，物体受到的浮力可能与物体密度有关。

学生猜想：浮力的大小与 深度、液体密度、物体密度有关。

设计意图：

通过图片和生活场景，学生可能不能正确猜出物体受到浮力的正确因素，对浮力的认知可能有错误认识。仍然鼓励学生大胆猜想，培养学生观察能力及实事求是的态度。

活动二：设计实验，探究物体受到的浮力与物体在液体中深度的关系。

教师活动：

教师提问：我们用什么方法做实验呢？

学生活动：

学生交流讨论：当研究物体受到的浮力与多因素有关时，我们要用控制变量法去探究实验。

自变量：物体在液体中的深度。

不变量：液体密度、物体密度。

因变量：物体所受浮力的大小。

设计意图：

在探究浮力的大小与哪些因素有关的过程中，使学生学会用控制变量法做实验。让学生明确自变量、因变量、不变量。

教师活动：

教师提问：请大家讨论如何设计实验？

学生活动：

学生开始自主设计实验。学生讨论：如何改变深度：改变物体进入水中的深度。如何控制不变量：保持实验用同一个铁块，保持所用到的液体是水。如何测量浮力：用测力计通过公式 $F_{浮} = G - F_{拉}$ 来测量。

实验方案是：

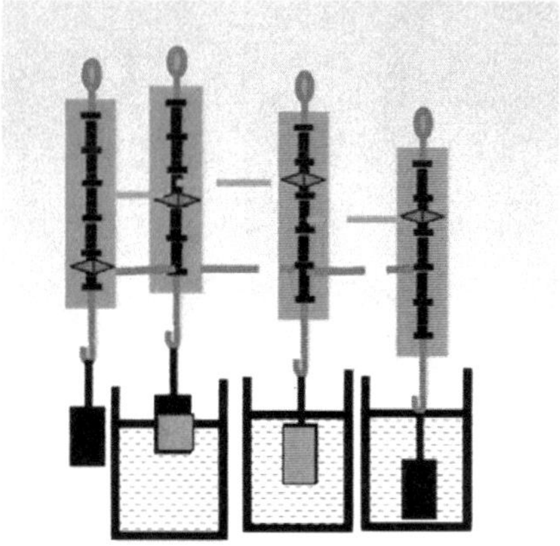

设计意图：

1. 通过自主分组设计实验，培养学生的交流能力和团队协作能力。

2. 能用书面语言描述实验的过程，培养规范、严谨的科学态度。

教师活动：

教师点拨：展示学生实验方案，特别是点拨深度（实验中改变物体在液体中的深度不要只停留在物体浸没前）。

学生活动：

学生开始实验并得出实验数据：

h/格	1格	2格	3格	4格	大于4格
G/N	1.3	1.3	1.3	1.3	1.3
F/N	1.1	0.8	0.6	0.3	0.3
$F_{浮}$/N	0.2	0.5	0.7	1.0	1.0

得出实验规律：物体在液体中受到的浮力与物体在液体中的深度无关，而与物体浸入液体中体积有关，且浸入液体中体积越大，浮力越大。

设计意图：

培养学生的观察能力以及分析、归纳和推理能力。

活动三：物体受到的浮力与液体密度的关系。

教师活动：

教师提问：我们将怎么做实验呢，请同学们交流讨论一下？（教师点拨：物体在液体中受到的浮力与物体在液体中的深度无关，而与物体浸入液体中的体积有关，我们要将深度这个因素换成物体浸入液体中的体积。）

学生活动：

学生开始自主设计实验，并展示实验方案。

1. 学生分析自变量：液体的密度。我们可用盐水、水、酒精做实验。

不变量：物体密度，物体浸入液体中的体积。保持同一个铁块全部浸没在液体中。

因变量：物体受到的浮力，用测力计通过公式 $F_{浮} = G - F_{拉}$ 来测量。

2. 实验方案：

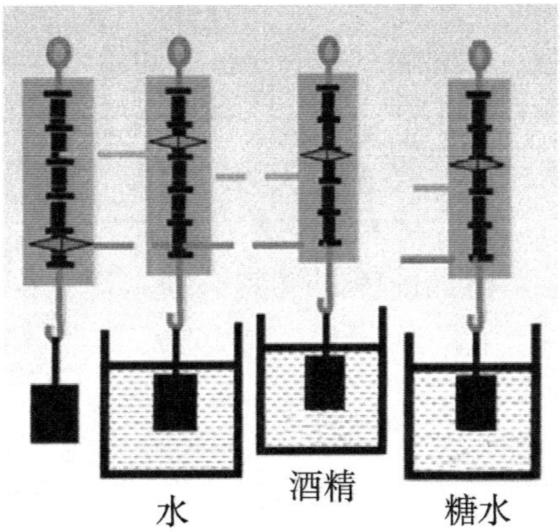

3. 学生开始自主设计实验并发现问题：测量物体在水中和盐水中受到的浮力相差不大。

教师活动：

教师点拨：可能水和盐水的密度相差不大导致实验汲能成功。那么我们该怎么办呢？

学生活动：

1. 学生交流讨论：可以将盐水换成一个密度与水相差较大的液体——糖水做实验。

2. 实验方案：

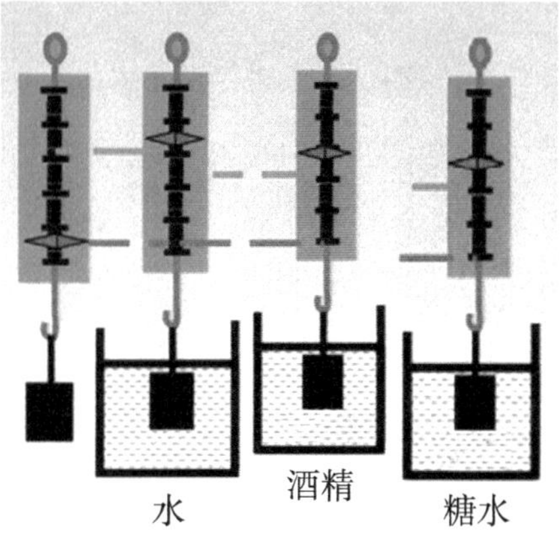

3.学生开始实验并得出实验数据：

液体	酒精	水	糖水
G/N	1.3	1.3	1.3
F/N	0.5	0.3	0.1
$F_{浮}$/N	0.8	1	1.2

4.得出实验结论：物体在液体中受到的浮力与液体的密度有关，且液体密度越大，物体受到的浮力越大。

设计意图：

1.通过自主分组设计实验，继续培养学生的交流能力、团队协作能力，使他们能用书面语言描述实验的过程，培养他们规范、严谨的科学态度。

2.通过实验探究，培养尊重科学、实事求是的科学态度。

活动四：物体受到的浮力与物体的密度的关系。

教师活动：

教师提问：对于这个问题，我们又怎么做实验呢，请同学们交流讨论一下？

学生活动：

1.学生交流实验方案：

自变量：物体的密度。用体积相同的铜块、铁块以及铝块做实验。

不变量：液体密度，物体浸入液体中的体积。将它们全部浸没在水中。

因变量：物体受到的浮力用测力计通过公式$F_{浮}=G-F_{拉}$来测量。

2.实验方案：

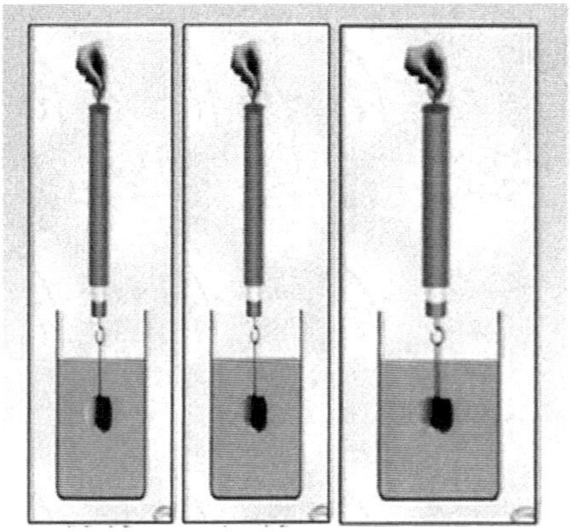

铁块　　铜块　　铝块

3.学生发现

问题并上台展示实验：用量程0—5N的弹簧测力计测量，实验中的3个小金属块受到的浮力几乎都为0。

教师活动：

教师点拨：大家可以观察自己桌子上的实验器材，有没有改进的方法。

学生活动：

1.学生交流讨论：换一个量程更小的弹簧测力计做实验。

2.学生开始实验并得出实验数据：

物体	铜	铁	铝
G/N	0.8	0.76	0.25
F/N	0.7	0.66	0.15
$F_{浮}$/N	0.1	0.1	0.1

3.实验结论：物体在液体中受到的浮力与物体的密度无关。

设计意图：

1.通过自主分组设计实验，继续培养学生的交流能力和团队协作能力，使他们能用书面语言描述实验的过程，培养学生规范、严谨的科学态度。

2. 培养学生发现问题、解决问题的能力，提升学生科学素养。

三、总结提升

影响浮力的因素是什么？

学生活动：

物体在液体中受到的浮力与物体在液体中的深度无关，而与物体浸入液体中的体积有关，且浸入液体中体积越大，浮力越大。物体在液体中受到的浮力与液体的密度有关，且液体密度越大，物体受到的浮力越大。物体在液体中受到的浮力与物体的密度无关。

【板书设计】

探究浮力的影响因素
1. 认识浮力：浸在液体中的物体受到液体向上托的力叫做浮力。浮力的方向总是竖直向上的。
2. 测量物体所受浮力的方法：用测力计分别测量物体受到的重力和物体在水中受到的拉力，利用公式 $F_{浮} = G - F_{拉}$ 计算出物体受到浮力的数值。
3. 物体所受浮力的影响因素：浮力与物体在液体中的深度、物体密度无关，而与物体浸入液体中的体积、液体密度有关。

【设计特色】

1. 让学生自主设计实验，培养学生的科学思维和科学探究能力。

2. 通过探究实验，让学生发现问题、解决问题。如探究浮力与液体密度的关系，在使用盐水和水时，浮力相差不大。分析原因：密度相差不大，可以用糖水代替盐水。探究浮力与物体密度的关系，发现测力计测不出浮力，分析原因，物体体积太小，可以选择一个更精密的测力计。

3. 本课尝试让学生通过实验发现很多课本上没有提示的问题，进一步把实验进行改进，这样会学到一些物理课本上没有的知识。学生在知识、能力、品质等方面都有很大的飞越。

如何看懂流程图

百善学校　马骥

【教材分析】

1. 本课教学内容是初三化学学习之后的复习和拓展。本课在学生已有知识基础上，通过对减少 SO_2 排放到大气中的思路进行研究，从实验室迁移到生产实际，让学生应用所学解决实际问题。

2. 将化学知识、化学方法和生产、生活实际相结合的教学能够凸显化学与生活、社会、技术的密切联系。本课是基于已有知识对生产实际问题进行的研究，不仅能提高学生对化学知识的兴趣，而且能够增强他们将来为经济建设服务的本领及应用化学知识解决实际问题的能力。

【学情分析】

通过访谈发现，大部分学生对于涉及工业生产流程图的题目都是依据问题去分析，并没有形成看懂流程图的一般思路，并且常常忽视流程图的实际意义。

【教学目标】

1. 基于学生已有认识，以去除烟气中的 SO_2 为载体，通过学生合作，分析物质转化的依据和生产实际原则，总结看懂工业流程图的一般方法和步骤，形成解决实际问题的一般思路。

2. 在小组活动中培养交流、合作的意识和能力，严谨的科学态度及解决实际问题的思维方法。树立爱护环境的观念，关注化学和日常生活、生产实际的联系。

【教学方法】

讨论归纳法、讲授法等。

【教学重点】

能全面、准确地获取工业生产过程流程图的有关信息。

【教学难点】

设计流程图，分析物质转化依据和生产实际原则。

【教学准备】

学生：学生访谈等。

教师：学生分组、教学素材等。

【教学流程】

教学环节		学生活动
提出问题	→	【引入】 回忆酸雨的危害，思考减少 SO_2 排放到大气中的方法。 【形成思路】 将 SO_2 这样有污染的物质转化为无污染且能利用的物质。

看懂流程图 →

【认识 SO_2】

类比 CO_2 推测 SO_2 的化学性质，利用 SO_2 的化学性质实现物质转化。

【吸收 SO_2】

1. 以小组为单位讨论实验室吸收 SO_2 的方法。

2. 以小组为单位讨论工业中吸收 SO_2 的方法，设计工业流程图。

3. 比较不同方案的异同点，总结实现物质转化的依据：元素守恒、基本反应类型。化合价和生产实际中遵循的原则：再利用、无污染、低成本等。

4. 练习、检测。

【看懂流程图】

回顾经历，总结看懂流程图的一般方法：先看整体，明确目的（将何种原料转化为何种产物）；再精读部分，分析原理，写出化学方程式，从进入设备的物质中寻找反应物，从离开设备的物质中寻找生成物，主要依据是元素守恒。

↓

巩固应用 →

【回顾酸、碱、盐的性质】

【总结提升】

体会应用所学知识初步解决实际问题的快乐，了解酸、碱、盐在工业生产中的应用，感受学科价值。

【教学过程】

环节一：提出问题

教师活动：

引入：图片展示容貌尽毁的大佛和面目全非的树木。

提问：导致这些危害的元凶是谁?

提问：我国的酸雨主要由 SO_2 转化而来，请同学们阅读一段资料思考如何减少 SO_2 排放到大气中？

指出：从我国能源结构图中看出目前大部分地区使用的主要能源是煤，不可避免地要产生大量的 SO_2。

学生活动：

回答：酸雨。

独立思考：① 减少燃煤；② 开发新能源。

产生新思路：把 SO_2 转化成无污染且能再利用的物质。

设计意图：从所给资料中获取信息，利用学生熟悉的环境问题酸雨创设问题情境，发现并提出问题：如何减少 SO_2 排放到大气中？形成处理污染物的一般思路——转化成无污染且能再利用的物质。

环节二：看懂流程图

教师活动：

追问：通过物质转化吸收 SO_2，同学们有什么具体方法吗？它们的原理是什么？

视频：观看实验视频，证明 SO_2 能与 NaOH、$Ca(OH)_2$、H_2O 发生反应。

讲述：在实验室中如何吸收二氧化硫。实验室中 SO_2 的来源主要是硫燃烧，纯度较高，但是量并不多，用水吸收产生不稳定且有污染的物质亚硫酸，氢氧化钙微溶于水，溶液浓度低，所以用一烧杯的氢氧化钠浓溶液就能充分吸收 SO_2。

问题讨论：在实验室中用浓氢氧化钠溶液吸收 SO_2，那在工业生产中又是如何吸收 SO_2 呢？请同学们结合工业流程图继续讨论，完成表格中的相关内容。

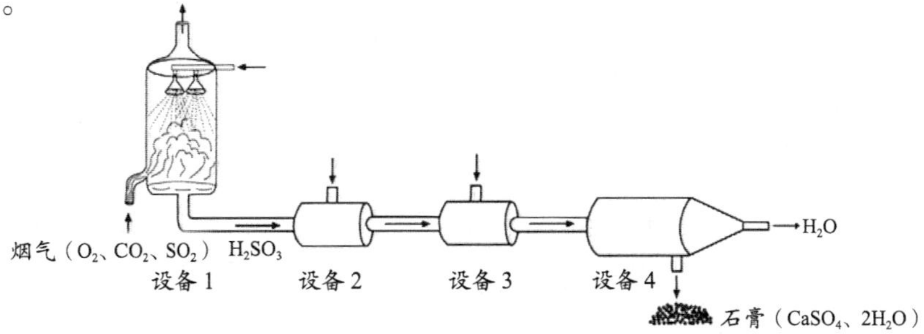

讲述：SO_2 可以作为生产石膏、硫酸的原料，在食品加工过程中做漂白剂、防腐剂，但必须严格按照国家标准使用，否则影响人体健康。

问题讨论：

1. 设计工业流程图，写出物质转化关系图。

2. 完成物质转化的依据是什么？

3. 哪种路径更好？

练习：（1）设备 1 中，通过喷淋水脱去烟气中的 SO_2，该反应的化学方程式为________________________________。

（2）设备 2 中，加入 $CaCO_3$ 的目的是将 H_2SO_3 转化为 __________。

（3）设备 3 中，反应前后化合价发生改变的元素是__________。

问题讨论：以上我们经历了从物质转化的原理分析到生产实际中遵循原则的讨论，接下来请同学们思考一下如何从实际生产的流程图中获取信息，分析其中的原理呢？

学生活动：

学生讨论：用 NaOH、$Ca(OH)_2$ 和 H_2O。

理由：想利用 SO_2 的化学性质来吸收 SO_2，想到了 CO_2，因为 SO_2 和 CO_2 都是非金属氧化物，组成相似的物质，化学性质相似，CO_2 能和 NaOH、$Ca(OH)_2$、H_2O 发生反应，所以推测 SO_2 也能跟这三种物质发生反应。

小组讨论，完成学案：

回答：工业中 SO_2 的来源主要是烟气，由于烟气中还有其他物质，所以 SO_2 的纯度较低，但是量很大，所以在设备 1 中喷淋大量水可以充分吸收 SO_2 并起到除尘作用，然后经过多个设备，通过多步化学反应得到可以再利用的石膏。

小组讨论，展示成果：分析转化过程，总结出实现物质转化的依据——元素守恒、基本反应类型和化合价。比较两种转化路径，总结出在生产实际中遵循的原则有：无污染、低成本等，讨论出最佳路径。

回答：（1）SO_2+H_2O　　H_2SO_3；（2）$CaSO_3$；（3）O、S

小组讨论，看懂流程图的一般方法。

交流分享：先看整体，明确目的，即将何种原料转化为何种产物，原料和产物可能是一种，也可能是多种；再精读部分，分析原理，写出化学反应方程式，从进入设备的物质中寻找反应物，从离开设备的物质中寻找生成物，主要依据是元素守恒。

设计意图：对比实验室吸收 SO_2，分析工业中如何吸收 SO_2，感受工业生产的复杂性和实际意义，完成物质转化，实现变废为宝；培养学生分析、概括和表达的能力，提升看懂流程图的一般方法。解决实际问题，使学生体会化学知识在工业生产中的应用，了解化学与社会可持续发展的关系。

环节三：巩固应用

教师活动：

巩固练习：从利用海水提取金属镁的工业流程图中获取信息。

总结提升：本课我们通过解决实际问题，处理烟气中的 SO_2 归纳总结了实现物质转化的依据、生产实际遵循的原则及看懂流程图的一般方法。请同学们运用本课形成的思路和方法完成作业并且继续关注化学知识在生产和生活中的应用。

学生活动：小组讨论，交流分享。

设计意图：体会应用所学知识初步解决实际问题的快乐，了解酸、碱、盐在工业生产中的应用，感受学科价值。

【板书设计】

如何看懂流程图

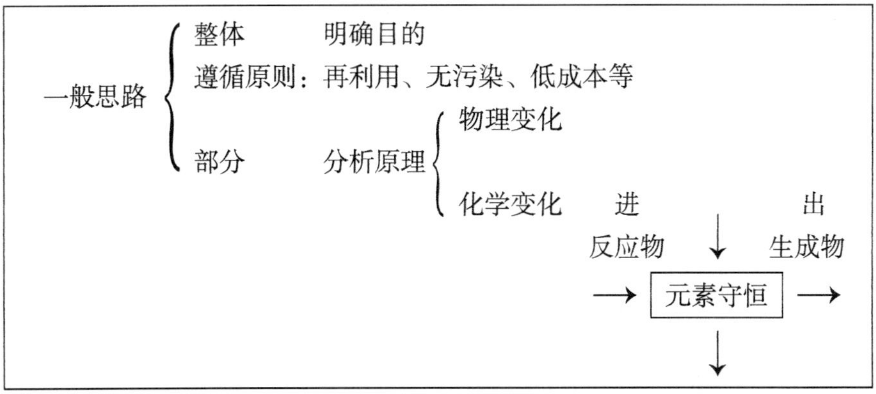

【设计特色】

1. 本教学设计基于学生已有知识，结合去除烟气中的 SO_2 的实际情境，通过学生合作讨论，形成看懂流程图的一般思路和方法。

2. 本课大量的活动需要学生思考、表达与交流，有利于培养交流、合作的意识、正确的物质观及获取信息的能力，更有助于提高学生的问题解决能力。

食物在人体内的消化

亭自庄学校　刘桐然

【教材分析】

本课围绕“食物在人体内的消化”的问题，通过实验探究和资料分析，让学生掌握食物在人体内的消化过程。

在设计教学方案时，紧紧围绕课程标准对本课的要求，搜集各方面的教学资源，将学生分组探究及分组实验与平板电脑有机结合，体会基于互联网的“跨越课堂”带来的新的教学模式。

在教学方法中，以启发引导为主，注重培养学生科学探究、科学思维和动手操作实验的能力，并将所学的书本知识应用到实际问题中，以提高学生解决实际问题的能力。

在教学环节的设计上，我分成了三个环节：课前研学—课上研展—课后研做。

“课前研学”的目的是让学生在课前进行学习。抛出与本课相关的讨论题，让学生自主思考学习，并进行小组讨论，有利于提高课堂效率，培养学生自主学习的能力。

“课上研展”是利用“课前研学”所引出的问题，教师通过问题引入新课。并通过本课知识解决问题，让学生掌握解决这个问题的方法。

“课后研做”的目的是对本课进行巩固与升华。利用课后时间，自主思考学习，也可以进行小组讨论，利用本课所学知识去解决新问题，让学习新知识不仅仅停留在课堂。

【学情分析】

学生已经理解并掌握了什么是营养物质，也可以分清哪些是大分子，哪些是小分子的营养物质。但是对于消化系统的组成、营养物质是如何消化及消化的主要场所还不清楚。

【教学目标】

知识：①概述食物的消化；
②描述人体消化系统的组成。
能力：①培养学生运用实验法探究的能力；
②通过阅读材料，培养学生阅读和提取信息的能力。
情感、态度和价值观：①通过小组的探究活动，培养学生的互相协作意识；
②通过模拟实验和人体的真实消化系统，增加学生体验的乐趣，激发学习的热情；
③培养学生乐于探索生命奥秘、实事求是的科学态度。

【教学方法】

讲授法、实验法、讨论法、演示法、阅读法。

【教学重点】

消化系统的组成，小肠是主要的消化器官；淀粉、脂肪和蛋白质的消化过程。

【教学难点】

掌握食物在人体中各个器官的主要变化；小肠既是消化的重要器官，又是吸收的重要器官。

【教学准备】

学生：课前需要完成相应的任务，回传至云端；课上需根据老师引导完成相应课上任务；课后需要在云端完成相应课后任务。

教师：课前教师需要发布相应任务；课上教师需要准备相应实验用具及教师演示实验所需的用具、学生学案；课后发布相应课后研做的任务至云端。

【教学流程】

课前研学 → 课上研展 → 消化系统 → 阅读消化的过程 → 小肠是消化的主要器官 → 观察小肠和大肠 → 演示实验——胆汁的乳化作用 → 知识提升 → 消化的概念 → 课后研做

【教学过程】

一、课前研学

小资料：食物中含有六大类营养物质：蛋白质、淀粉、脂肪、维生素、水和无机盐，每一类营养物质都是人体所必需的。水、无机盐、维生素是小分子的物质，能够直接被人体消化道吸收。脂肪、淀粉和蛋白质都是大分子的不溶于水的物质，不能被消化道直接吸收，它们只有在消化道内被消化为甘油、脂肪酸、葡萄糖和氨基酸等小分子的物质后才能被吸收。

问题：①请设计一份 1 天的食谱，要求膳食搭配合理。

②请说出你从你的食谱中可以获得哪些营养物质。

③哪些营养物质需要被人体消化才能吸收？

④你是如何消化这些营养物质的呢？

学生活动：学生思考、回答。

设计意图：目的是为了让学生课余时间自主思考回答问题，可以让学生课前学习新知识，大大提高课堂效率。

二、课上研展

教师讲述：前几天老师给大家布置了一个讨论题：

①请设计一份1天的食谱，要求膳食搭配合理。

②请说出你从你的食谱中可以获得哪些营养物质。

③哪些营养物质需要被人体消化才能吸收？

④你是如何消化这些营养物质的呢？

[找出2份回复帖，让学生自己展示]

学生活动：学生交流展示；学生思考、回答。

设计意图：通过课前布置任务，引入本课，提高课堂效率。

问题一：哪位同学的食谱更健康、更合理呢？

提示："平衡膳食宝塔"

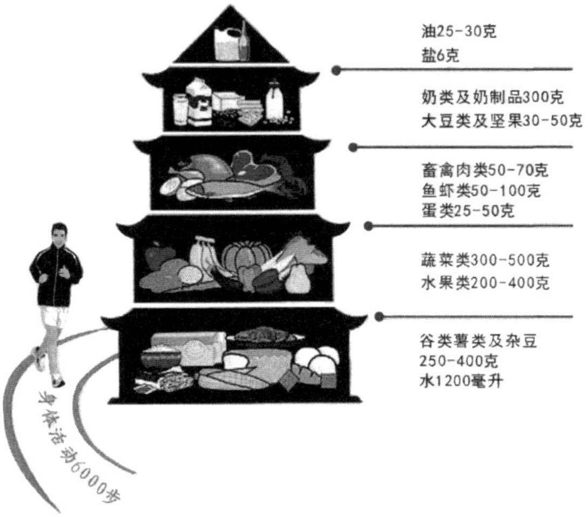

早、中、晚能量比（3：4：3）。

问题二：六大类营养物质中，哪些物质必须要经过消化过程才能被机体吸收呢？

学生活动：淀粉、脂肪、蛋白质。

教师讲述：脂肪、淀粉和蛋白质都是大分子不溶于水的物质，不能被人体直接吸收。所以，本课我们就一起看看日常饮食中的淀粉、脂肪和蛋白质是如何被人体所消化利用的。

设计意图：在课前布置的任务中，可以找到本课重点需要学生记忆和辨析的难点。

三、消化系统

过渡：在了解食物是如何被消化之前，我们先要认识消化系统的结构。

学生活动：学生思考、回答。

教师讲述：这是一幅人体消化系统结构图（教师展图），既然是系统，就由一些器官构成，我请两位同学到前面来，标注消化系统中的器官名称。其他同学检查他们标注的是否正确。

设计意图：利用人体的消化系统结构图，让学生直观地掌握消化系统的组成，并直观辨析。

学生活动：2位同学在图上标注名称。

问题一：那我们先思考一下，食物由口到肛门要经过哪些消化器官呢?

消化管：食物在人体中需要经过口、咽、食管、胃、小肠、大肠和肛门，我们将其称为消化管。

问题二：消化道中不包括肝脏和胰腺，那么，它们在消化系统中、在食物的消化过程中，起着什么作用?

学生活动：学生思考回答：口、咽、食管、胃、小肠、大肠、肛门。

教师讲述：肝脏和胰腺是消化腺，能够分泌消化液，有些消化液中含有能促使食物分解的消化酶。

消化腺：消化腺分为消化管内和消化管外两类。

[消化管外消化腺]

①胰脏中有胰腺，可以分泌胰液，胰液中含有淀粉酶、脂肪酶、蛋白酶。

②肝脏是人体最大的消化腺，可以分泌胆汁，胆汁储存在胆囊中，不含有消化酶。

③口中有唾液腺，可以分泌唾液，唾液中含有唾液淀粉酶。

[消化管内消化腺]

①胃里有胃腺，可以分泌大量胃液，胃液呈酸性，并且胃液中

含有胃蛋白酶。

②小肠中有肠腺，可以分泌大量消化液，含有淀粉酶、脂肪酶和蛋白酶。

问题三：那老师就想问问大家了，淀粉、蛋白质、脂肪这三类大分子物质到底是怎么通过消化系统进行消化的呢？

四、阅读消化的过程

学生活动：通过阅读材料，完成学案上的活动一。思考：淀粉、脂肪、蛋白质的消化是在什么器官完成的呢？它们消化需要什么物质的帮助呢？并完成相应知识脉络。（请两位同学来完成）

学生活动：学生展示，由两名同学进行展示，小结。

设计意图：结合材料分析，有利于培养学生提取重要信息的能力，提高学生自主学习能力。

五、小肠是消化的主要器官

问题一：在课前布置的任务中，有些同学认为消化主要是在胃中进行的。那通过刚刚的学习，你对原来的认识，是否有所改变？哪个是主要的消化器官呢？为什么？

学生活动：学生思考、回答：不正确。①胃是人体食物的储藏室；②胃只能将蛋白质进行初步消化。

问题二：那同学们思考一下，进行消化的主要器官是什么呢？

为什么小肠是消化的主要器官呢？

在消化系统中，哪个器官最长呢？

学生活动：学生思考、回答：小肠。

教师讲述：胰腺分泌胰液，胰液中含有消化糖类、蛋白质和脂肪酶，胰液通过导管流入十二指肠。小肠中肠腺分泌大量的消化液，其中有消化糖类、蛋白质和脂肪酶。在多种消化酶的作用下，淀粉、脂肪和蛋白质分解为可以被细胞直接吸收的小分子物质。最终，淀粉被分解为葡萄糖，蛋白质被分解为氨基酸，脂肪被分解为甘油和脂肪酸。

问题三：小肠这么长有什么意义呢？小肠除了长之外，还有哪些结构说明它是主要的消化器官？

六、观察小肠和大肠

学生活动：学生实验：请同学们观察你们培养皿中的小肠和大肠，再一步体会小肠是进行消化的主要器官，并思考：小肠结构的特点对于食物的消化有什么作用？

学生活动：学生动手实验

设计意图：以小组为单位进行实验，有助于培养学生小组合作能力。

教师讲述：请一组同学来交流展示（其他组进行补充）。

学生活动：学生交流展示。

教师补充：小肠内表面有很多突起，称为皱襞，皱襞上又有很多细小的突起，称为小肠绒毛。绒毛壁是一层柱状上皮细胞，其顶端有微绒毛，约1700条。皱襞、绒毛、微绒毛的存在，使小肠表面积比原来表面积增大了600倍左右，增大了消化面积。而大肠内表面较为平滑。

七、演示实验——胆汁的乳化作用

问题：肝脏是人体最大的消化腺，那肝脏有什么作用呢？

学生活动：学生思考、回答。

教师讲述：肝脏分泌的胆汁储藏在胆囊中，胆汁经导管流入十二指肠，胆汁可以促进脂肪变成脂肪粒。

演示实验 —— 胆汁的乳化作用。

设计意图：利用演示实验，让学生直观感受到胆汁的乳化作用。

八、知识提升

教师补充：大肠起始段的结构叫盲肠，是大肠中最短的结构；在盲肠远端伸出一小管，称为阑尾。草食性动物盲肠发达，人是杂食性生物，盲肠退化。但是，我们吃饭后不要做剧烈运动，避免造成盲肠发炎。

问题：我们学习了这么多消化器官，是否全了呢？

学生活动：学生思考、回答：牙、舌。

教师讲述：牙可以咀嚼食物，将大块食物变成碎小的食物；舌可以对食物进行搅拌。

九、消化的概念

教师讲述：消化的过程包括物理性消化和化学性消化两种形式。

物理性消化：食物经过口腔的咀嚼、牙齿的磨碎、舌的搅拌、胃肠的蠕动，将大块的食物变成碎小的食物，使消化液充分与食物混合，并推动食团或食糜下移，食物的化学本质没有变，即物质的性质没有变，这种消化方式叫物理性消化。

化学性消化：消化腺分泌的消化液中含有消化酶，消化酶将大分子营养物质分解成小分子营养物质，这一过程就是化学性消化。

学生活动：学生听讲、内化。

问题：通过刚刚的学习，我们知道了食物中的大分子物质淀粉、脂肪和蛋白质是怎样被我们人体所消化的。现在，同学们可不可以总结一下，到底什么是消化？也就是消化的概念是什么呢？

学生活动：总结消化的概念

设计意图：教师引导学生，总结消化的概念，也是对本课知识进行总结。

十、课后研做

课后研做：今天我们学习了食物在人体内的消化，那我们是如何吸收这些营养物质的呢？课后老师给大家布置了一个任务，阅读所给的材料，思考：食物中的营养物质是如何被我们人体吸收的？

学生活动：学生思考、完成学案。

设计意图：利用课后时间，结合课上所学，让学生在此内化消化与吸收，让学习新知识不仅仅停留在课堂。

【板书设计】

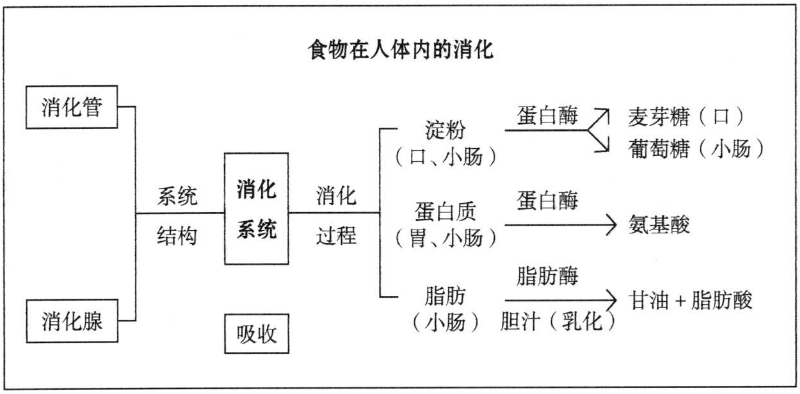

【设计特色】

1. 平板电脑辅助教学。

2. 互联网环境下“跨越课堂”的教学模式：课前研学—课上研展—课后研做。

3. 利用平板电脑教学可以记录学生的每一次成长，给老师和学生留下了回忆。

4. 利用实验探究让学生在探究中学习新知识。

鸟类是适应飞翔生活的恒温动物

阳坊中学　李小民

【教材分析】

本课内容是北京版初中生物八年级下册第十三章《生物的多样性》第六节“动物界”中“鸟类是适应飞翔生活的恒温动物”，属于十大模块中第八个主题“生物的多样性”。这一章讲述了地球上的生物是多种多样的，依据一定的特征，可将各种生物分成不同的类群。本节内容在学习了真菌、植物、无脊椎动物的主要特征及与人类生活关系的基础上，进一步学习脊椎动物的第四个类群：鸟类。鸟类种类繁多，与人类生活有着密切的关系。通过探究鸟类适应飞翔的形态特点，形成动物的形态结构及生理特性与其生活环境、生活方式相适应的生物学观点，帮助学生树立“不同类群的生物各有其特征，在生物圈中具有不同的作用，保护生物多样性极为重要”的观念。因此确定本课的重点：概述鸟类的主要特征。

【学情分析】

作为初中二年级的学生，每位学生都有一定的生物学基础，有一定的分析和解决问题的能力，喜欢问问题，喜欢生动形象的教学方法。学生通过学习和日常生活中的经验，已知的知识基础有：1. 鸟的运动方式主要是飞翔；2. 鸟的外形特征；3. 生物体的结构与功能相适应的一般原理。但学生对鸟类有哪些结构特点适于空中飞翔的相关知识还不甚明确，所以教师要注意多提供大量的图文资料，联系生活实际，辅以视频，加强感性认识，使学生积极参与教学，乐于探究。因此，本节课确立的难点为：“鸟类适于飞翔生活的特点”的探究过程。

【教学目标】

知识与技能

学生能概述鸟类适于空中飞行的主要特点。

过程与方法

通过类比实验的探究过程，学生进行发现问题、分析问题和解决问题的探究过程。

情感、态度和价值观

1. 通过“鸟类适于飞翔生活的特点”的探究活动，养成探索生命奥秘，实事求是的科学态度。

2. 体验鸟类与人类的关系，形成热爱家乡的情感。

【教学方法】

本课主要采用谈话式、探究实验式教学方法。

【教学重点】

鸟类适于飞翔生活的特点的探究活动。

【教学难点】

帮助学生形成结构与功能相适应的学科观点。

【教学准备】

学生：阅读学习辅导资料

教师：本节课利用实物、多媒体课件（视频、图片），将内容直观化、形象化，调动学生的积极性，更有利于学生探究“鸟适于飞行”的特征。

【教学流程】

创设情境 提出问题 → 实验探究 引发思考 → 图片展示 强化认知 → 运用类比 得出结论 → 联系实际 培养情感

【教学过程】

一、创设情境

活动一：观看视频，创设情境

在自然界中，有许多种类的候鸟在秋天来临之时，飞过千万公里，达到适宜的地点过冬，来年春天，又匆匆启程，回到初生的地方。我们欣赏一段视频，看看迁徙中候鸟的美妙身姿。

媒体展示：迁徙中的鸟类。

导入课题：鸟类有什么不同于其他动物的结构特点，从而适于飞翔呢？

学生活动：学生观看视频。

设计意图：创设情境导入新课。

二、新知探究和实验操作

活动二：纸片与纸飞机比较

1. 出示活动材料：同学们请看，这是两张材质、型号都完全相同的纸张，我们将其中的一张纸的形状稍作改变，折成纸飞机。

演示：请一名同学用同样大小的力气将两张不同形状的纸张轻轻抛出。

结论：很显然，由于形状的改变，飞行距离出现了极大的差距。

教师引导：联想到真正的鸟，外形上又有什么不同于其他动物的特点，因而适于飞翔呢？

2. 出示图片：课件。

3. 小结：请同学们总结一下，我们找到了哪些鸟适于飞翔的外形特征？

4. 教师：接着前面的模拟活动进一步比较纸飞机与负重飞机。将另外一张纸也折成相同的流线型轮廓，改变它的重量。用同样的力气，将两个外形相同，重量却不同的飞机抛出。

5. 演示实验：我们将同体积的哺乳动物的骨与鸟的股骨同时放在水中，观察现象。

6. 小结：从体重方面，我们对鸟类适于飞行的结构特点进行小结。

学生活动：

1. 请同学进行演示。学生观察现象，讨论实验结果，得出结论：很显然，由于形状的改变，飞行距离出现了极大的差距。

2. 学生观察图片说出：

（1）有的同学发现它们身披羽毛，头小，身体大，流线型的身体可以减少阻力，特别适于飞翔。

（2）还有同学说道："鸟能飞翔，主要器官是翅膀呀！"其他的脊椎动物多有四肢，鸟却只有双足。那么它的翅膀是如何演化而来的？学生很自然地想到，是由前肢演变为翼。

3. 回答：这些特点是：流线型身体、前肢特化成翼、被披羽毛。

4. 请同学进行演示，学生观察现象，讨论实验结果，得出结论：相同体积下，体重轻的鸟更适于飞翔。

（1）有的同学说道："鸟类的口中是没有牙齿的，咀嚼功能由砂囊代替，这样构造减轻了它的体重。"其实，鸟的全副骨骼的重量是相当轻的，甚至比它的全身羽毛还轻。举个例子：一只重达 11 公斤的鹈鹕，它的骨骼只有 0.5 公斤。它们块状的骨骼都是很薄的，有些像纸片一样薄。如龙骨突，大而薄，可供强大的胸肌附着。

（2）大部分同学日常生活中见过鸡、鸭等禽类的骨头，它们有什么特点？我们将哺乳的股骨与鸟的股骨进行比较，会发现鸟的股骨：①壁薄；②中空。这样就减轻了它们的体重。

（3）另外有的同学可能见过鸟从空中飞过后，留下这样的场景：【图片】。这些尿液和粪便可能会随时在鸟的飞翔过程中排出，这是由于鸟没有膀胱、直肠短、不能储存粪便，所以粪便很快进入泄殖腔排出体外，这样的结构也便于它减轻体重。所以我们也应当用理解的心态来对待它们的这种行为。

5. 学生观察实验现象。

6. 学生总结：有的同学说了："没有牙齿，长骨中空，无膀胱，直肠短。"这些是鸟类减轻体重的主要结构。

设计意图：让学生通过实验探究的方式获得新知，突出学科的核心素养。

三、分享交流

活动三：探究其他利于飞翔的结构

通过实验的分析，我们了解到，除了流线型的身体、体重轻等适于飞翔的特点外，鸟类还有发达的胸肌，能强有力地收缩，牵动着翅膀扇动绚丽的羽毛，迎风飞翔；鸟类还有特有的双重呼吸为能量的供给做支撑，而且它们的心跳频率比哺乳类快得多，一般在 300~500 次 / 分钟之间，大大提高了鸟类的新陈代谢水平。结构精巧、外形美丽，声音悦耳的鸟类值得我们爱护它、保护它！

学生活动：学生倾听，完成教材中鸟类的基本特征的梳理。

设计意图：建构生物体结构和功能相适应的观点。

四、拓展提升

活动四：出示图片

这是昌平十三陵水库冰面上飞行而过的大天鹅、大雁。几年来，水库周边及沼泽地发现的世界濒危的鸟类有 12 种，国家一级保护鸟类有 17 种，二级保护鸟类近 40 种。昌平良好的生态环境和丰富的自然资源吸引着鸟类栖息，这也证明了昌平是一座宜居的城市。我们居住在这样的城市是幸福的，因此我们一定要保护好这么美丽的家乡！

学生活动：学生观察、感受，说一说如何保护好家乡的环境。

设计意图：培养学生热爱家乡的情感。

【板书设计】

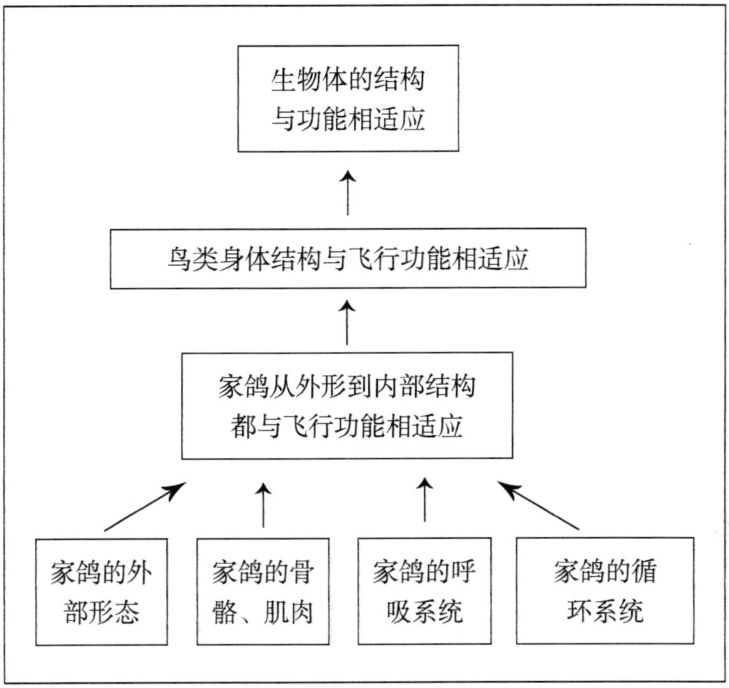

【设计特色】

关注和落实生物学科核心素养是本课的“亮点”，要求学生在真实、复杂、开放的问题情境中，积极参与探究，实现“发现问题 → 提出假设 → 验证假设 → 得出结论”这一探究学习的思维过程。同时明确指出科学探究不仅指科学家们用以研究自然并基于此种研究获得的证据提出种种解释的多种不同途径，也指学生用以获取知识、领悟科学概念和学科观念、领悟科学家们研究自然界所用的方法而进行的各种活动。

科学减肥——人的营养与运动复习

长陵学校　庞晨曦

【教材分析】

本节课是九年级二轮复习中的一课。在之前的一轮复习中已经对知识进行了细致的复习，二轮复习是在一轮的基础之上，对已经复习的重点知识进行巩固和联系，帮助学生进一步理解与掌握。

【学情分析】

本班学生较为活跃，基础相对较好，因此教学过程中注重知识与生活的联系，增强学生学习的积极性，做到在了解新知识的基础上进行重点知识的巩固。

【教学目标】

知识与技能

1. 说明动物的运动依赖于一定的结构。

2. 概述食物的消化和主要营养物质的吸收过程。

过程与方法

通过运动联系人体的各个系统，提高综合分析能力。

情感、态度和价值观

1. 从各系统到整体的联系，领悟局部与整体、结构和功能相适应的生命观念。

2. 通过解释生命现象，解决生活中的实际问题。

【教学方法】

探究法。

【教学重点】

概述食物的消化和主要营养物质的吸收过程。

【教学难点】

人作为一个统一的整体，各个系统是协调配合的。

【教学准备】

学生：常规准备。

教师：资料搜集。

【教学流程】

1. 生活新闻引入：如何判断一个人是否需要减肥？

2. 胖与一个人的消化吸收是否有关系——复习人的主要营养物质的消化吸收。

3. 科学的减肥除了控制饮食，还应配合适量运动——人的运动依赖运动器官。

【教学过程】

教学阶段	教师活动	学生活动	设置意图
导入	引入一段新闻：各类减肥瘦身药物，长期食用损伤肝脏，你怎么看？当今社会以瘦为美，你觉得利用瘦身药物减肥是否靠谱？	阅读新闻材料，发表自己的看法。	联系生活

导入	节食减肥是否靠谱？今天课上我们来聊一聊如何科学瘦身。		
环节一、人体的营养	1. 尽管瘦身已经成为一种潮流，但是在瘦身前还是应该审视自己，到底是否需要减肥？——有同学提到BMI。 出示案例：年轻男、女各一人，根据身高、体重计算出他们的BMI值（BMI=体重/身高的平方），再出示两人的身材对比图。可以看出，如果是肌肉较多的人，BMI值也可能相对偏高，因为单位体积的肌肉要比同体积的脂肪更重（出示图片对比），因此瘦身要综合考虑一个人的身高、体重、BMI值及身体的健康程度，再去判断是否需要减肥。 2. 想要科学瘦身，首先要了解我们的“肉”是怎么长起来的？结合之前所学和复习的关于营养的知识，回顾人体所需的营养物质（糖类、脂肪、蛋白质、维生素、无机盐和水）。其中主要供能的营养物质是糖类、脂肪和蛋白质。出示图片：生活中常见的几类营养物来源。这些能源物质缺一不可，为什么会让人发胖？	复习回顾人体所需的主要营养物质。 根据食物包装上的营养成分表，计算此人一天摄入的热量总数。	联系消化系统与人的营养的相关知识，结合现实思考。 了解正常人的能量需求，可在生活中应用。

环节一、人体的营养	3. 一般来说，人体每天需要摄入一定量的能源物质满足生命活动，这些能量依据什么而定？依据人的年龄和日常活动水平而定，随着人的生长发育而变化。出示一个成年人一天摄入的食物，首先根据生活经验，初步判断他吃得是否健康？我们用卡或焦作为计量单位，计算一下他一天摄入了多少能量？再出示此年龄正常成人一天所需的能量，进行对比，发现摄入＞所需，所以才会造成“长肉”——实际上是脂肪堆积的现象。那到底应该如何选择摄入的食物呢？ （1）选择营养物质更多的糖类。 人体细胞能量的主要来源：葡萄糖，但是大多数的食物都不含葡萄糖。如我们常见的主食馒头中的淀粉，不能被人体直接利用，所以人体必须把其他种类的糖转化为葡萄糖。转化依靠什么？——消化酶。（简单复习淀粉的消化过程）生活中常见的糖类按化学式可分为单糖和多糖。如淀粉，属于多糖，提供的能量更多，持续时间更长。举例：马铃薯、大米、玉米、谷物类等；另一类是和葡萄糖一样的	回顾主要营养物质的消化和吸收过程，思考如何选择食物。 复习脂肪的主要功能及消化过程。	复习、回顾并且引入单糖、多糖概念，运用到生活中。 通过回顾脂肪的功能，合理看待脂肪堆积。 盐水 漏斗 搅拌棒

环节一、人体的营养	单糖，一般可以快速释放能量。举例：水果、牛奶、糖果、饮料等。所以一般生活中出现低血糖的情况我们应如何选择食物进行补充？——糖果类。但是它们由大量单糖制成，所以营养价值通常不高。 （2）少量摄入脂肪。 脂肪含有的热量是同质量糖类的2倍。出示高脂肪的食物图片：各种炸物及薯片、零食等，虽然好吃但是此类饱和脂肪酸摄入过多会增加患心脑血管病的几率，因为人体中消化脂肪主要通过胆汁将脂肪乳化为脂肪微粒，在肠液和胰液的共同作用下分解为甘油和脂肪酸。脂肪的热量这么高，是不是不摄入就不长肉了？脂肪对于人体的作用十分重要：保持体温，构成细胞膜的成分之一，保护和支持人体内脏器官等重要功能。所以也要摄入，但是不超过总热量的30%。 （3）摄入多种蛋白质。 蛋白质是构成人体细胞的基本物质，在人体中需要被分解为氨基酸吸收。人体自身能够合成10种氨基酸，但是其他的需要从食物中获取，其中植物蛋白与动物蛋白相比，缺少一种或两种氨基酸，所以	根据刚才复习内容，制订一份简单的膳食计划。	联系人体六大营养素，实际应用到生活中。

环节一、人体的营养	摄入蛋白质时要注意摄入多种蛋白。 （4）除此之外，人体还需要两类极少量的营养物质——维生素和无机盐，它们虽然不能为身体供能，但是可以协助人体进行生理活动。 （5）根据刚才回顾的内容，结合食物金字塔图谱，初步拟定一份适合成年人的一天健康膳食计划。（原则：了解能量需求，均衡膳食） （出示网络上的健身食谱对比,分析是否合理。）		
环节二	（1）刚才我们为一个成年人拟定了一份健康食谱，但是此食谱只可以保证营养均衡，想要达到瘦身的目的，除了摄入健康的食物外，还有一个重要的环节——运动。任何运动都依赖我们的运动器官（如骨、骨骼肌、关节）。 （2）运动可简单分为有氧运动和无氧运动两种：其中，有氧运动是氧气充分供应的情况下以脂肪为主要供能物质进行的体育锻炼，如长跑、游泳、快走等；无氧运动则与之相对，无氧运动是指人体肌肉在无氧供能代谢状态下进行的运动，大部分是负荷强度高、瞬间性强的	回顾运动系统相关知识。 了解有氧运动和无氧运动的生理性区别。	回顾运动系统的组成及结构。 通过了解不同运动的能量消耗，选择合适的运动方式。

环节二	运动，所以很难持续长时间，要使用更多的糖原作为供能物质（介绍新概念——糖原），如肌肉训练等。选择哪种运动方式减肥效果更好？——答案是：无氧运动可以消耗更多热量，造成更大热量缺口，肌肉细胞抢夺脂肪细胞营养（复习肌肉的结构）。 （3）那么是不是就不要跑步了？跑步过程中有呼吸系统和循环系统的参与，所以慢跑可以提高心肺功能。但是有人在慢跑之后出现腿疼等现象，这是怎么造成的？可能是由于体重较大，对关节的压力较大。回顾并画出关节的结构，说明关节的结构特点（关节软骨、关节滑液的功能等），注意运动中对关节的保护——充分做好热身，适量运动。 （4）运动的实质可以说是骨骼肌收缩牵拉着骨骼绕关节活动，任何一项运动都离不开三者的协调配合，也离不开其他系统的配合。	回顾主要运动器官关节的结构，说出主要结构的功能。 说出运动时有哪些系统共同参与。	重点在复习关节的结构及运动器官的协调配合。 联系人体的其他系统，任何生命活动都需要多系统的共同参与。
环节三	综合我们刚才复习的内容，为一个成年人设计一个减肥计划，并向大家展示设计理念。 可综合控制饮食＋适	设计一份成年人的减肥计划。	联系生活，瘦身要合理。

	量运动；或只控制饮食。点评其他人的设计理念		
环节四	综合今天复习的内容，减肥是一条漫漫长路，脂肪不是一天堆积起来的，也不可能轻松减下去，“管住嘴，迈开腿”是永远的减肥秘籍。通过今天的复习，希望你们能够在饮食上选择更加健康的食物，并且在运动时，选择适合自己的运动，注意做好准备活动，并且适当补充营养，更加健康地生活。	总结回顾。	由人体的系统到整个生物体的健康生活。

【板书设计】

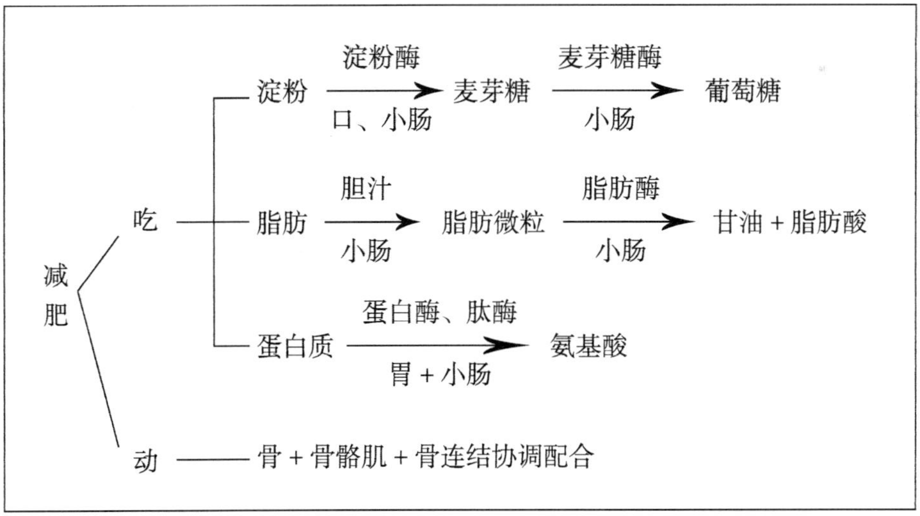

【设计特色】

1. 结合生活，将生活中的热点话题与生物学知识相联系，增加了学生对于原有知识的理解和兴趣。

2. 对知识进行联系，本课借“减肥”这个话题，将人的运动系统一并复习，使学生进一步认识到人是一个统一的整体。

3. 设计食谱，将所学知识应用于生活。

◆ 历史、地理、道德与法治学科教学设计

指导专家：

地理学科：李京燕

历史学科：马慧英

道德与法治学科：李婉华

沟通中外文明的“丝绸之路”

阳坊中学　吕万彦

【教材分析】

从历史阶段性特征看，秦汉时期是统一多民族国家的建立和初步发展时期；从教材的结构上来看，本课上承“汉武帝的文治武功”，下启“两汉时期的对外交流”，多角度地展示了西汉王朝的繁荣与开放；从民族关系看，张骞通西域后加强了内地与西域的联系，使新疆地区开始纳入中国版图；从对外关系看，开通了“丝绸之路”，揭开了人类对外交往史上灿烂的篇章；从本课内容看，有利于体现“立德树人”这一教育的根本目的。

【学情分析】

学生对汉武帝巩固大一统有所了解，具备了一定阅读、分析简单的图文资料和初步阅读归纳的能力。对当今“一带一路”政策有所了解，但对于“一带一路”与丝绸之路的关系认识不深。核心素养方面，时空观念不够强；对张骞等探险家的家国情怀体会不深；论从史出的史料实证意识不强。这就需要教师在授课过程中引导学生围绕历史核心素养展开本课的学习。

【教学目标】

知识与技能：

了解张骞两次出使西域，“丝绸之路”的开辟，汉朝对西域的管理等基本史实，提高识图能力及历史思维能力，理解西汉设立西域都护的历史意义。

过程与方法：

通过识读《张骞出使西域路线图》《“丝绸之路”示意图》《汉代“海上丝绸之路”示意图》，获取相关历史信息，增强历史时空观念；通过识读历史文献摘录，提取有效信息，初步掌握史料实证的历史学研究方法。

情感、态度和价值观：

学习张骞等人不畏艰险、勇于开拓的进取精神，增强爱国情怀。认识新疆自古以来就是中国不可分割的一部分，增强民族团结和维护祖国统一的意识。

【教学方法】

情境教学、探究教学等。

【教学重点】

张骞通西域。

【教学难点】

“丝绸之路”在中西方交流史上的重要作用。

【教学准备】

学生：预习课文，搜集张骞个人生平事迹。

教师：研读义务教育《历史课程标准》（2011 年版）和部编七年级上册《中国历史》教科书，查阅《史记》《汉书》等古籍，制作 PPT 课件。

【教学流程】

总流程：

导入 → 新课学习 → 总结 → 练习

具体：

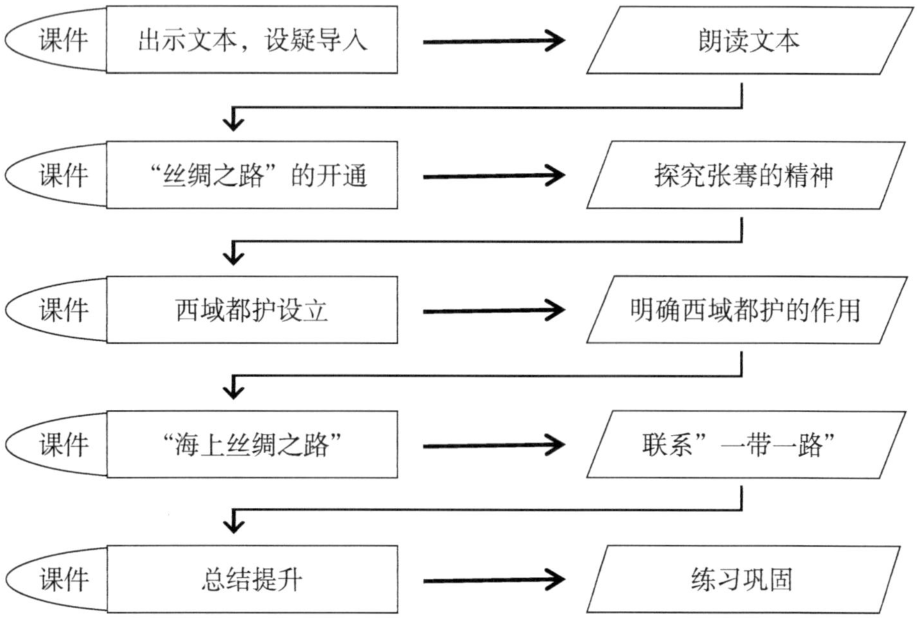

【教学过程】

教学阶段	教师活动	学生活动	设置意图	所需时间
一、导入新课	出示习近平在哈萨克斯坦纳扎尔巴耶夫大学演讲照片及演讲节选内容“2100多年前，中国汉代的张骞肩负和平友好使命，两次出使中亚，开启了中国同中亚各国友好交往的大门，开辟出一条横贯东西、连接欧亚的丝绸之路。 我的家乡陕西，就位于古丝绸之路的起点……” ——习近平2013年演讲节选	学生朗读演讲内容节选。 思考。	联系现实，做好铺垫，设疑导入。	2分钟

一、导入新课	设问：文中的张骞是谁呢？为何说他开辟了“横贯东西、连接欧亚的丝绸之路”？古丝绸之路的起点，具体在哪儿呢？带着这些疑问我们开始本课的学习。			
二、引导探究	板书： 沟通中外文明的“丝绸之路” 一、张骞通西域 西域在哪里？出示《张骞出使西域路线图》，圈出阳关和玉门关的位置，强调它们是古代东西方交通的必经之地。明确西域的概念：阳关、玉门关以西，包括现在新疆和更远的广大地区。 汉初的西域是怎样的状况呢？引导学生观看《张骞出使西域路线图》，当时西域共有楼兰、龟兹、乌孙、大宛等30多个国家，介绍西域诸国小国林立与被匈奴控制奴役的状况。 引导学生回顾历史上秦朝、汉初与匈奴的关系。秦朝派兵攻打匈奴，修筑长城；秦末汉初，趁中原内乱，北方的匈奴人频繁南下侵扰西汉，给西汉边境人民带来巨大的灾难。到汉武帝时，国力强盛了，	看书第67页第一段。 看书第68页地图：标注阳关、玉门关的位置。找到楼兰、大宛、乌孙等国。	从课文提炼关键信息。 掌握汉代的西域概念。 从地图中提取信息。	40分钟

二、引导探究	就想解决匈奴侵扰的问题。恰巧此时，他得到这样一则消息：匈奴人打败了居住在祁连山一带（教师指图）的月氏人,月氏王被杀，月氏国王的头颅还被匈奴人做成了饮酒器。月氏人苦于孤立无援，只得含恨西去。汉武帝闻听此事，会是什么反应？ 但是当时汉朝人不知道月氏人西迁到哪里，又对西边不熟悉，要找月氏人中间还必须要穿过匈奴人占据的地方，这样一个凶险莫测的任务谁愿意去呢？在皇帝一筹莫展时，有一个地位很低的郎官，也就是皇帝身边的保安，站了出来，挺身应募。此人是谁呢？就是张骞。据说他性格刚强，诚实可信，汉武帝于是就把这个重要的使命交给了他。他就成为了我国历史上第一位由政府派遣从中原出使西域的使者。 板书：1. 公元前138年 依照《张骞出使西域路线图》，讲解：在公元前138年，张骞一行在汉朝都城长安，今陕西西安，拜别了汉武帝，踏上西行的征程。一路上虽然他们小心谨慎，但不凑巧，还是被匈奴人抓住了，成了	思考推测 联合大月氏左右夹击匈奴。 了解史实。	新旧知识勾连，从学生已有知识出发，学习新知识。 情境创设，培育家国情怀。	

二、引导探究	俘虏。 匈奴人发现他是汉朝的使节，希望他替匈奴人卖命，令他归降，倘若不降，晚上就得在野外风餐露宿，部分随从不堪忍受投降了，但是张骞做出了怎样的选择呢？——“持汉节不失。” 课件出示：**持汉节不失。——《史记 ·大宛列传》** 解释“汉节”，长大约一米八的竹竿，上头绑有三个牦牛尾，汉节是汉朝使者的凭证，“不失汉节”就是不降，不背叛祖国。 匈奴人这一招不行，又实行另一招：出示材料：**“留骞十余岁，与妻、有子”**。——《史记大宛列传》 匈奴人这样做的目的是什么？就是要留住张骞。对此“然骞持汉节不失”。——《史记》 十年之后，趁匈奴人放松了看管，张骞终于寻机逃了出来。这时他又得做出选择，往哪儿走呢？是返回家乡，向汉朝、向皇帝复命，还是继续向西寻找大月氏呢？ 他没有忘记自己的身份和使命，毅然选择了继续西行。这次西行，他要穿越茫茫的戈壁滩，飞沙走石，热浪滚滚；还要翻越高如屋脊的葱岭，冰雪皑皑，寒风刺骨；沿途人	了解史实及“汉节”的概念。 阅读解释大意。 思考回答。	掌握“汉节”这一历史概念。 训练学生阅读古文的能力。 创设情境，引发思考。	

二、引导探究	烟稀少，寻找水源十分困难，就这样向西坚持了几十天，张骞有惊无险来到了一个叫大宛的国家。 大宛国王听说过汉朝的富有，想结交汉朝，见到张骞后十分惊喜，给他派了向导和翻译。在大宛等国人的帮助下，张骞终于在阿姆河流域找到了大月氏王国。引导学生在《张骞出使西域路线图》中，找出大月氏的位置。 出示材料：**“地肥饶，少寇，志安乐”。——《汉书》**大月氏人在阿姆河流域安居乐业，已无复仇之心。 设问：张骞出使西域的目的实现了吗？大月氏人没有答应张骞的请求，张骞等人带着遗憾只好往回走。返回时为了避开匈奴人，改走南道，没想到还是被匈奴人扣留，一年多后，趁匈奴内乱才得以脱身返回长安。 张骞此行前后13年，去时100多人，回来时，只剩下他和一个随从。 这次西行虽然没有实现最初联合月氏抗击匈奴的目的，但是，他在沿途处处留心西域各国的山川地形和风土人情，回来后一一向汉武帝进行了汇报，使西汉人大开眼界，第一	情境感受。 从地图中找出大月氏及阿姆河的位置。 阅读解释大意。	情境渲染，增强家国情怀。 古文阅读能力训练。	5分钟

（一） 专题复习：先锋引领改革	次对西域有了真实的了解。 板书：了解西域 张骞返回后，因为熟悉匈奴地形，知道水草所在，随卫青征战匈奴有功，被封为博望侯。副板书：博望侯 经过几次汉匈之间的战争，匈奴人虽被赶到大漠以北，但汉武帝为防备匈奴死灰复燃，依旧想联合西域的国家攻打匈奴。公元前119年，汉武帝再次派张骞出使西域。 板书：2. 公元前119年 这次张骞率领300人的庞大使团，携带西汉出产的金银、丝绸、茶叶、牛、羊，经河西走廊，很快就到达了乌孙国。此时河西走廊在汉帝国掌控之中，不再担心匈奴的威胁和骚扰。	了解第一次出使西域的收获。		
	屏幕出示：《张骞出使西域路线图》，在图中标注张骞第二次出使路线。张骞在乌孙还派很多副使出访康居、大宛、安息等很多国家，积极主动发展和各国的友好关系，使西域各国了解到汉朝的富庶与强大。为此，乌孙王还特派使者随张骞回访汉朝，这是西域国家对汉朝的第一次正式访问。后来，他从乌孙派出的副使与访问	观察地图，了解乌孙、安息等地名的位置。	通过地图了解史实。	

	国的使者也纷纷来到汉朝都城长安。这样，西域各国与汉朝使者实现了相互往来。 板书：相互往来			
	两次出使西域，张骞历经艰难险阻，他身上到底具有怎样的优秀精神品质呢？引导学生结合史实，进行提炼。 教师总结：张骞身上为国分忧、开拓探险、不忘初心、坚韧不拔、友好开放的精神，不仅属于张骞本人，更是中华民族优秀品质的体现。	学生小组讨论，班上汇报	突出张骞的优秀品质，培养爱国情怀，实现立德树人的目标。	
（二）拓展升华	出示史料："西北道始通矣，然张骞凿空，其后使往者皆称博望侯……外国由此信之。"——《汉书·张骞传》教师引导学生研读史料。 教师点评，学生发言："后使往者皆称博望侯"，充分体现了西域各国各族人民对张骞和汉朝的崇敬，"博望侯"已经成为汉朝使者的象征。	史料研读，解释大致意思。	初步树立史料实证意识，掌握史料实证的一般方法。	
	设问：说一说，你对张骞"凿空"的理解。 学生发言后，教师总结："凿空"二字 ，不仅是打通道路和过程艰辛的意思，还有为汉朝人揭开了西域神秘的面纱之意。张骞打通的不仅是中原和	解释"凿空"。		

（二） 拓展升华	西域的通道，而且经由西域打开了一条横贯东西、连接欧亚的商路。 出示“丝绸之路”的路线图，引导学生识读地图。这条商路全长7000多千米，架起了连接中国与西方的桥梁。由于从陆上道路运到西方世界的所有物品中，丝绸是中国输出的最具代表性的商品，这条商路后来被命名为“丝绸之路”。 板书：开通“丝绸之路” 引导学生找一找，除了丝绸外，中国的商品沿着这条路传到西域的还有哪些？ 设问：想一想，这些丝绸和漆器会对西域人的生活产生怎样的影响？ 举例：古罗马的最高执政官凯撒曾披着丝绸长袍去看戏，引起全场的轰动，经考证，当时凯撒穿的丝袍材料来自汉朝。当时中国的丝绸在欧洲是珍稀之物，穿丝绸衣服成为了高贵身份的象征。漆器主要是用来盛放东西的，也体现了汉朝高超的手工艺水平。 开渠、凿井、铸铁这些属于生产技术，又会对当时的西域产生怎样的影响呢？	观察地图标注起点、主要经过地点及最远到达位置。 找一找 想一想 了解史实 思考	为下一子目做铺垫。 训练学生的识读地图方法。	

（二） 拓展升华	教师总结：这些技术在当地从无到有，直接有利于社会生产的发展。 此外，沿着丝绸之路从西域传入中国的有哪些？在学生回答的基础上，引导学生对这些物品进行再分类。属于物产的有哪些？属于工艺品的有哪些？属于文化艺术类的有哪些？ 然后提问：举例说一下它们对汉朝人的社会生活会产生怎样的影响？ 教师总结：汉朝人的生活比秦朝人更丰富了。这种影响不仅仅是汉朝，甚至影响到后世乃至到今天。 自西汉时期张骞“凿空”西域之后，丝绸之路便成为东西方交流的大通道。促进了中国同其他国家和地区的贸易与文化交流，这种不同文明的交流和交融，也促进了人类社会的进步发展。 正是这种经济文化的密切往来和几十年反抗匈奴的共同命运，把西域各族人民和中原人民逐渐联系起来，形成不可分割的亲密关系。 出示：公元前110年和前60年西汉地图，教师引导观察两个地图，并指出有何变化？西汉时期，	按照要求分类。 举例说明。 观察对比地图，找出差异。 从地图中可以看出，中原和西域已经融为一体。	分类归纳能力训练。 提高对比历史地图的能力。	

（二）拓展升华	管辖西域最高长官叫什么呢？哪年设立的？ 二、西域都护的设立 1. 公元前60年 （教师解释：西域指的是地区；都为全部；护为带兵监护。都护即总监护之意。） 西域都护是西域的最高军事、行政长官。 西域都护有哪些职能呢？ 西域都护的设立，使汉朝的政令通行西域，这就充分表明，今天的新疆地区及巴尔喀什湖以东、以南的广大地区早在汉朝时期就正式归入中国版图。 板书：归属中央 西汉与东汉过渡时期，匈奴趁机发展势力，再次控制、欺凌西域各国人民。公元73年东汉明帝派班超出使西域。提到班超，有同学一定知道他投笔从戎，立志报国的事，还会有同学知道他在西域留下“不入虎穴焉得虎子”（不亲历艰险，怎能成功）的成语。 2. 东汉 班超经营西域——恢复交往 公元76年朝廷命班超回朝，疏勒王拔刀自刎以死挽留。	阅读课文回答问题。 看书本答出颁布汉朝的号令，调遣军队，征发粮草。 了解史实。	明确历史概念。 增强民族团结和维护祖国统一的意识。	

（二） 拓展升华	于阗百姓："依汉使如父母，诚不可去"，紧抱马腿，求汉使班超放弃东归。 公元95年，汉和帝封班超为定远侯。久居异地，年老思乡。皇帝为之动容，102年召之回朝。班超经营西域31年，归途中旧病加剧，艰难跋涉回到日思夜想的家乡，同年病逝，享年71岁。 引导学生思考：班超和张骞身上有哪些共同的品质？ 教师总结：前有博望，后有定远，西域人民，汉族人民，整个中华民族的世世代代都不会忘记他们的功绩，他们的精神。 班超在西域还派甘英出使大秦（当时的古罗马帝国），到安息后，安息人想独断中国的丝绸与罗马人做买卖，不想汉朝插手。甘英到波斯湾，安息人告知渡海极其危险，需要好几年的时间，甘英无奈只好东返，留下了千古遗憾，但是却开辟了通往西亚的路线。 西域地处丝绸之路的要冲地带，汉朝通过设立西域都护和班超经营西域守护了这条"丝绸之路"。 板书：守护"丝绸之路" 过渡语：除了陆上"丝	思考概括出爱国精神。 了解概况。	培养爱国情怀，实现"立德树人"的目标。	

(二) 拓展升华	绸之路”，汉武帝时，还开辟了海上交通。后人称之为“海上丝绸之路。” 三、“海上丝绸之路” 汉武帝时开辟“海上丝绸之路”。 板书：汉武帝时 出示：《汉代“海上丝绸之路”》，教师引导学生通过观察该图，了解汉代“海上丝绸之路”的基本情况。 一条从山东半岛出发，到达今天的朝鲜和日本。另一条从南沿海出发，最远到达印度半岛南端和今天的斯里兰卡，通过这条航线再将丝绸等物品转运到欧洲。后人把这两条航线称之为“海上丝绸之路”。“海上丝绸之路”促进了中国和东亚、东南业、南亚、欧洲的经济文化联系。 板书：促进联系 “海上丝绸之路”是对陆上“丝绸之路”的拓展。 板书：拓展“丝绸之路” 自汉代以后，陆上“丝绸之路”，“海上丝绸之路”绵延两千多年。唐朝玄奘通过陆上“丝绸之路”西游印度，求取佛经；明代郑和沿着“海上丝绸之路”劈波斩浪，七下西洋。两条“丝路”像是中外交	看屏幕中的地图找出两条路线及最远到达地方。	掌握“海上丝绸之路”的路线及起止点。训练观察地图能力。 为后面学习做铺垫。	2分钟

（二）拓展升华	流的桥梁，一头是中国，一头是世界，促进了东西方文明的交流和向前发展。			
三、总结与练习	1. 总结：张骞出使西域，他在汉武帝时代，最终开通了陆上“丝绸之路”，西域都护的设立，守护了这条长长的“丝路”，“海上丝绸之路”则是对陆上“丝绸之路”的拓展。 2. 联系习主席提出“一带一路”的倡议。这一倡议，正是得益于汉朝丝绸之路的开通，是对张骞等人勇于开拓、友好往来精神的传承和发展，是古丝绸之路在新时代的新生。 3. 出示课后练习题及推荐阅读书目。	整理板书。 联系现实。	加深巩固。 首尾呼应，从历史进入现实，了解“一带一路”和历史之间的联系。	3 分钟

【板书设计】

第 14 课　沟通中外文明的“丝绸之路”

一、张骞通西域	开通“丝绸之路”
1. 公元前 138 年	了解西域
2. 公元前 119 年	相互往来
二、设立西域都护	守护“丝绸之路”
1. 公元前 60 年	归属中央
2. 东汉明帝　班超经营西域	恢复交往
三、“海上丝绸之路”	拓展“丝绸之路”
汉武帝时	促进联系

【设计特色】

1. 突出史料实证、时空定位、家国情怀等历史学科核心素养，体现“立德树人”的教育根本目的。

2. 注重学法指导。让学生在阅读史料的过程中，提高分析问题和解决问题的能力。在识读历史地图过程中，获取历史知识，提升认识历史问题的能力。

3. 注重前后知识间的联系，历史与现实之间的关系，拉近学生与所学历史内容之间的关系，降低学习难度，提高学生的学习兴趣。

4. 应用智能教学平台辅助教学。

西汉建立和“文景之治”

亭自庄学校　刘畅

【教材分析】

本节课的内容是西汉建立之初，由于秦朝的暴政及秦末战乱，经济凋敝，物价飞涨，社会动荡不安。汉高祖刘邦为巩固政权，采取稳定社会秩序，恢复生产，改善人民生活的休养生息政策。汉文帝与汉景帝统治时期，继续实施休养生息政策，减轻人民负担，使社会经济由恢复进入发展阶段，史称“文景之治”。汉初近 70 年的历史，使社会经济由凋敝走向恢复和发展的历史，为汉武帝大一统奠定了基础。

【学情分析】

本年级学生感性思维发展较快，但对于抽象概念不易理解，如“休养生息”政策、“文景之治”等，故而要化抽象为具体，利用直观的图片、视频和生动的故事帮助其掌握知识。

在知识现状上，本校的学生对“楚汉之争”及汉高祖刘邦有所了解，但对于汉朝建立初期的社会现状、国家政策稍显陌生，还需要老师的引导。

【教学目标】

知识与技能：

了解西汉的建立、“休养生息”政策、“文景之治”等基本史实，提高分析问题解决问题的能力。

过程与方法：

利用教科书和相关历史材料，了解汉初的大致景象，观看视频资料，研读史料，了解“文景之治”的相关政策，学会归纳整理的方法。

情感、态度和价值观：

从汉初统治者治理国家的成功经验当中体会到：秦亡汉兴的历史原因，感受汉初统治者“以史为鉴”的政治智慧。

【教学方法】

观察比较法、探究法、情景代入法、练习法等。

【教学重点】

汉初的“休养生息”政策、“文景之治”。

【教学难点】

“休养生息”政策。

【教学准备】

教师：钻研大纲、理解教材、设置教学方法、录入 Pad；

学生：利用 Pad 进行课前研习。

【教学流程】

课前研习 → 新课导入 →（过程讲解 / 巩固练习）→ 课堂小结 → 课后研做、教学反思

【教学过程】

一、课前研习

利用网络平台，设置一个课前在线互动作业：查询“马王堆汉墓”，并

回答问题：在古代男尊女卑的社会背景之下，为什么辛追夫人比墓主人利苍的墓葬品丰厚多倍呢？

学生活动：查询相关历史知识，并在线回答问题（可与其他同学进行线上互动）。

设计意图：在课前借助网络平台终端，进行自主研学，可以对本节课内容的历史背景简单了解。

二、新课导入

出示图片：马王堆汉墓。

通过课前老师给大家留的预习作业，大家对于“马王堆汉墓”已经有所了解。墓主人是长沙国相，所出土的文物较少。但是他的夫人辛追所在的一号墓却出土了大量珍贵文物。其中包括一件震惊世人的素纱禅衣，其重量只有 49g。研究人员用了十几年的时间才仿制出一件重量相似的。我们看一下两位墓主人去世的时间，长沙国相逝于公元前 186 年，而辛追夫人要晚很多，是公元前 165 年。

提出问题：为什么后去世的夫人要比身份尊贵的长沙相墓葬品丰厚多倍？这期间社会发生了什么样的变化与不同呢？

那么接下来让我们一起进入本课。

学生活动：思考并回答问题，讨论课前研学的结果。

设计意图：创设情境，激发学生兴趣，引导学生探索。导入内容贯穿全课。

三、讲授新课

出示图片：刘邦像与“汉并天下”瓦当。

师：上节课我们学习了秦末农民战争推翻了秦朝的统治，秦二世而亡。接踵而来的是“楚汉战争”，在这场战争中取得胜利的是刘邦。

“汉并天下”瓦当是西汉的建筑材料，出土于西安，用于屋顶每行瓦的最末端。这种瓦当的出现说明什么问题？当时人对汉朝的拥护。有关汉朝建立的情况，请同学们看书总结西汉建立的相关笔记。

学生互动：让士兵放下武器回家乡做什么？回答：务农。

把那些因战乱、饥荒而成为奴婢的人释放为平民，让他们干什么呢？回答：务农，减轻农民负担，鼓励农业生产。

设计意图：回顾旧识，并且让学生自行分析，感知历史，培养学生分析问题、解决问题的能力。

出示材料：“人相食，死者过半…… 自天子不能具醇驷， 而将相或乘牛车。”——《汉书·食货志》

师：连年的战争使人民生活民不聊生，经济萧条，甚至出现了“人吃人”的局面，死伤过半，人口骤减。“醇”是纯的意思，“醇驷”就是四匹颜色一样的马。贵为天子连坐的马车要凑四匹毛色一样的马都凑不成，而堂堂的将相们也乘不上马车了，只能乘牛车去上朝。所以刚刚建立的西汉，面临着是一种什么样的经济形势？

我们刚刚也分析了汉初所面临的境地，假如你是汉初的大臣，你会向皇帝推荐哪些治国之良策？

设置讨论环节：假设你“穿越”到汉初，面对如此境地，你有何良策？（可以“穿越”成任何身份）

学生活动：利用Pad在线回答问题，学生可以“穿越”到任何身份，设身处地为国家献言献策。

设计意图：情景代入，激发学生兴趣，可以亲临其境，设身处地的分析出相关政策。

稳定下来的汉朝，国力还不够强大，要想从恢复阶段进入到发展阶段，还需要进一步的治理，所以汉高祖死后接下来是哪两个皇帝有了进一步的治理呢？

出示时间轴：西汉初年皇帝世系简表。

经过“楚汉之争”，刘邦建立西汉。公元前179年—公元前140年是汉文帝与汉景帝在位时期，之后是我们比较熟悉的汉武大帝。文帝与景帝两代约40年期间，汉朝继续实行“休养生息”政策，政治稳定、经济发展，是中国封建社会历史上第一个治世，史称“文景之治”。

提问：文景两帝是通过哪些措施和政策将汉王朝带到了一个高速发展时期呢？

学生活动：

1. 重农桑、轻徭薄赋

2. 提倡节俭、以身作则

3. 以德化民

设计意图：串联知识点，培养学生分析问题的能力。

出示材料："夫农，天下之本也，朕亲率天下农耕，皇后亲桑以奉祭服，其具礼仪。"——《汉书·文帝纪第四》

"农，天下之本也。黄金珠玉，饥不可食，寒不可衣……其令郡国务劝农桑……"——《汉书·景帝纪第五》

讲解：皇帝亲自率领群臣下田做示范，鼓励农耕，皇后亲自进行桑织。黄金珠玉饿了不能吃，冷了不能穿，所以下令底下郡国鼓励农桑。

并且进一步放松赋税和徭役,将田税由原来的十五税一降到了三十税一。

出示材料："上常衣绨（tì）衣（材质粗糙的衣服），所幸慎夫人，令衣不得曳（yè）地，帷帐不得文绣，以示敦朴为天下先。"——《史记·孝文本纪第十》

皇帝经常穿着材质粗糙的衣服，最宠幸的慎夫人衣服也不能拖地，帷帐不能有装饰，向天下做朴素节俭的表率。

出示材料："尝欲作露台，召匠计之，直百金。上曰：'百金，中民十家之产也，吾奉先帝宫室，常恐羞之，何以台为'？"——《史记·孝文本纪第十》

曾经想修个露台，让人一计算，需要百金，中产家庭十家的财产，我承受了先帝留下来的宫室，时常担心有辱于先帝，还建造高台干什么呢？

出示材料："治霸陵皆瓦器，不得以金银铜锡为饰，不治坟，欲为省，毋烦民。"——《史记·孝文本纪第十》

文帝规定，建造他的陵墓霸陵，一律用瓦器，不准用金银铜锡等金属做装饰，不修高大的坟；要节省，不要烦扰百姓。

出示图片：霸陵。

我们可以来看一下汉文帝所葬的霸陵，也正是因为文帝的简朴以身作则，得到了世人的尊崇。西汉末年时，起义军攻入长安，西汉皇陵均被破坏，唯有文帝的霸陵受到了保护。

出示图片：文景期间，重视“以德化民”，废除严刑苛法。

缇萦的父亲淳于意犯了罪，按照当时的刑法，须受肉刑。当时肉刑有三种：脸上刺字、割去鼻子、砍去左足或右足。这种刑罚始于夏商，盛于秦朝。淳于意最小的女儿缇萦决定替父亲申冤。缇萦托人上书汉文帝，汉文帝接到奏章，奏章中写道：“我的父亲如今犯了罪，被判处肉刑，一个人砍去脚就成了残废；割去了鼻子，不能再安上去，以后就是想改过自新，也没有办法了。我情愿为奴为婢，替父亲赎罪，好让他可以有个改过自新的机会”。汉文帝看到了小女子缇萦的上书，觉得这个小姑娘说得有道理，并且被小缇萦的孝心深深感动，将原来的墨刑、劓刑和斩左右足改成笞刑，笞刑就是用竹条、木板打犯人背部、臀部或腿部的轻刑。景帝之后，又进一步的削减了刑罚。大幅削减“打板”的数量，还对刑具的长短厚薄、犯人受刑的部位作出了具体的规定，并且特别规定，行刑过程中不得换人。谁也没有想到，一个小女孩居然影响了文帝、景帝废了肉刑。

出示材料：“人相食，死者过半…… 自天子不能具醇驷， 而将相或乘牛车。”——《汉书·食货志》

“年八十已上，赐米人月一石，肉二十斤，酒五斗；其九十已上，又赐帛人二匹，絮三斤。” ——《汉书·文帝纪第四》

对比汉初时期的社会景象，经过恢复发展，文帝时期，已经焕然一新。八十岁以上的，每人每月赐一石粮食，肉二十斤，酒五斗；九十岁以上的，又赐棉帛每人二匹，棉絮三斤。由原来的“人相食”，死者过半到现在的长寿者屡屡出现，并且原来天子出行那么寒酸，自己都顾不上，到现在可以顾及到年老者的福利待遇了。

提问：这两段材料证明了什么？

播放视频：“文景之治”景象。

刚刚同学们也说到，经过了文帝、景帝继续实行“休养生息”政策，此时的汉朝社会已经与汉初大不相同了。

学生活动：将课前展示的汉初景象与经过治理后的汉朝进行对比。

设计意图：材料贯穿本课始终，并且对比经过治理后的汉朝景象，感知历史，引导学生自我思考。

展示导入问题：“马王堆汉墓”。

学生活动：回答课前导入的问题：为什么后去世的辛追夫人比墓主人利苍的墓葬品丰厚多倍？

设计意图：呼应导入，解决课前研习留下的问题，锻炼学生自主回答问题的能力。

四、归纳总结

政治清明，经济发展，人民生活安定，历史上称为“文景之治”。

汉初实行休养生息政策的原因，直接原因是吸取秦朝短命的原因，具体做法是对秦朝暴政的否定。结果出现被后世赞誉的治世“文景之治”，西汉初期恢复经济的任务已经完成，下一步应该如何治理国家呢？

【板书设计】

西汉的建立和“文景之治”

一、西汉的建立
- 公元前 202 年
- 都城：长安
- 建立者：汉高祖刘邦

二、“休养生息”政策
- 目的：吸取秦朝因暴政导致速亡的教训
- 措施：重农桑，轻徭薄赋，十五税一
- 作用：汉初经济恢复，社会稳定

三、“文景之治”
- 重农桑，轻徭薄赋
- 提倡节俭，以身作则
- 以德化民

【设计特色】

1. 借助网络平台终端，通过问题导引，检测学生自主学习效果。

2. 了解学情，生成现实课堂重点研究的问题。在现实课堂教学中，学生借助网络平台终端，实现个性化学习，根据所需在网上开展自主学习、合作学习，及时呈现学生阅读与理解、分析史料的思维过程。

3. 在互动点评中，发现问题、纠正问题，提升学生解决问题的能力。

4. 整节课课前导入环节贯穿始终，学生可通过一节课的学习自主回答课前留下的问题，锻炼学生自主解决问题的能力。

第三节　聚落——世界文化遗产十三陵

长陵学校　张伟莉

【教材分析】

1. 本节课在初中地理教学中的地位和作用

聚落，是学生接触的一个新地理名词，也是八年级上册中人文地理的第三个内容。要求学生通过聚落的学习，能够掌握学习人文地理和分析人地关系的一般方法，是对前两节人文地理学习的拔高，也是对所学自然地理的综合运用，对学生前后知识联系总结能力，学生分析地理事物联系能力要求较高。对下学期学习各国家人地关系起到推动作用。

2. 本节课要凸显的核心内容及其教育价值分析

北京市义务教育课程改革实验教材，八年级上册第十一章《世界的居民》是学生第一次接触世界人文地理的学习，前两节内容主要是世界的人口、人种、语言和宗教。本节主要讲述聚落的形成与地理环境的紧密联系，在人文地理学中，聚落也被称为人口的文化景观，它是人类居住活动所创造的最为典型的人文环境。作为人文环境的聚落，在其形成发展的过程中肯定受到来自风俗、文化等人文因素的控制与作用，因此，聚落的形成及乡村与城市的景观差异是本节的重点。聚落是学生身边具体的地理事物，所以在教学方法设计上，可采用分组合作式的教学形式，启发、引导学生自主学习。

【学情分析】

1. 一般地理学习的学情分析

现阶段的学生其逻辑思维正从感性向理性发展，他们好奇心强，爱表现。因此根据其特点，我采用指导学生小组合作探究模式，使学生在探究性学习中，掌握比较、分析综合等科学的学习方法，给每个学生创造参与学习、体现自我的机会，让学生充分感受到探求知识的快乐，深挖学生的潜能，使学生热爱地理学习。

2. 学生学习这节课的基础和可能的障碍

由于受学生居住地的局限与制约及学生已有的固定思维，故采用小组合作探究模式，再结合教学内容，配备大量的图文资料，这样能弥补教材图片的不足，又形象直观，有助于学生读图识文能力的培养和综合能力的提高。从生活经验出发列举实例，培养学生兴趣。

【教学目标】

1. 通过观察景观图，说出城市景观和乡村景观的差异。

2. 举例说出聚落与自然环境的关系，概括影响聚落形成和发展的环境因素。

3. 懂得保护世界文化遗产的意义，激发学生热爱我们的家乡十三陵聚落。

【教学方法】

分组合作式、探究式。

【教学重点】

1. 城市聚落和乡村聚落。

2. 聚落与环境的关系。

3. 世界文化遗产保护的意义。

【教学难点】

运用相关图文资料归纳聚落与环境的关系。

【教学准备】

学生：针对家乡十三陵的环境面貌及未来发展，提出自己的建议，制作成手抄报。

教师：搜集政府对十三陵地区未来发展的规划建议及世界各地聚落文化遗产的发展形势，整理出可行的措施供学生参考。

【教学流程】

按照小组合作高效课堂模式安排教学，即创设情境—自主学习—合作探究—知识延伸—拓展提高—归纳提高。因本节课展示的内容较多，所以将学生展示环节贯穿到整个课堂。充分运用高效课堂模式教学提高课堂实效性。

【教学过程】

教学阶段	教师活动	学生活动	设置意图
创设情境	对于聚落这个名字，我们都感觉到陌生，那么什么是“聚落”？ 《汉书·沟洫志》记载：“或久无害，稍筑室宅，遂成聚落。” 这是古代对聚落的理解，那么现代聚落泛指一切居民点，居民点是我们再熟悉不过的了，接下来让我们更深入的学习聚落。	思考问题，试着描述聚落。	创设问题情境，引入新课内容，让学生对聚落有个初步的认识。
自主学习	一、了解你的聚落 出示乡村和城市的两段视频（道路、房屋、生活设施、生产方式） ［问题］：观察两段视频，找出它们的共同点？ ［教师总结］：聚落是	学生观察并回答自己的家乡是什么特点的？提升对家乡的认知感情。	看景观图，根据生活经验进行判断，并说明理由。

<table>
<tr>
<td>自主学习</td>
<td>人类各种形式的居住场所，包括房屋及居住活动直接有关的道路、商店、水电管网等生活设施和生产设施。
【提问】
1. 描述两幅景观图在建筑上有什么差别?
2. 描述两幅景观图在交通上有什么差别?
【小结】乡村聚落道路较窄，曲折幽静，房屋低矮；城市聚落道路宽阔畅通，纵横交错，房屋为高楼大厦林立。
【提问】进一步认识乡村与城市的差别，完成下列表格。
<table>
<tr><th></th><th>城市</th><th>乡村</th></tr>
<tr><td>房屋类型、数量和密度</td><td></td><td></td></tr>
<tr><td>道路类型、数量和密度</td><td></td><td></td></tr>
<tr><td>商店、学校、医院设施的数量和齐全程度</td><td></td><td></td></tr>
<tr><td>自然景观的保护程度</td><td></td><td></td></tr>
</table>
【小结】乡村聚落与城市聚落在景观上存在一定差异。接下来我们共同进行探讨一下存在差异的根本原因。
【提问】出示6张乡村景观图片，观察并说出生活在乡村中的人们，主</td>
<td>学生倾听。

学生观察并回答。

学生倾听。
让学生识别十三陵镇的农业方式和主要农作物，提升对十三陵镇经济方式的理解。</td>
<td>逐步引导学生，培养学生比较分析能力和思考问题循序渐进的思维能力。</td>
</tr>
</table>

自主学习	要从事哪些工作呢？ 【小结】乡村中的人们为满足生活的需要从事耕作、放牧、捕鱼等生产劳动，无论哪种劳动生产方式他们都属于农业活动。我们把以耕作为主要生产活动的乡村称为农村，把以放牧为主要生产活动的乡村称为牧村，把以捕鱼为主要生产活动的乡村称为渔村。 【小结】乡村的生产方式不同，乡村的类型不同。也就是说同为乡村景观也是有差异的。 【提问】下面观察并说出生活在城市中的人们，主要从事哪些工作呢？（出示城市景观图片） 【小结】城市是具有一定规模的工业、交通运输业、商业聚集的居民点。城市生产方式主要以非农业活动为主。 【提问】继续观察两段视频。找出它们的区别？并完成学案上的表格。 【小结】乡村和城市在规模、道路、建筑、生活设施、生产活动、人口密度等方面有较大的差别。近年来乡村和城市的差距逐渐减小，乡村的道路越来越宽，也住上楼房了，相应的配套设施也越来越齐全，这时区分乡村与城	学生填表。 学生倾听。 学生思考回答。	培养学生认识城市和乡村的区别，让学生更加热爱自己的家乡——十三陵镇。

自主学习	市就不能单单从景观上来看了，要看最本质的依据是生产的不同，乡村是主要从事农业生产人口的居住场所，城市主要是从事非农业生产活动的人口的居住场所。	能够说出昌平区和十三陵镇在生活方式和生产方式上的不同及十三陵聚落的发展规模。	
合作探究	二、建立你的聚落 【过渡】无论是乡村还是城市，它们都是在一定的自然环境下形成的，那么它们与自然环境有什么样的关系呢，接下来我们一起来探讨聚落与自然环境的关系。 【提问】如果你是几千年前的一个原始部落的首领，带领人们寻找一个理想的居住地，甲、乙、丙三地你会选择哪里？请说出主要自然因素。 【反馈小结】根据同学们的发言，了解到在选择居住地时要考虑地形、水源、气候等条件，自然因素会影响聚落的选址。 【过渡】结合聚落影响因素，我们来看看城市的分布。 【提问】大家观察世界主要特大城市和城市密集带分布图，思考以下问题。（出示世界主要特大城市和城市密集带分布图） 1. 找出并圈出城市集中连片的地区。	学生倾听。 学生思考并回答。 学生倾听。 学生合作交流，共同思考问题。	培养学生收集资料，整理资料，提取信息的能力。

合作探究	2. 自西向东分别说出它们各位于哪个大洲或国家？ 3. 指出它们海陆位置的共同特点是什么？ 【承转】世界上大城市分布密集带与自然环境有什么样的关系呢？ 【提问】（出示世界地形图） 1. 大城市分布密集带主要是哪种地形类型？ （出示世界年平均气温图） 2. 大城市分布密集带的年平均气温数值范围是多少？ （出示年平均降水图） 3. 大城市分布密集带的降水数值范围是多少？ 【小结】地形较为平坦、气温适宜、降水适中、沿海地区等是世界主要特大城市和城市密集带分布地区。	通过活动使学生了解一个聚落的发展都是经过自然环境的挑选，在发展过程中，逐步适应了自然环境。	让学生了解十三陵的自然环境有哪些优势条件，这些优势自然条件对于当地农民因地制宜发展农业有着密不可分的关系。如十三陵镇的特色农产品及十三陵发达的旅游业。
知识延伸	【过渡】世界上的自然环境千差万别，影响着聚落的分布，那么对聚落形态是否有影响？（出示团块状和条带状聚落形态景观图） 1. 该聚落分布分别呈什么形状？ 2. 同为乡村聚落，为什么会出现以上聚落形态差异？		

知识延伸	【小结】地形对聚落形态有影响。 【承转】自然环境对乡村形态有一定的影响，那么对城市形态是否有影响? 【提问】(出示兰州城区景观图) 1. 读图观察并说出兰州聚落呈什么形态? 2. 兰州城区沿黄河谷地延伸，它与自然环境有什么样的关系? 【小结】在山区，河谷地区地形相对平坦，淤积有肥沃的土壤，水源也相对丰富，适合于聚落的发展。可见，除地形外，水源对聚落形态也有一定影响。	观看图片，思考问题。	引导学生将知识系统化。
拓展提高	发展你的聚落 世界上有许多聚落随着时代的发展，已经成为具有历史价值和文化特色的传统聚落。如威尼斯、巴黎、伊斯坦布尔、京都，中国的丽江古城、平遥古城等。面对这些传统聚落，你支持哪种观点呢? 我们就生活在一个世界文化遗产中，同时也是一个有历史意义的传统聚落。 作为十三陵的村民，我们能亲身感受到这个地方存在着很多问题?那么	开发和保护相结合，不能过度开发。十三陵镇作为一个世界遗产，同时它也是一个聚落，更是我们十三陵人民热爱的家乡，对于它的发展，我们更要付出自己的一份力，在保护的同时发展，在发展的同时热爱我们的家乡。	让学生认识到聚落在发展过程中的问题，树立可持续发展思想。同时要意识到保护世界文化遗产。

拓展提高	对于十三陵聚落的发展，你有哪些好的建议呢？ 【小结】 这是昌平区政府网站上公示的对于十三陵地区的发展规划。		
归纳总结	［小结］文化遗产是人类宝贵的财富，具有极高的历史、文化、经济、科研价值。保护世界文化遗产的重要意义在于：为我们研究人类各个时期的文化精神、社会制度、民族风情等有着重大的意义。特别为我们人类如何去协调人地关系，合理地改造自然等，提供宝贵的资料。	结合本节课知识分析。	练习、巩固、强化本节课知识。

【板书设计】

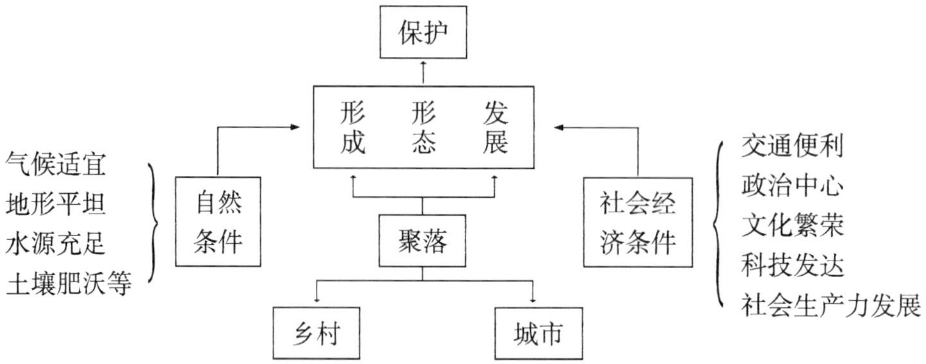

【设计特色】

1. 在初中地理教学中，教师要瞄准素质教育教学目标，贯彻落实新课程改革精神，改进和优化教学方法，将美育知识渗透到地理教学之中，引导学生自主学习，主动探究，深入思考。在指导学生认识世界、了解祖国、热爱家乡的过程中，用地理学科的知识培养学生正确的审美观，提高学生鉴赏美、创造美的能力，帮助学生形成高尚情操和优良习惯，不断提高学生的人文素养和综合素质，促进学生的智能发展，健康成长。

2. 通过本节课的学习，让学生在学习了聚落的定义、分类和自然关系的基础上，更深刻地认识自己的家乡十三陵。了解十三陵的自然环境及当地农民因地制宜发展的农业方式，十三陵特色农产品，如柿子、大桃、樱桃等，以及依托自然山水和十三陵世界文化遗产发展的特色旅游业，像“一村一品”、康陵春饼宴、长陵饸饹宴、上口驴打滚宴等。十三陵镇作为一个世界遗产，同时它也是一个聚落，更是我们十三陵人民热爱的家乡，对于它的发展，我们更要付出自己的一份力，在保护的同时发展，在发展的同时保护我们的家乡。

3. 本节课作为小组合作模式探究课，在模式展示方面，本节课完整的运用了小组合作教学模式。情境导入运用视频创设情境，将学生探究聚落的学习环境塑出来。基础自学中按照“学生会的不讲”原则安排学生自学，然后分享自学内容，对自学内容巩固提高。探究提高中发挥学生课堂主体作用，要求学生通过讨论交流对所学地理知识，针对本节课综合运用，锻炼学生对地理事物的综合分析能力。回归生活中，将我们的家乡十三陵镇和世界遗产知识相结合，从现实生活中教育学生有保护聚落的意识和热情，从而达到情感目标。

4. 在课堂生成方面，一节课的课堂生成决定了这一节课的高度和深度。本节课在“城市聚落和乡村聚落”活动中，大部分同学能够说出两种聚落在生产方式和景观上的差异。个别同学创新地描述了两种聚落在颜色等方面的差异，思维的开放性感染了课堂，为后一个活动做了非常好的铺垫。在“建立你的聚落”活动中，学生能够通过讨论将对能力要求特别高的原因分析总结出来，体现了学生平时积累的地理素养。但在此活动中，难度过大，引导不足，使得有一少部分同学理解难度加大。

5. 总之，聚落是自然环境与人类生活相互作用的结晶，聚落是我们的居住地，是我们的家园，我们每一个人都有责任和义务保护好我们的居住地，这样我们的社会才能真正做到可持续发展。让学生通过地理的学习，在学到地理知识的同时，培养学生用发展的眼光看问题，用可持续的眼光热爱家乡，学习对生活有用的地理，让地理教学融入到我们的生活中，让我们在学习中提高鉴赏美、创造美的能力，更加热爱家乡的一草一木，一文一景。

黄 河

百善学校 庞春雨

【教材分析】

《黄河》一课是中图版地理教材七年级上册第三章《中国的自然环境》第三节“主要河流和湖泊”中最后一个内容。

从认识河流的角度看，本节在介绍了我国的水系分布后，又重点介绍了我国最主要的两条河流：长江和黄河。通过长江的学习，学生对河流的学习方法已经有了一定的了解，本课主要是在学习长江的基础上使学生进一步掌握学习河流的方法，从概况、奉献、忧患及治理等方面认识黄河。

从区域地理角度看，河流既是初中阶段自然要素的重要组成部分，与地形、气候等自然要素相互影响，同时又与其他自然要素一起影响区域发展。教材通过对黄河的分析，初步渗透自然要素间的相互关系以及自然环境对区域发展的影响，为后面学习区域地理做铺垫。

【学情分析】

黄河对学生来讲并不陌生，他们从书本、网络等渠道或多或少都有所接触，有一定的感性认知，但获取的信息较为零散，还要通过本课的学习形成系统认知。

学生在前面已经学习了长江，对河流的学习方法有一定的了解，但黄河的学习很可能让学生对再次学习河流产生倦怠感。

【教学目标】

1.阅读“黄河流域”“中国地形”等地图，说出黄河的发源地、流经省区、地形区、注入海洋、上中下游分界点等源流概况，归纳各河段水文特征。

2.根据黄河各河段水文特征分析人类活动利用的方向。

3.诊断黄河在人类利用过程中反作用于人类的忧患，探讨治理方法。

4.从认识黄河治理措施中形成尊重自然、人地和谐的观念。

【教学方法】

启发式讲授法。

【教学重点】

1.读图说出黄河的相关源流概况，归纳各河段水文特征。

2.分析黄河各河段人类活动利用的方向，探究黄河的忧患和治理方法。

【教学难点】

形成尊重自然、人地和谐的观念。

【教学准备】

学生：1.根据长江的学习方法，完成黄河源流概况的自学。

2.调整情绪，以饱满的热情参与课堂学习。

教师：1.设计课前预习学案，并布置给学生。

2.根据课程标准，设计问题与活动，制作课件。

【教学流程】

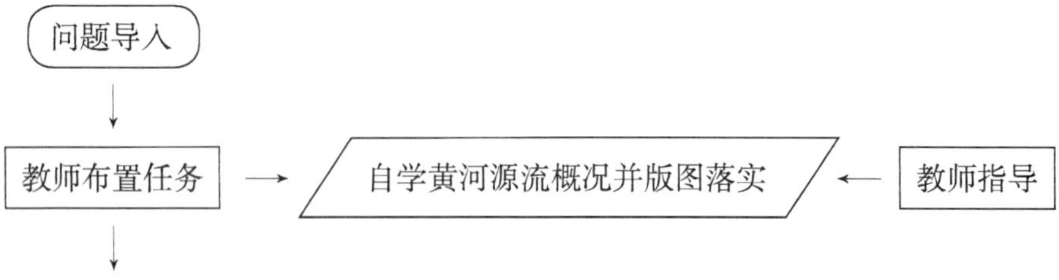

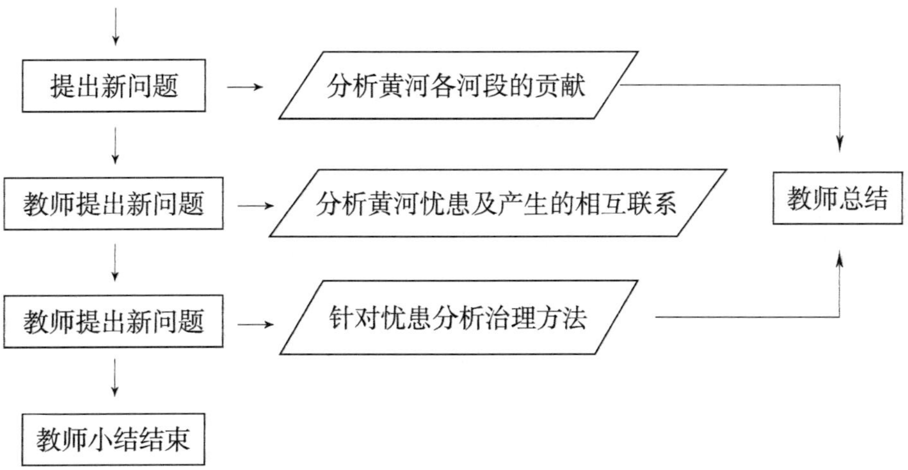

【教学过程】

问题导入

我们的家乡北京位于哪个地形区？华北平原是怎么形成的？黄河怎样馈赠了华北平原又怎样养育了中华文明？今天我们来一起学习黄河的前世、今生和未来。

学生活动：听问题，思考回答。

设计意图：将黄河与华北平原建立联系，借此拉近学生与黄河的距离，激发学生兴趣。

活动一：认识黄河概况 归纳各段特征

1. 认识黄河的源流概况

教师活动：板书黄河简图，对照简图，检查学生对黄河源流概况的自学情况。

学生活动：结合预习学案，说明黄河发源地、入海口、流经行政区、流经地形区、主要支流、上中下游分界点等源流概况，并落实在黑板的简图中。

2. 归纳各河段水文特征

教师活动：人们以河口、桃花峪为界将黄河划分成了三段，你能否归纳

一下各段突出的水文特征？（流量、流速、含沙量）

（1）上游流经青藏高原、内蒙古高原和一、二级阶梯交接处，黄河在上游段最突出的水文特征是什么？

（2）中游流经黄土高原，黄河在中游段的水文特征又怎样？（出示黄土高原景观图，分析黄土高原景观特点）

（3）黄河在中游携带了大量泥沙，到了下游又会怎样呢？

学生活动：回顾黄河干流流经地形区、气候类型区等，分析各河段突出的水文特征。

总结：上游流经一、二阶梯交界处，地势落差大，水流速度快；中游流经土质疏松的黄土高原，形成沟壑纵横的沟谷，河水很容易携带大量的泥沙，植被覆盖率不高，水土流失更加严重，河流含沙量巨大（是世界上含沙量最高的河流）；下游，河流出山，流速减慢，携带的泥沙堆积下来，经过上千万年，与淮河、海河联手堆积塑造了华北平原，含沙量大到河床堆积的高度高于两岸的地面，这叫地上河。

设计意图：按照长江的学习方法自学黄河源流概况，结合各河段地形、气候、人类活动等要素分析各河段水文特征落实目标 1，在此基础上，初步认识各地理要素间的相互关系。

活动二：黄河之贡献

过渡：刚才我们了解了黄河的源流概括，分析了各河段的水文特征，那么黄河是怎样养育中华儿女呢？

教师活动：你能根据上游的水文特征分析人们能怎样利用黄河吗？

1. 组织学生分析水能资源的利用。

资料：黄河水系水电站分布

提问：找出黄河水电站分布的主要河段，结合地形图分析原因。

学生活动：看图结合“落差大、流速快”这一特点分析该河段水能丰富的主要原因。

总结：地处一、二阶梯交界处，落差大，水能丰富。

教师活动：结合资料引导学生分析黄河的灌溉作用。

2. 组织学生结合宁夏银川的水稻种植，分析黄河的灌溉作用。

资料：中国年降水量分布图、宁夏平原景观图

提问：上游区，宁夏银川种起了水稻，你能找到黄河的贡献吗?

学生活动：找到宁夏平原，结合所给资料分析黄河对本地水稻种植所起到的作用。

教师活动：中游和下游地区，黄河又给人们带来了哪些贡献呢?

资料：渭河平原、华北平原景观图、《信天游》视频

总结：八百里秦川，自古以来风调雨顺，土地肥沃，农业发达，为秦国的兴起奠定了强大的基础，是中华文明的发祥地；信天游，流传于西北的民歌形式，旋律奔放，气势开阔，荡气回肠，黄土高原沟壑纵横的地理风貌造就了这种独特的艺术形式；下游，孕育华北平原的同时也浇灌滋养着这方土地。黄河对人们的生产和生活等方面作出了巨大贡献，孕育了中华文明，被称为“母亲河”。

学生活动：听叙述，看图片、视频等资料，分析理解黄河中下游对人们的贡献。

设计意图：根据黄河各河段水文特征分析人类活动利用的方向，落实目标 2。进一步理解地理要素间的相互联系，尤其是自然地理要素对区域发展的影响。

活动三：黄河之忧患

过渡：人与黄河长期的相互作用过程中，黄河给人类以服务，人类则在母亲河的怀抱中获益。

教师活动：提出问题

1. 前面分析的利用方式你认为好不好？又有可能产生什么不好的结果，为什么?

2. 上游的利用对中下游有什么影响？中游的利用对下游有什么影响？下

游的利用对中游有什么影响？下游环境对上中游有什么要求？

学生活动：结合各河段的利用方式，进行分析、评价，思考各河段之间的相互影响。

总结：水电站截流——泥沙淤积；各河段的灌溉——土壤盐碱化；生活、生产用水——黄河断流；中游的毁林开荒——含沙量大，下游形成地上河……

设计意图：分析人类在利用黄河的过程中存在的问题，落实目标3，在分析各河段的相互影响中，形成全流域观念，落实目标4。

活动四：黄河之治理

教师活动：引导学生认识黄河的问题与解决对策。

过渡：通过上面的分析，我们认识到黄河各河段的过度开发会产生一系列的问题。

提问：你有什么办法解决上述问题吗？（重点说明断流和地上河）要说出你是针对什么问题提出的相应的解决对策。

学生活动：结合问题探讨黄土高原的水土流失治理方法。

总结：展示一组黄土高原治理成就的图片。中游植树种草、打坝淤地（做好黄土高原的水土保持）；下游：加固大堤，修建分洪、蓄洪工程等。

设计意图：结合问题分析治理方法，落实目标3。

课堂小结

通过今天的学习，你都收获了什么？

总结：人类很聪明，能够想出很多办法利用自然，为我所用，但有时候又不够聪明，还没有完全了解自然就贸然行动。还好我们善于反思，相信将来的你们会更聪明，想出更多办法与自然和谐相处。

【板书设计】

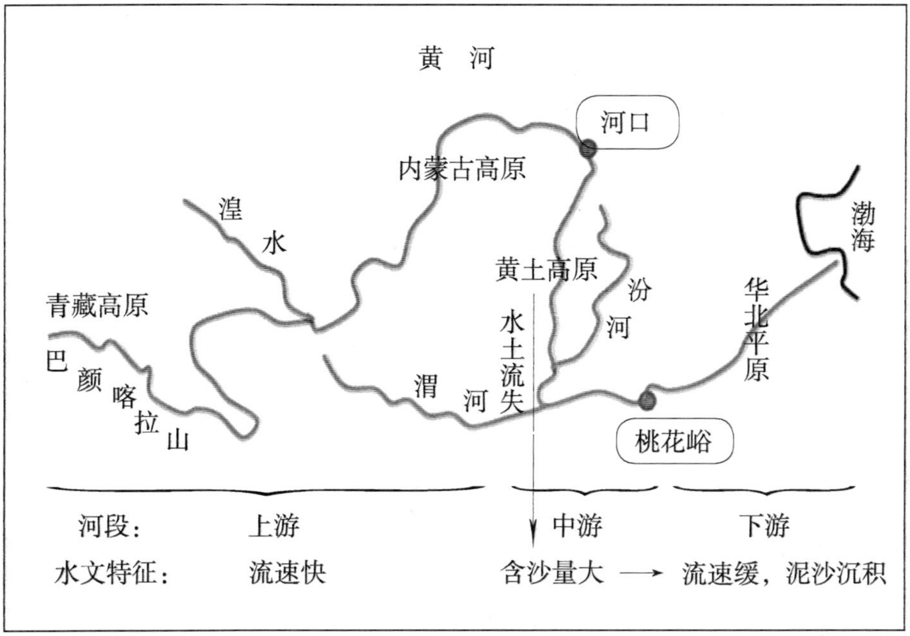

【设计特色】

1. 在教学设计中，把黄河作为一个整体来分析各河段的水文特征和人们在利用中存在的问题。如在分析"黄河之忧患"这一内容上，提出"上游的做法对中下游有什么影响？中游的利用对下游有什么影响？下游的利用对中游有什么影响？下游环境对上中游有什么要求？"等一系列问题强调各河段之间的关系，最终让学生形成全流域概念。

2. 在教学过程中注重区域地理学习方法的渗透。在分析黄河各河段的水文特征中，渗透自然地理要素中的相互联系与作用；在学习黄河贡献和忧患中，渗透自然环境对区域发展的影响及人类活动对自然环境的影响。在这个过程中潜移默化地形成人地协调观和可持续发展等地理学科的核心思想和观念。

3. 整个教学过程注重学生的情感带入，关注学生的情感体验。从母亲河养育中华民族、孕育中华文明的自豪到儿女们过度索取让"母亲"伤痕累累的心痛，再到我们共同携手再创辉煌的希望，让学生体验到黄河的命运与我们的命运息息相关，潜移默化地渗透尊重自然、人地和谐的理念。

人类文明的摇篮

亭自庄学校　王莉莉

【教材分析】

本课的教学内容是首师大版《小学品德与社会》五年级下册第三单元，本单元下设四个主题，共同围绕“灿烂的历史文明”展开，包括主题一“世界上的文明古国”，主题二“世界奇迹探秘”，主题三“祖先的科学技术成就”，主题四“古老的丝绸之路。以“灿烂的历史文明”为综合主题呈现学习和探究活动，学生初步了解文明古国的文明程度、文明的杰出代表，感受不同地区先人的智慧，体验不同地区的历史文化魅力。本节课是主题一“世界上的文明古国”的第二课时“人类文明的摇篮”。教材呈现了尼罗河、幼发拉底河、底格里斯河、印度河等世界主要大河流域的古代文明，并呈现了文字、农业、历法、建筑等具体的早期文化，旨在引导学生认识古代文明的发展高度，认识自然环境为人类发展提供的不可缺少的条件，体会人类的发展离不开自然环境。

【学情分析】

五年级的学生有好奇心，希望能够了解世界，了解世界上的文明古国。而且已经掌握了一些收集、整理资料的能力，有一半以上的学生能够上网，因此采用课前分组收集整理有关“四大文明古国”的资料，课上讨论汇报的形式，让学生加深对四大文明古国文明的了解和认识。

学习本课之前，学生已经了解了我国古代文明产生、发展与长江、黄河流域之间的密切联系，这为本课学习奠定了知识基础。但是四大文明古国的历史离学生非常遥远，课前调查结果显示全班 27 人，只有 1 名学生能把四大文明古国全部说准确，12 人知道古埃及的金字塔，对其他文明古国位于什么大河流域基本不知道。

【教学目标】

知识目标：

学生能对四大文明古国有一个基本了解，知道文明的出现与地理环境的关系，知道世界文明古国的文化特色及其具有代表性的文化遗产。

能力目标：

培养学生收集、整理和运用信息以及表达信息的能力，通过分析探究人类文明的产生与地理环境的关系，培养学生分析问题、解决问题的能力。

情感、态度和价值观：

学生能感受到世界古代文明的丰富多彩、源远流长，体会人类文明与地理环境的亲密关系，初步树立勇于探索的精神。

【教学方法】

小组合作学习、探究式学习。

【教学重点】

感受世界古代文明的丰富多彩、源远流长。

【教学难点】

体会人类文明的产生与地理环境的亲密关系。

【教学准备】

学生：搜集有关四大文明古国早期文明的资料。

教师：收集四大文明古国早期文明的文字、图片及视频资料，结合教学内容制作辅助教学课件。

【教学流程】

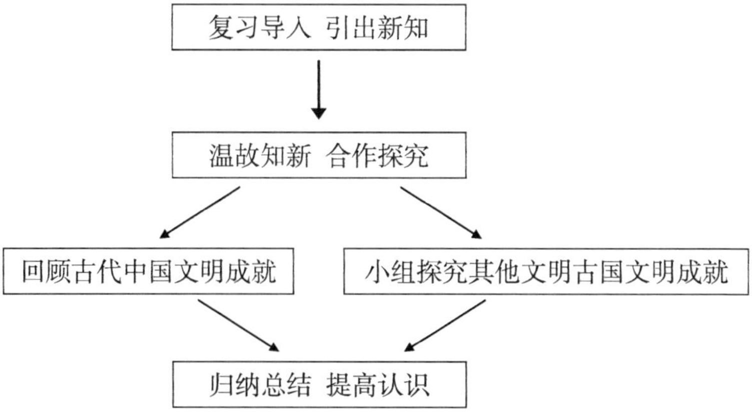

【教学过程】

一、复习导入，引出新知

提问：四大文明古国是指哪四个国家？

教师小结： 四大文明古国创造了世界的早期文明。人类今天所拥有的许多科学、文学、艺术等方面的知识，都可以追溯到四大文明古国。让我们追寻古国的足迹，继续了解古国的文明。

设计意图：通过复习导入新课，激发学生对四大文明古国文明成就的学习兴趣。

二、温故知新，合作探究

1. 回顾古代中国文明成就，由古代中国小组从以下几个方面介绍：

（1）在前面的学习中我们对祖国有了初步的认识，孕育中华文明的发源地是哪里？

（2）人类的文明首先是从农业文明开始的，你知道古代中国取得了哪些农业成就？

（3）中国最古老的文字是什么？

（4）古老的建筑，见证着古代中国劳动人民的创造与智慧，你知道古代中国建筑成就有哪些？ 向学生展示长城图片（图 1）。

（5）出示日历图片，这个我们都很熟悉，上面的数字表示的是公历，那你们知道下面这些小字表示的是什么吗？ 选择上课当天的日期介绍农历（图2）。

图 1

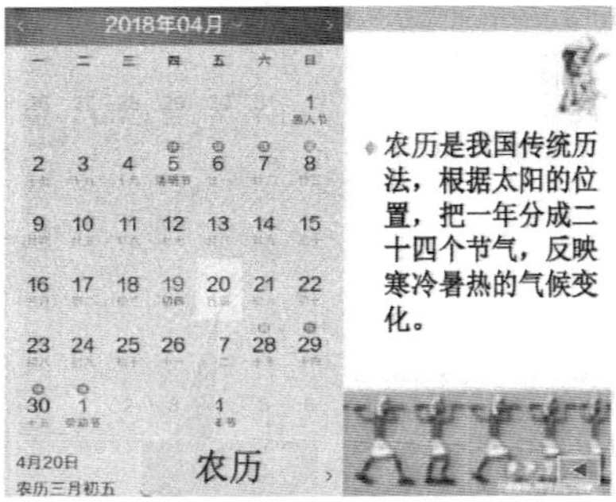

图 2

设计意图：通过对古代中国文明的回顾，了解古代中国人民的勤劳和智慧，掌握归纳整理资料的方法，培养学生热爱祖国的情感，增加学生的民族自豪感。

2. 小组探究其他文明古国文明成就

课前探究汇报其他三个文明古国成就。

课前我们有些同学收集了这三个文明古国的成就，下面就请他们来为我们从以下几个方面进行介绍：

（1）这几个文明古国发源于什么流域？

（2）这几个文明古国在农业、文字、建筑、历法等方面取得了哪些成就？

（3）完成表格。

文明古国	发源地	农业成就	文字成就	建筑成就	历法成就

学生汇报展示的有代表性的资料。

古埃及的农业生产情况（图 3），胡夫金字塔（图 4）。

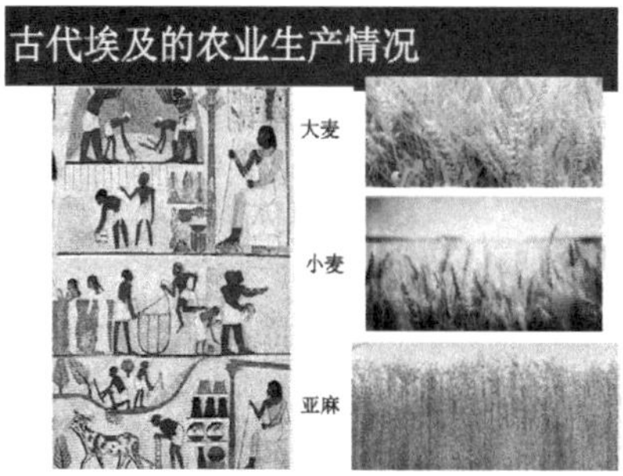

图 3

图 4

古巴比伦——楔形文字(图5)，古巴比伦历法成就——七天为一星期(图6)。

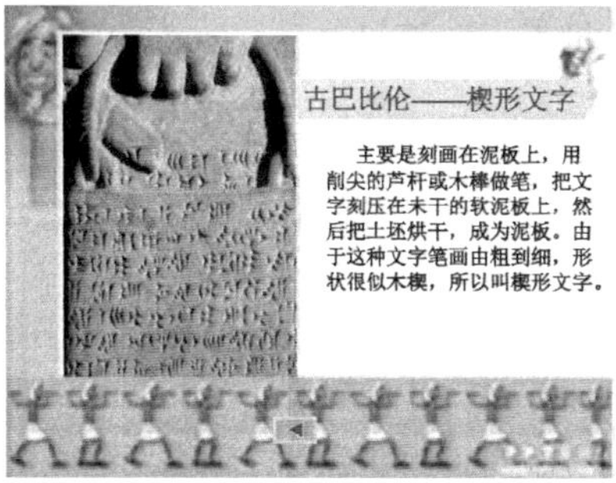

图 5

图 6

古印度的发源地印度河、恒河（图7），小发现中说明古印度是最早种植棉花的国家（图8）。

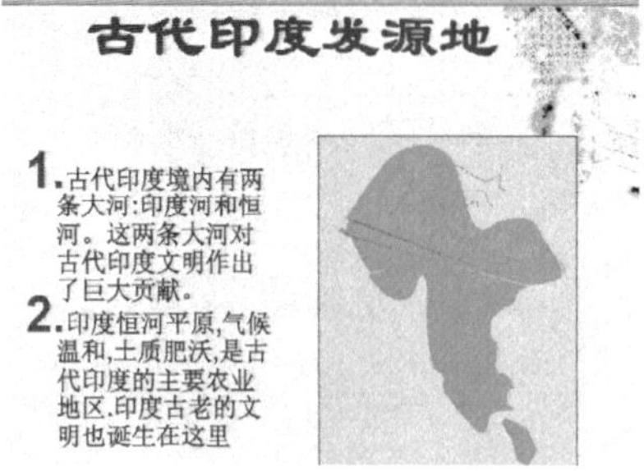

图 7

图 8

3. 通过学习四大文明古国的文明成就，你们有什么发现？在学生回答的基础上追问：为什么文明古国都产生于大河流域？

教师小结：大江、大河灌溉水源充足，水利资源丰富；地势平坦，土地肥沃；气候温和，适合人类生存，利于农作物培植和生长，能够满足人们生存的基本需要。而且靠近河流交通运输便利，河流还是一个天然的屏障，可以很好的防止外敌的入侵。优越的地理环境和自然条件孕育了人类的早期文明。大河是人类文明的摇篮，人类在与自然环境的抗争与利用中创造了文明。

设计意图：了解古国文明的伟大和对世界人民的贡献，感受世界古代文明的丰富多彩、源远流长，体会人类文明与地理环境的亲密关系，进一步掌握搜集整理归纳资料的方法，培养学生分析问题、解决问题的能力。

三、归纳总结，提高认识

四大文明古国创造了灿烂的文化，带给你怎样的感受？

教师总结：通过本节课的学习，同学们感受到古代劳动人民的勤劳和智慧。文明古国给我们留下了文明成果，给今天的发展带来了深远的影响。文明古国的文明丰富多彩，源远流长，我们应该将这种文明传承下去。

【板书设计】

人类文明的摇篮					
	发源地	农业成就	文字成就	建筑成就	历法成就
古代中国	黄河 长江	粟 稻	甲骨文	长城 秦陵兵马俑坑	农历
古代埃及	尼罗河	大麦、小麦 亚麻	象形文字	金字塔	太阳历
古巴比伦	幼发拉底河 底格里斯河	修堤筑坝 引渠灌溉	楔形文字	空中花园	七天为 一星期
古代印度	印度河 恒河	棉花	阿拉伯 数字		

【设计特色】

1.汇报的形式有特色

采取让学生以小组合作探究的方式介绍文明古国的文明成就，培养学生主动收集信息、加工信息的能力。在学生收集资料的基础上发挥学生的聪明才智，采用不同的方式进行展示，有文字、有视频、有猜一猜等，汇报的形式体现各组的特色，给更多学生展示的机会。学生的汇报贴近生活，在回顾古代中国文明成就的时候，选择熟悉的长城；在讲中国历法农历的时候，选择上课当天的日期等，通过对古代中国文明的回顾，了解古代中国人民的勤劳和智慧，掌握归纳整理资料的方法，培养学生热爱祖国的情感，增加学生的民族自豪感。

2.注重学习过程，培养学生与他人合作探究与解决问题的能力

课前让学生通过用收集来的资料展开探秘文明古国的文明成就活动，进行小组学习，梳理了文明古国的灿烂文化成就，加深学生知识记忆，组内成员充分发表意见，并经过大家的充分讨论得出结论。这样探究活动不仅可以体现教的主导，同时也充分发挥了学生主体作用。通过学习学生了解古国文明的伟大和对世界人民的贡献，感受世界古代文明的丰富多彩、源远流长，体会人类文明与地理环境的亲密关系，进一步掌握收集信息、加工信息的方法，培养学生和他人合作探究与解决问题的能力。

第八课　创新驱动战略

长陵学校　李焕波

【指导思想与理论依据】

（一）课程标准依据

《义务教育思想品德课程标准》（2011 年版）中“三、我与国家和社会”的“（二）认识国情，爱我中华”：2.3 了解我国在科技、教育发展方面的现状、理解实施科教兴国战略的现实意义，认识科技创新的必要性，努力提高自身素质。

（二）政策理论依据

中共中央、国务院印发《国家创新驱动发展战略纲要》，党的十八大提出实施创新驱动发展战略，强调科技创新是提高社会生产力和综合国力的战略支撑，必须摆在国家发展全局的核心位置。这是党中央在新的发展阶段确立的立足全局、面向全球、聚焦关键、带动整体的国家重大发展战略。

【教材分析】

本课属于“造型 ·表现”学习领域，是首师大版《道德与法治》九年级上册第四单元“科技与创新”第八课“创新驱动发展”的内容。在此之前，学生已经学习了第七课“科教兴国战略”，这为过渡到本节的学习起着铺垫作用。而本课内容是对前一课内容的拓展，同时也是本单元的落脚点。因此，本课具有不可忽视的重要作用。本节课主要帮助学生了解从资源驱动转向创新驱动，并理解创新引领中国的发展。

【学情分析】

本年级学生是九年级，在本课的学习中，我们将了解科技怎样改变了世界，知道当今世界科技成果层出不穷，知道科技进步的关键在于创新。了解实施创新发展战略的基本要求，理解创新驱动发展的重大意义，这些内容属于宏观经济学层面，经济学名词、概念和理论多，难而且抽象，学生缺少相应的知识积累。所以本课设计通过案例分析、历史比较、中外比较的方式，从学生身边的经济现象入手，由点及面、由小到大、从微观到宏观，帮助学生了解和学习。

青年学生是祖国的未来，是未来建设的主力军，要从小培养科学精神和科技素养，要认识到创新发明处处在，创新发明方法很多，要脚踏实地树立创新意识，开展创新实践，提升创新能力。

【教学目标】

知识与技能

理解我国经济发展方式必须从资源驱动转向创新驱动，了解实施创新发展战略的基本要求，懂得创新驱动发展的重大意义。

过程与方法

通过相关事实，理解建设创新型国家，弘扬创新精神是时代赋予我们的责任。

情感、态度和价值观

感受科技创新、教育创新的必要性；感受创新重任，培养创新意识和能力。

【教学方法】

探究法、谈话法、小组合作学习。

【教学重点】

掌握学习如何创新。

【教学难点】

理解我国经济发展方式必须从资源驱动转向创新驱动。

【教学准备】

学生：通过小组讨论与交流，充分调动学生主动参与教学活动，积极思考，发表自己的见解，师生共同交流。

教师：通过案例分析、历史比较、中外比较的方式，从学生身边的经济现象入手进行分析。

教学手段：多媒体 幻灯片。

【教学流程】

提出问题→分析问题→分析讨论→得出结果→升华

【教学过程】

教学阶段	教师活动	学生活动	设置意图
导入新课	同学们你们知道今年是新中国成立多少周年吗？你们知道我们新中国取得了多少伟大的成就吗？请同学们列举你所知道的中国科技新成果，这些成果说明了什么？为什么能够取得这些成就？ 原因：坚持中国共产党的领导、坚持中国特色社会主义道路、坚持中国特色社会主义理论等。除了这些原因以外还有吗？	学生列举 高铁 嫦娥四号 北斗导航系统 学生列举原因 思考	联系学生实际生活，调动学生学习兴趣。

	教师：实施了创新驱动发展战略。我国在科技创新领域取得了较大成就，在某些重要领域已走在世界前列。 但是从整体上看，仍然面临科技创新能力不强、科技发展总体水平不高、科技对经济增长贡献率低于发达国家水平等问题。中国科技创新之路任重道远，需要加快建设创新型国家。	中国高度、中国速度、中国深度。	
新知探究	目标探究一：辩论会——物美价廉的“中国制造”是骄傲还是无奈 用辩论会的形式，引导学生自主探究“中国制造”的得与失。引导学生在发现中国制造的发展成就的同时，更关注中国制造“高投入、高消耗、高污染、低质量、低效益”的特点，难以可持续发展的困境。客观辩证地看待中国制造的优势与不足。中国经济迫切需要转型。 目标探究二：把脉中国工业 通过分析中国工业发展问题，理解中国经济已经进入重大转型期。在新常态下，必须依靠创新提高竞争力，实现可持续发展。	学生观看PPT并回答问题。 思考并回答教师提出的问题。 经小组讨论，派代表回答。 思考：1. 为什么人人都是创新者？ 2. 创新对于企业的重要性？ 3. 创新精神的表现？ 阅读第71页材料，探究问题： 我国工业在发展中存在什么问题？会产生什么后果？ 小组讨论：探究问题寻找解决方法和途径，由小组代表总结发言。	选取学生喜闻乐见的学习方式，促进学习兴趣。

新知探究	当今社会，大众创业、万众创新的理念深入人心。创新不唯年龄、不唯学历、不唯职业，每个人都是创新者，都向往在创新中实现自我价值；创业不分男女、不分城乡、不分行业，每个人都是创业者，都可以通过辛勤劳动为国家和人民作出贡献。 目标探究三：新编三个和尚 问题：1. 老版动画片中三个和尚为什么没水吃？根本原因是什么？ 2. 同样是三个和尚，为什么在新故事里都喝上了水？ 3. 这个新编故事里立庙规、接力挑水、取竹运水的新方法给创新带来什么启示？ 4. 你还有什么好办法可以解决“三个和尚没水吃”的问题？ 小结：实施创新驱动发展战略，最紧迫的是要进一步解放思想，加快科技体制改革步伐，破除一切束缚创新驱动发展的观念和体制机制障碍。 目标探究四：高铁中国心 那么作为青少年我们有着强烈的好奇心、巨大的潜能、在实现中国梦的	学生阅读第72页材料并思考问题，分小组讨论，派代表发言。 学生阅读74页材料思考：具有“中国心”“中国脑”	通过探究，帮助学生认识到旧的发展模式难以为继，尤其是核心技术受制于人，企业缺少国际竞争力。 通过探究，帮助学生理解创新就是破旧立新，包括制度、技术、管理等方面。（解放思想、改革体制……）

新知探究	过程中我们可以做什么？ 思考讨论： 1. 你曾经参加过的科技活动。 2. 请你说一说参加活动后你的感受。 3. 在推动科技创新中我们中学生的责任。 创新驱动战略的要求（怎么做）。 国家层面： 1. 解放思想、加快科技改革，形成创新发展的合力 2. 培养造就一批规模大、结构合理、富有创新精神、敢于攀登科技高峰的人才队伍（“科教兴国”战略）。 3. 扩大开放，积极发展国际合作 公民层面（青少年）： 努力学习、提高自身素质、培养创新精神、创新能力、勇于质疑、发散思维、大胆实践、开发潜能。 本课是“科教兴国战略”的延续，在了解了创新的作用及必要性之后，提升认识。从国家角度分析创新与强国、创新与中华民族发展的关系；科教兴国、人才强国战略的重要意义；提出了万众创新的强烈呼吁。落脚点应为	的中国高铁可以在发展中获得怎样的优势？ 学生结合自己的亲身经历谈体会。	通过互动，培养学生的合作能力，培养学生的创新能力。 调动学生学习兴趣，培养学生学以致用能力。

新知探究	通过学习，强化创新对国家发展的重要性，培养民族责任感，树立自身创新意识，自觉融入大众创业、万众创新之中。		

【板书设计】

第八课　创新驱动战略
一、从资源驱动转向创新驱动 1. 旧发展模式难以为继 2. 走创新驱动发展之路 二、创新引领中国 1. 解放思想，树立创新观念 2. 立足实践，培养创新人才 3. 扩大开放积极开展国际合作

【设计特色】

新课程改革给教师和学生的自主学习提供了全新的舞台。为了适应课程改革的要求，进一步培养学生观察、认识、分析和解决社会问题及实际生活的能力，在此基础上设计了本课教学。

1. 情境导入，自主感悟

今年是新中国成立 70 周年，结合当前的时政热点、焦点，结合教材内容，找准切入点来导入新课，举例说明我国取得的伟大成就有哪些。引发学生思维导入新课。

2. 互助合作，质疑解难

我校一直以小组合作学习为特色，本节课的多个环节都是通过合作学习来完成的。在组内发表自己的看法、观点，解决初步疑难，再进行班级讨论。

这样教学内容层次分明，重点突出，也更好地培养了学生综合归纳的能力，做到多角度、多层面地思考问题。

3. 迁移运用，学生践行

本节课的设计落脚点为“在推动科技创新中我们中学生的责任”，学生结合自己的亲身经历体会我们应该承担的责任，目的在于培养学生的创新精神、创新能力，并能够做到勇于创新，亲身实践。

友善沟通

长陵学校　张陆地

【指导思想与理论依据】

一、指导思想

《教育部中小学心理健康教育指导纲要（2012年修订）》指出：心理健康教育的目标要提高全体学生的心理素质，培养他们积极乐观、健康向上的心理品质，充分开发他们的心理潜能，促进学生身心和谐可持续发展，为他们健康成长和幸福生活奠定基础。小学高年级的心理健康教育内容应包括建立和维持良好的异性同伴关系，扩大人际交往的范围；学会体验情绪并表达自己的情绪；培养学生分析问题和解决问题的能力，为初中阶段学习生活做好准备。《北京市中小学和职业学校心理健康教育工作纲要》中，小学阶段心理健康教育的内容及要点指出帮助学生掌握交往的基本规则，与老师和同学建立良好的关系；小学高年级学生要进一步了解人际交往的意义及作用，与他人和睦相处，建立良好的师生关系和同伴关系，学习与家长沟通的正确态度和方法；在学校的学习、生活中，学生的很多冲突最初发生在言语沟通的过程中，由此引发了很多不良的身心影响。如何能够帮助学生进行有效的沟通，预防或避免冲突？非暴力沟通是能帮助人们有效的谈话和倾听，使人们心意相通、乐于互助的一种方法，因此，有效地进行沟通就包含了解、学习、运用非暴力沟通转变、调整谈话和倾听的方式。

二、理论依据

六年级部分学生已进入青春期，他们的生理、心理正处于特别的发展期，常以自我为中心，情绪不稳定、多变、易冲动，遇问题喜与人争论。如何让学生在成长的过程中逐步学会使用恰当的语言与他人友善沟通、和睦相处，预防和避免冲突是心理健康教育很重要的内容。

美国非暴力沟通专家马歇尔·卢森堡博士早年师从心理学大师卡尔·罗杰斯，后来他发展出具有启发性和影响力的非暴力沟通的原则和方法，依照它来谈话和聆听，能使我们情意相通，乐于互助；非暴力沟通指导我们转变谈话和聆听的方式。我们不再条件反射式地反应，而是去明了自己的观察、感受和愿望，有意识使用语言。我们既诚实、清晰地表达自己，又尊重与倾听他人。

非暴力沟通是 Nonviolent Communication（简写 NVC）一词的中译，又称长颈鹿语言、爱的语言等。

非暴力沟通相信人的天性是友善的，暴力的方式是后天习得的。NVC 还认为，我们所有人有共同的、基本的需要，人的行为是满足一种或多种需要的策略。

非暴力沟通的目的是通过建立联系使我们能够理解并看重彼此的需要，然后一起寻求方法满足双方的需要。换言之，非暴力沟通提供具体的技巧帮助我们建立联系，使友爱互助成为现实。

这些技巧服务的目的是使人友爱互助。它们的使用是基于以下的意识：

1. 人与人是相互依存的（interdependence）；

2. 与人协作（power with）而不强迫（power over）。

它们包括：

1. 区分观察和评论，能够不带预设地仔细观察正在发生的事情，并具体指出正影响我们的行为和事物；

2. 区分感受（feeling）和想法，能够识别和表达内在的身体感觉和情感状态，而不包含评判、指责等；

3. 体会与正发生的事情和感觉相关的需要——所有人共通的需要（如食

物、信任、理解等）——是否得到满足；

4. 提出具体、明确的请求（要什么，而不是不要什么），而且确实是请求而非要求，希望对方的行为是出于由衷的关心（Compassionate giving），而不是出于恐惧、内疚、惭愧、责任等。

非暴力沟通技巧强调我们对自身的感受、行为以及对他人作出反应时的选择负责，以及如何致力于建立协作性的人际关系。

非暴力沟通认为，当我们专注于澄清彼此的观察、感受、需要和请求，而不是分析和评判，我们将发现自己内在的慈悲；通过强调深入的倾听——倾听我们自己以及他人，非暴力沟通有助于促进相互尊重、关注和理解，进而引发双方互助的愿望。

本人认为非暴力沟通理论对个体与他人建立良好的关系、解决与同学间的矛盾、掌握语言沟通的基本原则起着至关重要的作用。根据六年级学生特点及非暴力沟通的四要素特点，加之本年级心理健康教育课程中开始融入园艺心理内容，部分学生喜欢学习各种植物知识，所以本课我想到以“四叶草”为依托与非暴力沟通的四要素建立联系，把枯燥的理论生动、形象化，以此帮助学生更好地了解、学习、掌握友善沟通中的一些方法，尤其注重协助学生把体察到的内在感受和需要真诚、清晰地表达出来；如发现可能隐藏的暴力沟通，知道运用非暴力沟通原则和方法加以调整与他人进行沟通，从而建立良好的同伴关系，与人友善沟通，培养健康的人格，以促进学生身心健康可持续发展，为他们健康成长和幸福生活奠定基础。

【学情分析】

六年级是小学学习的最高、最后阶段，他们处于由儿童期向青春期过渡的关键时刻。在这一阶段，他们自我意识、独立意识、成人感明显增强，不希望老师、家长把他们当小孩对待，常以自我为中心，喜与人争论，情绪不稳定，但他们在独立处理人际关系和其他实际问题还很不成熟，易导致人际关系紧张。随着生理、心理的发育和发展、社会阅历的扩展及思维方式的变化，特别是面对“小升初”竞争的压力，他们在学习、生活、自我意识、情绪调适、人际交往和升学等方面，会遇到各种各样的心理困扰或问题，但又缺乏与人沟通的方法，有些学生出现了不愿与同学交往、独来独往、害怕交往等不良现象。因此，在友善沟通方面对六年级学生给予一定的指导，可以帮助他们更好地度过这个人生的关键期。如何让学生在成长过程中逐步学会建立良好的人际关系，调整自己的心态、语言、行为确实是心理健康教育很重要的一大内容。

六年级学生处在由儿童期向青春期过渡的关键阶段，随着学习、生活范围的扩大以及自我意识的觉醒，他们的自我意识强烈、自尊需求极高使得他们在与同伴沟通交往时易怒、易冲动；他们变得很敏感，甚至容易出现过激暴力冲突。本人曾做过一项调查，发现我校 56 名六年级学生中近两个月曾与同学沟通发生言语冲突的有 34 人，占到总人数的 60.7%；由言语冲突转为肢体冲突的有 6 人，占到总人数的 10.7%。不良的、暴力的沟通反过来又对他们的学习、人际交往及身心健康有着不可低估的消极影响，甚至有几位学生常与周围同学发生矛盾、冲突，进入了沟通的恶性循环，这就需要教师及时发现并帮助学生认识、了解并逐步学会非暴力沟通的原则和方法，觉察自己的情绪、需要，并能表达出来，以更好地预防、减少暴力沟通的发生。因此，从六年级逐步培养健康、友善的人际沟通品质和能力显得尤为重要。

【教学目标】

知识与技能：

了解非暴力沟通语言特点。

过程与方法：

通过分析思考案例、角色扮演、分享等形式，逐步发现非暴力沟通语言的四要素，体会它在沟通中的作用和意义，学习具体内容，并用其提升自己与同学建立友善沟通的能力。

情感、态度和价值观：

建立积极正向的认知方式，树立友善沟通的意识，增进生活幸福感。

【教学方法】

观察比较法、探究法、示范法、谈话法、练习法等。

【教学重点】

通过分析案例，了解非暴力沟通语言特点。

【教学难点】

学习、运用非暴力沟通表达四要素与人建立友善沟通。

【教学准备】

教师：

视频类：案例

图片类：故事图片

资料类：PPT、学案、笔袋、糖盒、电池

学生：

彩笔

【教学流程】

1. 故事导入：感悟冲突原因
2. 发现秘诀：四叶草秘诀
3. 解决问题：实践演练
4. 总结升华

【教学过程】

一、故事导入

1. 导入情境故事

（1）前不久咱们年级发生了这么一件事，先来一起看视频。（播放视频）

（2）就这样两人争吵了一番，好几天没说话。

（3）提问：如果你是在门口聊天的同学，当你听到大声的“起来起来”你感受如何？

如果你是要进门的同学，听到“你有病啊”，你的感受如何？

2. 感悟冲突原因

（1）提问：原本没什么矛盾的两人，为什么因进门这件小事使两人都感到不舒服还发生了争执、冲突，影响了两人的关系呢？

（2）是啊，她俩沟通的话语中带着指责、批评，不是用友善的语言去沟通，这样就容易产生争执、冲突。看来在沟通中如何说话很重要。

3. 过渡

今天我们就一起来探讨、学习怎样运用友善的语言预防或避免争执冲突，与同学建立友善沟通，开始我们的寻秘诀之旅吧。

设计意图：通过介绍班级发生的冲突帮助学生发现运用暴力语言的影响，并激发学生学习非暴力沟通语言的兴趣。

二、发现四要素

1. 思考：隐藏的东西

（1）提问：（手拿笔袋）老师手里拿的是什么？你知道里面放着什么吗？因为它隐藏在里面，在我没打开之前，你只能猜测或者问我。

（打开笔袋，拿出糖盒）你知道这个糖盒里面是什么吗？因为它隐藏在里面，在我没打开之前，你只能猜测或者问我。

（2）其实与日常事物一样，我们的话语也能隐藏东西，如事例中进门的同学一句“起来起来”，对方能清晰的知道她所表达的意思吗？我们如何像打开笔袋、糖盒一样打开我们隐藏着的语言呢？

2. 对话中寻找沟通秘诀

（1）提问：如果你是要进门的同学遇到有同学在门口说话，你会如何与她沟通？

“我需要……”，说出自己的需要

请求对方是否能帮助满足自己的需要、请求。

（2）角色扮演，体会感受。要求：与同桌分别扮演进门和站在门口的同学，用“起来起来”和刚才所说的“能让一下吗，我想进去？”进行对话，一位同学说完互换角色，两人分别体会不同两句话带来的不同感受。

（3）有什么不同，谈谈你的感受

对方感到有选择而不是被强迫、被要求，他知道你需要什么，更愿意为你让路，我们的沟通更舒畅了。

（4）如何说

请求可以怎样说出口呢：行不行、可以吗、能不能、你愿意、你觉得呢……

需要可以怎样说呢：我需要、我想、我希望、我期待……

小结：这两句可以让我们真诚、清晰地表达自己内心的语言，这也是我们自己找到的第一句和第二句沟通秘诀。

3. 思考中寻找沟通秘诀

（1）想一想，进门同学的一句“起来起来”，对方能清晰地了解她当时着急的心情吗？沟通中说不说出自己的心情呢？

（2）角色扮演，体会感受。要求：与同桌分别扮演进门和站在门口的同学，用“起来起来”和刚才所说的“我着急进班，能让一下吗？”进行对话，一位同学说完互换角色，两人分别体会不同两句话带来的不同感受。

（3）有什么不同，谈谈你的感受

对方能体会到你着急的心情，更可能愿意快点为你让路。

（4）如何说？表达自己的心情可以怎样说呢：我感到、我很生气……

小结：这句可以让我们表达自己内心的真实感受，又发现了一个秘诀，现在我们有三句发自内心的语言，每句也像心形的叶子，三句心语汇聚成三叶草沟通秘诀，但你们知道吗？自然界中四叶草比三叶草更珍贵，五千多株三叶草中才能找到一株四叶草，如果谁能寻找到难得的四叶草完整的沟通秘籍，那他也就找到了友善沟通、幸福生活的密码。

过渡：我们能否找到第四片秘诀呢，思考下面这个事例，如果你遇到这样的问题，你会如何与同学沟通呢？

4. 寻找最后一片叶

（1）案例：班里有个家伙，老不告诉我一声就乱动我的东西，如倒我的水啊，用我的文具啊之类，说他吧，显得我小气吧啦的；不说吧，实在憋得慌。

（2）发现：

我观察到你总动我的东西——观察

我很生气——表达自己的心情

我需要尊重——需要

我希望你在动我东西前告诉我一声可以吗？——请求

（3）分析：为什么要说自己观察到的事实呢？

是啊，对方更清楚你遇到的问题，也更可能会同意你的观察，继续听你说下去，当我们说出观察到的事实，我们就迈出了友善沟通的第一步，为下面的对话铺平了道路。

小结：加上已找到的三叶草，我们已寻找到了完整的四叶草的沟通秘籍：

第一片——说事实：清楚的描述所见、所闻、所感、所记的内容（我看到/听到……）

第二片——谈感受：因满足或没满足需要而感受到的心情（我感到……）

第三片——讲需要：（我需要/希望/看重/想……）

第四片——说请求：如果你乐意……/是否可以……/……你觉得呢

（4）练习：请用四叶草沟通秘籍的语言方式和同桌进行对话练习。

（5）过渡：我们发现这四点可以清晰、真诚地表达自己，四句心语汇聚成了四叶草，我们找到了代表友善沟通的四叶草沟通秘籍，具体如何去运用呢，在案例中练一练。

设计意图：通过“笔袋里的东西”的演示，帮助学生感悟到沟通中语言要说清楚、具体；进而通过寻找四叶草沟通秘籍的活动，协助学生发现、理解非暴力沟通的四要素，并在过程中练习，同时发现四要素在沟通中的作用。

三、解决问题

运用所学秘籍解决下面的问题：

（1）提问：如果你遇到这样的问题，现在你会如何沟通呢？

事例：我有点胖，有时候爱打抱不平，同学们常常戏称我叫“猪猪侠”，尽管我表面上不在乎，知道他们是在开玩笑，其实内心深处我还是不舒服。

（2）要求：把你认为适合的语句写在相应的叶片上，把四叶草秘籍相对应内容填写完整，在小组内进行角色扮演，练习对话，再进行展示。

听到你们常叫我猪猪侠

我有些伤心

我需要尊重

以后叫我名字可以吗

（3）过渡：同学们的秘籍用得还不错，这样的沟通较容易让我们避免争执冲突，通过解决问题这一关我们的沟通能力又提升了。在你自己的学习、生活中是否曾与同学发生过争执或冲突呢，通过本课的学习，如果再遇到此类问题你会如何与对方沟通?

设计意图：通过分析事例、练习沟通方法，帮助学生进一步熟悉非暴力沟通语言。

四、总结升华

1. 小组合作：与小组同学分享，挑选同学中的一个事例讨论，运用四叶草沟通秘籍进行沟通，小组展示对话。

2. 谈谈你的收获。

3. 总结提升：学习四叶草沟通密码很像学习一门外语：要不断学习和练习才能够流利地表达。我们开始的时候会觉得舌头打结，很尴尬；有时我们甚至怀疑自己是否真的能够学会这种“语言”。然而，就像学会一点外语都能提高我们的沟通能力，即使刚开始的时候，我们使用起来还比较笨拙，有时只能想起来其中的一两片叶子，但是尝试着去说就能够帮助我们与人真诚的沟通。其实我们就像四叶草的一粒粒种子，在平时的生活、学习中多多练习、尝试运用，无论与同学、好朋友还是父母、老师、其他人，让更多的人了解、认识、运用这种语言，心中有爱，才有发自内心的愉悦，对自己负责，真诚地给予和接受，友善沟通也自然越来越多，幸福生活就在我们身边。

设计意图：引导学生在生活中不断练习、实践，回归实际生活案例，提升学生实践沟通能力。

【板书设计】

【设计特色】

1. 理论依据

本课理论依据是根据美国非暴力沟通专家马歇尔·卢森堡发展出具有启发性和影响力的非暴力沟通的原则和方法。非暴力沟通指导我们转变谈话和聆听的方式。我们不再条件反射式地反应，而是去明了自己的观察、感受和愿望，有意识地使用语言，我们既诚实、清晰地表达自己，又尊重与倾听他人。有了这样的理论基础，教师拥有更多内驱力从不同层面创设不同环节诠释，教给学生。

2. 理论可以更生动

根据本校六年级学生特点及非暴力沟通的四要素特点，加之本年级心理课程融入园艺心理内容，部分学生对各种植物知识感兴趣，所以本课我想到以“四叶草”为依托与非暴力沟通的四要素建立联系，把枯燥的理论生动、形象化，以此帮助学生更好地了解、学习、掌握友善沟通中的一些方法。

3. 园艺疗法初体验

园艺疗法是一种利用植物、园艺活动和大自然的环境促进个体身心，以提升认知与心理健康的过程，重建与自然的联结，用生命抚育生命，从而达到舒缓身心、促进健康的效益。心理健康课中融入园艺心理教学相关技术，虽然是最初阶的尝试，但无论是课上的学习还是课下的实践交流，能感到学生有了与以往不同的新发现、新感悟，一同创设了更多的惊喜，同时也对未来的园艺心理课堂有了更真实具体的期待和憧憬。

4. 说说班级里发生的事

视频事例来自年级学生本学期内课间实际发生事例，学生通过自愿报名进行角色表演，无论表演的学生还是当事人在这个过程中都有了更多感悟及反思，帮助他们逐步进入了更深层面的思考，好奇心推动他们开始了自己的探索，课上我们共同思考、发现、运用、练习，体验由难变易的过程，学生自己努力想办法解决自己身边熟悉又很困扰的事，收获技巧的同时也收获了更长久的成就感，这也加强了他们实践演练的原动力，即使在发生实际问题时运用得不完整、不熟练，但他们心中的非暴力沟通种子已经开始生根发芽。

5. 板书特色

学生每找到一个非暴力沟通要素，教师就画一片四叶草的心形叶片并写相关内容，结合植物知识和植物叶片寓意、帮助学生理解自然界中四叶草比三叶草更珍贵，创设情境如果谁能寻找到难得的四叶草完整的沟通秘籍，也就找到了友善沟通、幸福生活的密码，这让学生在思考探寻最后，也是最难的沟通要素时充满信心和动力。画上了最后一颗心形叶片，非暴力沟通四要素也就升华出了有生命力的四叶草沟通秘籍，就此枯燥知识转换为了有趣、有寓意并想要记在心里的沟通技巧。

附件

情境视频事例

时间：课间

地点：六年级教室后门门口

人物：四名学生

课间教室内很多同学在准备一会儿英语课的听写。

学生 1 站在教室后门门口和一位同学聊天。

由远而近学生 2 跑过来，边跑边着急的念叨着："哎呀，快听写了！"

看到门口有人，学生 2 推了一把站在门口的同学，并没好气地说："起来！起来！"

被推到边上的学生 1 生气的说："你有病吧？"

学生 2 听到后转身对学生 1 也大声生气地说："你才有病！"

◆ 体美、艺术学科教学设计

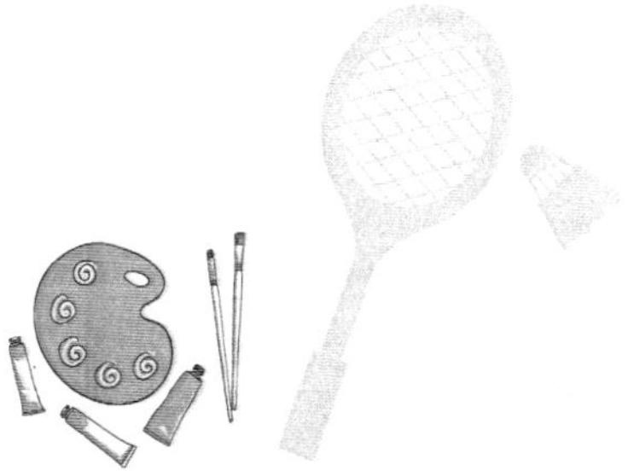

仿真飞机的调试

百善学校　李宏伟

【教材分析】

本课属于“航模校本”课程中无动力手掷飞机制作调试中的一节课。经过前几节课的学习，学生对于飞机的基本组成部分，各个舵面的作用，具备了一定知识基础。本课飞机调试是飞机制作过程中至关重要的一个环节，也是学生将之前所学的知识进行综合运用的体现。

【学情分析】

本年级学生是四年级学生。

已知：学生在之前课程中已经完成了飞机的制作，并且熟悉了飞机各舵面。

未知：学生不知道各舵面的原理，无法进入飞机的调试阶段。

【教学目标】

知识与技能：

了解伯努利现象，理解调机口诀产生的依据。

过程与方法：

通过实验引出伯努利现象对于飞机飞行的影响；归纳出调机口诀，并且将其运用于飞机调试。

情感、态度和价值观：

培养学生运用科学规律分析问题的能力。

【教学方法】

观察比较法、讲授法、启发式教学法。

【教学重点】

掌握仿真飞机调试的调机口诀，并将其运用到调试飞机的实践操作中去。

【教学难点】

对于飞机调试口诀的形成原理的理解。

【教学准备】

学生：准备之前课程制作好的飞机，温习“飞机升力产生原理”一课的内容。

教师：准备实验用具，多媒体设备，飞机调试工具。

【教学流程】

试飞导入 → 实验引出伯努利现象 → 根据现象探索调试规律 → 利用口诀调试飞机 → 经验分享 → 总结。

【教学过程】

一、创设情境，引入课题

1. 让学生试飞上节课做好的飞机。

2. 老师试飞，学生观察，激发学生兴趣点。

3. 揭示课题。

学生活动：

学生拿着自己的飞机试飞，但纷纷以失败告终。

学生观看教师试飞后感到惊讶，为什么同样是飞机会有如此差别？

设计意图：学生试飞未经调试的飞机，失败是必然的，由此揭示出飞机调试在飞机制作过程中的重要性，从学生的需求角度激发学生对于学习飞机调试知识的兴趣。同时揭示本课主题。

二、通过实验认识伯努利现象

吹纸小实验1：吹一张纸

吹纸小实验2：吹两张纸

小结，观察后交流：物体都是往气流流速快的一侧偏移，这种现象叫做伯努利现象。

举例生活中的伯努利现象。

学生活动：

一个学生做，其他学生观察。

学生观察、认真思考并联想。

设计意图：通过简单的吹纸小实验让学生看到简单的伯努利现象，从而迁移到飞机飞行上去，与升力产生内容相互呼应。降低学生对于伯努利原理理解的难度。

三、飞机中的伯努利现象

1.副翼是如何发挥作用的：

教师示范

副翼上、下变化是如何影响飞机状态的？

小结：副翼向下升力大；副翼向上升力小。

2.探究任务：

（1）方向舵、升降舵是如何影响飞机飞行的？

（2）原因是什么？

要求： 1.投掷飞机时的角度和力度； 2.手持飞机的位置； 3.认真观察飞机的飞行姿态； 4.飞行过程中注意安全。

3.全班以小组为单位交流，并派小组代表进行汇报。

4. 以完整的调机口诀小结：

左舵左飞，右舵右飞。

上舵上飞，下舵下飞。

副翼向下升力大，副翼向上升力小。

学生活动：

学生认真观察。

学生小组讨论模仿第一句口诀的产生，小组合作来探究后两句口诀。

设计意图：第一句口诀由教师根据伯努利现象迁移而出，对于学生起到了抛砖引玉的作用，剩余的口诀由学生小组合作探究而出，然后进行归纳总结。自己归纳出口诀小窍门，避免舵面与调机所产生的混淆。降低了学生调试飞机的难度。

四、学生实践，调试飞机

1. 运用调机口诀调试自己的飞机。

2. 调试过程中注意：

（1）根据飞机的飞行姿态，判断调整飞机舵量的大小；

（2）投掷力度的把握；

（3）飞行过程中注意安全。

（4）及时总结自己成功经验。

学生活动：

一名学生上台试飞，其他学生给予调试建议。

设计意图：理论学习要与实践相结合，能够熟练的将所学习的理论运用到实践中去。在实践中发现理论需要完善的要点，最终学会应用理论知识。

五、小结

这节课我们学习了什么？你有什么收获呢？

学生活动：

学生思考、感悟

设计意图：让知识学习系统、完整、知识共享、思维碰撞，才是高效的学习方法。

【板书设计】

仿真飞机的调试
副翼向下升力大，副翼向上升力小。 左舵左飞，右舵右飞。 上舵上飞，下舵下飞。

【设计特色】

1. 从学生的需求角度入手，更加有效的激发学生对于新知学习的兴趣。

2. 用简单实验来削弱学生对于伯努利原理理解的难度。

3. 用归纳口诀的小窍门规避调机过程中易产生的失误，让复杂问题简单化。

4. 理论学习与实践相结合，培养学生学会用科学的规律分析问题的能力。

写意荷花

百善学校　张丽萍

【教材分析】

本课为七年级校本教材中的一课内容，计划分两课时完成，本教学设计为第一课时。

荷花是大自然中颇有精神内涵的一类植物，“出淤泥而不染，濯清涟而不妖”，具有“花中君子”的美誉。通过学画写意荷花，加强学生对笔墨的把控能力，让他们通过赏荷、画荷，体会荷花的品格，完善自己的人格，掌握运用笔墨表达思想和情感的方法和手段。

【学情分析】

我们的国画校本课程处于起步阶段，本班学生从五年级开始接触国画校本，对国画学习的兴趣比较浓厚。他们对国画有了初步的了解，并具有一定的笔墨基础，部分学生还具备分析画面笔墨关系的能力，但在笔墨的把控能力上还较弱，亟待提高。

【教学目标】

知识与技能：

1. 了解荷花相关知识，体会荷花品格。

2. 初步学习写意荷花的画法，提高用笔、用墨的能力。

过程与方法：

通过欣赏作品感受荷花的姿态美、谈论诗句体会荷花的品格美，观看示范明确绘画过程，尝试练习掌握写意荷花的画法，从而体会花鸟画借物抒情的特点。通过观察、示范、练习等教学方法，遵循学生的认知规律，引导学生主动学习。

情感、态度和价值观：

通过赏荷、赞荷、画荷，培养学生认识美、体验美、感受美、欣赏美和创造美的能力。体会写意花鸟画中借物抒情的表达方式，潜移默化的渗透荷花洁身自好的高贵品质。

【教学方法】

观察比较法、探究法、讲授法、示范法、练习法。

【教学重点】

体会荷花品格，学习写意荷花的表现方法。

【教学难点】

如何通过笔墨的变化表现出荷花的高洁。

【教学准备】

学生：搜集荷花的相关资料、图片和诗句。

教师：多媒体课件、国画用具。

【教学流程】

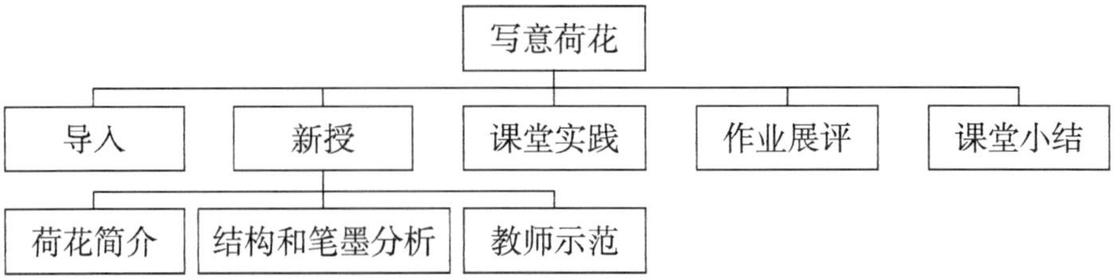

【教学过程】

一、导入

荷花作品欣赏（摄影图片和国画作品），古筝曲《出水莲》做渲染。

设计意图：从视觉、听觉上感受荷花之美，引导学生热爱大自然，陶冶情操。

二、新授

（一）荷花简介

问题：课前让同学们搜集了荷花的相关资料、图片和诗句等，谁来谈谈荷花给你的感受？

1. 学生谈对荷花的感受。

2. 教师谈对荷花的感受。

教师引用北宋周敦颐《爱莲说》中对荷花的赞美“出淤泥而不染，濯清涟而不妖”，强调荷花的品格。

设计意图：通过课前预习，初步体会荷花高洁的品格。

过渡语：因为荷花具有高贵的品格，因此很多文人墨客为之倾倒，他们赞荷、画荷，赋予荷花精神的寄托，今天也让我们一起用画笔去体会荷花之美，学习写意荷花的画法。

（二）荷花结构和笔墨的分析

叶：

1. 欣赏荷叶图片，明确荷叶形态特点。

叶片：大、圆、长柄

2. 教师演示画荷叶的用笔和用墨方法，学生观察并归纳总结。

叶片：大笔、侧锋，浓淡墨；叶脉：中锋行笔

柄：中锋行笔，墨色偏干，不宜太圆滑

3. 出示不同形态的荷叶，并示范绘出一两片。

强调随着角度的变化，叶片形态变化丰富，画时忌太圆。

4. 找一名学生尝试表现一片荷叶，老师根据问题进行修改。

设计意图：检验学生对表现荷叶的理解程度，针对问题进行辅导，因材施教。

花：

1. 欣赏花朵图片，明确花的形态特点。

花瓣尖椭圆，内有莲蓬和花蕊。

2. 教师演示花朵的勾线、上色方法。

中等墨色，中锋行笔（强调花瓣的组合方法，忌对称）。

3. 不同表现方法及姿态的欣赏。

4. 分析学生作品中存在的问题。

下列三张学生作业中，哪张画得最好，哪张存在问题？

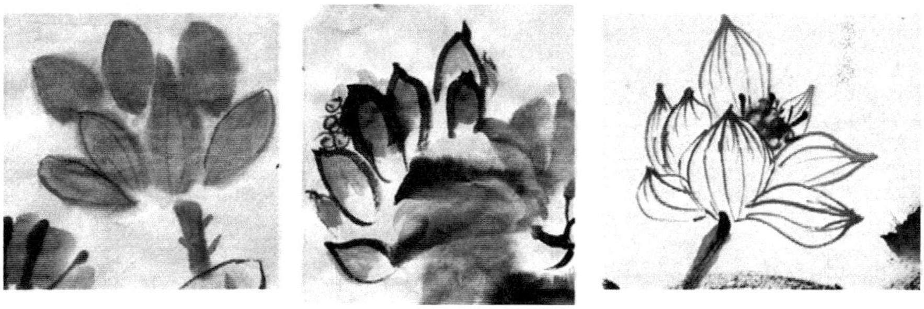

第一张与第二张图，是学生作业中常出现的追求对称和不向心的问题。强调花瓣组合时要有聚散的变化。

5. 学生尝试表现一朵荷花，老师根据问题进行修改。

设计意图：学习花朵的画法，并明确要注意的问题。

莲蓬：

1. 欣赏莲蓬图片，明确莲蓬的形态。

2. 欣赏几种不同姿态的莲蓬，老师边讲边示范。

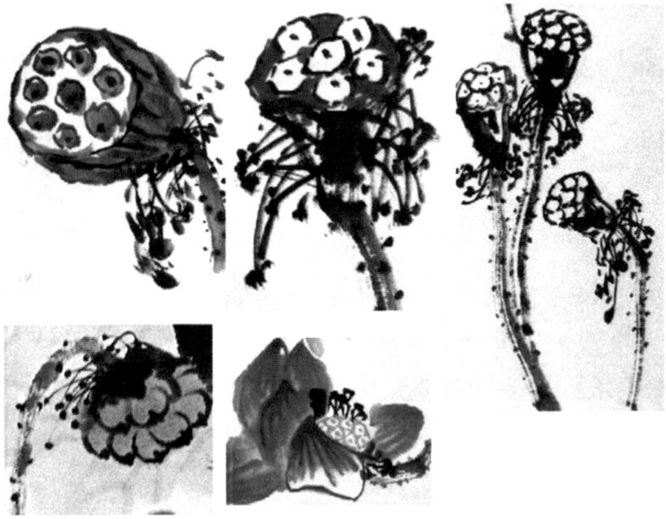

小结：勾点结合。

设计意图：明确莲蓬结构特点和画法。

（三）教师示范

示范一幅较为完整的作品，示范的过程中讲解各部分结构用笔、用墨的要求、组合关系、浓淡干湿的变化。

设计意图：有针对性的进行示范，让学生明确各部分结构间的用笔、用墨关系，降低绘画难度。

三、课堂实践

作业：任选一幅教材中的名家作品进行临摹。

教师巡视辅导，遇到普遍问题集中解决。

设计意图：通过练习掌握荷花的画法，体会荷花的品格。

四、作业展评

采取自评、互评、师评的形式。

设计意图：培养学生作品分析能力、语言表达能力。

五、课堂小结

通过欣赏下面潘天寿画的两张荷花图，体会国画作品借物抒情的特点。

潘天寿的荷花大气磅礴，他的荷花多喜用仰角去表现，给人一种昂扬向上的生气，更好体现了荷花高洁、圣洁的品格。

设计意图：简要了解画家潘天寿的艺术风格，帮助学生更好的体会荷花的品格。

【板书设计】

写意荷花

叶：大笔 侧锋 浓淡墨	忌太圆
柄：中锋 偏干墨色	
花：中锋 中等墨色	忌对称

【设计特色】

1. 学生们通过细心观察，感受到荷花的自然之美；通过笔墨的练习领悟到荷花的品格之美；通过赏析画家作品，感受到画家借荷花表达情感的意境之美。

2. 教学过程中，通过讲练结合的形式，关注学生的实际获得，及时发现问题、解决问题，使学生掌握了荷花的画法，提高了用笔、用墨的能力。

3. 课堂中注重培养学生的美术素养，如观察能力、分析画面能力、笔墨表现能力。

4. 以探究性学习为主，在引导学生深入观察、分析到归纳总结的过程中，渗透自主学习中国画的方法，以达到独立临摹作品的能力。

发挥校园联盟优势　促进学校共同发展

四校联盟教育教学文集

（教学相长）

主　编　刘和发　褚春梅　张丙益
马　飞　樊海龙

學苑出版社

图书在版编目 (CIP) 数据

四校联盟教育教学文集：全 2 册 / 刘和发等著. --
北京：学苑出版社，2020.12
ISBN 978-7-5077-6119-1

Ⅰ. ①四… Ⅱ. ①刘… Ⅲ. ①中小学-教学研究-文集 Ⅳ. ① G632.0-53

中国版本图书馆 CIP 数据核字 (2020) 第 271119 号

责任编辑：任彦霞
出版发行：学苑出版社
社　　址：北京市丰台区南方庄 2 号院 1 号楼　100079
网　　址：www.book001.com
电子信箱：xueyuanpress@163.com
印 刷 厂：保定市彩虹艺雅印刷有限公司
开　　本：787mm X 1092mm　1/16
印　　张：40.5
字　　数：595 千字
版　　次：2021 年 1 月第 1 版
印　　次：2021 年 1 月第 1 次印刷
定　　价：125.00 元（全 2 册）

序

百善学校、阳坊中学、亭自庄学校、长陵学校是北京市昌平区的四所农村、山区学校。曾几何时，学校面临着学校规模小，教师单人单岗多的现状。如何促进学校之间、教师之间、学生之间的沟通交流、资源共享呢？ 2005 年起，问题促使行动产生，到 2008 年四所兄弟学校为了共同的目标组成了四校联盟。合作教研、互换岗位、合作举办学生活动，使四所兄弟学校都焕发出勃勃生机，教师队伍的综合实力有了明显提高，学生的精神面貌也有了明显改观。成绩表明，四校联盟是一个正确的选择。这其间发生了许多令人感叹的教育故事，淬炼出光彩夺目的教育认知。这些故事与认知化为文字就形成了四校联盟教育教学文集的《教学相长》分册。

任何个体的成长都不是孤立的，每一个进步既是自己刻苦进取的结果，也与周围人的启迪帮助密不可分。同样，每个学生的健康成长、素养提升既是学校、教师、学生的共同愿望，又是包括学生自己在内多方协作、共同努力的结果。学生的成长如此，学校教育事业的发展也是如此。在四校联盟合作教研、共享资源的历程中，这一道理体现得更为明显。我们在各自的教育实践中，在相互的交流碰撞中，见证了许多富有深刻教育内涵的故事与观点的产生。在这个过程中，每位“当事人”都深刻理解了教学相长的道理，我们不只是孩子的老师，某种意义上，孩子也是我们的老师。学生从我们的教学工作中，学习知识与道理、提升素养与能力，而我们从孩子的成长与进步中领会教育与成长的关系，获得沟通与相处的真谛。

教师、学生，在教育与成长的道路上都发生过故事。这些鲜活的事例，这些感人的经历，值得我们铭记于心，书写成文。另有一些同仁深入思考教育教学的实践，从中升华出自己的教育教学思想观点，形成自己的研究论文，这些文字就是我们在教育战线上脚踏实地前进的见证，就是教学相长的见证。

回首往事，联盟兄弟学校的教育教学故事、成长感悟、教育论文，就是我们昔日的获得，学生的成长将我们每个人联系在一起。这些文字如实记录了学校、教师与学生共同进步的历史。

如今，我们将这些文字集结成册，一起阅读、分享这些教育与成长心得。本书收录59篇文章，分为教育案例、教学叙事、学生成长感悟和教育论文4个部分。每一篇文字都源自师生的切身体会，都闪烁着他们的情感与思想的光华。这部文集代表了四校联盟在教育教学道路上脚踏实地的进发姿态，希望能为读者们提供一个思维空间，从中得到教益与启迪。路漫漫其修远兮，吾将上下而求索！

编者

2020年9月10日

目录

◆ 一、教育案例

三、学生成长感悟

四、教育论文

一 教育案例

让沟通搭起习惯养成的桥梁

亭自庄学校　王帆

“教育是什么，往简单方面说。只须一句话，就是要养成良好的习惯。”这是我国著名教育家叶圣陶先生对教育本质的理解。良好的习惯可以决定一个人的命运。俗话说：“积一千，累一万，不如养个好习惯。”

学生学业的成功需要多方面的努力。良好的学习行为习惯是帮助孩子取得学业成功最有效的方式。在教学中，利用学科特点，从学生感兴趣的现象、话题入手，创设情境，激发学生的自信心、求知欲，培养他们的学习兴趣、良好的行为习惯，让学生积极主动参与学习，提高自我认识能力，树立成功意识，需要教师做长期的、细致的工作。

案例一

小田同学成绩不理想，课上、课下做作业慢，家庭作业拖沓、粗心。

案例分析：

一、家庭原因：

①家长没有太重视做作业拖沓的问题。

②家长虽然关心孩子的成绩，但是并没有找到具体问题。

③家长没有有意培养孩子良好的学习习惯。

二、自身原因：

①没有良好的习惯。

②对自己没有严格要求。

家校合作，纠正问题：开学初，在家长会后，我将孩子的母亲留下，从孩子优点入手，直到说出问题，与此同时，我给家长提出了几点建议：

1. 扬长避短。老师提示并引导孩子如何把事情做好，由于马虎会造成什么损失。引导的目的在于使学生养成在做任何事都应认真、细致，做事前认真思考，让学生在思想上重视自己做事的成功率。由于事前的思考和重视，调动孩子自身的内在潜能，克服做事马虎、毛躁、丢三落四的坏习惯。

2. 放手让学生独立。经过帮助和引导后，应让学生独立完成某一件事，其间可能会碰到这样那样的问题，让孩子在问题中去探索，对于学生来说，自己的教训是最好的教训，自己亲身体验的经验是最好的经验。

因此在平日学习中，给孩子多一点的空间，让孩子先去探索，家长和老师从旁协助，引导学生得出自己想要的结果。与此同时，加强和家长的沟通是必不可少的，孩子在学校的时间比较长了，及时和家长沟通，把孩子在学校的情况反馈给家长，让家长了解孩子在学校的生活和学习情况，针对问题对症下药，共同帮助学生进步。

案例二：

小闻同学平时纪律较差，家长与老师说教不是很管用。

案例分析：

分析一：家庭原因：

①家长比较忙，没有时间管束孩子。

②由于之前的学校管理比较松懈，导致家长没有及时帮孩子养成好习惯。

分析二：自身原因：

①没有养成良好的学习习惯。

②自控能力差。

沟通帮助学生养成良好的习惯：小闻同学是二年级新转来的学生，由于之前的学校管理比较松懈，孩子没有养成良好的行为习惯。当知道原因后，我利用假期，特地到孩子的家里进行了家访。通过家访让我发现，这个三口之家是再婚家庭，挤在一个只有 10 平方米的小房间共同生活，孩子的父母平时上班都比较忙，母亲经常上夜班，并没有太多的时间约束孩子。针对此问题，我为家长提出几点建议：

1. 培养良好的行为习惯。

从培养良好的行为习惯入手，多关心孩子的学习与生活，对孩子的不良行为要有耐心，帮助他改正，做到时时关心、时时指点，有进步要及时地给予肯定、表扬。引导孩子养成在做任何事时，先学会思考，并且做到认真细致，克服做事马虎、毛躁的坏习惯。

2. 团结帮他养成习惯。

在排座位时，我特意安排他与班里的优秀生坐在一起，当他有不良行为时，坐在他身边的同学可以及时地提醒他；当他遇到不会的题时，坐在身边的同学也可以及时辅导他，帮助他理解，使他真正体验到融入班集体的乐趣；在课上，如果他有好的表现，我会及时表扬、鼓励他，比如，当他作业有进步时，我及时在班上表扬，同时展现在全班同学面前。他看到老师的鼓励，课上也慢慢有了自信。

通过几个月的循循善诱，现在老师和同学们觉得他像变了一个人，上课听讲认真，精力集中，而且还很爱回答问题，同学们也都愿意和他交流，在家也变成了一个好孩子。这是老师和家长共同盼望的。

小学生行为习惯是长期逐渐养成的，改变一个人的习惯是不容易的。良好的行为习惯有助于个人的学习，有助于个人的生活，有助于以后成为更加优秀的人才，使其获得真正的成功。因此，培养学生的良好习惯是教师的首要任务，也是素质教育的根本要求。

教育家叶圣陶说过：“教育就是要养成习惯。”培根也说过，习惯是人生的主宰。低年级学生正是行为习惯养成的关键期，好习惯终身受益。作为一名班主任的我，通过摸索与实践相结合，我认为小学生行为习惯的养成教育要从日常生活、学习中的细节抓起，良好的习惯一定会养成。

小活动中的大效能

长陵学校　王晓天

那是一个周三的下午，生物课，老师讲的内容引起了孩子们的哄堂大笑，小刘同学笑的声音最大，生物老师批评了他，孩子不服气地说："都笑了，为什么只说我一个？"老师："我就听见你笑了。"孩子很是不服气，当时也没有反驳。然后的课上不好好坐着，生物老师继续批评"坐直了"，"我不会坐直了"，"不会坐直别上我的课"。小刘同学愤然离开了教室，不知所踪。

作为班主任的我是课后得知的情况，以我以前的脾气会立刻把孩子叫来办公室，首先会对他一顿狠批，然后再讲讲道理，最后让孩子去道歉。这样的教育是否入心不得而知。

此事正好发生在班主任培训学习之后。盛怒之下我没有做任何决定，让自己冷静了一下。

小刘这个孩子是班里比较特殊的。小学的时候调皮、捣蛋、打架、怂恿无所不做。从开学做的心灵档案中解读出，这个孩子自卑，精力不是很旺盛，喜欢户外活动，与父母关系一般，所有学科中对英语比较感兴趣，有点小强迫症。

他渴望得到大家的认可，但是又害怕失败，不敢尝试。做事没自信，但又经常搞怪。

平静地理了理思路之后，放学我把小刘同学单独留了下来。

在办公室里孩子一脸若无其事地问："老师干吗呀？有什么事？""没啥，咱俩聊十块钱的呗。"刘："哦，我知道了，生物课的事吧。"

我没有接他的话，给了他一张白纸和一支笔。让他在纸上扎洞，刘同学直接蒙圈："干吗呀老师？""仅仅扎个洞。"我说。"真的能扎吗？"他有点不信，"真的，随便扎。"他小心翼翼地扎了一个。我说："继续。"他瞪大了眼睛："真的吗？""真的，随便扎，一直到你不想扎了为止。"这时刘同学放开了疯狂地一通猛扎后："老师不扎了。""真的不想扎了？""好。"我说："现在把纸还原成刚给你的样子。""啊？"刘同学直接崩溃，估计心里想着"老师弄啥鬼？"嘴里不能说啥："老师这怎么可能呢？""尽量一试，努力即可。"孩子又是按，又是抹，又是拍，弄了半天，最后说："老师只能这样了。""是不是比你刚才要好些？""嗯，是好些。""为什么会好些？"我问，孩子说："因为努力修复了。""那能回到从前吗？"孩子说："可能性不太大。"聪明的孩子此时已经知道我要说什么了。"所以呢？"我问，"我们不能乱发脾气，因为关系一旦破坏就很难回到从前，做事要过脑子。""特别棒！"我及时肯定他的转变。"那出了问题怎么办？"我继续追问，"要积极努力解决问题，不能逃避责任。""很高兴你能像个男子汉一样考虑问题了，我很骄傲。"

事情基本上得到了圆满的解决，第二天孩子主动找生物老师道歉，态度很好，老师也特别满意。

继而又对他提出具体要求以及违反规定要承担的后果。

此次事件后，我发现孩子脸上笑容多了，见到我也不那么排斥了，有违反纪律的时候，见到我脸上都是愧疚的表情。

反思：这次的教育经历，给了我很多的思考……

教师无法选择学生，但是我们可以选择教育方式。运用心理小活动就能够把说教式的教育转化为精彩，把学生抵触的教育方法转化为快乐。应该说班级管理或教育中，心理活动的应用是一种不错的策略。

有人说："不变的老师，流水的学生。"走过了多年的教学生涯，我要说："老师也要变，老师和学生一起成长才是真正的教学相长。"让我们用心思考，用心感悟。让教育智慧升华，炼就一双慧眼，发现学生"那一点点光"。总会有那一瞬间，一颗流星、一点流萤，在广袤的夜空，都是亮丽的风景，让我们感受到每一个鲜活生命的独一无二和与众不同。

天空收容每一片云彩，不论其美丑，所以天空广阔无比；高山收容每一块岩石，不论其大小，所以高山雄壮无比；大海收容每一朵浪花，不论其清浊，所以大海浩瀚无边。我们用真情容纳每一个学生，不论其优劣，所以我们才桃李满园。班主任工作是琐碎的，但意义却很重大。新的时代向我们提出了新的要求，新课程向我们提出了新的理念。我们要用真心、动真情、广学习，学做班主任。真正把自己塑造成一个有魅力的人，才能成为有魅力的班主任。

教育因爱而美丽

长陵学校　王颖

朱××，男，15岁，初二年级学生。上课注意力不集中，经常趴在桌子上犯愣或睡觉，课外经常去网吧玩通宵。行为散漫，以自我为中心，自控能力差，作业不做、张嘴就是瞎话，缺乏上进心，学习成绩不理想。在多次说服教育无效的情况下，我对其进行深入了解。原来他在几个月的小婴儿期父母就离异了，从小是由爷爷、奶奶带大的。他从小没妈，爷爷、奶奶对他非常娇惯。在他上小学的时候其父又重组了新的家庭，继母带来一个比他大一点的姐姐，他很排斥她们。再加上姐姐的优秀使他在现实生活中找不到自我，迷上了虚拟的网络。随着年龄的增长和个子的长大，他对网络的迷恋更加严重，几次出现跟管理宿舍的老师撒谎说回家拿东西，其实是整夜泡在网吧里。也因此被学校记以严重警告处分。

针对他这种情况，必须要家长来配合，为了帮助朱××面对现实，使他真正感受到家庭和学校的温暖，打消自卑心理，重建自信心、爱心和责任感，我们采取了一系列行之有效的方法。

首先，明确错误，唤醒迷途羔羊

学校针对他的这些行为在严肃地批评教育之后给予严重警告处分，让他充分地认识到自己这样做是错误的，而且会耽误自己的人生前途。因为从小爷爷、奶奶对他可谓是百依百顺，使他缺少明辨是非的能力，对这样的处分他也很震惊，意识到看来自己真的是错了。学校的制度，国家的法律不是闹着玩的。自己想改变但管不住，希望家长和老师监督他、帮助他。

其次，家校配合，加强管理与监督

在我和他的父母耐心开导下，通过点滴事例的剖析使他明白了其实他的父亲一直都是爱他的，从没疏远或嫌弃过他，继母也是满心为他着想，为他做着什么。他表示接纳父母的关心，服从老师的安排。我跟他的父母定下：早晨送到我手里，晚上来校再从我手里接回家。这样做，一是保证他按时上学、回家，没机会再去网吧，二是让他重新体会家长为他所付出的爱是多么大。他家离学校很远，坐车需要一个半小时，中途还要倒车，很不容易。这项任务是由他的继母完成的，整整一个半月的时间：12 月和 1 月多半个月，大冷的天，他妈妈一天要来回两圈，让这个冷漠的孩子体验到了母爱的温暖，跟他这个继母的心贴近了，他曾有一次感动地跟我说："我以后会好好孝顺我妈的。"

最后，爱心呵护，温暖受伤的心灵

"特别的爱送给特别的他"，我经常利用课余时间，以一个朋友的身份找他谈心，了解他的心事，关心他、帮助他，逐步走进他的内心世界，帮助他克服心理上的障碍。当他遇到困难时，及时地伸出援助之手，帮助他解决困难。在与他的交谈过程中，我发现这孩子有上进心，希望得到大家的尊重与肯定，但就是自控能力太差。针对他的自律性差，我特意组织班级学管会成员对他制订"爱心跟踪方案"，让周一至周五每天值班同学留意发现朱 ×× 的优点及时汇总，每天班级小结时给予表扬，比如上课守纪律了、积极举手发言了、及时交作业了、课上与同学交流了、值日抢着墩地了、即时整理物品柜了……随着同学们和老师对他一天天的肯定，提醒他不要犯错，鞭策他不断进步，不知不觉中，他变了，撕掉了冷冰冰的面具，绽开了温暖的笑容。他对我说："老师，您对我真好，同学们对我也越来越好了，我得好好学习了。"我笑着说："父母和老师可是把你当个宝呢，将来你还要成为国家的宝呢！"他热泪盈眶。在那晶莹的泪光中，我看到闪亮的星星在空中快活地眨着眼睛，向我展示他人生中亮丽的风景呢！我知道他心中的冰雪世界正在融化。一朵美丽的生命之花正在绽开，越来越烂漫……

用心去关爱和感化学生

亭自庄学校　方维君

多年来，很多次都抱怨自己当了班主任。每天有许多做不完的事。班上的大事、小事什么事都要过问。有时要做警察，核对学生的户口；有时要做会计，收费用；有时班上发生打架等事件，又要做法官去判案、断案；有时又要做他们的父母，关心爱护他们的冷暖。但更多的时候，我又庆幸自己当了班主任。因为只有当了班主任，你才能真正走近学生，才能体会到与学生共处的乐趣和幸福。每当我不高兴时，学生会来跟我聊天，让我高兴。每当孩子们有什么高兴或不高兴时，他们会把我当成最好的朋友，倾诉他们的喜和忧。

班主任是班级的组织者、领导者和教育者。班主任面对的是有思想、有感情、有各种兴趣爱好的生命群体。班主任的一句极平常的鼓励，往往会成为一个学生一生追求的目标；一番入情入理的个别谈话，能攻克多年不化的“顽石”。因此，作为班主任不仅要对学生的现状有全面的了解，而且要细心观察到他们情绪上的变化，把握他们的情感走向，做好引导，组织和教育工作。即把握教育的契机，进行适时教育。

在做班主任工作的实践中，我深深地体会到了爱的力量。老师送给学生爱，学生回报老师爱。爱的种子播进学生的心田，总会发芽。

开学初始，学校安排我当七（1）班班主任。开学前一天，班上有个男生在我强调班级常规时随便插嘴，我批评了他几句，他当时就和我瞪了眼，很是愤怒的感觉，不加任何辩解。这种眼神我也是初次领教，当时我想，一个初一的学生才进校，胆子竟然这么大，当着全班学生的面和我对抗，我很生气，但我没有和他正面发生冲突。因为我对他不是太了解，如果当时和他发生冲突的话，万一这孩子脾气比较犟，于己于他都不是太好。所以当时我就叫他放学后留下来。

我仔细打量了他，他穿的衣服比较朴素，而且脚下的鞋比较脏，不干净。我首先问他父亲在哪儿工作,问到母亲时,他眼睛里流露出了一种莫名的伤痛。当我另转话题时，他开口了。他说他是一个单亲家庭的孩子，从小就跟着奶奶过，他和他的爸爸生活在一起。可能就是由于家庭不完整引起的自卑心理，导致了他心灵世界的荒漠，才让他有了这样一种性格。一个嗷嗷待哺的小孩，正是享受母爱的时候，却因为母亲的离开而变成让所有人都同情的孩子。我们且不谈母亲为什么出走，也不谈这些做家长的怎么这么心狠。这样一个孩子，母爱对于他很陌生，因为他当时才几个月，根本不记事，更不知道母亲长什么样。十几年了，同龄的孩子都在母爱中快乐地成长着，而他从小就感觉不到母爱。还有什么比这更让人悲痛的呢？了解以上这些情况后，我感觉到他需要我给他一份特殊的关爱，对于他做的那件事情，让我再也气不起来了。

在以后的相处中，我就特别留心这个特别的孩子。过了不久，他又相继地出现了一些有违常规的事。甚至在操场跑步时，脚踢矿泉水瓶子，德育张主任教导，他也是一脸的嫌弃，竟然说："你不是我的班主任，凭什么管我？方老师会管我的！"德育张主任找到我，问询了他的情况，说我要特别关注这个孩子。9月8日放学后，他的同村同学被别人欺负，他替同学出头，打了另一个同学。虽然他的事情不算少，却是一个爱学习的孩子，他的愿望就是挣钱给奶奶买爱吃的烤红薯，这令我很感动（孩子是懂事的，只是缺少家人的关注）。针对这类学生，我们不能一味地去责骂他，这样的教育方法是无事于补的，说不定教育不好还会适得其反，让他形成逆反心理，以后的教育就更没法开展了。

通过分析，我认为引起该学生教育困难的原因有如下几方面：①家庭因素。家庭的不完整、不和谐对学生正常心理发育有不良影响，进而影响到孩子对世界的认知。②心理因素。缺失母爱，对别人的批评和指责没有正确的认知，缺少正面的引导。③环境因素。不少单亲家庭没能给孩子创造良好的学习环境，他们从小就没有人好好教育，继而便使他们唯我独尊，我行我素，继而引起教育困难。

我觉得改变这类孩子的最根本的办法就是善待他们，关注他们，学会换位思考，多站在孩子的位置上为他们设想，引导他们“回归”。于是我做了他的知心姐姐，了解他的内心世界。帮助他认识自我，悦纳自我，调节自我，发展自我和完善自我。让他学会学习，学会生活，学会共处，学会负责。

首先，真情投入，营造温馨和谐的“家庭”。

平时，我经常留心他。利用空闲时间找他谈心。告诉他，母亲的离开不是你的错，现在你应该好好学习，不让父亲、奶奶操心。用自己的实力，以后让父亲和奶奶享福。平时作业上有什么不明白的或是做错的，我都会给他讲解，直到他懂为止。利用自己的真情，让他感受到老师的爱；让他感受到，世上还有比他母亲更爱他的人；让他感受到世界充满爱。用充满关怀的态度，亲切温和的语气，尊重理解的氛围，他便可感受到老师和同学们都是知心朋友，是最可信赖的人。这样我们的感情才能得到交流，他也容易接受教育和指引。

其次，采用鼓励机制，增强他的自信心。

开学第一天，我对班上的学生不了解，当选班委时，我就让学生们毛遂自荐。当我说到副班长时，他便自告奋勇地举手了。一个人生来不是什么都会的，能力是靠后天锻炼的。为了不挫伤他的锐气，鼓励他认真学习，我当时就同意了。通过后来的考察，发现他能力还是不错的。最重要的是非常有集体荣誉感。只要班上发生什么事，他都会主动来跟老师讲。慢慢地，他成了我的得力助手。实践证明，我当时的做法是对的。每一个成长的孩子都渴望被父母肯定，被老师肯定，被社会肯定。只要能针对孩子的优点去夸他、肯定他，他必然会变得更好。通过我们之间的交流我深深地认识到，一个幼小的孩童也会有极强的自尊心，尤其是长期生活在一个单亲家庭的孩子，往往带有很强的自卑感。与此同时，他们的自尊也极其脆弱，他们往往被周围的孩子们冷落，幼小的心灵对周围的一切充满怀疑和抵触。我们都知道情感教育要从培养“同理心”开始。具备“同理心”的人，能够在认知自我情绪的基础上，体会他人的情绪，并进而将自我情绪传达给他人。通俗地讲，就是能够将心比心，设身处地为别人着想。对于这样的学生，我们应该多激励他，鼓励他，不能打消他的积极性。应该让他树立自信，快乐成长。

刚开始时，我对他倾注了许多，但他还是一味地和科任老师顶撞，只听我一个人的。我开始动摇了。难道我的这种爱的教育在他身上没有效果吗?因此有时他一犯错，我就责骂他，因为我对他失去了信心。但我发现，我越批评他，他越逆反。有时甚至上课不听讲。后来我还是改变了策略，还是悉心教导他，不停地发现他的闪光点，我经常在上课的时候当着全班同学的面表扬他，主动给他在全班发言的机会。实践证明，老师应该更多地发现学生的闪光点，甚至可以做适当的夸大，我美其名曰“优点放大法”，而不是更多地在集体中批评他们的缺点和错误,否则只会造成恶性循环,越自卑越逆反，越逆反越爱犯错误，越犯错误越受到批评，越受到批评越自卑。

在与他共同相处的三年时间里，我帮助这个孩子克服了自卑心理，他树立了较强的自信心，也受到了其他同学的尊敬，变得有责任心了。由于有比其他孩子更强的自尊心，所以他更懂得珍惜这种进步，在学习和纪律方面做得比其他同学更好了，这与他先前所感受的环境形成了巨大的反差。我给他播种着真挚的、无私的爱，他也使我收获着他那独有的、天真的、纯洁的爱。是啊，孩子的执着，孩子的火热，孩子的爱，让我深深地感动了……这就是当班主任的乐趣。

现在我庆幸，幸亏当时没有放弃他，还是悉心教导他，效果相当好。否则还不知道会是什么后果。至少他会对老师和同学失去好感与信任，对自己也会失去信心，自暴自弃。在初三毕业留言本上，他亲切地对我说：“方妈妈，我永远记住你的爱！”还在元旦联欢会上拥抱了我！我做到了，我成功了，教育好一个特别的孩子使我感受到了教育无穷的乐趣。

当班主任我无怨无悔！

静观其变，适时引领

百善学校　付晓芬

一、案例描述

他，比同年级的孩子高很多；

他，脸庞白皙得没有一点血色；

他，眼神躲闪又透着一丝冰冷；

他，是初二（2）班的插班生；

他，是一个因家庭变故和网瘾在家休学两年的学生；

他，是阳阳。

两年前，阳阳还是初一的一名三好学生，却因目睹了父亲对母亲的一次次家暴，内心受到严重创伤。父母闹离婚，他也开始闹退学玩网游。纵使学校、老师付出很多努力，最终还是没能把他拉回来，还是退学在家，每日与电脑为伴了。

一年前，父母彻底离婚，法律上把阳阳判给了母亲。其实，父母各自在孩子面前毫不留情地诋毁对方，早已使这个孩子封闭了自己。无论判给谁，他的心都是痛苦的，是孤独的，是充满恨的。他每天把自己沉浸在虚幻世界里，不走出家门半步，母亲给做饭就吃一口，因工作忙没来得及做饭就不吃。

两年过去了，母亲再也不能眼看着儿子走向毁灭，狠心把电脑砸了，孩子也不依不饶。最后双方达成协议——孩子来学校上学，母亲给孩子买电脑。

他——回来了。

在我看来，任何一个脱离校园两年的孩子，无论是主动还是被迫重返校园，都需要莫大的勇气。在了解他的经历后，我心里极其渴望把他收在自己的班内，呵护他成长，即使自己面临半路接新班的挑战。如我所愿，学校真的把阳阳放在了我的班级，但我心中压力也与之剧增，我怕我不能挽救他，怕他再次离开校园。因此，一年来，我对他的情感付出不亚于对我的儿子，对儿子是享受成长的喜悦，对他是难以放下的苦恼和担忧。令人欣慰的是，一年多以来，阳阳改变了很多，由开始的不愿来学校，到来校后的旷课三天，两天，一天，最后是旷课后当天就返回校园，能看得出他在慢慢地接纳学校生活。对于他们母子之间的矛盾，我通常是用我的亲身经历感染他，使他由开始的怨恨母亲，渐渐转化为允许母亲住进家里，甚至关心母亲；他母亲也因孩子的改变，多次要求到我家里拜访表示感谢。然而，他的蜕变确实不是一朝一夕的事，家庭给他带来的伤害是很难由我一个人帮助他全部愈合的。几近一年的时间，他其实并没有对我敞开心扉，有的只是服从和配合，学习成绩也冲进了班级的中上等。但不知为什么，临近初三中考，他却没了原来的坚持，每晚都要抱着手机熬到很晚，白天上课总处于混沌状态，毫无斗志可言。

总觉得这背后必有蹊跷，于是我和他母亲取得了联系，原来他现在精神状态不好的一个重要原因是，他母亲又要结婚了。孩子刚刚适应离婚的母亲，现在又要适应一位新父亲，这突如其来的变化让他无所适从，无奈中他又选择了自甘堕落。面对这么聪明的孩子，如果就这样看着他跌入深渊，不能帮他重振旗鼓，便是我作为老师的失职。我一方面怜惜孩子，一方面从心里觉得这个母亲过于糊涂和自私，为什么不能等中考结束再和孩子说这些、做这些呢？看来不能寄希望于他的母亲。我要采取措施，要阻止他的沉沦。我把他母亲叫到了学校，在他母亲面前，毫不留情地揭穿他的懦弱和不自控。以前，每个人都觉得他受到的打击太重，心里太脆弱，对他都是和声细语，没有人敢用，也不忍心用犀利的语言、严厉的语气批评他、指责他。显然，这次他没想到我会当着他们母子的面，狠狠地推开了他封闭自己的心门。他一直沉静着，偶尔点头应和，脸色却慢慢难看起来，但聪明的他并没有立即反抗。我觉得他不会就这样平静地把这件事消化掉。果然，从来不在群里说话的他，回到家后竟然在群里出现了，而且是语音。我坐在嘈杂的公交车的最后一个座位上，听了一遍又一遍，最后我不得不承认他说的就是“Fuck you mother.”非常标准清晰的发音。顿时，愤怒与绝望猛烈地冲撞着我的大脑，一个声音在脑中出现——必须让他离开二班，否则二班有他没我，有我没他。可是，心底又有另一个声音在问自己，他是为什么来到二班的？他从火坑中爬出来，你还要把他再推回去吗？如果他真的以这样的结局走出初中校门，他的未来不就毁在你的手里了吗？两个自己在激烈地冲突着、争论着……

下了公交车，回到家里，一个人慢慢冷静下来。回想当初，学校肯定早考虑到了这个孩子的敏感和偏激，一定是相信我能平静处理任何事情，才把这个孩子放在我的手里。既然如此，我不能辜负学校对我的信任，还是换一种方式吧。

于是我立即和他母亲电话沟通，告诉她我的话对孩子已经产生了触动，一定要抓住时机继续劝导；然后，在QQ上单独给他发了班长在区里演讲的照片，告诉他，他的目标是超过班长，不要因为别人的选择耽误了自己的前程。那边的他，第一次非常诚恳地对我说谢谢。第二天来到学校，他主动找到我并坦诚地和我交流了他的想法，同时他对昨日的冲动表示了歉意。

“不打不成交”，从此，他终于肯打开心扉和我深入交流了。

这次，他——真的回来了。

中考结束，他考了500多分，升入区里一所不错的高中。填报志愿时，看到他和他母亲脸上露出迪香式的微笑，我的内心也万分满足。

二、案例分析

此时想想我和孩子的一切，总觉得一个家庭对孩子的影响太重要了。心理学家马斯洛把人类的需求像阶梯一样从低到高按层次分为五种：生理需求、安全需求、社交需求、尊重需求和自我实现需求。当孩子在12~15岁时，生理需求、安全需求被削弱，而随着孩子接触社会的增多，开始更加注重社交需求、尊重需求，同时自我实现需求开始觉醒。阳阳恰是在此时，经历了家庭的变故，父亲在他面前赤裸裸地实施家暴，父母互相诋毁对方，没人听从他的劝解和阻止，这使他的自尊受到严重伤害。他不愿来到学校，不愿被别人知道他生活在这样一个家庭，他只能选择逃避，隐匿于网络虚拟世界中。

可以说是父母的不克制，直接毁了孩子的学习生活。

好在母亲意识到了问题的严重性，把孩子又逼回了学校。我面对这样一个孩子，并没有急切地希望孩子快速适应学校生活，而是采取了以静制动的策略，用润物无声的方式去引导。因为他脱离学校生活太长久，而且比同班孩子大两岁,更严重的是他内心存有非常深的疤,这伤疤的愈合需要的是时间、爱与尊重。在班级里我时刻关注他的一切，当他出现某些问题的时候，我便用最温和及最不在意的方式点醒他。聪明的他，总能感受到我的好意，并朝着我引导的方向发展。当他过一段时间会找各种理由不来学校，我认为这是他曾经把自己封闭起来的一种间歇性的反复。因此，每次过两三天他再回学校时，我也不会太追究他，让他自然地来，自然地学习。慢慢地，他间歇性反复的周期越来越长，而且每次在家自动停学的时间也越来越短。直到有一次，他和他母亲闹矛盾，从母亲的电动车上跳下来，抱着书包跑掉了。那时他母亲绝望地以为孩子再也不会来学校了,便和我打电话说明了情况,谁料想，没过一会儿，孩子自己抱着书包又来到了学校。当我在走廊里看到他坐到座位上时，我激动得眼泪要掉下来，我知道，此时，学校就是孩子的家，他以后一定再也不会轻易地离开这里。我的精心陪伴，我的耐心等待，终于有了回馈!

后来母亲再婚的决定，又给孩子的伤口撒了一把盐，因为这相隔的时间太短暂。正值备考期间，她和对方视频聊天，被孩子发现，母子俩关系再次僵化。因此孩子又回到了自甘堕落的状态，我无法批评家长，但我不能不管孩子。心理学家耶克斯和多德森的倒“U”形理论指出，过轻或过重的压力，工作业绩都不好。对于阳阳，开始我几乎没对他施加任何压力，只是让他好好在学校学习就好，所以他虽然离开学校两年，但在宽松的环境下，依然能不断进步；可是这种进步到了一定的高度，就无法再超越。在这个时机，我采取了比较严厉的措施，一是要压制他负面情绪的增长，二是要唤醒他继续进步的神经。事实证明我的决定是正确的，虽然开始他的反应过激些，但我的包容化解了他内心的坚冰，我的高要求使他产生了要求继续进步的渴望。

最后一次较量再次拉近了我们之间的关系，我告诉他：“要正确面对母亲的选择，母亲的人生还很漫长，我们不能阻止她寻找幸福；也要冷静面对自己的选择，因为我们的人生更漫长，我们不能停下创造幸福的脚步！”

当然，作为教育者，在以静制动的过程中，还要注意以下几点：

第一，要对孩子的过去有充分全面的了解，这样才能在静观中把握孩子的行为动机和发展方向，否则会对孩子的某些行为做出错误的判断，我们的教育工作有可能就是南辕北辙。比如对阳阳的家庭境况我不甚了解的话，就无法理解更无法包容他的一次次旷课，如果我像对待其他孩子一样严格要求，有可能他就直接不来学校了。

第二，在静观其变的过程中，不是只做冷静的旁观者，也不只是热心的陪伴者，而是在孩子需要自我超越的时候，助一把力。这力量可以来自助推，也可以是恰当的警醒，总之，不能让孩子总处于一种温水煮青蛙的状态；否则孩子即使不会退回老路上去，也很难有新的突破，结局还是一样。

第三，关键时刻一定要沉得住气，否则我们的教育工作就会前功尽弃。如果最后我用冲动来迎接阳阳的不冷静，那么最终的结局，就非常有可能使坚持一年半的他再一次提前结束自己的初中生活。那么，我、家长、孩子，近两年的付出都将付诸东流。

对孩子的理解、关怀与评价

长陵学校　李子旋

“评价”对于一个人来说是极其重要的，尤其是在成长中的儿童。在人格、价值观等多方面都在塑造的时候，充分地得到父母、老师的肯定，无论是言语上的、行为上的都会给孩子带来极大的喜悦、爱，以及不断进步的动力。每个孩子都渴望得到正面的评价、赞美、爱抚，害怕受到责备。但是犯了错误需要指正，发现错误，修正错误也是成长的必经之路。如何指正，使用什么方式，如何巧妙地指引孩子，就是需要我们探究的了。

家庭教育对孩子的成长健康来说是不可缺少的一部分，也是学校教育和社会教育不可替代的，而家庭教育中妈妈的角色更是尤其的重要，埃里克森的五个成长阶段中表明：妈妈的抚摸、亲吻、鼓励对婴幼儿时期的孩童的成长有着很大的影响。常见的缺少妈妈关爱的孩子，都会呈现内向、自卑、敏感的性格。对于这样的孩子，某种程度而言，老师约等于他的妈妈。老师的一言一行都可以牵扯到孩子的情绪波动。

作为一名班主任，我须时刻关注着孩子，在我的班上，有个孩子就属于上述情况，他个子高高壮壮的，白白净净，笑起来眼睛眯成一条缝，刚开始接触时，看他的样子，以为他会是班上的“小霸王”，可事实却大相径庭。他胆小，不是特别爱说话，回答问题，或者和老师说话的时候也总是支支吾吾的，很没有自信的样子。课间活动的时候，别的同学都三一群两一伙地一块玩耍，他却只是爱自己一个人溜达。一件事情的发生让我真正地开始关注到了他。

一天的语文课上，我带着同学们学习“写话”，“写话”的主题是，我最喜欢的玩具。我要求每个孩子从家里面带一个自己喜欢的玩具，拿到班级上展示，然后分小组介绍。小汽车、小玩偶、卡通人……每个孩子都从家里带来了玩具，只有这个孩子没有带。

“你的玩具呢？”我走到他身边小声地询问着他。

“我没有玩具。”

“新买的也行，从小玩到大的，一直陪着你的也可以，没有带吗？”我继续追问着。

“老师，我一个玩具也没有……”说着，他伤心地低下头，眉头也皱得紧紧的，我想着，或许孩子有什么事情没有告诉我。“这样吧，你先和另外一个同学介绍同一个玩具，可以吗？”

“老师，我不想和别人写一个。”说着，他开始趴着哭了起来，发出“呜呜”的声音，我走到他身边，蹲下来对他说：“没关系的，老师没有责怪你的意思，你可以先和别人观察同一个玩具啊，你要是不愿意，今天的写话任务就没办法完成了呀！”我尽量把语气放缓一些，希望可以稍稍舒缓他的情绪……可是他不但没有停止哭泣，还从小声啜泣变成了号啕大哭，惹来了全班同学的目光，课堂一度进行不下去，而且不论说什么，他都不愿意与别人介绍同一个玩具，只是持续地哭着，好像陷入了自己情绪里的一个死胡同。

我得想个办法，这样下去，其他孩子的时间也被耽误了。“老师看你的校服上贴着一个小熊维尼的衣服贴，你介绍它怎么样？”他停止了哭泣，慢慢地低下头，看着自己的校服。“你觉得怎么样？”我再次询问道。“嗯，行。”他慢慢地点了点头。然后细细地打量起这个小熊维尼衣服贴来，渐渐地，哭声也就停止了。

此件事情之后，我非常关注这个孩子，更深入地了解他的家庭情况。他身上发生的很多的事情，我都会做记录。

他生活在一个离异家庭，爸爸妈妈在他两三岁时候就离婚了，妈妈工作非常忙，没有时间看管他，从小就把他放在托儿所。大一点，就把他送到大姨家。和大姨、姨夫、哥哥姐姐生活在一起。原生家庭的伤害让这个孩子异常的敏感，缺少同龄儿童应有的简单快乐。长时间没有妈妈的陪伴，也让这个孩子渴望和妈妈一起，胆小，敏感，自卑，固执。这些小小的标签从他的性格中一一地显露出来。

我要给他充分的鼓励、关注和爱，我想这些他所缺失的，我能不能多给予他一些，让他知道，他是有人关心的，他可以很勇敢，他是很棒的。我心里默默地这样地打算着。

在之后的学习和生活中，对他的评价我多以鼓励、称赞为主，课堂上，他举起手回答问题，站起来却支支吾吾、没有组织好语言的时候，我会站到他身旁，轻轻地拍他的肩膀，对他说："这么难的问题，你是第一个举手的，真勇敢，不过下次要组织好语言再回答哟！"课间，看到别的孩子都在结伴玩耍，他却一个人落了单，我拿起跳棋走到他身边，问他："你会玩跳棋吗？和老师玩一把。"课间操，同学们在练习单人跳，他总是跳不好。不能连续跳超过 10 个，这又使他情绪低落了，仿佛下一秒又要哭了出来，我告诉他，膝盖伸直，踮起脚尖，双手摆动，多练习练习就行，你可以的！

我想，时间会是良药吧，"你可以的！你真棒！你好勇敢！"这一句句的鼓励和赞美会慢慢地加注在他的身上，会让他变得自信起来吧。

渐渐地，他确实不像以前那样闷闷不乐了，开始和班里的孩子们打成一片，很少一个人落单；我发觉他朗读起来十分有感情，还让他早读时间带领同学们读书，这样一来，他又变得勇敢一些。更明显地，我可以清晰地感觉到我与他之间的关系更加亲近了，他对我产生了信任和依赖，就好像是学校里的"妈妈"一样。与此同时，新问题也就出现了，孩子在其他课上犯错时，老师的点评和严厉的批评他都可以听取改正，但是只要是我的课，他犯错误，我指正的时候，他就会开始哭，甚至有时，我还没有说什么，他看我皱了一下眉头，也会哭。好像，什么事情一到我这里，他就会变得非常"委屈"，我要是总安慰他，很怕养成他这样不好的习惯，但若是把他晾在一旁，不理他，他就会哭得愈加厉害，长时间地无休止地哭。严重的时候，影响了班级的一整节课。这种情况常常发生，使我感到"头痛"不已。不知如何处理。

于是，我找到学校的心理老师交流，和她说明了这个孩子的情况，咨询她，"这一类"的孩子，身为班主任如何与他们沟通，与他们建立好情感的同时，怎样给他们指正错误，如何对他们做出评价。我提出了一系列的问题。了解情况后，心理老师指出，“这一类”的孩子在学校里是常见的，原生家庭给他们带来了不可磨灭的伤害，他们自卑、敏感、情绪易波动，但也善良、懂事、执着。认准一件事情会一直坚持。如果他们情绪波动较大的时候，首先可以认同他们的情绪，先让他们冷静，等到平缓一些了，再把这件事情“掰开了揉碎了”给他说清楚，这样会减少他“认死理”的情况。最后再告诉他错误出现在哪里，给予建议该如何改正。和心理老师交流后，我一下子被灌输了相对专业的知识，再面临这样的问题或者孩子的时候，不会只着急，却找不到解决办法了。

“评价”对于一个孩子是非常重要的，言语上、行为上，甚至眼神、表情，都可以牵引着他们的情绪。它不单单只是一句“你真棒”这样简单，如何正确地鼓励孩子，掌握好表扬的节奏与频率，可以达到驱动孩子进步的内在动力而非骄傲的资本。如何根据不同的孩子做出不同的具有针对性的评价，真正地达到评价的作用，而非“为了评价而评价”。如何使评价语发挥指引作用，给孩子一个正确的导向……还有许多需要钻研、学习、琢磨。

唯有不断学习，与孩子不断地磨合。

用时间换取经验，用不断学习的热忱换取检验经验的真理。

路还很长，只要用心。

用科学思维管理班级

——班级诊疗之学生路队管理

长陵学校　李洋

1. 班级基本情况

班级人数：28 人，男生：16 人，女生：12 人。

学生家长的职业及文化水平概况

①家长职业

其中私企职员：19 人；国企、事业单位职工：11 人；务农或没有工作的：23 人；个体经营者：5 人。

②家长文化水平

其中本科：5 人；专科：6 人；高中或职高：23 人；初中：20 人；小学：2 人。

③班主任：1~3 年级班主任，英语学科，工作 6 年，班主任年限 5 年。

4 年级班主任，语文学科，工作 6 年，班主任年限 5 年。

2. 提出要解决的问题

在学生排队（放学、午饭去食堂；去专用教室上课、大课间活动）过程中，速度慢、纪律差。

学生需要排队的情况：

①需要排队去上课：美术课、音乐课、信息课、科学课、劳技课、写字课、体育课、舞蹈课。

一周需要去专用教室上课 10 次。通过观察，发现学生在去上信息课的时候，能做到迅速排队。

②需要排队活动：周一升旗，上下午大课间活动、中午去食堂、晚上放学跑步、放学。

一周需要排队的活动45次。其中，周一升旗排队速度较快，分析原因为排队时间相对较短，有老师全程跟随。

3. 问题诊断

（1）造成原因

男生多，调皮的多。

做事磨蹭拖拉的同学多。

学生缺乏抓紧时间上课的意识。

班干部管理基本无效果，在学生中没有威信。

教师监督管理不到位，没有及时的反馈。

（2）讨论中的几种意见：

①明确站队时间，给出确切要求（例如课前两分钟预备铃响起来立刻站队）。

给学生明确站队时间很有必要，不过我认为需要细化到不同的排队情况下以及不同的学科老师对排队有什么要求。例如：音乐课老师认为孩子排队去音乐教室过程中会比较乱，所以上音乐课时学生不用排队，自行走到音乐教室。还有一个问题是，如果给出学生站队时间，就需要专门学生负责看时间，一般的学生都没有表，需要看教室里的表，这在操作中不是非常便利。如果负责的同学临时有什么情况没在，也存在问题。

②班级“四大金刚”单独处理，安排任务。

我认为班级四大金刚虽然是过去老师给的称呼，但是现在他们依旧算是班里的“活跃分子”，纪律不好，排队散漫，课堂上也不能认真听讲。可以尝试给其中总在一起折腾的两个人分别安排任务，根据后期实施的效果再进行调整。

③计划课间十分钟如何利用，具体流程教给学生。

课间具体流程有必要给到学生，但是会不会不好操作呢？如果每组分给专门的同学检查,检查的孩子能做到吗？会不会分散太多精力在这些事情上。

④出现排不好队的情况，老师要在全班面前及时反馈。

反馈是很重要的环节，老师的及时反馈能给班委在学生中树立威信，同时也能让学生感受到重视的态度，老师都重视了，学生自然会重视。

⑤专人负责排队纪律。出现问题及时反馈，老师再在全体同学面前反馈，树立班委威信。

⑥悄悄录制排队乱时的视频，让学生观看，指出不足。

这个建议操作起来不太可行，排队学生都是在楼道里，只要有老师拿手机拍学生就能看到，他们的表现就会不自然，所以不打算采取这个方法。

⑦梳理男生关系网，抓主要人物协助老师管理。

班里的确男生比较多，选择一些关键人物安排任务也许能对整体起到一定作用，准备联合“四大金刚”措施一起试一试。

（3）我的看法

①我高估了学生所处年龄段的自我管理情况，认为口头上的要求就能让学生明白怎么做。没有对学生提出明确的要求。

②作为教师，只对学生提出了笼统的要求，例如下课快点排队，排队别说话。没有具体排队时间，怎么排队。有时学生一排队就会出现要去厕所，要喝水或者忘了拿上课的东西这些情况。虽然指派了专门的学生管理，但是管理的学生偶尔也会做不好，造成没有威信，也没有对管理的效果进行及时反馈。

4. 治疗方案

经过自我诊断并结合讨论中的几点建议，我采取了以下措施：

（1）给出课间十分钟的使用方法，让学生知道如何利用课间并且在需要排队上课的时候，明确到差几分钟的时候体委组织站队，相应的小组长进行检查，监督组员是否站好。每个组长一个记分本，做好的同学加分，兑换小瓢虫奖励。

具体要求：课间十分钟你利用好了吗？（明确课间做事的顺序）

①课前准备

②先喝水再去厕所

③课前两分钟排队

④组长检查

实施与效果：利用班会的时间，强调了课间十分钟的使用方法，学生通过讨论都达成一致。班会中确定了每组负责课间纪律及做什么、提醒站队的小组长，并印制了积分表，但是积分表没有下发，因为学生操作起来非常不方便。组长在检查的同时往往要拿着这个小表格进行勾画，他们手中还会拿着去上课的材料，所以效果并不好。

（2）采用上下午大课间反馈制度，针对班级排队问题，分别在上下午大课间跑步后，教师带着学生进行总结反馈，表扬排好的同学，指出不足的同学。

效果：这项措施的效果比较明显，学生能感受到老师的重视，班干部也能及时督促同学，现在在考虑养成每次上下午大课间反馈的习惯，加强管理。

（3）利用“特殊同学”协助老师管理。挑选出排队容易散漫的学生，让其参与到班级排队的管理中，有了任务在肩上，既是束缚也是责任。并且把四大金刚中两个关系较好排队也常在一起的同学分开站队，一个站排头一个站对尾，减少两人在一起的时间。

实施与效果：目前这个效果不太理想，虽然选出了调皮的男生协助老师和班委负责排队，该男生也特别愿意承担任务，但是他自控能力差，管学生的时候常常被别人挑出来他还没有做好，不能服众。所以接下来打算加强对他的训练，让他能先管好自己，再管同学。

以评价为媒，搭建师生心灵相通的桥梁

百善学校　李微

有人说过这样的一句话：“老师不经意的一句话，可能会创造一个奇迹；老师不经意的一个眼神，也许会扼杀一个人才。”可见语言的魅力是无穷的。凡是当过班主任的老师都知道，最伤脑筋的是后进生的转化工作。班主任要千方百计捕捉后进生身上的闪光点，并对他们的点滴进步给予肯定和赞扬，把他们心灵中微弱的闪光点点燃起来。心理学家指出，当一个人得到赏识时，他心里就有了一种成就感，就会对未来充满信心，而一个有信心的人，会更积极地投入工作和学习中去。

一、事件起因

记得那是我教过的第一批一年级新生，其中有个叫祥祥的孩子，他是最令我头痛的一个，课堂听讲不认真，作业经常不交，偶尔交的几次也是书写潦草，最最主要的是他的性格特别内向，开学一周的时间里从没开口说过话，更别提举手回答问题了。每次我叫他，他都跟没听见似的，低着头、扭着手，如果我的态度稍微强硬一点，这个班里最高的男子汉就会哭起来，低着头，眼泪一对儿一对儿地往下掉。有一次，我的耐心被磨到了极限，一把就把他拽了起来，他倒好，跟一摊泥似的，我一松手，人家一屁股就坐在了地上。

二、发展过程

这次的事后，我就一直在想：不能这样一味地强迫孩子了，这样做没有任何效果，结果只能适得其反。设身处地地为孩子想想，我们大人新到一个陌生的环境、接触陌生人时也会手足无措，会本能地竖起一道屏蔽外界的墙，以此保护好自己，更何况这是一个 6 岁的孩子？于是我改变了策略。

在以后的一段时间里，课上我先不叫他回答问题，课下我会主动找他聊天，了解他课上掌握知识的情况。可喜的是，经过一段时间的接触，祥祥对我已经有些熟悉了，课下能够跟我一问一答地说上几句。虽然每次说话的时候，头依然是低着的，一只手还不停地摸着讲台桌子，但对我来说已经是一次重大的突破了。这给了我很大的动力，更加坚定了我对他的教育策略，我相信他很快就能勇敢地在同学面前发言了，我甚至都能想象到这幅美好的画面。孩子和自己比已经有了进步，于是摸摸他的头，“你今天有进步！”“你真棒！”“以后可以和老师，同学多聊聊天。”类似的话就成了我经常和祥祥说的话，孩子听到后会很开心地笑，虽然笑的时候还是低着头，还是那么腼腆。放学后一有时间我就和他爸爸聊上两句，对孩子在学校的点滴进步进行表扬。就这样过了一段时间后，孩子明显活泼、开朗了许多。

在一次语文课上，我请孩子们领读词语，在提出要求后，孩子们都在积极踊跃地举手，我环顾一圈后正准备请一名同学来领读，这时候我发现有一只小手正在慢慢地往上举，眼睛正在从他那低下的头里往上看着我，那动作就像慢镜头一样，和全班孩子的表现形成了鲜明的对比。于是我赶快叫他起来，请他带领大家读词语。只见他慢慢地离开座位，低着头、扭动着身体站了起来，一点一点地抬起头来看着大屏幕上的词语，小声地读了第一个词，全班同学跟着他读了一遍，到第二个词时，他却没了声音。这时我走到他的身边，小声地提醒了他一下，他立刻读了出来。当祥祥把这几个词语读完后，我说：“大家发现祥祥今天有什么变化吗？”有个孩子说：“他今天举手回答问题了。”我说：“没错，祥祥今天特别勇敢，让我们用掌声鼓励一下他。”我的这句话说完后，全班的孩子为他鼓起了最最热烈的掌声，而祥祥呢？还是低着头，很腼腆，但不一样的是，他在低着头笑。

祥祥这次的举动真的让我很意外，短短的一个半月时间里，从一开始的我软硬兼施也决不开口说话，到后来主动举手发言，他完成了一次华丽的转变，在这转变的背后，是我和他无数次朋友般的交流，是我对他无数次的言语激励，可见语言的魅力是多么的神奇。

从此，我在他身上下的功夫就更多了，慢慢地，孩子更加信任我了，从他的脸上，我看到了久违的开心与自信。时间一长，我发现他进步了，他最大的进步就是每科作业都能够按时完成了。记得有一次，祥祥的听写全对了，当我公布结果的时候，教室里特别安静，我习惯性地把教室扫视一圈后，笑了笑，说："孩子们，这次听写许多同学都全对，我非常高兴。"边说着，我边举起了一叠听写本，稍做停顿，我接着说："告诉你们，今天李老师还发现了一份最满意的作业，它是谁的呢？"不等我讲完，同学们就一下子把目光投到祥祥的身上。我再一次停顿了一下，激动地大声宣布："祥祥。""虽然这次作业中还有两个小失误，但老师相信这份作业是他最努力，也是他最优秀的。"从同学们的眼神和小声的嘀咕中，我看出了他们心中的疑惑。于是我翻开作业本，把上面的"优"和三颗鲜红的"星"展示给大家。"请大家用掌声向祥祥表示祝贺！"我带头鼓起了掌，随即，教室里响起热烈的掌声。

此时，我望了一眼祥祥，他就像旗杆似的，坐得笔直，脸上有些疑惑与不解，然而，我还是从他的眼神中捕捉到了兴奋与激动。我何尝不知道他和其他同学还是有很大的差异呢？只是发现他近期的作业书写得很匀称；一笔一画写得重重的，十分清晰有力；他还默写了整整两页词语——相当于做了四天的作业呀！我着实吃惊不小。这是一个孩子用"心"写的，一个简单的对错符号只能来判断作业的正误，而面对一份真正有质量的、蕴含着特别价值的作业，必须以自己的一颗真诚的"心"去发现、去触摸、去呵护……因为懂得，所以特别珍惜，我在他的作业本上工工整整地写上了一个"优"，盖上了三颗鲜红的"星"，还特意画上一张笑脸。此后，这样的"特批作业"多了起来，作业本上又多了许多丰富的内容：一面面鲜艳的小红旗，一个个可爱的笑脸。

渐渐地，祥祥变得自信起来，课上听讲认真了，偶尔还能举手回答一些简单的问题，我随时都能看到他高高抬起的头。每当这时，我都会说："不错，进步很大，要继续保持住！""你今天真棒！"等等，并奖励他小贴画或者小礼物。我的激励评价随时随地地出现在他左右，"祥祥今天坐得特别直！""今天的书写很工整，如果这笔'捺'能写舒展些，这个字会更漂亮的。"

就这样，我们俩共同努力着，祥祥在各方面都告别了以前的自己，而且他在一次考试中终于及格了。我在班级隆重地表扬了他，他的脸上也露出了开心的笑容。我还给他颁发了特别为他做的“最佳进步奖”证书，在首页写下了许多鼓励他的话。

三、结果和反思

经过一学期的了解及教育，祥祥有了很大的进步，我也从他身上尝到了评价的“甜头”，《语文课程标准》提倡评价要多元化，要保护学生的自尊心和自信心，要关注个体处境和需要。我认为，对学生的评价可以抓住以下几点：

1. 以激励评价为主，增加孩子的成功体验

激励可以改变一个人的心态，树立一个人的自尊，甚至改变一个人的命运，老师要用激励的评价观来对待学生。要针对每一个学生的不同情况，抓住点滴的闪光之处，给予学生肯定，使学生树立自信，增强奋进的动力。

2. 评价方式要多样化

《语文课程标准》要求我们要采取多样的评价方式，口试、笔试、作业等要结合起来评价。一句赞赏、加上几分、一个荣誉称号，让学生欢喜很多天，甚至回味很多年！我们凭着极平凡的发现，凭着极为平常的一句赞语，凭着用不完的分数点燃孩子自尊、自信的热情，点亮指引他们前进的灯塔。想一想，我们的平凡在孩子一生中却是多么伟大。

常言道：“一把钥匙开一把锁。”每位学生的实际情况都是不同的，必然要求班主任深入了解弄清学生的行为、习惯、爱好及其落后的原因，善于发现他们的闪光点，从而确定行之有效的对策，因材施教，因人而异，正确引导。因此，以评价为媒，搭建师生心灵相通的桥梁，使他们找回自信，成为一名好学生。老师们，慷慨些，让每个孩子都感受成功的喜悦吧！

爱，让“淘气包儿”变成了小可爱

百善学校　吴洁

著名教育家陶行之先生曾对教师说过一句名言：“你的教鞭下有瓦特，你的冷眼里有牛顿，你的讥笑中有爱迪生。”教育是一种爱的艺术！这种爱虽然不同于父母、家人、朋友的爱，但我觉得这种爱与其他类型的爱都具有一种共同的特点：接纳。只有这种接纳的爱，才能使我们的教育产生无穷的智慧和力量，同时，也能使我们的生命变得更加充实。我作为一名德育主管兼音乐教师，每天接触的是几百颗等待滋润的心灵。如何使这一颗颗心灵健康成长？只有采取不同的教法才能在实践中获得成功。

一、案例背景

在众多的学生中，我教过一个曾经让我头疼到炸的孩子，他叫纪 ××。这个孩子非常聪明，但是他的脾气很古怪，高兴时大声叫，满屋跳，不高兴时摔书、顶撞老师、殴打同学……每每我走进他们年级办公室就都会听到老师们对他的埋怨。每天不是科任老师向班主任告状，就是学生向老师告状，班主任也经常和我反映这个“问题生”，说只要有他在班级，大家就没有一天安生。我作为德育主任以及他的音乐老师，看在眼里，思考在头脑里。我先是找他谈话，希望他能遵守学校的各项规章制度，以学习为重，按时完成作业，知错就改，争取进步，争取做一个他人喜欢、父母喜欢、老师喜欢的好孩子。他开始是一副爱理不理的样子，根本没有把我放在眼里。几次谈话过后，他虽然口头上答应了，可没过一天他就又一如既往，任性妄为了，真是一块“顽石”。此时我的心里在想，算了吧，工作这么多，别和他较劲了，或许他是根“不可雕的朽木”。但又觉得自己身为德育主任，如果连这点小问题都处理不了，以后还怎么指导其他教师教育学生呢？我坚决不能因为一点困难就退缩，不能因一个问题生无法转化而影响整个小学部的育人氛围。必须面对现实！我暗下决心：纪 ××，不转化你，誓不罢休。

二、案例描述

有一次在我的音乐课堂上，见不爱学习的纪 ×× 很难得地高高举起了小手，我立刻请他作答。当时他可能是有些紧张，说出了错误的答案，结果班上的其他同学哄堂大笑，我还没来得及做出反应，只听纪 ×× 气势汹汹地吼道：“笑什么笑！谁再笑我揍谁！”多数同学默默地将大笑改为窃喜。这可激怒了纪 ××，他把手中的课本往桌上一摔，开始用手推打还在笑的同学。见此情景，我赶紧上前制止了他的行为，并批评起哄笑的同学，安慰纪 ××，用手领着他回到座位上，意识他要继续上课。也许是担心会成为全班同学的“公敌”，也许是碍于我的面子，纪 ×× 默默地跟着我回到了座位。在接下来的教学过程中我发现纪 ×× 虽然人在课堂，却始终没有冷静下来，他一会儿踢桌子，一会儿出怪声。为了保证其他学生的正常学习，我引导其他学生继续集中精神上课，对纪 ×× 采取了冷处理的方式。

下课了，我发现纪 ×× 仍然没有“消气”，于是我继续采取冷处理。又过了几节课，当我发现纪 ×× 已逐渐冷静下来后，便将他找来谈话。他一进办公室便低着个头看地板，像是在找什么东西似的——我知道他已经做好被批评的准备，而且打算一如既往地“虚心接受，屡教不改”。于是我决定换一种方式：我拉住纪 ×× 的双手，告诉他老师遇到类似的情况是会和他一样不高兴、很生气，先对纪 ×× 刚才的生气表示理解。听到我这样说，纪 ×× 的眼神“亮”了起来，他抬起头注视我，一脸委屈地向我吐着苦水。这时我知道，我已经取得纪 ×× 对我的一份信任，慢慢拉近了我们的距离。于是，我认真地做起了“倾听者”，耐心地听纪 ×× 和我说同学生们是如何瞧不起他、如何故意刁难他、老师如何冤枉他等事情，我时不时地点头表示赞同和怜惜。接着，我以“好朋友”的身份与纪 ×× 一同分析问题的原因和思考问题的方法，并针对这节音乐课堂上他的做法，让纪 ×× 知道他生气时的踢课桌、摔书本、推打同学等行为是不自信的表现。他越这样做就会越有人笑话他，不是笑话他回答错了问题，而是在笑话他经不起挫折，受不了委屈、战胜不了自己的坏情绪。见纪 ×× 听得很认真，并认同我的分析，我再以老师的身份告诉他，对于他发脾气的做法我不喜欢，学校的校规也不允许，同时告诉他我相信今后如果再遇到类似的情况他应该采取什么样的方式来处理问题，才会在同学间重新树立威信，赢得同学们的赞赏。纪 ×× 眼睛一亮，似乎明白了。

然后，回归事件本身，我在班中对全体学生进行了尊重他人的教育，并有意地让纪 ×× 在课堂上给老师和同学服务，例如：循环使用的音乐书破损，让纪 ×× 拿回家去修补，然后在班级中大肆宣传纪 ×× 热爱学校公物，热心服务同学的事迹。在课堂上我还把简单的问题留给纪 ××，然后表扬纪 ×× 积极举手发言、热爱学习以及宽容大度、虚心改正自身问题的学习态度，同学都受到教育的同时也见证了纪 ×× 的进步。

就这样，纪 ×× 这个曾经老师们眼中的淘气包儿，逐渐变得人见人爱。课间他的身边也总能围绕着几个好朋友和他一起交谈、嬉戏，爱打架的印象已经从同学们的印象中淡化掉了，热心助人、关心集体的好少年是他现在的名片。

三、案例分析

1. 自信培养是基础

在教育过程中，我们教师应该相信“问题生”学生同样具有良好的本质，并相信通过自己的接纳与坚持，“问题生”终究能够得到转变。有了“信心”才能使他们以积极的态度面对自身的问题，并努力寻求恰当的方法来改善问题，帮助其渐渐转变。在引导教育的过程中，教师一定会遇到“碰壁”的情况，我们教师也不能失去信心，不要放弃转变学生的信念。在教育纪 ×× 的过程中，我通过寻找孩子闪光点、求同心理做文章，几句善意的谎言竟起到了意想不到的结果，不仅拉近了和他的关系还增强了他的自信心，从他在为班级服务的方面入手，渐渐地使他对学习也有了兴趣，从而在各方面都得到了明显的改善与提高。

2. 接纳、关爱是秘诀

在班级教育中“问题生”其实是“弱势群体”，他们需要教师更多的接纳和关爱。关心他们，多交流思想，做他们的知心好友；宽容地面对每一次“问题行为”的反复，用真心感化学生的心灵。当“问题生”出现“问题行为”的时候，多采用换位思考、“心灵感应”，给予一份理解、一份同情。我们都知道教育是心灵的艺术。如果我们承认教育的对象是活生生的人，那么教育的过程便不仅仅是一种技巧的施展，而是充满了人情味的心灵交融。这样老师和学生才会对教育和学习产生热爱之情。

心理学家认为“爱是教育好学生的前提”。对于纪 ×× 这样的“问题生”，我放下架子亲近他，对他敞开心扉，并以关爱之心来触动他的心弦。“动之于情，晓之于理”，用师爱去温暖他，用真情去感化他，用道理去说服他，从而促使他主动地改正错误。对待纪 ××，我没有直接批评他，而是与他从交朋友做起，让他感受到老师对他的信任，感受到老师是自己的良师益友；让他感受到老师给自己带来的快乐，让他在快乐中学习、生活；让他在学习、生活中体会到更多的快乐，从而达到良性循环的效果！

让每一位学生在快乐中学习、生活，在学习、生活中感受到无穷的快乐，是我们师者最终要达到的最高教育境界。

班级个案诊疗报告

阳坊中学　吴晓玉

一、班级基本情况

阳坊中学初二（2）班，班级人数 26 人。男 13 人，女 13 人。

目前班级已经基本实现学生自主管理，班级各项事务运转顺利。在学校的各种赛事、评比中，表现出色，班集体整体的凝聚力、荣誉感较强。

二、学生家长基本情况

1. 职业概况：以个体、驾校教练、公司一般职员为主。

2. 文化水平概况：初中为 14 人，高中 7 人，本科 2 人。

三、班级问题

（一）班级各项职务负责人中男、女生比例失衡

表 1　班级各项职务负责人中男、女生人数统计

人数 职务 性别	班长	部长	组长	课代表	学师	各项设备维护
女　生	1 正	4	5	7	10	5
男　生	1 副	0	1	5	3	12
差　值	0	4	4	2	7	−7

注：表 1 的职务人数结果是由学生自我推荐和教师推荐形成候选人，学生民主票选生成。

分析表 1 中数据，可发现：

1. 班级男生 13 人，有 1 名副班长、1 名小组长，5 名课代表，其余只负责班级其他设备的维护任务。

2. 同一职务，男女生的比例存在明显差距。

3. 随着任务难度提高，任务量增加，需要投入责任心和责任担当增加的，职务难度递增，男生人数比例越低。

4. 从完成程度上看，男生各项任务的完成都要在女生的督促下才能完成。

（二）班级各学科成绩男、女生平均值比例失衡

表 2　班级各学科表现男、女生平均值

均值 学科 性别	语文	数学	英语	地理	历史	政治	生物	物理	全学科
女　生	64.3	61.8	70.8	63.2	51.2	81.9	71.7	57.1	522.0
男　生	62.0	45.0	63.3	61.3	59.9	74.0	71.9	54.2	491.6
差　值	2.3	16.8	7.5	1.9	−8.7	7.9	−0.2	2.9	30.4

注：表 2 的分数构成是平时成绩加上平时表现的综合，由任课老师提供。

分析表 2 中数据反映男女生在各个学科中学习的积极性、行动力和成绩效果的平均值。可发现：

1. 看整体，女生整体平均水平比男生整体平均水平多 30.4 分，男、女生整体平均水平存在明显差距。

2. 在数学、英语、政治学科，女生优势较为明显。

3. 在历史学科，男生优势明显。

（三）科任老师反映课代表工作状态中，男、女生差距大。

表 3　科任老师评价课代表表现

学科	语文	数学	英语	地理	历史	政治	生物	物理	信息	美术	体育	科学
课代表性别	男	女	女	男	女	男	女	男	女	女	女	男
工作自主程度	中等	优等	优等	中等	中等	中等	中等	中等	中等	优等	优等	中等

传达信息能力	中等	优等	优等	中等	中等	中等	中等	优等	优等	优等	优等	中等
完成任务情况	中等	优等	优等	中等	中等	中等	中等	中等	中等	优等	优等	中等

分析表3中数据，可发现：科任老师对于女生课代表，总能给予表扬认真负责，但是男生课代表的表现就稍差，不能很好的传达教师的指令，完成任务的效果一般。

综上所述，可以发现本班男生较女生表现存在较大的差距，为了班级均衡地、可持续地发展，就要激发男生整体的积极性，拉近男女生的平均水平，促进全班共同进步。为了达到这个目标，我预设要先提升男生的责任担当意识，通过鼓励男生主动承担班级任务，达到养男生的浩然之气，激发男生的竞争意识的目的。

四、已实践措施及效果反馈

方法一：因材施法，鼓励男生加入班级自主管理。

（一）措施

1. 分析13名男生现有表现，因个人情况，预设可担任的班级职务。通过单独对话方式，沟通担任班级职务的事情。了解学生的意愿与不愿承担任务的原因，定下鼓励方法。解决学生的困惑，鼓励男生尝试担任职务。

2. 在日常学校活动中，及时给予指导，帮助男生完成任务，适应班级角色转变，借助每周一的班级例会，积极评价男生的表现，树立男生榜样。

（二）预期效果

通过鼓励推选、指导协助、积极评价、树立榜样等方式，帮助男生更多地参与到班级管理中，锻炼完成任务的能力，提高男生在班级管理中的贡献率，增强男生的自信心。

（三）现实结果

注：为叙述方便，13名男生采用13个英文字母A~M代号。

1. 男生A，属于男生里个人责任感较强的，通过沟通我表达出让他担任副班长职务的意愿。A认为自己不能胜任工作，表示只想完成自己的学习任务。经过鼓励劝说后，A答应承担工作。A担任副班长后，经过两周的指导，能独立完成小组积分统计任务，并主动想更好的方法方便小组长更好地完成选座位的工作，工作的积极性有所提升。但是在组织每周一的小组换座位工作中，需要班长的帮助与提醒。

2. 担任小组长的男生B，容易计较自己与组员的任务量，遇事容易推卸责任。经过多次沟通指导，B初步认识到组长的责任，在1组组长（女生）的帮助下，小组的各项工作能较为顺利地进行。

3. 男生C的电脑操作水平较好，能自愿承担PPT、视频制作之类的工作，但是责任心较弱，需要在监督下才能按时完成。因为催促赶工，完成的作品质量不高。让C担任班级QQ群的管理员工作，发挥优势，制定用电脑规范，并约束C电脑游戏时间。初一阶段C能较好地完成任务，进入初二后，因家长管理放松，出现沉迷游戏导致学习成绩严重下滑的现象。

4. 男生D是转校生，比同班学生大一岁，愿意承担出力气的工作。在老师委任工作后，容易借着职务便利，试图惩罚班级同学，因此常与同学发生冲突。所以建议各科老师约束他的权限，并指导他如何利用权限为班集体服务，赢得同学信服。一年时间过去，D容易冲动的性格逐渐得到控制，与班级同学之间的摩擦减小，但D的威信没有建立起来。

5. 男生EFGHIJ，情况类似可合并分析。6人的学习成绩低于一般水平，个人行为表现呈现低龄化，在详细指导下可以做好自己的工作，但是没有指导的地方就不能完成。

6. 男生KL，是随班就读学生，与人沟通有障碍，心理有轻微抑郁。在班级内很安静，处于边缘化，能够完成卫生清扫任务，其他的任务不能完成。

7. 男生M，是因病休学，2018年9月痊愈复学到本班的学生，但在开学第一天后就不再愿意来上学。家访后，了解到M因患病情绪低落，沉迷游戏寻求解脱，不能适应学校的规律性学习和生活，也期望能回到原有班级学习。

与13名男生的谈话中，存在一个共性，男生都表达自己比不上女生，愿意被女生管理，没有与女生一争高低的意愿。半年过去，只有副班长A和小组长 B 这两个榜样勉强竖立起来，其他男生的转变较小。

方法二：借助体育活动，突出男生价值，提高男生在班集体中的存在感。

（一）措施

1. 鼓励班级中具有相应特长的男生积极报名参加足球、篮球的班级联赛。

2. 组织女生的啦啦队，借助加油漫画牌、加油口号等方式，为男生加油鼓劲。

3. 预期男子 800 米、1500 米长跑等消耗更多耐力与体力的项目，男生可能存在畏难情绪。咨询体育教师圈出候选人，由活动部长做推荐，班主任带领受全班同学孤立的 4 名候选男生参加。

4. 体育节闭幕后开设总结大会，展示两届体育节成果，重点突出男生的贡献。

（二）预期效果

借助学校活动展开积极教育，发挥男生的运动中的体能优势，突出男生在班级联赛、积分赛上的贡献，提升男生在班集体中的存在感，帮助男生正视自己的价值，激发男生的竞争意识。

（三）现实结果

1. 历时一个月的活动中，观察男生的面部表情与肢体动作，看不到参加活动的激动情绪，像是机械地完成任务。

2. 下面表 4 展示两届体育节的成果，可以发现男生整体有很大进步，具备开设总结表扬会的基础，会上有目的地引导学生，特别是男生的自我价值发现。结果女生反应强烈，在赞扬男生的同时，产生了欲与男生一争高下的气势。男生反应较为平淡，13 人中只有 4 人表现出较为自豪的表情。

3. 体育节后，进入读书节活动，男生反应又归于原有状态，自愿归于观众的队伍。

表 4　两届体育节成果对比

比赛项目	2017 年 1 月	2018 年 1 月
秋季运动会	团体亚军	团体冠军

班级足球联赛	季军	亚军
班级篮球联赛	季军	季军
定向越野	冠军	纳入团体
穿梭跳绳	未设置	团体冠军
男团、女团	未设置	男团第一

方法三：刻意给男生创造机会展示自己，激发男生的表现欲。

（一）措施

1. 各种校、区级比赛，侧重鼓励男生参加。

2. 预期男生不能独立完成的，可加入女生成员组队参加比赛。

（二）预期效果

通过各种活动增加男生的竞争意识，调动男生的积极性，养男生的心气。

（三）现实结果

男生 A：昌平区乒乓球比赛男子单打第 6 名，团体赛第三名；昌平区中国跤比赛三等奖；昌平区话剧比赛二等奖；校级“我歌我心 青春飞扬”第八届读书节朗诵比赛上获得一等奖，A 在台上领奖时，全班同学现场自动给他竖起大拇指点赞，A 表情自信张扬。

男生 C：在第七届书香燕京——北京市中学生阅读指导活动初中组征文二等奖；第三十五届北京市学生科技节——北京市中小学生电子与信息创意实践活动资源抢夺项目初中 A 组全市第二，获得一等奖。

男生 G：市级第六届北京跆拳道超级联赛儿童二组竞技 40kg 第二名。

男生 L：市级乒乓球赛初中男子组单打第八名。

男生 A、C 与文化部长（女生）组团：初一时第一次组团，参加 2018 在教育部关工委开展的全国青少年“五好小公民”主题教育“红旗飘飘，引我成长”读书活动，朗诵作品获得昌平区二等奖；初二时，再次组团作为学校推选的代表，整理社会大课堂实践成果参加比赛，结果还在等待中。

综上，利用活动促进发展，男生在各项比赛中，表现较为出色。特别是男生 A、C 多次表现优异，成为班级男生的榜样。但是随后 A 和 C 沉迷写修仙类小说，在校表现与学习成绩双双下滑，榜样作用消失。其他男生的表现也是在稍有起色与“观众角色”之间往返，且未见到有螺旋式上升的趋势。

五、班级个案诊疗后的几点启示

参加王晓春专家的班级个案诊疗培训课程，在讨论本班的问题时，与各位老师的互动问答中，梳理了自己的一些做法，才有上述的班级问题分析、已实践措施及效果有条理地整理成文。一些老师的建议与我不谋而合，坚定了自己曾经的路是正确的，只是见效甚微。一些老师的建议帮助我逐渐走出班级提升的困境，纾解心理压力，开阔视野，有了新的改善思路，有种拨开乌云见月明的舒畅感。

梳理一下自己未实践过的建议：

1. 学习有关男女生心理发展阶段的研究成果，查看初中阶段男女生的心智发展、性格差异的生长发育规律，丰富了理论知识，尝试用心智发展水平解释目前班级的问题的成因，减小自我压力，尊重规律，静待花开。

2. 追踪观察男性教师与女性教师的课堂，看男生的表现是否与教师性别有关，特别是哪个学科的男教师的榜样性作用更强，从中寻找养男生精气神的方法。

3. 设计问卷或采用访谈方式，调查男生的家庭教育情况。对比较为有心气与无心气的男生家庭教育观是否存在差异，并分析这种差异是否是造成这个原因的成因，设置有目的的家校沟通合作，形成合力共同培养男生的精气神。

4. 王晓春老师建议“以形养气”。前苏联教育家苏霍姆林斯基在班级中设立进入教室后男士要为女士挂大衣这一条规定，用以培养男士的绅士精神。可参考教育家的方法，在班级里设置几条男生必须完成的任务，用以从校园日常生活的点滴来培养男生的责任担当，养男生的精气神。

5. 经过培训课程联想到，本班在建班初期，采用创建班级文化的方式很快建立起班级的凝聚力和班级荣誉感。这使我想到也可以采用创建男生文化的方式，走进男生心里，尝试撬动男生蛰伏已久的竞争志向。

六、实践新计划及成果反馈（试行）

1. 性别差异、心智发展水平等理论与本班实际情况分析。

2. 教师性别与男生成长情况，目前的理论与本班实际情况分析与方法实践。

3. 家庭教育情况调查问卷与家校合作计划。

4. 男生的调查问卷，对比与之前的单独交流的情况，总结已实践的方法效果和锁定以后的工作方向。

5. “真正男子汉计划”：每日一句励志话语，一个五条，循序使用；男生必做的几件事。

对小组讨论中聊天问题的诊疗

阳坊中学　张旭

一、班级基本情况

学校：昌平区阳坊中学

年级：初一（2）班

班级人数：男生 12 人，女生 12 人，共 24 人。

学生家长的职业及文化水平概况：

学生家长以个体经营、工人、司机、服务人员职业为主，文化水平以初中水平居多。

二、要解决的问题

通过我上课、听课时的观察，以及各科老师和班干部对其他科目课堂上学生表现的反馈，我发现部分学生上课期间会利用小组讨论等交流的机会聊天。了解情况后，我从聊天人数分布、聊天内容、涉及课程三个方面做了调查。

1. 聊天人数分布：男生 6 人且成绩为班级中下等，其中 4 人曾为一个小组，另外两人为同桌。女生 3 人且成绩为班级中上等，3 人为一横排。其余 15 人也出现聊天情况，但是能自我管理及时调整。

2. 聊天内容：男生多为完全与课堂无关的内容，女生多为结合课堂内容进行过多拓展延伸。

3. 涉及课程：语文、数学、英语课女生更为活跃，音乐课、美术课的集体活动中男生说话情况较严重。

三、问题诊断

（一）造成原因

发现问题后，我分别找说话问题严重的男生和女生进行谈话，并和其他科老师确认情况，经过了解我将学生出现问题的原因概括为以下几点：

1. 自律意识不强。

2. 没有听清老师的问题，不知道讨论什么，也没有询问。

3. 学习态度不端正，应付差事，随便讨论几句。

4. 对音乐、美术等学科不上心，心理上放松。

同时我也对课上的情况进行了反思，我认为教师可能存在做不到位的几点问题：

1. 问题或者课堂活动较为简单，部分学生很快完成，之后没有事情可做。

2. 拓展延伸引起了学生浓厚的兴趣，但是没有给学生机会表达。

3. 管理不及时。

（二）讨论前的措施

小组讨论出现聊天情况既有老师反映，也有学生反映，因此在讨论前我采取了一些方法：

1. 对座位进行调整，将喜欢聊天的学生调开。

2. 上课时及时提醒，或叫他们回答问题。

3. 把控课程的拓展延伸，适时加入并给同学机会发言。

4. 上课说话纳入班级量化，进行扣分。

但是实际反馈的效果不明显，在得到老师们的建议后，我相信实施之后，小组讨论说话情况会有较大改善。

（三）讨论中的几种意见

在培训过程中，各校老师对我的问题提出了很多意见，培训后我对老师们的意见进行了梳理。其中引发我思考的建议是我所提出的学生问题的主要矛盾，存在的问题是上课讨论时聊天是否属于班主任工作？我认为上课讨论时聊天部分原因可能是教师的课程设计原因或者管理不到位，但是部分学生通过这个问题体现出的是自我管理意识不强，在班主任工作过程中应该注意培养学生的管理意识。

同时经过老师们的建议，我认识到我所做的调查研究不充分，分析问题需要划分类别，但是没有调查清楚就进行分类会导致数据有所偏差。我没有听过音乐课和美术课，因此我直接将两个课程归类于小组讨论出现说话情况，但是课程中是否存在小组讨论我不太清楚，培训后我立刻做出整改。经过了解，音乐课和美术课采用的是学生集体活动，出现的说话问题原因是学生过于放松。

经过培训时的讨论交流，老师们建议可以在小组讨论时安排组织者，老师要提前对组织者进行培训，明确小组内监管的重点，做到及时提醒，锻炼他们的管理能力。对此我们在班级管理时，安排四个人为一个小组，并设立一名小组长，其中四名组长为班干部，在小组讨论过程中组长的组织能力比较强，但是对容易说话的学生监管较少，有时也会跟随说话的学生犯小错误。因此在得到老师的建议后，我会继续强化小组长的培训。其次有老师建议小组讨论的人数要进行限定，两人或者四人，讨论的时间要进行限制，学生应在规定时间内完成讨论。这个建议主要是让老师思考布置的任务指令是否准确，学生在讨论的人数和时间上有所限制后，讨论自然会更有序，我在之前布置小组任务的过程中，有时没有规定讨论的时间，这也是我之后应注意的地方。有的老师建议小组讨论的展示方式可以为每个人轮换展示，让每一个学生都参与。我认为这个方法具有很强的操作性，小组讨论中说话的学生大部分为小组内学习较弱的学生，他在讨论中表达较少，大部分时间作为倾听者，容易出现走神说话的现象，因此给予这些学生归纳小组内讨论结果并分享的机会，会大大减少他们不认真讨论说话的现象。

王老师建议我思考小组讨论题目的设计，以及小组讨论是否具有必要性，我在授课过程中小组讨论基本控制在一到两次，讨论的问题具有一定难度，但是有时问题设计得不太好，学生的学习效果一般。同时王老师建议对部分能及时调整的聊天情况，睁一只眼闭一只眼。可尝试提出要求，学生在问题讨论完之后，可以聊十分钟天，采取人性化教学。我认为这个建议十分中肯，根据其他老师反映，我们班的学生在大部分课堂上纪律表现不错，问题只出现在个别学生身上，而学生在45分钟的课堂上很难一直保持注意力，因此在部分条件下可以允许学生采取自我调节。

四、治疗方案

针对讨论中老师们提出的几种意见，我准备采取的方法：

1. 强化对小组长的培训，明确小组内监管的重点，做到及时提醒，锻炼他们的管理能力。

2. 对讨论的时间进行限制，学生应在规定时间内完成讨论。

3. 小组讨论的展示方式可以为每个人轮换展示，让每一位同学都参与。

4. 对部分能及时调整的聊天情况，睁一只眼闭一只眼。

反馈：目前各个学科课堂情况有所改善，学生在组长的管理下专心参与小组讨论，轮换发言或者集体发言的方法具有较好的效果，对随机出现的聊天情况进行提示或睁一只眼闭一只眼，之后可对有聊天情况的同学进行提问。

小季的故事

百善学校　张启兰

一、个案基本情况

小季，男，今年7岁，独生子，和父母住在一起。父亲工作比较忙，主要是由他母亲负起教育的责任。小季个子较矮，长得很瘦。犯错误的时候总是指出别人的错误。他是班上有名的淘气包，自私、疑心重、好胜的他经常在班上制造一些事端，无中生有，把小事扩大。

故事一

放学了，小李哭着来到了办公室。脸哭得像小花猫一样，我一问是小季打的。把他叫到办公室，他也显得很委屈。我一问才知道是件小得不能再小的事情。原来小李回到教室看到了小季桌上的铅笔盒很有意思，正在桌边看着，被回到教室的小季看见，认为他偷自己的东西，便以拳相报。

故事二

课上，同学们都坐得端端正正，神情专注地听着课。唯独他小季，两只手不知在玩着什么。尽管幅度不大，但一看就知道是在做小动作。我压住火气，说："小季，请你来回答这个问题！"只见他沉稳地站起来，回答得十分完美。他得意地往旁边看看自己的好朋友，好像在说："怎么样，聪明吧！"我无话可说了，可目光再次投向他时，他两只手仍在不停地动，直到我走到他身边，才坐好。

二、个案成因分析

通过以上案例可以看出，小季是个调皮、聪明的孩子，思维比较活跃。同时，他身上的缺点也很突出，自我意识较强，自律性较弱，属于我行我素的人，做事不会考虑到别人的感受，是个有个性不良倾向的孩子。其实孩子的我行我素、自私、自律性较弱的行为并不是与生俱来的，它的产生主要在于后天的原因。

1. 封闭的生存环境

一个人越是生活在封闭、抑郁的环境里，同外界的交流越少，思想、胸怀也就越容易狭隘，越容易自私；人与外界的交流越多、越广泛，人的开放程度越大，心胸越开阔。小季是独生子女，在家中是“小皇帝”，缺乏与兄弟姐妹一起生活和学习的机会。又由于现代居家的独门独户化，使学生同邻居伙伴的交往明显减少，无论活动范围还是活动内容都受到很大的限制。所以在狭小单调的空间里，他们缺乏和同龄小伙伴们嬉戏、追逐、游玩的体验，因而，很难培养出“谦让”“互相帮助”“爱别人”等品质，也体会不到与别人分享的乐趣。这些对学生交往产生不良影响，容易产生以自我为中心、性格孤僻等不良倾向。

2. 家长的教育方式不当

家庭是社会的基本单位，父母是孩子的第一任老师。由于是独生子，孩子成了家庭的中心，父母不注重爱的质量。一些父母很少对子女提出应有的规范要求，而是溺爱娇宠孩子，任意迁就孩子，一味地从物质上、行动上满足孩子的需要，致使孩子的欲望过大而不懂行为准则和道德规范，不能制约自我意愿，心目中只有自己，极易形成唯我独尊，“自我中心”的狭隘、自私、专横的性格。

3. 教师对学生心理的影响及教育方式不当

教师对学生身心发展成长，往往只注重身体的健康，而极少注意精神心理的健康，不了解自私、好胜、集体意识差等个性不良倾向对学生健康成长的危害，更少想到有意识地培养学生的心胸开阔，积极增强学生社会交往能力等。缺乏对学生的理解，教育缺少正确的引导。教师对学生不理解，没有对学生行为给予正确的评价，没了解真正的情况就对学生发脾气、批评学生，使学生产生逆反心理，近而心理出现一系列的问题。

三、矫正对策

我困惑了，现在的孩子怎么了？真的这么自私，一点亏也不能吃，一点都不会为别人着想吗？那么对于像小季这样有个性不良倾向的孩子，作为教师的我应该做些什么呢？

1. 给学生反思的机会

人非圣贤，孰能无过？更何况是学生呢？给学生反思的机会才是明智之举。成长中的心灵正是在无数次犯错误和改正的过程中成熟起来。使小季明确个人与他人的关系，只有“我爱人人”，才会“人人爱我”。引导他，让他更透彻地了解别人与自己，把心胸拓宽，多为他人着想，再因势利导。联系“故事一”中问题，我让小季说说他平时有没有对别人的东西产生好奇，想看一看的情况，他点头承认有，再让他想一想当时别人有没有“打还”，如果“打还”了自己是否也会觉得委屈。慢慢地他垂下了头，我知道他已经意识到了自己的错误。

2. 建立良好的人际关系，帮助学生获得成功的体验

心理学家埃里克森非常重视人际关系在个体人格发展中的作用。可以说，每个阶段发生危机的解决，都在一定程度上取决于特定的人际关系的性质，包括亲子关系、同学关系，师生关系等。于是我利用多种多样的文娱、体育活动来增加小季与其他同学、老师交流的机会，让他处处以集体为重。校跳绳比赛中他与伙伴并肩作战，为班级拿到了第一名。主题班会上与大家自由畅谈，课外活动中与同学彼此交流，取长补短，共同进步。小季在健康向上的氛围中，在获得成功的体验时塑造了良好的个性品质。这些也说明了当一个学生在活动中获得成功，得到他人认可和赞许，感受到自身的价值时，他的自尊心就会获得维护与加强，他就会有一个积极的自我形象，对自己充满信心，对新事物充满主动探索的精神，他的人格就会得到健康的发展。

3.真正了解学生，反思自己的言行

故事二发生后，我暗暗想，一定得把他这个坏习惯改过来。于是一下课，我就把他调到第一排坐，心想，如果他不做小动作了，一定学得更好！随后的几天，他在老师严厉的目光下，果真一动不动。可是，发言却少了，而且，一副心不在焉的样子。小季的表现引起了我的思考，意识到了问题的严重性。于是，我又找到他，与他进行交谈，这才了解到那天我讲的知识，他早掌握了，他对我当众批评他并调他的座位有些不满，伤了他的自尊心，因此心里产生了抵触情绪。我赶紧将其恢复原位，他的思维又恢复了正常，课堂上又能听见他响亮的发言声了。由此可见，学生犯了错误，教师不仅应给予关心和体贴，从正面引导，不能一味地批评，要讲清道理，还要时常反思自己的言行。

4.加强与家庭教育的配合

学生的人格发展是学生自幼年开始与各种社会环境因素相互作用的结果。教师在对学生进行人格教育时，只有得到各种社会环境因素，特别是家庭教育的紧密配合，才能得到预想的效果。因此我加强与家长的联系，共同探讨教育孩子的措施。不同的孩子，就要采取不同的教育方法。要使孩子向预定的目标发展，我与小季家长经常交流他在校、在家的表现，我们互相配合，创设一个统一、向上的环境给孩子。并告诉家长给小季多一点时间，让孩子通过自己的努力一点一点地进步。恳请小季父母不要太溺爱孩子，不要孩子要什么就给什么，要做到奖罚分明。

四、反思与体会

学生的成长、发展历来备受社会关注。在心理健康问题成为社会热点问题之际，人们也越来越意识到学生的发展不是单一的学习问题，学校不仅应该关注学生智力、体力、品德的发展，而且应该关注学生的个性问题、心理健康问题，培养学生形成包括健康心理在内的健全的人格。

教师的期待或意图往往是通过对学生的评价传达的，教师的评价作用在接受评价的学生身上产生影响。因为教师进行评价的方式是多种多样的，所以学生受到的心理影响也是多方面的。教师的赞扬（表扬、微笑、肯定）对学生常常起着积极的作用。有人认为：奖励和惩罚不但使教师能控制学生的行为，从而保证教学的进行，而且更重要的是，它对学生心理产生深层次的影响，形成关于个人的行为和结果的关系的信念，进一步形成对自己的行为是否负责的模式。所以，教师怎样使用奖惩对学生的学习、人格，致使人生信念都是有影响的。

我们教师对学生要有一颗慈母般的爱心。教师对学生慈母般的爱心应来自对教育事业的无限忠诚，对教育事业的强烈事业心和高度责任感。教师的母爱精神具有巨大的感召作用和教化力量，无微不至地关心学生，帮助学生，理解学生，对后进生不嫌弃，不歧视，给他们多一点爱，她能彻底地化解学生的逆反心理和对抗情绪，逐步形成健康的心理。

“遇见”就不曾忘记

百善学校　陈琪

一、案例描述

回想起前几天的一个下午，手机嘀的响声引起了伏案工作中的我的注意。我拿起手机看到QQ消息显示小骏（化名）发来的消息，看到他的名字，不禁让我回忆起去年一年里和他相处的点点滴滴，泪水、愤怒、欢笑，一幕幕浮现在眼前。

2016年8月我正式接手九年级（2）班班主任以及物理教学工作。返校第一天下午放学，小骏同学一个人站在班级门口的窗前，气冲冲地看着窗外，一直不肯回家，问他什么也不肯说。这是我第一次遇见小峻同学，一个脾气极其急躁、易怒的孩子。

开学的第五天，小骏因为班里同学开玩笑，说了他一句“胖子”，两个人便打了起来，好几位老师一起才将他们拉开。小骏气冲冲的，老师说什么都听不进去。当晚作为班主任的我内心害怕极了，一是从来没有见过学生如此打架，二是面对班级这样脾气暴躁的学生感到束手无策，不知该如何是好。我在心里默默地问自己：我能引导好这样的孩子吗？要不要和领导申请辞去班主任的工作？几经思想斗争后，我决定要与他斗斗智慧，拉拉情感，争取让他感受到我的存在。

在接下来的学习生活中，我格外关注小骏同学。物理课上，小骏总是趴在桌上不肯抬头看黑板，一开始我以为他在趴着睡觉，可后来我发现他虽然趴着，但却在认真听讲，只是不肯看黑板和我，当然也不回答问题。记得某一天的习题课上，我“精心”设计了一个场景，问学生们“影响电阻的因素是不是电流和电压”，很多同学都点头说是，突然，小峻不屑地抬头说：“影响电阻的因素是长度、材料、横截面积。”大家同时转身，目瞪口呆地看着他，瞬时反应过来，刚刚我的提问是有语病的，同时对他投以了佩服的眼神。我佯装不好意思地说了句“你的听力和思维的敏锐性真好，谢谢你的帮忙，下次我会加强专业知识的科学性。”他嘴角微微地扬起，然后又趴在了桌子上。

小骏因为腰部扭伤无法正常参加体育活动，所以每当大家上体育课时，他会独自坐在教室里。我抓住此独处时机，拿着班级的物理作业和小检测到教室里，选择坐在离他不远的一个座位，默默地批阅着作业，时不时对每名同学作业中出现的问题进行小点评。而他则是一个人静静地站在窗边，一开始他并不关注我的言语，只会转头望一眼，但过了一会儿，当我点评某些问题时，他居然开始说出正确答案。我称赞他真聪明，他说“so easy”，于是我俩的对话就这样开始了，有要求、有欣赏。起初，他不理睬，但是我知道他已经听进心里去了，因为第二天的物理课，他已经不再趴桌子了。我知道他内心有一些不自信，后来连续一周的体育课，我都会走进班里，和他聊天。体育课成为我俩交谈的契机，我们聊班级小组的管理，一起商量班级管理对策。他提出好的小想法，我连连称赞他有管理才能。当然，还谈到对待学习的态度。

渐渐地，我和小骏同学熟悉了起来。一天中午，我让他去收拾一下教室讲台上的杂物，他说“不管，不是我的责任区”，但是一转眼，他又不情不愿地收拾起来。接触久了，我发现，小骏特别爱说反话，明明是喜欢的事情，嘴上偏要说不喜欢，不好意思表达自己的真实情感。于是，周末休息的时候我会给他发一个QQ消息，告诉他老师一整天没见到他，有些想他了，有时候我会跟他讲一些周末遇到的趣事，开始的时候他只会淡淡地回复我一个简单的表情，但后来，渐渐地有了简短的交流。

一次意外，让我更加深入地了解到作为班主任的我已经走进小骏同学的内心深处。那是在一次物理课上，讲的内容有些难懂，他听着听着有些不明白，就开始烦躁，发脾气，不肯继续听。我看到后十分生气，于是生气地对他说：“你不听我不管你了。”下课后他来到办公室，眼泪巴巴地说：“不学了。”我问他为啥，他眼角的泪水瞬间涌了出来对我说，“你也不管我了”。我知道，我已经走进了他的心里，他会因为我的一句话伤心、难过。于是乎，我们约定彼此有事不许发脾气，要好好说，如果心情不好就来到书吧的小角落，从此书吧的小角落成为我们彼此倾诉的地方。

一年中发生了太多太多的事，小骏渐渐地不再爱发脾气，和班里同学们关系也融洽了，每天也是开开心心的，自己还总是乐呵呵地跟我叨叨现在班里的同学都敢逗他了。我知道他心里美滋滋的，班里的同学们也都说小骏变了，不那么急躁、爱发脾气了。小骏自己也变得自信了，能够在升旗仪式的班级展示中担任领读，偶尔因为班里同学某些方面做得不好令我生气时，他还会在放学时候故意晚走一会儿跟我说上一句，安慰我某某同学说话不是成心的，让我可别往心里去，初识暴躁的小骏居然成了我的小棉袄。小骏静悄悄的改变让我由衷地感到幸福。

二、案例分析

面对班级管理中的特殊生教育，作为教师，感受最深的是要走进孩子的心里，孩子能够接受教师的小举措，教师的幸福感才能得以实现。在陪伴小骏的过程中，我就是这样抓住每一个能走近小骏的契机，一步步走进他的心里，之后再进行教育和引导。

家庭环境的影响导致小骏不会和他人相处，十分不自信，但他希望得到他人的关心。在教育和引导他的过程中，细心观察是我的第一步，了解到孩子很聪明，只要学会的东西就会做得很好，也更愿意去做。从感兴趣的学科——物理知识的学习入手是我的第二步，小骏对物理知识的学习比较有天赋，只要有合适的时机，我就会对他做的好的、有想法的实验设计进行大力地称赞。抓住一切接近他的时机，聊“天南海北”，增进感情，这是我的第三步，学习之余偶尔我们也会聊一两句他的生活，QQ 上聊聊爱好兴趣或遇到的新鲜事以及苦恼，渐渐地我和他已变成忘年交。在这样一点一滴的相处中，我走近了小骏。潜移默化地影响是我的第四步，小骏不善与人相处，我会把小骏和他人相处时的问题说成我的困惑，询问他我该怎么办，他为我想方法，我连连点头，并补上一句，“那你遇到这样的事情也要这样做呦！”

就这样，小骏渐渐变得自信了，有朋友了，开心了，不暴怒了，学习也进步了。可以说，是小骏让我明白了，作为教师要懂得讲究爱的表达、爱的行为和爱的艺术，在这漫长的教育之路上，慢慢行走，静待花开。

评价——打开学生自信大门的钥匙

亭自庄学校　周银波

教育家陶行知先生说："教育是心心相印的活动，唯独从心里发出来的，才能打动心的深处。"在评价时，以鼓励为主，充分肯定学生的可取之处，同时也要指出学生的不足，客观全面评价有利于促进学生的发展，保护学生的自信心，关注个体的处境与需要，使评价过程成为促进学生发展与提高的过程。在教育学生的过程中，我让有效的评价，成为打开学生自信大门的钥匙。

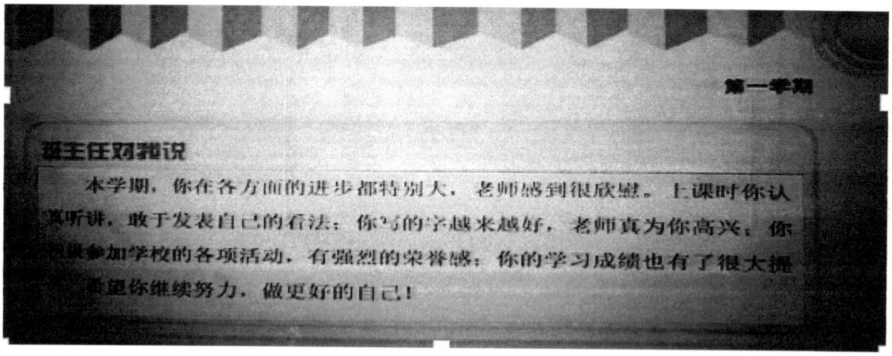
第一学期

班主任对我说

本学期，你在各方面的进步都特别大，老师感到很欣慰。上课时你认
真听讲，敢于发表自己的看法；你写的字越来越好，老师真为你高兴；你
参加学校的各项活动，有强烈的荣誉感；你的学习成绩也有了很大提
望你继续努力，做更好的自己！

"本学期，你在各方面的进步都特别大，老师感到很欣慰。上课时你认真听讲，敢于发表自己的看法；你写的字越来越好，老师真为你高兴；你积极参加学校的各项活动，有强烈的荣誉感；你的学习成绩也有了很大提高。希望你继续努力，做更好的自己！"写出对小北的评语时，我的脑海中便浮现出他的成长故事。

一、案例概括

小北是一个性格腼腆的男孩。课堂上注意力不够集中，思想常开小差，课下作业写的字迹潦草，学习成绩不理想。比如，遇到一道难题，从不主动动脑思考，而是主动放弃。他经常和我讲："老师即使我想了我也做不出来。"平时上课几乎不举手回答任何问题，他告诉我，如果答错了多没面子……

二、初步诊断

通过平时与小北的接触中观察，感觉小北是一个做事没有自信的孩子。

记得拿破仑曾经说过："有方向感的信心，可令我们每一个意念都充满力量。当你有强大的自信心去推动你的成功的车轮，你就可平步青云，无止境地攀上成功之岭。"他认为："信心是'不可能'这一毒药的解药。"学生在接受教育的过程中，如果没有一位教师能够把发展自信心的方法传授给他们，实在是人类文明一项无可估计的重大损失，因为缺乏自信心的人，并不能算作已受过正常的教育。我没有忘记一名教师的责任，我一定要帮助小北找回自信。

三、教育策略

（一）激励性评价，使他重拾自信心。

在教育教学实践中，我极力寻找为小北树立自信的时机。他在不久前的一次语文、数学、英语竞赛中以很不理想的成绩失利了，这样的结局更使他失望万分，情绪一落千丈。为此，我们有过几次很长的谈话，我们谈到了海伦·凯勒如何克服自己眼不能看，耳不能听，嘴不能说三种痛苦，终生致力于社会福利事业，获得成功；谈到了爱迪生，在几千次失败的实验面前，也绝不退缩，最终成功地发明了照亮世界的电灯……如果这些人在失败面前丧失信心，将会一无所成。经过这几次谈心，他终于重新找回了自信，走出了情绪的低谷。

经过对小北的教育，使我逐渐感到，他的性格变得开朗了许多，课堂上也会经常看到他高高举起的手。每当数学课上，遇到一些难题，他也会主动和小伙伴们研究讨论，争个对错。看到他有如此的进步，在全班同学面前表扬他："小北，你的进步真大，希望你再接再厉争取更大的进步。"

（二）鼓励性评价，使他建立自信心。

经过平时的观察，我还发现小北写字也有进步，每次在他写完生字后，我都会特意把他叫过来，耐心地对他说："小北，你看，这次生字写得特别端正，有进步，下次继续努力！""你这次写生字的正确率非常高，你的进步真大！"每当他听到我发自内心地对他表扬时，他就会冲着我微微一笑。就这样，他每天都进步一点点，他努力着，他进步着。

有人说，信心是奇迹，信心是心灵的第一化学家，也有人把信心比喻为"一个人心理建筑的工程师"，因为当信心融合在思想里，潜意识就会拾起这种震撼，把它变成精神力量。我对他的鼓励性评价，使他建立了自信心。

现在的小北从上课经常出怪声到偶尔出怪声，意识到错了，及时改正；英语课上由原来不听讲扰乱课堂，到好好听讲，到上课发言，到感兴趣；作文水平更是很有长进，由原来的一字不写到写几句话，再到现在的写几段话。他改掉了身上很多坏习惯，认识到了学习的重要性，现在基本走上了学习正轨。

我适当地采用能够增强他自信心，激发他的主动性和自觉性，鼓励他不断上进的评价方式，合理地运用鼓励性评价，他在原有的基础上进步，我及时地给予肯定性的评价，这种评价要适当地高于他的实际水平，以起到积极的作用，实现促进他发展的意义。

（三）针对性评价，使他增强自信心。

"好孩子是夸出来的"，课堂上的表扬、唤醒、鼓舞是一门教育艺术，它对取得一定成绩的学生是鼓舞，对尚未取得成绩的学生的作用乃是唤醒，正如德国教育家第斯多惠所说："教育的艺术不在于传播本领，而在于表扬、唤醒、鼓舞。"

每天一下早读，就会听到他让组长收听写本的声音。"老师，听写本都收齐了。""好，你的办事效率真高！你真是个认真负责的组长。"听到这些有针对性评价的话语，他冲我微微一笑。

四、教育效果

小北在我有针对性的评价下，进步越来越大。他在三年级下学期的一次自测中，数学由于没有认真审题，成绩不合格。我并没有严厉地批评他，而是和他找到了错题的原因。在下一次的检测中他的数学成绩提高了 20 多分。我鼓励他说："你的进步可真大！你只要认真审题、认真检查，在期末自测中，你肯定能得优秀。"他点了点头。

有针对性的评价的力量是无穷的，在期末自测中，他由平时自测的不合格考到了优秀。在期末总结时，我当着全班同学的面表扬他说："小北在这次期末自测中进步最大，得了优秀。"话音刚落，全班同学不约而同地给他鼓掌，他又冲我微微一笑。

我深信：好孩子是表扬出来的！让有针对性的评价如那甘甜的雨水去滋润他的心田，让他开出更加灿烂的花儿！

五、教育反思

这个学期，他学习的积极性也很高，上课总能看到他高高举起的小手；他写字依然很认真；他积极参加体育小组的活动，他努力着，进步着……我发现他的每点进步，并及时地加以肯定，运用评价的导向性，使他明确自己前进的目标，萌生"经自己努力也能行"的信念。我对他的评价报以诚恳的态度，使他从内心深处感到我是在关心、爱护、教育、帮助他，使他从我的评价中能感受到温暖和亲切，有所收益。

黑格尔曾说，教师是"儿童心目中最神圣的偶像"。学生渴望从教师那里获得评价信息，并以此为"蓝本"给自己"画像"。教师对学生的评价，运用得合适、有度，可以激励学生更好地投入学习中，从而取得更高的效率，以及帮助学生获得克服困难的力量，在人格上得到逐步的完善。

教育是艺术，之所以称它为艺术就在于他能激励受教育者、能唤醒受教育者的智慧，我相信只要我们充满爱心、信心和责任心，我们就一定能正确地评价学生，使他们全面地发展。作为一名班主任，我们在发现学生行为异常的时候，一定要弄清其中的原委，并且进行调查分析，找到问题根源，然后有针对性地帮助学生。只有这样，我们才能引领学生走出心灵的沼泽地。让我们用心工作，让有效的评价成为打开学生自信大门的钥匙。

打造安静班级，培养学生自主管理能力

长陵学校　郝红红

一、介绍班级基本情况

本班共有27名学生，男生13人，女生14人。每个孩子都活泼可爱，有着很强的上进心和集体荣誉感。他们纯洁善良，好奇心强，求知欲强。但是有的同学自制能力差，时常不能控制自己，上课时爱随便说话或者做小动作。很多行为习惯有待进一步培养。

二、学生家长的职业及文化水平概况

（1）学生家长的职业：

其中私企职员：10人；国企、事业单位职工：3人；务农或没有工作的：9人；个体经营者：5人。

（2）文化水平概况：

小学10%，初中55%，高中30%，大学本科5%。

由此看出大多数学生家长文化素质不高，对学校教育配合程度也存在很大差异。

三、提出要解决的问题

希望解决班级自习课纪律差（说话多），主要表现在：午自习课上随便说话，班里有29%（共27人，有八九人）随便说话，自我管理能力较差。年级有三个班，我班这个问题处在中间的位置 。

一周五天午自习，只有值班老师在班的时候，能安静地上好午自习。

午自习对学生会有任务和明确要求：（1）午写15分钟，认真、安静地书写，书写时做到三个一；（2）午写结束后写自己没完成的作业，要求安静、认真，不能随意说话、下座位。

小组长监督管理本组的同学上好午自习，班长下午自习后组织各组组长进行评价，然后向老师汇总，对达到要求的组加星奖励。没达到的组扣星。

四、问题诊断

1. 造成原因

（1）行为习惯不好，压抑自己说话欲望的能力差，时时事事想表现自己，爱出风头，不自觉地说话并无恶意。

（2）班级小干部没有起到作用。

（3）教师监督管理不到位。

2. 讨论中的几种意见

（1）悄悄录制自习时孩子们说话混乱的录像，让学生观看，指出不足。

（2）午写结束后，给学生提供音频（故事、科学知识等）并提出“听”的要求。

（3）抓爱说话、自控能力差的学生的典型，梳理关系网，给他们安排“特殊的任务”。

3. 您的看法

（1）学生自习课在无老师监管下随便说话，我觉得原因是，学生自己觉得没有事情可做，或者现在他要做的事情太难或太易或太乏味；如，现在学生习惯于置身于别人的监督之下，一旦脱离了监管，他们便行为失控；学生的情绪缺少宣泄的口子；我打算利用课余时间和孩子们多沟通，了解学生的心理。如果学生遇到了问题，特别是遇到了难题，我会在午自习快要结束时留一点时间给学生，讨论他们需要讨论的问题。甚至留一点时间让他们聊天。如果他们觉得太闷的话。我会提醒学生尽量在课间宣泄消极情绪。让学生课间多活动活动，多交流交流，不要在不该说话的时候说而在该说的时候又不说。

（2）学生上自习课喜欢讲话与否和平时学习是否自觉也有很大的关系。学习自觉是一种习惯，当然不是一日之功，这个习惯应该从小就培养，往往受益终身。我们要从根本上改变学生的学习自由懒散的情况，关键还在于引导和鼓励。多树立榜样，以表扬为主，为下一个自习课设立目标，学生的成就感往往来自这样小小目标的实现和老师的赞扬和肯定。引导学生自我肯定，体会学习带来的快乐。

五、治疗方案

讨论中的三种方法都切实可行，再结合我的两条措施共同执行效果良好。如，午自习下课铃声响后我会问："完成了任务的学生举手。"此时就会有绝大多数学生举起了手，而且唯恐老师看不见自己。这时我会说："好，绝大多数都完成了计划，大家表现很好，你现在也可以表扬一下自己了，为自己加颗星，你现在就应有一种成就感！"这时往往有一些学生会微笑着调皮地说："老师这节课怎么过得这么快啊？"我有时会说："这就对了，这说明这一节课你没有白过。"此时，师生间还有会心一笑的收获。接下来我准备将这些措施坚持执行下去，这样既培养了学生良好的习惯又培养了学生自主学习的意识。我相信慢慢你会发现他们很乖，自习课不再难上。

特别的爱给特别的你

百善学校　徐丽莉

一、事件起因

那年9月，我又回到了久违的一年级，看到那些活泼可爱的孩子，真是打心眼里喜欢，忽然我的目光停留在了一个“特殊”孩子的身上，他是一年级的孩子？我不禁问自己，只这一眼我就记住了他。他——胖胖的身材，大大的脑袋，这还不算，一站起来只比163厘米的我矮半头，能高出同学两头。另外，他的行为也比较怪异，显得很淘气。带着疑惑我来到教导处，当李老师听说我要问的是王×的情况后立即跟我说：“我刚想跟你说说他呢。”从李老师的话中我了解了关于王X的一些情况，他来自外地，父亲是搞建筑的商人，妈妈在家带他，由于妈妈年轻，没有经验，对他从小娇生惯养，造成了王×现在我行我素、自我为中心、心理年龄小、做事不顾后果的结果。正常开学后，他的问题明显地表现了出来：课上不听讲，玩东西，老师提出问题让同学回答时他反而抢答，非常影响课堂教学；课下他在楼道里“飞驰”，从来不会走，又因为他个子大，发育快，所以感觉身体不灵活，总是有要摔倒的感觉，不仅如此他还用手扒拉楼道左右过往的同学，让他们给自己让路。他的自理能力极差，每节课后你都能在他的桌下发现很多东西，书本在脚下踩着、衣服在椅子下扔着、铅笔布满座位周围。书包里更是让人无法直视，可以说除了有用的找不到，其他都能找到。

二、发展过程

（一）找到问题的根源

该生存在着很多行为习惯上的问题，我认为造成孩子问题的主要原因有两方面：家庭和自身。

1. 家庭方面

通过初步交流后，我让家长了解孩子在学校的表现情况，跟以前比较一下有什么不同。家长很诚实地跟我说，孩子现在的情况跟原来一样，他在家、在幼儿园就是这样，每次都是妈妈让他把书本收拾利落，他才会一股脑把桌上、地上的书都塞进书包。或者干脆让妈妈帮忙收拾，自己跑去躲清闲，久而久之更什么都不会了。

这些都是孩子小的时候由于父亲工作忙，母亲一个人照顾他，几乎什么事情都不会让他做，总是给他做在前头，什么都给他准备好。因此他才会像现在这样主权意识淡漠、自理能力极差。

2. 自身方面

王 × 从小“号”就比同龄人大，所以在跟别人玩时，仗着自己身大力不亏，从来不顾及别人的感受，把别人弄哭那是常有的事。由于家里的溺爱，他也养成了浪费的坏习惯，什么东西丢了从来也不找，早上一袋铅笔，晚上回家一根也没有了，也不着急。

针对王 × 这个特殊学生的现状，我认为无论是任课教师还是家长，都需要转变观念。于是我打算以脚踏实地地开展学校特别教育为突破口，结合家庭教育展开工作。

（二）家校结合进行有效的评价策略

1. 在学校进行评价策略

在学校的评价一般人看来都是老师去评价学生，在我多年的教学中发现，学生之间的评价往往比老师给的评价更让学生重视，因此，对于王 × 我采取了以下三种评价方式：

（1）一对一朋友评价

有一天我惊喜地发现几乎每一节课间王 × 都跟在赵舒阳（班里的优秀学生）的后面，当时我想了很多，原来他能看到同学的优秀，能有衡量好坏的尺子，也有一颗天真的心。于是，我跟赵舒阳商量让他带着王 × 玩，教他一些跟同学相处的方法，也让他学学怎么跟同学玩，他们一起去厕所、一起去喝水，不再给他在楼道横冲直撞的机会。看到他和几名男生玩得开心大笑时，我也开心地笑了。我和赵舒阳制订了对于王 × 的评价方案，每天他做好了，就奖励给他一颗星。让王 × 的好朋友来评价他，他很乐于接受，每天都能约束自己，尽量做到最好。不过让我感到意外的是虽然王 × 有时求赵舒阳给他放松要求，画星星，但是赵舒阳都是教育他，让他好好做，做好了再给画。这真是让我很佩服这个小老师，也让王 × 讨不着便宜。

（2）多对一同学评价

除了一对一评价外，我还动员全体学生对王 × 进行评价，从他的课上纪律、听讲、讨论、作业，到课下的纪律、游戏、文明等各方面进行评价。“老师，太难了吧！我怕我做不到。”他也曾向我求饶，我摸着他的头说：“老师相信你，同学们也相信你，你也不想跟别人不一样，没人跟你玩吧？”虽然他还小，但是他知道这是为他好，他也希望自己做好，只差我的鼓励。起初，我们放松要求，只要大部分时间做好了，我们就会在每天的记录本上给他画星，但必须提出明天更高的要求，让他知道他能做好，“你看，今天你做得很好，能在楼道里走，而不是跑了。这就是进步！我同意给王 × 一颗星！”班长这样评价着。“作为组长，我觉得王 × 今天课上讨论还能再说得多点，今天他只说第一题，后面两道题没发言，希望明天能改正。今天我也同意给他一颗星，但是明天要是再这样就不给了。”组长这样评价着。

（3）自我评价

顾名思义，自我评价就是让王 × 自己根据实际表现自己评价自己，这不仅是对他的激励也是信任，他不好意思地说：“老师，让我自己评价自己，我不会呀！”我说：“你有什么不会的，做得好就给自己一颗星，不好就不给，等做好了再给。”“老师，您相信我？”“当然，必须的！”就这样，我们愉快地决定了，每天他都认真做好评价，课间、上课、作业、卫生、文明等方面一样也不落。偶尔他也会发生放松自己的情况，悄悄地给自己一颗星，同学的眼睛是雪亮的，每次都被同学指出来，他也就不好意思了。实事求是地对自己进行评价了，效果还是有目共睹的。

每天我都要进行课上小组表现评价，个人卫生、纪律、学习情况的反馈，每天一总结，一周一奖励。通过几周的观察，同学和老师都发现王 × 很看重这个荣誉，只是有很多时候还没有能像同学似的做得好。针对这一点我们又制定了奖励进步同学的规定，只要在这一周比上一周有明显进步，大家有目共睹，那他就是“特别进步奖”。当班长宣布这周的“特别进步奖”是王 × 时，他不是走上讲台的，而是从座位那里窜过来的，那么大的块儿我还真怕他摔了呢！看到他拿到的只是一张 A4 纸的一半打印的小奖状就笑得那么灿烂时，我立刻拿出手机留下了这珍贵的镜头。看见他那激动兴奋的样子，我深深地感受到了教育的伟大、教师的伟大，同时也为这次成功感到骄傲。

2. 在家庭的评价策略

看过一篇这样的文章《中国最需要教育的不是孩子，而是父母》，现在的孩子，在家受万千宠爱于一身，造成孩子许多不良行为，对王 × 这样的孩子，家校合作是成功教育孩子的关键，我在家庭教育上采取的方法主要是如何在家里评价孩子，让家、校教育成为共同体。

以往家长当王 × 进步了就给予金钱、物质上的奖励，而我给家长的方法是暂时不奖励，给孩子制定一个短期的目标，开展争星活动。在家里主动做家务，可以得到一颗星；自己收拾衣服一颗星；整理学具一颗星；把这个评价细化到每一项，让家长根据孩子的实际情况进行再设定，特殊情况可以特殊奖励。当然，除了奖励，惩罚也是必不可少的，如果答应的事做不到，就必须惩罚，要养成孩子自我约束、自我管理的好习惯。让孩子有目标，家长给孩子信心，也给自己信心，相信自己和孩子能行，有了信心就成功了一半。老师和家长都要做到多宽容少指责，多理解少唠叨，多鼓励少批评。给孩子创造一个宽松的生活、学习环境。其实很多时候家长的几句鼓励的话比金钱、物质奖励更让孩子喜欢，更让他们有成就感。

三、结果和反思

（一）结果

1. 学习方面：通过多方面的引导、各种形式的评价，王 × 在学习上逐渐找到了兴趣，找到了自信，课上能听进老师讲的知识，能举手回答问题，能比较认真地完成作业，能做到站有站样，坐有坐样了。他对学习有了兴趣，跟同学形成了比、学、赶、帮、超的学习氛围。

2.纪律方面：课上、课下他都能比较严格地要求自己，他现在几乎不在楼道里追跑了，当周围有同学违反纪律时，他反而能主动提醒同学遵守纪律。

3.行为方面：现在的他能和同学一起和睦相处，还能帮助有困难的同学。在家里也是能做力所能及的家务活，让家长感到非常满意。

（二）反思

1.特殊的爱成为教师观念转变的必备前提

“特别的爱给特别的你”，这是句大家耳熟能详的歌曲。作为一名教育工作者，我理解这句话的意思不是爱人之间特别的爱，而是教师对学生特殊的爱，对特别学生特别的爱。这也是我对转变教育观念的必备前提。回首过去，我曾对特殊学生用强硬的语气说：“你到底是怎么回事？怎那么不让人省心呀！”“再这样我就让你家长把你带走，教育好了再来！”“真没遇见过你这样的学生！”现在想想，埋怨学生的话只能让他们幼小的心灵受伤，甚至自暴自弃。我扪心自问，对于特殊的孩子，我应该怎样调整心态，去面对呢？五个手指伸出来还不一边齐呢，更何况是家长、环境、自身都不一样的孩子了，对于特殊的孩子还是要采取特殊的方法，给他们特殊的爱，这特殊的爱也是我转变教育观念的必备前提。对他们单独实施有效的评价可以达到事半功倍的效果。

2.特殊的爱成为新家访的有力保障

作为一名班主任，家访是工作中不可缺少的一部分，也是深入、细致了解孩子的一条有效途径。与原来相比，由于教育理念的不断更新，我的家访变成了一种研究的形式，我和家长不是一起找孩子的问题，而是根据发生的不良症状来提出问题——追根溯源——剖析问题——找到解决的方法——共同努力——解决问题。这样的形式要有教师真正爱孩子的一颗心，要用真心换取家长的信任，让家长能跟老师说实话，找到真正的症结所在，让教师真正了解学生的家庭情况和孩子的成长环境。这不仅能让老师借助各种途径和力量，读懂学生，从而缩短教师和家长、教师和学生、家长和学生之间的心理距离，共同挖掘每个孩子的潜能，也能让每一位家长从“黑暗”中举起明灯走向“光明”。这对孩子特殊的爱就是现代家访的有力保障。

芳香的玫瑰，因为满是花刺而更加动人；美丽的维纳斯因为一双断臂而更加迷人。既然玫瑰长满尖刺，维纳斯没有双臂，人们对于它们的喜爱都不会减少，试想，对于一块洁白的美玉，狂热的收藏家又怎么会在意它身上的瑕疵呢？王 × 正如这微瑕的美玉，虽然在他身上存在着这样或那样的缺憾，但这并不影响我对他的欣赏，相反，我会对他付出更多的爱，使他同样散发出熠熠的光芒。我不仅仅要使他学得科学文化知识，更重要的是要关心他的情感，使他保持一种良好的心态，还要增强信心与克服困难的勇气。爱生之心，师皆有之，爱学生是教师的天职，没有爱就没有教育。然而差别就在于是爱几个得意门生，还是喜欢全体学生。俗话说“爱难看的孩子才是真正的爱”，所谓“难看”的孩子不仅是指“差生”“调皮生”，还指特殊环境下长大的特殊的孩子。对于这些特殊的孩子，教师要能做到“特别的爱给特别的你”。

对本班学生不完成作业情况的分析

阳坊中学　黄飞婴

一、提出问题

初一年级，共23人，男生12人，女生11人，入学3个月以来，一直存在交不齐作业的问题，每天都有学生没完成作业。

二、问题诊断

1. 既往的做法

针对出现的作业问题，我分析其原因，有学生、学校、家长三个方面。

从学生方面看，学生学习习惯不好，小学时就经常不交作业；不在乎，不完成作业老师也没有办法；学习能力有限；不喜欢写作业；自身懒惰；忘记作业。从学校方面看，教师布置的作业比较传统，无法激发学生兴趣；升入中学，科目增多，作业量比小学大大增多；作业难度增大，必然用时更长；作业管理制度不够完善，奖惩力度不强。从家长方面看，家长不够重视，缺乏监督，且对学生上网时间不加控制。

之前采取的措施是先找这些学生了解情况，简单分析后（分析不够深入透彻）便开始个别教育，晓之以理，动之以情，告诉他们做作业的重要性，并明确惩罚条例，最后把情况反馈给家长，但收效不大。

2. 尝试新方法

我时常思考解决的方法，但仍是困惑。在接触到科学思维一词后，似乎有点顿悟。王晓春老师科学思维的标志性口号“没有调查就没有发言权”给了我很大的启发。我开始反思自己，针对学生出现的作业问题，我调查过、分析过、寻找办法，但却如蜻蜓点水般，不够深入透彻，缺乏科研精神。

于是，我决定从求真开始，设计了一份家庭作业调查问卷。从学生对待作业的态度、家庭情况、学校等方面进行调查。

（1）从学生反馈的情况来看，大部分学生完成家庭作业使用的时间为两个小时左右，学生反馈留的作业量也合适，这说明大部分学生还是能够按时完成每天的家庭作业的。所以，在作业布置上，学校方面不存在什么大问题。

但还是存在不能按时上交作业的问题，主要是忘记做作业（占不能按时上交作业原因的一半以上），这说明这部分学生对课后作业的重视程度不高。通过交流得知，虽然，大多数家长对学生上网持反对态度，但是监管力度不够。这些学生回到家后用在上网等娱乐的时间较多，缺乏一定的监督引导是导致作业不能及时完成或是用时过多的主要原因。

让人可喜的是，大部分学生对待家庭作业的态度还是积极的，认为家庭作业有助于成绩提高，渴望作业得优，得到老师表扬，这样就有了解决问题的突破口。

表1　学生对家庭作业的态度

序号	问题	选项	选择该项的人数
1	你喜欢做作业吗	A. 喜欢	9
		B. 不喜欢	11
		C. 无所谓	3
2	你感觉布置的作业多吗	A. 很多	8
		B. 适量	15
		C. 很少	0
3	每天的作业，需要花多少时间	A. 1 小时	3
		B. 2 小时	12
		C. 3 小时	3
		D. 3 小时以上	5
4	你能按时上交作业吗	A. 能	10
		B. 基本能	11
		C. 经常不交	2

5	你不能按时上交作业的原因	A. 太多了，没时间做	2
		B. 不会做	1
		C. 不想做	1
		D. 忘记做	8
6	你完成作业的态度是	A. 非常认真	6
		B. 比较认真	15
		C. 不认真	2
7	在碰到较难作业时，你会选择	A. 自己解决	6
		B. 同学合作	5
		C. 请教老师家长	12
		D. 放弃	0
8	你渴望作业得优，得到老师表扬吗	A. 非常	15
		B. 有点	5
		C. 一般	2
		D. 无所谓	1
9	你对现有作业布置方式的评价	A. 很满意	5
		B. 过得去	17
		C. 不满意	1
10	你喜欢的作业布置方式	A. 老师统一布置	10
		B. 老师分层布置	7
		C. 自己布置	2
		D. 无所谓	2
		E. 其他	2
11	你认为家庭作业能有助于成绩提高吗	A. 所有作业都能	7
		B. 大部分作业能	13
		C. 极少有作业能	2
		D. 不能	1

（2）从家庭情况来看，我们班的学生家长普遍学历水平较低。全班23人中，仅有3个学生的家长学历为大学本科以上，大部分是高中、初中学历。大部分家长两人都有工作，工作较忙。

表 2　学生家长学历情况

家长＼学历	本科以上	大专	高中或中专	初中	小学	无
父亲	2	3	8	8	1	0
母亲	1	1	9	7	3	0

表 3　学生家长职业情况

家长＼职业	机关事业单位	企业员工	个体工商业者	农民	待业
父亲	3	16	2	1	1
母亲	3	10	2	2	6

（3）从调查问卷也可见，只有不到一半的家长对学生的作业完成情况较为关心，能做到天天过问，且家长能够辅导学生家庭作业的能力有限，很少有家长经常能为学生辅导作业。

表 4　家长对学生作业关注的情况

序号	问题	选项	选择该项的人数
12	家长关心你的作业完成状况吗	A. 几乎天天过问	9
		B. 有时过问	8
		C. 很少过问	5
		D. 几乎不过问	1
13	家长是否辅导你的作业	A. 天天	0
		B. 经常	4
		C. 偶尔	14
		D. 从不	5
14	家长对你上网的态度	A. 不加限制	2
		B. 给予引导，随时沟通	11
		C. 随时严密监控	9
		D. 禁止上网	1
15	家长空闲时间的爱好（多选）	A. 打牌搓麻	3
		B. 看电视上网	19
		C. 聊天	15
		D. 读书看报	5

		E. 体育运动	5
		F. 其他	7
16	家长会额外布置作业吗	A. 不会	17
		B. 布置半小时左右	4
		C. 布置一小时左右	0
		D. 布置一小时以上	2

三、治疗方案

1. 分类

了解了一定情况后，我开始“分”，对这些作业完成情况差的学生进行分类：完全没写的、没写完的、写错本的、写错作业的。详细地了解具体的情况后，也对原因进行了分类：忘记的、不会写的、写不完的、不想写的。分类后，对各类出现的情况，再采取相对应的措施。

在学科方面，也进行分类，试图找出学生完成作业最差的集中在哪些学科。跟踪一段时间后，发现无规律可循。今天是语文，明天是数学，不定时的。我估计跟布置的作业内容有关，这点有待继续调查研究。

2. 从易到难

（1）先解决最容易的。对于忘写作业、写错本、写错作业的，以及以不知道作业为借口的学生，重点检查他们的作业记事本，并制定了作业流程，从课代表、组长、个人都进行了要求。

（2)对于不会写的学生。很多老师提到，分层布置作业，降低难度。我觉得，首先，要先评估学生真实的能力，就初一阶段，大多数学科布置的作业都是学生可以驾驭的，而且内容都是必须要掌握、巩固的知识点。如果是这种情况，便无须分层。其次，作业中如果真遇到个别比较难的题目，教导学生可以请教同学、老师、家长。总之，不能以此为借口。班里确实有位女生能力有限，对她这种情况，可以减少作业量，降低难度。

（3）对于写不完的学生。在案例的讨论中，很多老师提到，可以控制作业量，作业力求少而精，不给学生增加过重负担。我觉得言之有理。但在这之前，我还是得做个调查。于是，我让学生在记事本上，记录每科作业完成的起止时间。当然，这个过程中，是不允许学生边做作业边玩手机的。这样，就能比较客观地了解学生作业所用时长，并与各科老师协调作业量。且从之前的调查问卷中可以看出，大多数学生都觉得作业的量还是适度的。

（4）对于不想写的学生，统计分类后，我发现集中在几个男生和一个女生（小姜），分析完他们的特点后，我采取投其所好的方法。我答应这些男生，只要按时完成作业并且没有错，下午放学后，就带他们去操场打篮球或者踢足球，任由他们选。这一招，一下子激起他们的积极性，效果特别明显。小姜同学，酷爱漫画，我和家长商量，只要她按时完成作业，每天给她半小时的时间上网学习漫画，并把日记的作业和漫画结合起来，也一下子提高了她做作业的积极性。

综上所述，对学生作业出现的问题，要区别原因，分类处理，而且是在较彻底深入的分析后，再有针对性地进行。

四、些许感触

从来没想过当一个研究型的班主任或者老师，或许是因为专业和性格使然，在我的生活工作中，文学思维悄悄地占据了优势。孟子说人生有三乐，其一乐就包括得天下英才而教育之。然而教师这个职业也有不少烦恼，特别是班主任工作，需要面对的难题更多。王老师提倡的科学思维，让我有种瞬间豁然开朗的感觉。

什么样的学生，是你无法选择的；教育学生什么，有时也是你无法选择的；但选择什么样的心态，多少还是可以自己做主的。同样是有问题的学生，若是王老师这样的研究型老师，定是欣然接受。

反观自己，每次遇到问题学生，或者学生出现问题，总是瞬间先生气，不能第一时间静心分析原因，就算开始分析了，也是分析得不够彻底。在王老师的点拨下，我开始尝试用科学思维来解决教育工作上出现的问题。遇到问题时，尝试用科学思维去分析，找到问题的根源，寻求切实可行的方法，真正让问题迎刃而解。“问渠哪得清如许？为有源头活水来。”我想，当你改变一种思维，选择一种新方法，换得一种心态，那么，一定可以在研究中有所收获，而成就感会给你带来快乐。

批评、激励，哪种评价手段更有魅力

百善学校　韩丽

一、案例描述

本学期我继续担任五年级的英语老师，其中五（4）班纪律是出了名的差，男生多，英语基础不好，大部分同学不能很好地完成预习和复习，上课经常会出现老师上面讲、同学下面说的现象。

我针对本班的情况，对课堂评比进行了变动，把班级按照学生的英语程度分组，每组都包括不同程度的学生，每位同学回答问题的加分分值也不同。学英语好的同学加分少，学英语需要帮助的同学加分多。看似不公平的制度，在班级里却取得相当好的效果。为了让本组课堂分数增长得快，组内英语学得好的同学会用很多手段和方法帮助需要帮助的同组伙伴，而且没有怨言。他们在和谐、奋进的气氛中共同学习，共同进步。

也正是我的小组机制、奖励机制、课上寓教于乐的教学方法，很快让这个别人眼里的乱班慢慢发生了变化。同学们的集体荣誉感增强了，英语课上的越来越愉快而有实效了，组里学习有困难的同学发言机会越来越多了，优秀同学帮助有困难的同学越来越主动了，一切都在往好的方向发展。

这不，当我迈进教室的时候，学生们都把书放在自己的右手边，坐得规规矩矩，精神抖擞地等着我呢！学生们那一双双专注而充满求知欲望的眼睛使我的心情非常好，于是，我立刻给每个组画了一个笑脸，并在常规的英文歌声中开始了我的授课。

本节课我讲的是“What do you want to be when you grow up? I want to be …”句型。我的课上得很投入，学生们的反应非常活跃，对我介绍的著名人物特别感兴趣，著名的歌手周杰伦，航天员杨利伟，著名的医生，作家等等，都成了我讲课的素材，学生们也因为我充分的准备听得津津有味！正当我暗自得意时，我猛然发现了一个不和谐的音符，最后一桌的男生始终低着头，手里不停地摆弄着什么，他就是张鑫！难怪以前他的英语成绩总是不好。“岂有此理！我的课这么精彩，这么贴近他们的生活，怎么能课上开小差了呢？”我心里恼怒地想，并轻轻地走到了他的座位旁。

张鑫根本没有觉察到我已到了他的身旁，但其他的同学已经从我的表情和姿势中看出了问题。教室一下安静了。“首先我必须没收他手里的东西，然后再严厉地批评他，让班上别的同学都知道老师对那些不遵守纪律的同学是毫不留情的……”我这样想着，并以迅雷不及掩耳的动作夺过了他手里的东西。张鑫如梦初醒般猛地抬起了头，双眼惊恐地盯着我，两手无助地左扭右拧，嘴巴嚅动着却一句话也说不出来。哈，知道我的厉害了吧！

当我准备没收他东西的时候，我又看了他一眼，只见他的眼睛红红的，充满了恐惧和悲伤。奇怪，他到底在做什么？我忍不住低头仔细地看。这一回让我吃惊了：我手里正握着一个用橡皮泥捏得精致、惟妙惟肖的大炮。这时在他后面的同学提醒我：“老师，他桌底下还有呢！” 我弯下腰朝桌底下看，哇，整个一个军事基地，大炮、坦克、军舰、手枪、步枪……各式各样，做得很是逼真。我深深地被他的灵气所打动。一股脑地把它们都扔掉是怎样也下不了手的了。转念间，一个主意闪现在我的脑海中，我的下一步教学安排是小组句型练习，谈谈自己长大后的理想，何不借助这些“宝贝”继续我的课呢！

我微笑地举起手中的这些“宝贝”，向张鑫问道：“They are so beautiful. Can I use them?”

他疑惑地看着我，似乎看出我是真心欣赏他的手工作品而不是在讽刺他，便小声答道：“Yes.”语气中含有一丝的忐忑。

回到讲台，我将他的所有作品置于实物投影下，开心地向全班同学问道：“Look! Zhang Xin made them. Are they beautiful? Do you like them?”

或许是他们也非常喜欢张鑫的手工，或许是也想帮他。全班同学都响亮地回答道：“Yes. They are beautiful. We like them.”

我盯着张鑫，接着说道：“你的手工做得真的非常精致，可以参加学校的手工组，我想很快你的作品就可以通过比赛让更多的人看到了！”他看着我，眼睛里透出了无比的喜悦，使劲地点点头。他也终于确定我的真诚，对他的作品是真的喜欢了。

我接着说：“Zhang Xin, Can you introduce them to us? What are they? What do you want to be when you grow up?”

张鑫开始觉得很不好意思，但是在同学们期盼的目光中，在我鼓励的眼神下，他勇敢地走上了讲台，他用蹩脚的英文吃力地介绍着，我不时地小声帮助他，伸出大拇指肯定他。最后他激动地看着全班说：“I want to be a soldier.”全班给了他最热烈的掌声，我也被他深深地触动了。

有张鑫这样的开头，接下来的小组介绍，小组调查都进行得很顺利，学生们也都各抒己见，有不会的英语也主动地向我询问，全班都在这种积极向上的氛围中学习着，快乐着。

课结束后我在黑板上画了一个大大的笑脸，学生们互相看着，笑着。这样的学习氛围，师生关系，不就是我们所期盼的吗？

二、案例反思

这节英语课所要教授的是学生们非常感兴趣的句型，和自己的生活息息相关，再加上我的精心备课，学生们应该非常喜欢。但正在我讲得兴致正高的时候，却发现了一个不和谐音符。当发现张鑫在课堂做手工时，我如果按最初的想法，没收物品并在课堂上严厉地批评他，那不仅使学生的情绪受影响，我自己也会失去刚才讲课的激情，好不容易建立起来的和谐气氛就不复存在了，教学任务更不可能高质量地完成。而且他在课上我行我素，一定受过不少批评，不管我怎么说，他都不会放在心上，只是多一次批评，多一分对老师的厌恶而已。

改变了最初的想法，我把对他的批评改为对他的欣赏。我肯定了他做手工的才能，并真心地希望通过兴趣组能有更多的人看到他精美的手工作品，我的不同于其他老师的做法使孩子对我产生了亲近感，英语也一下子没有他想象的那么难了，在我的帮助下，他也可以介绍自己的作品并说出自己的真实想法了。老师对他的肯定，也使同学们改变了对他不学无术的看法，真诚的、鼓励的掌声是对他最好的肯定。

这节课的教学任务最终有效地完成了，我与学生之间的关系也因此更密切了。就这样我很快地被接受，并赢得了信任、尊重、喜爱！我想我的英语课会慢慢成为他们最喜欢的课堂。

作为一名教师，学生做错事，批评他，让他改正是很常见的，也无可厚非。但我们面对的毕竟是活生生的学生，他们有思想、有尊严，需要老师们慢慢地诱导，多花一些心思，他们就会少走弯路或者走上一条不同的路。有时激励表扬比批评更有力，我们要根据学生的性格选择适合他们的引导方式。我庆幸自己做了明智的选择，同时我也进一步认识到，教师对学生的尊重、关注和理解的重要性。

无声的教育——宽容

亭自庄学校　翟宇琪

教育是一项需要爱心传递的事业，爱心也是世界上最平凡的一种情感。人们把老师比作红烛，照亮别人而把自己燃烧；人们把老师比作园丁，培育桃李开遍天涯海角。初为人师，走上三尺讲台，我时刻践行着“吐辞为经，举足为法”的师者精神，捧着一颗心来，不带半根草去！

在很早之前，我读过一个小故事，故事深深打动了我，可以说是为我刚刚踏上的教书之路点亮了一盏明灯。相传古代有位老禅师，一日晚间在禅院里散步，突见墙角边有一把椅子，他一看便知有位出家人违反寺规越墙出去了。老禅师也不声张，走到墙边，移开椅子，就地而蹲。少顷，果真有一小和尚翻墙，黑暗中踩着老禅师的背脊跳进了院子。当他双脚着地时，才发觉刚才踏的不是椅子，而是自己的师父。小和尚顿时惊慌失措，张口结舌。但出乎小和尚意料的是，师父并没有严厉责备他，只是以平静的语调说：“夜深天凉，快去多穿一件衣服。”我们可以想象听到老禅师此话之后，小和尚的心情，在这种宽容的无声的教育中，徒弟不是被他的错误惩罚了，而是被教育了。虽然书本知识的灌输是重要的，但是给学生营造一个宽容的学习环境更利于学生的成长和发展。

有一次午休的时候，我关了教室里的灯让孩子们午睡，而我坐在教室后面判作业，片刻之后我抬头发现有一个女生并没有午休而是在“奋笔疾书”。我悄悄走到她身后，发现她正在抄同学的作业，我拍了拍她的背，小声跟她说教室太暗了要保护眼睛，该休息了。她慌张地收起作业，小脸通红有些愧疚地趴到桌子上。下午课间，她主动来找我承认错误，并且解决了作业里的难题。那天之后，她课间都会很积极找我改小测上的错题。她不聪明，但是不明白就会一遍一遍问，我也不厌其烦一遍一遍给她讲，然后再出新题让她练习，直到会了为止。每天放学的时候，她也主动要求留下来做几道巩固提高题并且全部搞定了才肯回家。偶尔遇到难题，她也会气馁，想要放弃，但我是绝对不允许的，一番鼓励和畅谈之后又使她重燃起希望，继续前行。在她的努力和我的鼓励之下，她从第一次月考的 36 分，进步到了期中考试的 61 分。虽然 61 分算不上傲人的成绩，但是对于她而言，已经是莫大的进步。看到成绩之后她高兴地跳了起来，激动地给了我一个大大的熊抱。她希望我寒假可以跟她出去玩，我想正好借此机会给她一个继续努力的动力，便提出如果她期末考到 75 分我就可以满足她的小愿望，她也很爽快地接受了。功夫不负有心人，最后期末考试她考了 79 分，可喜可贺！我也履行了我的诺言，寒假和她去吃了她喜欢的美食，也去了她喜欢的电玩城。我桌子上厚厚的一沓计算题小纸条和写满数字的验算纸，都是她进步的见证。其实不仅如此，她还带动了几个小伙伴和她一起找我做题，他们几个也都取得了不同程度的进步和最后期末考试的好成绩。我想，如果当初我撕毁了她抄的作业，当着全班同学痛斥她一顿，或许事情就会有另外一种截然不同的结果吧。

老师不经意的一句话，可能会创造一个奇迹；老师不经意的一个眼神，也许会扼杀一个人才。我们习以为常的行为，都可能会对学生的成长和发展产生不可估量的影响，所以我们要时刻提醒着自己，教师的道德品质，不仅是规范自己行为的需要，更重要的是教育学生的需要。教师职业的特殊在于育人，不仅用自己的学识育人，更重要的是以自己的德育人，不仅通过自己的语言去传授知识，而且要用自己的灵魂去塑造学生的灵魂。

作为新教师，更是第一次担任班主任的我，感触颇多，而这段时光却是非常美好的。班里 24 个孩子，时而给我惊喜连连，时而让我愁容满面。其实，他们每一个人都是可爱的，都是独一无二的，虽然有的孩子学习成绩并不优异，但却能取得运动会的第一；虽然有的孩子平时不言不语，但总是在第一时间捡起教室里的垃圾；虽然有的孩子课上不能完全集中注意力，但在班级事务和集体活动中绝对是最积极的……所以，我不是在最美好的时光遇见了他们，而是因为遇到了他们，才有了我这段最美好的时光。

二 教学叙事

充分发挥学生的主体性

长陵学校　马卫滨

最近几年，随着新教材的使用和新中考的改革，作为一名山区学校的教师，总感觉教学事倍功半，课堂效率越来越低。原来一节课用到一张导学案，现在同样内容的导学案可能需要一节半课或者两节课才能完成。为此我也在思索，这种变化到底是什么原因造成的呢？

我认为主要原因是我的课堂教学发生了很多改变。因为如今新教材在编写上发生了很大改变：一是注重知识来源，激发学生求知欲；二是创设题情境，提高学生解决问题能力；三是注重培养学生对语言的理解能力和表达能力。而这两年数学中考也发生了很大的改变：一是注重对学生运用数学知识解决实际问题的能力，即注重培养学生解决问题的能力；二是注重考查学生通过实际动手获取知识的能力。但能力的培养又谈何容易，对于我所教的学生，数学素养和能力恰恰是他们所缺乏的。原来的课堂学生只要会做题就好，而现在还要在课堂上花很多时间，设置很多环节去培养学生的各种能力，课堂时间与之前相比就显得捉襟见肘了。

虽然困难重重，但我的想法并没有改变，因为能力的培养必然是长期的、循序渐进的过程。现阶段的磕磕绊绊是为了以后的顺顺利利。因此我一直向学生强调的是“每节课都有收获”。我希望通过自己的课堂能体现出两个方面：一是改变学生的学习方式，使学生会学习；二是培养学生的创新精神和实践能力。笼统点说，就是教会学生多思考。为此，我在课堂上允许学生在一些情况下可以不举手直接说话；我的问题尽量提得具有开放性；多给学生独立思考、相互交流的时间。

但同时我也发现，班级内虽然有一部分学生很愿意去表达自己的想法，但仍然有一小部分学生始终没有参与感，这一点让我比较焦虑。没有得到这部分学生的反馈，让我对他们的知识掌握程度没底。

但是接下来在进行八年级下册四边形一章中菱形的判定教学时，让我得到了一丝欣慰。

师：通过本节课的学习，大家来总结一下菱形的判定都有哪些？

生：平行四边形 + 临边相等

平行四边形 + 对角线互相垂直

四边形 + 四条边都相等（几名学生分别作答）

师：还有吗？（为了不给学生暗示，故意问学生是否说全，观察学生知识的掌握程度）

生：好像没有了（齐答，有一些比较斩钉截铁，有一些比较犹豫）

师：没问题。那接下来谁能再谈谈你的收获？（本意是希望有些学生提到课上需要注意的一些易错点）

生：我认为前面学的菱形的性质和今天学的判定定理是反着的（这时，教室里一下安静下来，有的同学在思考，有的可能没听明白而在小声地质疑）。

师：很好！我已经明白了你的想法，但有些同学还不明白。你能不能用数学的语言把你的想法再说给大家？用定理和逆定理的知识。

生：嗯（一下子来劲了）。我认为前面菱形的性质的逆命题就是菱形的判定定理，同样菱形的性质的逆命题也应是菱形判定定理（我本意是想在学生说得不严谨时，帮助他将数学语言再规范化，但没想到这位同学的表述十分严谨）。

师：刚才这位同学讲得真的不错，他有这样的想法说明确实是在思考，并且总结出了自己的东西。我和全班同学都为你今天的表现感到非常高兴（教室里响起一片掌声）。要有勇气展示自己，你今天的表现就非常非常地出色，你今后的表现一定会更出色。

其实矩形、菱形的判定与性质之间确实存在着联系，我的本意是在将菱形的判定与性质分别讲授完之后，再利用复习课的时间带领学生发现并总结它们之间的关系。但没想到这名学生在学习菱形的判定时就已经和之前所学的菱形的性质加以对照和联系，这是让我尤为欣喜的。

从这一个学生的第一次发言到说得头头是道，我觉得自己的一些课堂做法还是有效果的，最起码让一位平时基本不发表想法的学生愿意说话，并且还能说得既简洁又严谨。回想起来，我认为学生其实都需要一个能充分展示自我的自由空间。作为老师，我们需要给学生一个自由的、民主的氛围，能充分培养学生的自信，使“学困生”也能产生发言的欲望，也能对问题畅所欲言。而当他们勇于表达时，我们还应能及时捕捉到这一闪光点，给他们展示的机会。在不打消学生的积极性的同时也要注重学生数学思维的培养。

再进一步思考，如何让更多的学生参与到课堂中来，真正地去学着思考问题？第一，问题的设置还是要多斟酌，简洁的同时还要有给人思考的空间；第二，给学生思考的时间，也要给学生自由发言的时间，这个时候还是以鼓励为主，激发学生的表达欲望；第三，还得“见好就收”，对于有价值的回答该拓展拓展，该强调强调，而有些价值不大的回答就不占用过多时间；第四，对知识的形成和知识间的联系需要在教学设计各环节上有更好的体现，让学生在学习的过程中逐渐形成知识网络，以便于记忆和总结提升。

用爱与责任书写未来

长陵学校　左颖

用笔墨耕耘、用语言播种、用汗水浇灌、用心血滋润，是我对教师的注解，教育需要用我们的热情和生命去拥抱！

作为一名班主任，我爱我的班级。我将全身心的精力和热情投入在班级管理上，因为这是学生最为重要的成长环境，直接影响着学生的学习兴趣、学习态度、行为习惯乃至身心健康的发展。故而需要努力创建有特色的班级文化和班集体，形成良好的班风班貌。

我一直认为一个班的班风影响着学风，我希望我的班级是积极向上的，并且是自律的。我从三年级开始接手这拨学生，现在是五年级。我觉得不要认为孩子小，什么都不懂，就不给他们讲道理，孩子是一张白纸，塑造性很强，我想把班级带成什么样，平时就要付出加倍的精力。因为孩子不是不想做好，而是他们毕竟是孩子，不知道应该要做成什么程度，这个时候就需要班主任的引导。

所以，当我希望班里自习的纪律好时，会给学生讲什么是“慎独”；当我不希望同学之间发生矛盾时，也会教育学生“己所不欲，勿施于人”；当我希望学生在开学初给自己定一个目标的时候，会给他们讲“人无远虑，必有近忧”；当临近期末，有的学习不好的同学只羡慕学习好的同学，而不付出努力的时候，我会告诉他们“临渊羡鱼，不如退而结网”等。这样，在传统文化的熏陶下，在教师根据班里发生的情况的教育下，学生都会很努力地做好自己应该做的事情。

班主任应按学生到校时间提前到校，并按学生一日常规严格管理和训练，晨读、课间操、体育活动等环节，班主任必须参加。

有一句话说得好，“一屋不扫，何以扫天下”，我希望我的班级是干净、整洁的。我在刚接这个班的时候，每天早上7:00就会到班，那时班里还没几个同学来，我会告诉他们到班之后先交作业，然后把一天要用的书、本拿出来，把书包放在靠窗的长储物柜上，把书包按颜色放好，之后把水壶放在属于自己的储物柜里，有大衣的话叠好放在窗台上。我先把我的要求告诉学生，然后就是看着学生按照我的要求去做。一开始，学生也会忘，不知道干什么，然而，学生的习惯是逐渐养成的，需要让学生自己知道应该怎么做，当学生养成意识之后，教师的工作就会很轻松。后来，学生早上来班之后，会主动把书包、大衣、水壶放在指定的位置，班级特别利落整洁，同学在班里生活一天心情也会更舒畅。而且，当学生养成习惯后，他就会自然而然地这样去做，会觉得这么做就是应该的，而不会觉得是麻烦。

班级民主管理是以民主的机制调动班级成员参与的积极性，使班级每个成员承担各自的职责，发挥其主体作用，共同参与班级工作的决策和管理，提高班级管理效能。每个人都是班级的小主人。如果什么事情都是老师亲力亲为，那么，事情太多，老师也做不过来，而且，学生也不会有很强的集体意识，他会觉得，班级好不好和我有什么关系。所以，我的观念是，每个人都是班级的小主人。我经常和同学们说一句话是，要把班集体当成家一样来爱护。班级里要人人有事做，事事有人做。在班里我给每个同学都分配了一项任务，每个人都有自己负责的区域，如：开关窗户、开关灯等。这样可以培养学生的责任感，而且便于管理。更要让大家知道，五一班是我家，要想建设好需要靠大家。

班干部是老师的得力助手。对于教师来说，培养好班干部是很重要的。我会定期召开班干部会，共同商讨班级的情况，制订班级的计划，并且，我会多给班干部机会，让他们自己商量班级的制度，自主管理班级。当我有事出去听课不在学校的时候，我把任务交给几个班干部，他们各司其职，就能管理好班级，让我很放心，也很省心。

积极有效地开发学生家长这个十分重要的教育资源，是班主任工作取得成功的有效途径，也是教育能够真正形成合力的关键，取得家长的理解和支持才能使班级更好地发展。一名教师，发自内心地对学生好，学生是能够感受到的，家长也能通过学生的话语中感受到，也能够通过和老师的接触中体会到。

我每天坚持至少给家长发一条信息，比如，第二天学生要准备的东西，或者提醒孩子及时增减衣物、带伞等，我都会给家长发信息。孩子有进步了，我会及时告诉家长，让家长知道孩子在学校的优秀表现，家长也会很高兴；孩子哪里表现不好了，我也会及时与家长取得联系，争取家长的配合，共同来管理学生。

著名教育家夏丐尊曾说："教育之没有情感，没有爱，如同池塘没有水一样。没有水就不成其为池塘，没有爱就没有教育。"

我爱我的学生。爱学生，是教师的天职。面对学生，我首先要求自己是严师，严格要求学生养成良好的品格和学习、生活习惯，引导他们如何做人；其次是姐姐，我要关心、爱护每一个孩子，使他们健康成长；再次是朋友，我经常站在学生的角度，耐心倾听他们的心声。

学生每天在班里生活很长时间，对于他们而言，上学不仅是学习知识，而且还会感受到集体带给他们的温暖。同学们在过生日时，家里都会庆祝，但我想，如果在班里给学生庆祝生日，会不会有不一样的感动呢？虽然在班里庆祝生日没有在家里那么多物质的东西，但我想，同学为自己庆祝生日的那份感动是物质所无法取代的。所以，班里每当有一个同学要过生日的时候，我都会组织班里的同学一起为他唱生日歌，做贺卡祝他生日快乐，让学生感受到集体带给自己的温暖与感动。

有了爱，我们教师还应该肩负起的是责任，责任如山。如今的孩子都是家中几代人的希望，从我们接手的那一刻起，我们就接手了这个家庭未来的希望，更是接过了祖国未来的希望。这沉甸甸的责任扛在肩上，身为教师的我们，又怎能不尽心尽力地做好自己的工作呢？

教师承担着教书育人的工作，严格是对学生最大的关爱，当学生某件事情做得不对的时候，该批评就要批评，但批评是为了学生能更好地改正。著名教育家马卡连柯曾经说过：“只有更好地尊重学生，才能更好地要求学生。”所以，每当我想批评学生的时候，都会谨记这样一句话：“情感如同肥沃的土地，道理好比种子。没有情感的沃土，道理的种子再好也发不了芽。”因此，在教育学生的时候，我会说：“老师相信你……老师希望你……”让学生认为老师不是只批评我，而是要让学生知道，批评他是为了告诉他哪里做得不对，是希望他将来能够做得更好。同样，当学生有进步时，我会及时地鼓励，让学生知道，自己是能够做到的，自己还能做得更好。

每一朵鲜花都应该盛开，每一个梦想都值得浇灌，每一个孩子都应该被宠爱，因为他们是祖国的未来！

用心去爱，用责任充实我的教育生涯，当一名好老师，当一名人民满意的教师，这就是我的追求，我的梦想，我的信念。每个人，都可以有一个“中国梦”，就好像每个人都可以仰望星空。星光洒在每个人的脸上，照亮更加丰沛的人生，也照亮更加灿烂的中国！

参与　经历　收获

长陵学校　田淑媛

随着新课改的进行，教材和中考的命题发生了很大的变化。我发现教师“一言堂”是能够完成本节课的任务，但学生独立思考的时间少之又少；而把课堂完全交给学生，肯定完成不了教学任务，教学效率低。所以我就在不断思考原因在哪里，探索一堂数学课应如何开展，既能保证完成教学任务，又能保证学生有充分探究思考的时间。

当我把大部分时间还给学生，发现课堂效率并没有得到提高，教学任务无法完成。经过不断的反思，我认为在整个课堂学习过程中，学生缺乏对本节课的研究兴趣，没有了兴趣，就不会主动地参与，主动地探究；学生的学习过程没有老师的引领，课堂的秩序没有保证，影响教学任务的完成。

针对于这种情况，我决定根据所教学生情况，对每一节课的各个环节精心设计。从课堂引入，问题的设置到学生活动的设置都做到有的放矢。课堂引入要激起学生对本节课研究的兴趣和欲望；学生活动要在老师一个一个问题的引导下自然地进入探究的过程；探究过程中如果学生之间出现分歧和争论，教师应适时地进行点拨和评价。通过这些措施使学生真正地参与到课堂中来。

我在讲授八年级下册函数图像这节课时，真正使学生完成了自主探究。

一、背景介绍

本节课是初二的一节课，由于刚接触函数，学生普遍感觉函数太难了，学不会。以前上函数图像这节课时，我都是一步步带领孩子完成。但因为我是主导，孩子完全被我牵着走，不得不学，缺少自己的思考与经历，导致效果不佳。所以今天上这节课时，我通过现场演示几何画板画出几个函数图像，激发起孩子们的兴趣，使他们主动想去探究它。再通过适当引导，让学生成为今天的主角，教学效果不错。

二、情景描述

课堂的开始，我用几何画板绘制了 $y=3x$，$y=x^2$，$y=\frac{1}{x}$ 三个函数的图像，有直线，有曲线。

孩子们立刻发出声音：哇，怎么画的？

我想，成功激起了学生的兴趣了。

我让学生观察，这些图像是由什么构成的？

学生说："线。"

我再次追问："这些线是由什么构成的。"

学生说："由点构成。"

我用几何画板在上面点了密集的点，让他们从直观上感受线是由点构成。

然后问："那怎样才能得到这些点呢？"

学生思考了很久，没人回答。他们可能没有理解，我就加以引导："你是怎么找到平面直角坐标系的点的呢？"

学生回答："通过坐标啊，有横纵坐标就可以找到了。"

我问："那么横纵坐标怎么得到呢？"

学生答："给 x 一个值，就可以求出相应的函数 y 的值 。"

我问："是什么值都可以取吗？"

有同学提出：自变量的取值范围。

此时，我适时地带领学生总结画函数图像的基本步骤：

1. 确定自变量的取值范围
2. 列表取值
3. 描点
4. 连线

在列表取值时，学生又出现了分歧，虽然是在自变量取值范围内取值，但到底该取哪些值？是随便取吗？

我让学生们画的图像，确定了自变量的取值范围：x 取任何实数，我让学生解读：x 取任何实数具体来说都取哪些数？

学生说："包括负数，正数，零。"

我追问："自变量该怎么取值？取多少个值？"

学生甲和学生乙的意见产生了分歧。

学生甲的取值如下表：

x	−10	−5	0	5	10
y	100	25	0	25	100

学生乙说："学生甲的跨度太大，我不这么取。"

他的想法如下表：

x	−2	−1	0	1	2
y	4	1	0	1	4

学生甲不服："我就这么取，有什么不行？"

此时老师不要干预，事实胜于雄辩，让他们自己去检验更具有说服力。

老师说："好啊，你们二人都到黑板前去，把你们的想法展示给大家。"

没多会儿，学生甲说："老师我画不下去了，值太大了，不好找啊！"

她认输了。

学生乙成功地画了出来。

我让学生甲发表感言。

她说：自变量的取值不能跨度很大，学生乙说得对，因为这题的函数是自变量的平方，自变量的取值跨度大，函数值跨度就会更大。所以自变量的取值应该取得近一些，密一些，才好确定图像的趋势才能连起来。

我又让他们画第二个函数的图像。

学生丙的取值如下：

x	−4	−2	0	2	4
y	−2	−1	0	1	2

我问："你为什么要这么取值？"

学生丙说："和 1/2 乘完后就都是整数，好画。"

我立刻夸奖道："聪明！"

根据函数的不同，取值也是有技巧的。

综合这节课的经历，让孩子们总结画图像的步骤与技巧：

1. 确定自变量的取值范围。

2. 给自变取值时要密一些，点越多，越准确。

3. 根据函数的不同，自变量取值要因题而异。

4. 用平滑的曲线连接各点，一定要记住出头。

三、教学设想

本案例首先在设计上不同于过去的讲解式、问答式，而是充分利用学生参与学习探讨的热情，让学生充分发表见解，充分体验成功与失败；通过问题的争论与探讨得出列表时如何取值，而且巧妙地取值，以便于更好地画出函数图像。这有利于学生知识的自然形成。

四、教学反思

1. 第一次画函数图像，对于学生来说是难点，学生慢，画不好，都很正常。教师不要急躁，不怕学生出问题。掌握孩子出现的问题，个别的问题让小组内解决。一些共性的知识性的错误此时教师要干预，给孩子形成一个正确的知识体系。

2. 及时肯定孩子，不要吝惜你的表扬。对于程度比较弱的孩子本节课画出一个完整的图像就要表扬他们，让他们看到希望。有一个学生在课后反思中写道："我把我画好的图像拿给老师看时，老师对我说，画得不错。当我听到这句话时，就像从在水中憋气中出来，让我感到轻快、开心、舒服，我成功了。"

3. 教师要在恰当的时机进行合理的干预，不要发现点问题，就要站出来加以修正，让学生自己悟出问题所在是最好的，给学生们展示交流的空间和时间，比老师讲的要印象深刻。

这节课在学生们不断试验的过程中完成了，大家都收获满满。从教训到收获，都是自己经历的，所以这节课他们特别有的说。一节课重要的在于知识形成的过程，所以老师一定要设置好问题让孩子去经历。在这个探究的过程中让学生们大胆展示自我，在思考中不断提升自己。这样的学生将来才是可发展的。

《散步》教学叙事

长陵学校　冯新媛

课堂教学本来就是一项有遗憾的艺术，即使准备得再充分，也可能存在遗憾的角落，而作为老师就是要找到这个遗憾，分析它、解决它，期待下一堂课的美好呈现。我上的这节《散步》，虽有遗憾，而我也能坦然面对，期待下一次更好地呈现。

《散步》一课语言清丽，内涵丰富，应该让学生在朗读中体会这篇文章的美。这篇文章的主旨非常丰富，有不同层次的指向，所以向学生传达多层次主旨是难点，而学生的年龄段，理解起多元主旨也是难点。应该通过“整个世界”这个词语，结合学生的实际生活，深入挖掘文章主题。纵观这一节课，还是没有解决这些重难点。

本节课的教学主线是朗读课文，理解人物，品味语言，拓展延伸写小诗。课堂的主要问题有作者一家人为什么会散步？他们发生分歧时如何解决？“熬”字背后的含义你知道吗？文中人物你最喜欢谁？如何理解“整个世界”？为什么会背起母亲？如何理解“一切都取决于我”？关注文中的写景句和对称句。这篇文章你收获哪些人生哲理？课后我分析在这一堂课提出这么多问题，实在是太细碎了，而且有的问题是可以归类的。景物描写和对称句的处理也显得比较突兀。

在教学设计上，我还应该有所改进。这节课的遗憾主要因为教学设计还不够好。本节课的不足是没有主问题，语言赏析的环节处理得太零碎了。所以，整堂课呈现得比较沉闷，回答问题的人主要集中在几个人身上，这是我目前比较困惑的。在今后的教学中还是要调动学生的积极性。后来我也在反思，问题设计是否存在问题，有无针对性，大家对问题是否能有不同的见解。课堂提问也是一门艺术。

在课前预习阶段，学生针对文本提出三个问题，学生对“整个世界”疑问较多，我没有很好地把握这个疑问，反将其呈现在课堂之上。

在拓展环节的设计上，让学生将这篇文章，改写为一首小诗。但是前期铺垫不够，学生刚刚升入初一，对现代诗的知识没有清晰的了解。本册教材包含《天上的街市》，当时应该利用好这个资源。学生现阶段水平有限，所以呈现的效果不佳，写出的不是诗，而像是把内容概括分行写。现在找到问题所在，希望在后期的教学中弥补。铺垫到位，了解学情，会让学生有更多收获。

同时，这节课的板书虽然有形式（脚印的形状），对于初一的学生还是显得幼稚了，而且内容不够丰富，也不够有层次。5 个词语摆在这里，并不是一个层次的，10 个词语写在黑板上也没有明显的层次，这是日后需要改进的地方。

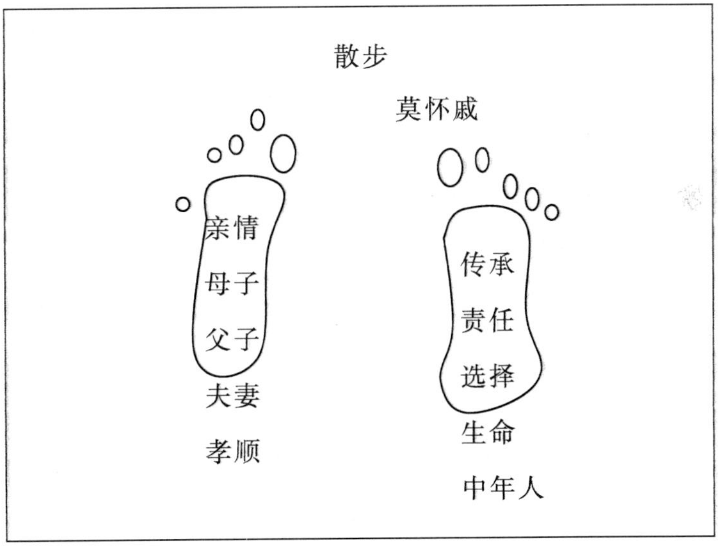

板书设计 1

经过思考，对板书进行了修改：

散步 莫怀戚 语言优美　多元主旨

板书设计 2

这堂课虽然存在不足，但也有亮点。在“你最喜欢哪个人物？”的问题上，学生谈到了“儿子”“孙子”“奶奶”，唯独没有人关注到妻子的存在，这时候及时向学生追问，在此时讲解，发现妻子身上美好的品质，关注文本的人物，从而理解主旨。

在评课环节，各位老师各抒己见，专家高屋建瓴，对我这节课进行了修改。现将大家的意见梳理如下：

这篇课文内容简短，语言质朴亲切，但意蕴丰富。初一学生朗读和初步感知课文所表达的思想感情没有多大难度。但清晰地理解文章的重点和难点，对初一的学生来说，还是有比较大的难度。建议我整体把握文章的内容，理解文章所表达的丰富多样的思想情感，加深对亲情的理解，培养学生对家庭的热爱。这是教学的重点。结合生活体验，感悟文章关键句的意蕴，理解文章主题的深刻性。这是教学的难点。

为了更好地讲解文章的多元主旨要分析出以下内容：“我”背母亲、“我”的妻子背“我”的儿子，表达了丰富多样的亲情——“孝敬”“慈爱”，以及中年人的“家庭责任”。课文最后是关键处，简单概括是“尊老爱幼”；进一步说，表现的是人到中年，肩负承前启后的使命感、责任感；更深一点说，是“我和妻”承担了家庭责任：尊敬老人，爱护孩子，这责任不仅是家庭的，更是社会的，这是一种对生活的使命感。

文章的最后一句很朴实，却说明了深刻的道理。这是“以小见大”的写作手法：通过描写生活中的小事情（散步），反映出尊老爱幼这个社会大主题。文章的写作手法也要教授给学生，让学生在自己的写作实践中运用。

与此同时，老师们对我以后备课也提出了很多具体建议，甚至是这节课完整的教学思路。针对提问零碎，学生课堂回答问题效果不好，板书设计等方面提出建议。老师们对我说以后每篇文章就问两个大问题，精炼问题。《散步》这一课可以从学生疑问切入，主体部分是语言赏析，在提升的环节讲出文章的多元主旨。现在有了建议和方法，我会按照建议去修改、完善自己的课堂。

专家周老师提到作为一名教师一定要有善意、真诚、责任心，不断地付出，最后业务水平也会随之提高。周老师对我们的指导，不仅仅在教学上，更是精神上的洗礼。我们今后的教学之路还是要研读文本，认真负责，用一颗爱心去温暖学生。让我们共同努力，成为有魅力的语文人。

我的小“设计”

——记数学课堂中“探究”的升级之路

阳坊中学　安蔷

一、我的初衷

在课改的大背景下，数学课堂中的“探究”环节显得尤为重要。在教学中重视学生在学习活动中的主体地位，学生在获得知识技能的过程中，只有亲身参与教师精心设计的教学活动，才能在数学思考、问题解决和情感态度方面得到发展。为此，我在备课时总要花很多心思在“探究”的环节，设计一些与生活联系紧密或是需动手操作的探究活动。最初，在教学过程中实施我精心的小“设计”时，它却总成为“拖堂”的理由，活动中学生参与度较高，却很难完成教学进度，导致课堂低效。在设计探究活动时，怎样既能保证学生的参与度又能更好地把控时间，保证教学进度促进学生的学习？带着这个问题开始了我小“设计”的升级之路。

二、我的发现

1. 我的小“设计”举例

在我进行八年级上册二次根式一章的教学时，其中《二次根式的性质》的两课时，第一课时是二次根式的性质 1 的探究活动，本课设计了利用已知正方形面积求正方形的边长问题，部分学生在已知面积为 2、3 和 5 时的边长不会求，耽误了时间；分别求出边长后，采用从特殊到一般的归纳方法归纳性质 1。学生讨论得很热烈，但有些学生的想法跑偏了，也费了很长时间。

第二课时是二次根式的性质 2 的探究活动，本课设计了让学生举数，并代入其中，利用其表示的意义进行计算，部分学生在举数时受到上一节课的影响，所举的数都为正整数，导致归纳的结论有误；还有个别学生举了 π 这样特殊的无理数，代入后不会计算。

2. 我对“探究”活动的思考

最初，我在教学中实施小“设计”时，总是能遇到例子中类似的问题。当发现学生出现了问题，总想多给学生一些时间，让学生自己解决，却往往顾此失彼。经过我的不断摸索和实践，总结发现“探究”环节的时间难把控的原因主要有几个问题：（1）在探究过程中，基础在中等偏下的学生利用已学过的知识解决探究问题，知识迁移应用存在一定的困难，导致探究一开始就受阻，探究进度缓慢；（2）学生往往对探究问题的理解存在差异，探究结果也不同，甚至出现思考“跑偏”的现象，耽误大量的时间；（3）学生善于用类比学习，但有些知识与知识之间存在负迁移，同样影响了探究结果的准确性；（4）学生在探究活动中，有更新的发现或是遇到一些特殊的问题，即随堂生成的问题，学生解决遇到困难，教师引导学生解决该类问题也是需要时间的。我想，只要突破了这几个问题，我的小“设计”才能真正发挥作用，才能真正体现出在课堂中落实学生的主题地位和发挥教师的主导作用，并且不再拖堂。

三、升级我的小“设计”

我的小“设计”的升级主要是针对上面总结的几个问题进行有效的解决。

升级举例：二次根式的性质 2

本节课的探究环节共设计了 2 个活动，学生先独立完成学案中的自主探究，写出猜想，并在方框内举 a 的数值，代入到得出结果，再分小组交流将所举数值汇总到表格中，讨论验证猜想是否正确，并得出探究结果，这里的探究活动设计得比较开放，让学生自己去举例子，我在巡视中发现，每个小组的探究结果也不尽相同，我选择了有代表性的三组进行了展示。

生 1：我们组举的 a 的数值分别是 1，2，3，4，5，1 的平方等于 1，然后 1 的算数平方根是 1；2 的平方等于 4，它的算术平方根是 2……所以我们组的结论是 =a，我的发言完毕。

师：其他同学也是这个结论吗？有请下一组展示的同学。

生 2：我们组跟刚才那组举的数是不一样的，多举了负数。计算过程是一样的，当 a =-2 时，-2 的平方等于 4，4 的算术平方根等于 2。观察我们表格中的数，当 $a > 0$ 时，根号下 a 的平方的计算结果等于 a；当 $a < 0$ 是，根号下 a 方等于 a 的相反数，所以我们组的结论跟刚才那组不一样。

师：其他组还有不同吗？有请下一组。

生 3：我们组跟上一组举的数差不多，就多举了一个 0，所以结论分为三条，比他们多了一个当 a=0 时，根号下 a 方的计算结果等于 0。

师：还有哪个组想展示你们的探究过程？

生 4：我们组跟上一组举得差不多，但是还举了一个无理数 π，它的结果还是 π。

师：这组同学不仅举出有理数，还想到无理数，思维很严谨。老师这里有个疑问，你是怎样计算根号下 π 的平方的呢？

生 4：就是跟前边的差不多。

师：差不多是什么意思呢？你能告诉我们表示的意义是什么吗？结果怎么计算呢？

生 4：表示求 π 的平方的算数平方根，就是 π 方的平方根是 ± π，算数平方根还是 π，所以结果是 π。

师：说得非常好，当遇到新的问题，我们就去思考它的概念或是表示的意义，往往问题就可以迎刃而解了。

师：通过以上同学的展示，你认为应该等于什么呢？同学们说得很对，我们在举例时要考虑全面，才能更容易发现规律。

学生在探究和交流中总结出列举特殊值时要考虑全面，体会分类思想，进而使学生对所表示的意义有更深刻的理解。最初，我在设计探究活动时，总担心学生出错，花很多时间在搭台阶做铺垫上，学生没有完全独立思考进行活动，所以对知识和方法的理解也不够深入。小“设计”的升级在于将探究活动设计得更开放，去掉一些不必要的台阶和铺垫，在探究活动中不要怕学生出错，学生应该在做中学，在错误和纠正错误的过程中积累经验，总结方法，不断成长。此外，在处理探究活动中随堂生成的问题或是学生理解出现偏差时，教师的主导作用显得尤为重要，教师要不断追问“为什么”，引导学生回归概念，回归本质，解决问题。课上处理学生新生成的问题，解决没有预设的问题时，都可以这样处理。

总之，小“设计”的升级还需要教师的自我更新，提高站位，备每一节课都需要站在整章甚至整个知识体系的高度去理解本节课的内容，这样可以更加清晰地看到数学的本质，理解知识之间的联系，教师的高度决定了学生的见识。

“转化”“贴近”做教育

——“口语考试”引发的故事

百善学校　孙晓飞

一、案例描述

2018年是英语中考改革第一年，改革最大的变化是口语考试分数比重增加，占了整整40分，而且考试方式为人机对话，这种方式学生平时接触较少。这种变化让我们这些第一批面临考改的英语老师特别着急，尤其到了初三，中考迎面而来，肩上的压力也让我倍感负重！

本学年，我担任九年级一班的英语教学和副班主任职务。我们一班有29名同学，他们有时候是活泼可爱的天使，有时候也是让我头疼的小魔鬼。为了让孩子们提高口语考试成绩，在家长的支持下，我们全员购买了E听说软件，每天给孩子们布置口语任务，我的要求是每天让孩子们8点以前完成任务，可是事实上，每天8点多了，班里总还有七八个完不成作业，甚至到了夜里10点多，也还有三四个“困难户”需要我一一提醒，在群里和学生和家长沟通确认。说实话，这真是一件折磨人的工作，但作为教师我知道：爱是每天承受折磨，却甘愿继续承受，只因为我们知道，教师的工作，从来不是看到希望才努力，而是努力了才能看到希望！

为了鼓励孩子进步，我常在群里告诉孩子们，读和不读就是不一样，软件就是这么铁面无私，谁都别想糊弄！只有读得又快又好，又流畅，才能合格。用每天的叮咛嘱咐，帮助他们进步。我深知：爱是指导，是方法，是耐心的鼓励和陪伴！我还会把孩子们的些许进步，一一登记在我的记分册上。记录每天的口语考试成绩，制作每套题的查漏补缺 PPT，登记统计学生每篇课文的分数，这真是不小的工作量。但我明白：爱是细节，是对孩子成长点滴的记录，所以我要坚持。通过以上措施，我的整体口语教学确实取得一些成效，但是班里的个别学生仍然是我教学的壁垒，难以攻克！在深思熟虑之后我采取了以下方法：

个体关注助成长

每个班里，总有那么几个学生让人头疼，李 × 就是其中一个。他很聪明，就是不爱完成作业，拖拖拉拉，在群里说废话也不干活。我有时候也要吓唬一下，说："李 ×，你需要禁言！"他调皮地用一句"I like English very much"让我怒气全消。于是我单独小窗开启重点关注模式，每次看到他取得的一次优秀成绩，我就使劲地表扬他。我经常对他说："你咋那么有潜力呢？"以培养他的自信，让他清晰地认识到自己的实力。看到他马虎的时候，我也会佯装恼怒地说："我真想揍你，你怎么老犯这样的错误，多么可惜！"在我的层层攻势下，他信誓旦旦地保证："老师，我下次绝对第一。"

集体播报促竞争

除了单独小窗对话，我还会每天在的班级 QQ 群里给他做成绩播报。我会在群里表扬他，告诉其他同学，李 × 口语作业已经全部读完，但为了取得优秀，他还是不断更新，读了一遍又一遍，他的表现真棒！我还会告诉同学们，我刚才听了大家的录音，其中李 × 同学进步特别大！发音特别好！当他稍微想偷懒，不交作业时，我假装不知道情况，反过来安慰他："是不是软件有问题？所以只有你没交，大家都等着你的分数出来做查漏补缺 PPT 呢。我知道你的实力，也知道不愿意给大家拖后腿，肯定是机器有故障，你别着急，老师等你。"一般这样说了之后，我的网上作业完成率就会变成 100%。爱是给孩子自信，也对他严格要求，让他在前进的路上不断超越自己。

家校联合求共赢

老师个人特殊关注，班级重点播报，都是帮助李 × 取得进步的有效手段。除此之外，家长也是帮助孩子进步的一个重要助力，我们还要做好家校合作工作。除了家长会的时候特殊表扬取得进步的同学，我还在家长群里表扬个别孩子，让家长去督促自己的孩子，形成同学之间的良性竞争，达到最终进步。记得有一个晚上，我在群里说，我刚刚刷新了一下班级平均分，李 × 第二次口考成绩比第一次提高 5.5 分，因为他的努力，我们班级平均分成绩现在是 33.95，离全员优秀只差 0.05 啦！当天晚上，家长的热情特别高，都鼓励自己孩子加油完善自己，孩子们在 8 点前突破了这 0.05 分！我们班也第一次取得了全员优秀的好成绩！李 × 妈妈当天在小窗对我说："孙老师，谢谢您！谢谢您老在全班面前表扬李卓和我，我都觉得不好意思了，我一定好好配合您。"

李 × 妈妈的话，让我感动，也让我回忆这个妈妈曾经的表现。口语考试之初，李 × 的妈妈并不十分配合我的工作，每次找到她，让家长监督一下，她总是说，自己和李 × 的爸爸离异了，一个人带孩子真的没时间管。如果多说两句孩子的小毛病，家长就一脸无奈地说，孩子就这样，她也没办法。但是我没有放弃，时不时就给他妈妈发一个孩子和我开心聊天的截图，告诉她孩子的点滴进步，也会抽空和她聊天，传授一些和孩子有效沟通的方法。就这样，这位家长在我的带动下，慢慢发生了改变。对我的回复，也变成了"谢谢孙老师的提醒"，"李 × 英语传不上去，我一会儿让他再读一遍"，"孩子上课 10 点才回来，我一会儿就让他补上"。有了孩子妈妈做我的内应，每天检查作业，他的口语进步更明显了！甚至当他的成绩不理想时，他的妈妈反而安慰我："老师您该揍就揍，我没意见。"老师和家长互相理解，共同努力，这让我领悟：爱是牵小手，拉大手，我们一起向前走！

我知道，每个特殊生都不是三招两式、三天五天就能搞定。即使这样天天提醒，李 × 还会偶尔因为没有完成我的口语作业，课间时被我叫到办公室补做作业，但是我坚信，他是我的小黑马，总有一天不待扬鞭自奋蹄！

二、案例分析

现在孩子已经毕业，英语中考口语考试取得 40 分满分，总体成绩优秀。我校本届初三英语口语考试成绩取得昌平区满分率第二的好成绩。现在细细思量自己的做法，我对教育教学工作又有了新的认识。

1. 用赞赏和鼓励的态度转化孩子。

多些赞赏，多些鼓励，这不仅对孩子的心理健康有积极的作用，也是送给孩子人生最好的礼物。很多负责任的老师，面对后进生心里总会有“恨铁不成钢”的想法，孩子一旦犯了错误，就忍不住批评。其实我有时候也是这样，但多年的教学经验让我发现，一味地批评和指责，会让孩子失去自信心，变得自卑，有可能还会破罐子破摔。李 × 的表现让我明白：孩子毕竟只是孩子，他们或许有很多的缺点，或许时常犯错，可是他们更希望得到别人的理解和肯定！当我单独小窗使劲表扬他真牛，对他说：“你咋那么有潜力呢？”当他在我的攻势下，信誓旦旦地保证“老师，我下次绝对第一”时，我就发现，赞赏和鼓励远远比批评和指责更能有效地转化学生。当然我也不是一味表扬，我也会批评他的马虎，他的拖拉，因为我知道适当地批评教育可以让孩子正确地认识自己，但是欣赏和鼓励的主旋律不能丢！

2. 用沟通和信任的态度贴近家长。

沟通是人与人之间、人与群体之间思想与感情传递和反馈的过程，以求达成思想一致和感情的通畅。教师和家长都有教育好孩子、管理好孩子以促进孩子们健康成长的目的。我们和家长思想上不是对立的，在与家长进行沟通的时候应该把他们当作自己的朋友，互相信任、互相激励。我努力真诚地、客观地评价孩子，和家长共同分析孩子的表现，共同探讨学生的问题与解决问题的方法。

我知道有些父母对孩子束手无策，缺乏信心，甚至有时要放弃教育管理。这种时候就要求作为老师的我们讲究说话的艺术，要向家长“多报喜，巧报忧”，并且及时帮助家长分析孩子犯错的原因以及纠正错误的方式、方法，帮助家长树立对孩子的信心。因为地处农村，有的家长受教育程度不高，有的工作繁忙，有的夫妻离异，他们也想教育好孩子，但很多时候在教育、管理孩子方面却显得无所适从、无能为力。这时候，教师就要尽量帮助学生家长，真诚地指导，使家长提高教育水平。有时候家长其实也是“孩子”，也需要我们的表扬，给家长自信，给家长方法，给家长信任，最终一定会直接作用到我们的教学上，成为教育成功的助力！

教师与家长的沟通是一种艺术，也是一种超越知识的智慧。我想，我肯用沟通和信任的态度去贴近家长，必将使老师和家长的心贴得更紧。两颗心贴近了，还有什么工作不能一起合作做好呢？

老师的教育教学是一项非常复杂的工作，面对考改，面对新的口语考试和其他问题，我们有许多工作要做。如何“转化学生”，如何“贴近家长”，我更有很长的路要走。但我相信心理学上的互惠关系定律：“给予就会被给予，剥夺就会被剥夺。信任就会被信任，怀疑就会被怀疑。爱就会被爱，恨就会被恨。”只要我们把真心、真爱，给我们的孩子和家长，他们也必将会把爱回馈给我们教师和我们的教育事业。

一次函数与反比例函数面积问题

——一则教学成长故事

亭自庄学校　杜志红

学校是学生学习知识，不断成长的地方，他们在这里汲取养料，茁壮成长。作为一名刚刚入职没几年的年轻教师，我很荣幸参与了“四校联盟”的专家指导课活动，在专家老师的指导下，与学生一同进步一同成长。下面我将以“一次函数与反比例函数综合题之面积问题”这节课为例来说说我的成长故事。

环节一：小试牛刀

例题如下：在平面直角坐标系 xOy 中，直线 $y=\frac{1}{2}x+b$ 与双曲线 $y=\frac{4}{x}$ 的一个交点为 A（m，2），与 y 轴分别交于点 B。

（1）求 m 和 b 的值；

（2）若点 C 在 y 轴上，且 $\triangle ABC$ 的面积是 2，请直接写出点 C 的坐标。

对于学生来说，由于点 C 在 y 轴上，是不确定的。因此，本题中的难点，主是在 y 轴上任意找一个点，画出符合条件的三角形。因为学生对于不确定的图形存在畏惧心理，只要解决了这个难点，后续的解答就会相对顺利。

针对第二问我提出了如下几个问题，让学生去审题、思考并试着做做。问题 1：已知的条件是什么？问题 2：已知三角形的面积，如何来进行表示？问题 3：如何找到三角形的底与高呢？在巡视过程中，我发现学生基本都画出了平面直角坐标系，有的学生在找到点 A 和点 B 后就陷入思考的，在学生思考后还是没有思路的，我会进行提示，已知条件还有什么？如何用呢？也有学生在 y 轴上任意找一个点 C，画出三角形，求出一个或者两个点 C 坐标，

对于求出一个点 C 坐标的，我会提问："你的点 C 是如何画出来的呢？还有其他情况吗？"对于找到两个坐标的，我会查看他的解题过程是否完整。接下来由求出一个点 C 坐标的学生进行讲解分析，其他学生进行补充，并将例题解答过程补充完整。最后由我进行总结。

专家在此给我提出了宝贵的建议，教师的指引性不够。例 1，虽然题目简单，但是却需要讲清楚、讲透彻，在此，教师的指引性就显得弥足轻重了。因此，在学生思考完设置的三个问题后，教师应该继续设置问题链，指引学生去思考，帮助学生建立解题策略。在专家的指导下，我设计出如下的问题链，三角形有几个顶点呢？我们现在知道几个呢？那我们怎样去找到剩下的顶点呢？关于点 C，我们已知什么呢？我们不知道点 C 的坐标，但是三角形的面积却是已知的，需要画出这个三角形，怎么办呢？那它的底与高应该选择哪条边会更方便、简单呢？现在已知的条件有什么？我们可求什么？点 C 的坐标可求了吗？这样难点就一点点突破了。

环节二：难度增加

例题如下：已知函数的图像与一次函数的图像交于点 A（3,n）。

（1）求实数的值；

（2）设一次函数的图像与 y 轴交于点 B. 若点 C 在 y 轴上，求点 C 的坐标。第一问，由学生独立完成，并展示讲解自己的解题思路及过程。第二问我提出了如下几个问题，让去学生审题、思考并试着做做。问题 1：观察分析，与例 1 中的第二问有什么区别与联系吗？问题 2：你能将其转化为与例 1 中一致的情况吗？在巡视过程中发现,有些学生可以分析得到两个例题的区别，但是对于两个三角形的等量关系不知道如何去处理，对此我提示学生，你能试着画出这两个三角形吗？画出来你再看看能得到什么？有些学生可以将问题进行转化，顺利解决问题。由经过老师提示的同学讲解解题思路，其他同学进行提问及补充，最后将解题补充完整。

课堂时间是弥足珍贵的，学生主要是通过课堂学习来获得知识，因此我们需要的是高效的课堂，我们的教学设计，例题的选择就更加的重要，既要有代表性又不能简单地重复。因此，专家对我提出了问题："这两个例题的区别与联系你已进行了分析，你觉得有同时存在的意义吗？”我顿时恍然大悟。例2只是在例1的基础上多加了一步，即求已知三角形的面积，这对于学生来说并不难，只是形式上有些许的变化。因此，将例1删除，避免了重复的题目，提高了课堂的效率。

环节三：独登高楼

例题如下：在平面直角坐标系 xOy 中，直线 与 x 轴交于点 A，与 y 轴交于点 B，与反比例函数的图像在第一象限交于点 P（1，3），连接 OP。

（1）求反比例函数的表达式；

（2）若 $S\triangle AOB=2S\triangle POB$，求直线的表达式。

第一问，由学生独立完成，并展示讲解自己的解题思路及过程。第二问由于时间关系，我提出了如下几个问题，带领学生一起思考完成。问题1：与例2的第二问有什么区别与联系吗？问题2：要求直线的解析式，应该如何做？问题3：要求的直线上我们已知什么？问题4：这条直线有什么特征呢？问题5：当直线在不同的位置时，会有什么变化呢？问题6：两个三角形会有什么变化吗？由于已知两个三角形的面积之间的关系，那我们就找到符合上述关系的三角形的位置，并进行求解即可。

专家对我提出的建议是：时间设计得不合理，使得本例题没有足够的时间。学生只是倾听者，对于知识的掌握是不利的。但课堂是学生的课堂，学生是教学活动的主体，即使时间不够，也需要多给学生思考及动手的时间，尤其在本例题中的如何动手操作去找到合适位置的直线，比如，利用直尺、笔等文具进行旋转。通过思考及动手操作之后，学生才能真正理解重难点。如果只是老师一味地讲解，学生会只知其然不知其所以然，违背了教学的初衷。对此，我深深地意识到了自己的不足，不能只是为了将教学内容完成，而忽略了对学生思考动手能力的培养。

环节四：巩固提升

学生学习了一节课之后，课后练习是必不可少的，其作用不仅仅是让学生巩固课上所学习的知识，而且还需要让学生在课上所学知识的基础上进行提升，融会贯通，所以教师需在此基础上来设计课后练习。

通过专家老师的指导，对于我来说真是受益匪浅，意义重大。在以后的教育教学工作中我必将专家的指导意见充分吸收，并切实落实到位。我将主要在以下几个方面下足功夫，提升自己。首先，教学设计上，需要精简意赅，严选好题，做到循序渐进，难易适中。其次，在课堂上要充分发挥教师的指导作用。合理设置问题链，指向明确，引导学生。最后，充分体现学生的主体地位。在时间把控上要做好，给学生充裕的思考及动手时间，充分显示学生在课堂上的主体地位，培养学生的动手操作能力。

蛹破茧成蝶，别人看到的是美丽，自己看到的是过程。专家老师的指导就是助我破茧成蝶的良药，我也必将努力突破自己，成长为一只美丽的蝴蝶，遇见更美的自己。

这是自主探究吗？

——“圆的面积”教学的思考与实践

亭自庄学校　林春英

一、第一次执教：为了探究而探究

第一次执教“圆的面积”我是这样安排的：复习平行四边形、三角形、梯形的面积公式的推导过程。再把分成 8 等份、16 等份的圆发给每个学生，让学生通过分一分、剪一剪、拼一拼把圆转化成学过的图形。学生不负众望，拼得很成功，有近似的平行四边形、梯形、三角形，看到学生的这些作品，我很满意。然后我带着学生推导了圆的面积公式，接着介绍割圆术，丰富学生的数学知识。最后，还做了一道小马吃草的练习题。

二、疑问与思考：这是自主探究吗

课后有的老师提了疑问：给学生分好份的圆这样是自主探究吗？如果直接给一个圆学生会不会转化呢？这节课我的确一直在牵着学生的鼻子走——给他们将圆分好份，带领学生推导公式……试想一下学生离开了牵引，会是什么样的结果呢？在课堂上，我也是以教师的想法去安排学生，自以为这样是为了孩子，却忽略了学生的主动性和能动性。学生在画好的圆上进行剪拼，看似主动，其实是在被动地服从。他们不知道为什么要将圆平均分份？为什么要分这么多份？反正老师让做啥就做啥，不用去过多地想，久而久之，学生的思维就会产生惰性，创造力就会被扼杀。

三、第二次执教：自主创造精彩

（一）给足探究时间

第一课时学生的探究时间在 20 分钟。孩子们都在想什么呢？他们的大脑我们无法进入，但当学生的作品呈现出来后，我看到了孩子们的思维，看到了智慧的火花。正是教师的退场，保证了学生们充足的自主探究的时间和空间和参与活动的机会。

（二）展示探究成果

第二课伊始，我就让学生进行汇报，分为两类，一类是在圆内剪正多边形；一类是把圆沿着半径分份。在大家汇报交流时，我从圆内正三角形开始（图 1），只让学生说想法，这时有的同学提出了疑问："三角形的面积我们会求，可剩下部分就没办法了。"我及时鼓励："你说得很有道理，但你还是很有办法的，有办法就比没办法强。"紧接着汇报的是圆内正四边形（图 2）、正八边形的同学。还有个同学画出了刘徽的割圆术的初稿（图 3）。

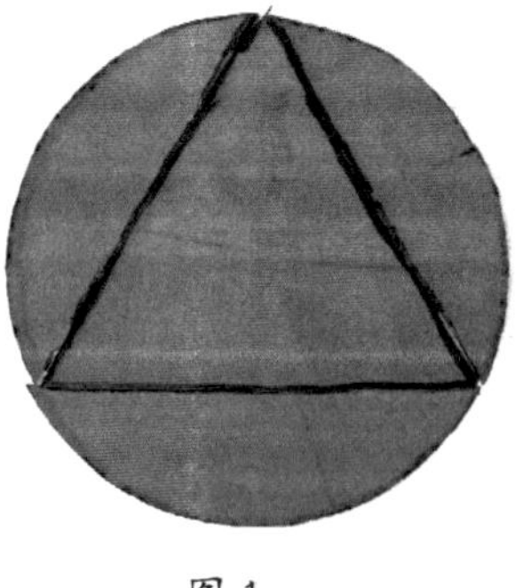

图 1

图 2

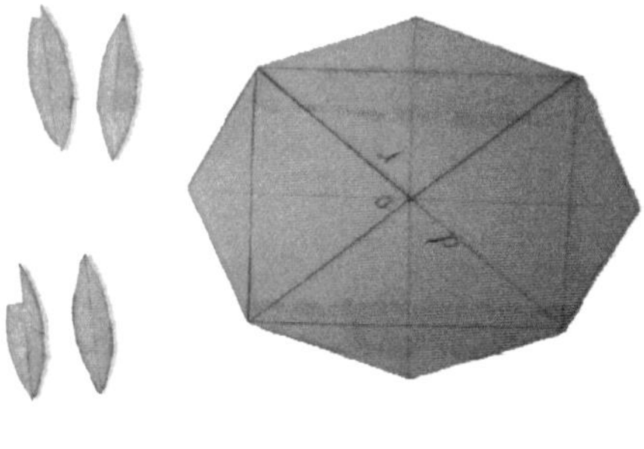

图 3

同学们汇报完了，我把这几幅图逐一贴到了黑板上，让孩子们观察。得出“边越多里面的面积越大，月牙的面积越小”的结论。我顺着学生的观察故作玄虚地问：“你们知道吗？他们的想法和谁一样吗？”紧接着我出示了刘徽和割圆术的图片，“看明白了吗？”孩子们满脸的疑惑，出示文字：“割之弥细，所失弥少，割之又割，以至于不可割已，则与圆合体。”然后又用课件进行演示，从圆内正三角形到正四边形、正六边形、正八边形、正十边形，最后加大到正 32、64、100 边形，孩子们的思维打开了：“老师，黄色面积越来越小了。”我补充：“边数越多黄色面积越小。”“黄色面积越小，正 n 边形就越接近圆。”（图 4）

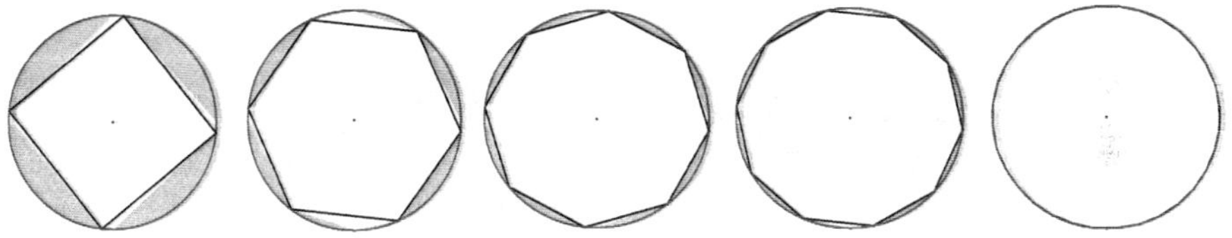

图 4

经历了这个观察的过程，我开始介绍：“在没有电脑、没有计算器的古中国，刘徽用手工分割在圆内分到正 3072 边形。”同学们满脸的佩服：“数学的研究是永无止境的。祖冲之在刘徽的基础上又继续分割，分到 24576 边形。”听完后，同学们是佩服加惊叹：“老师，这太不可思议了。”看到孩子们的表情我想到了第一次讲课时的情景，那时孩子们是真的理解了割圆术了吗？理解的孩子是不是也会觉得割圆术离自己很远很远呢？极限的思想感受到了吗？而这次学生在自己的作品中、在课件的演示中、在老师的讲解中，真的感受到了极限思想。学生们惊叹的是科学家们勇于探索的精神和严谨治学的科学态度。这是多么好的思想教育啊？

还有一位同学在圆内画正方形，余下的再画正方形，余下的再画正方形（图 5）……听完他的介绍老师及时表扬道：“小小年纪，你真的很了不起。这可是大学的微积分啊！”这位同学同样让大家感受到了极限的思想。

图 5

还有学生按照半径进行剪拼的，有平均分成四份的，有八份的，还有十六份，三十八份（图 6、图 7、图 8）

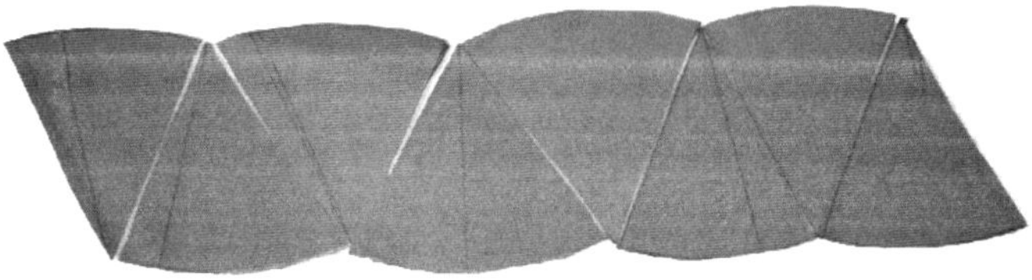

图 6

图 7

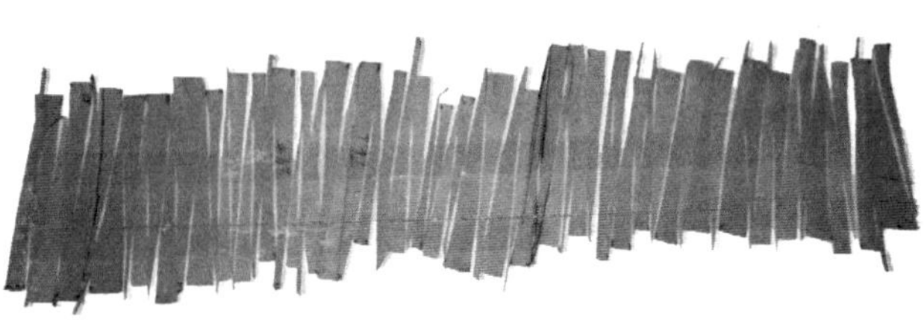

图 8

最让我惊奇的是有个男同学把圆剪成了 70 份，从有了想法到沿着半径剪，再到动手拼，在这短短的十几分钟里，是多么大的一项工程！我深深地体会到张老师说的一句话：给学生多大的空间，学生就会给你多大的惊喜。

在学生现有的方法中剪拼的圆形很难与长方形建立联系，都认为是近似的平行四边形。通过比较把圆分成 4 份、8 份、16 份，再到电脑演示，贴近了学生的思维，走进了学生的头脑中。让孩子们逐渐形成分的份数越多，就越接近长方形，从而突破难点，第三次体会极限的思想。

在公式推导的过程中，我肯定一二类孩子的想法，最后归结到第三类方法，放手让学生们小组讨论，自己推导出圆的面积公式。走进了孩子们的思维，让我真的感觉到孩子们太了不起了！这是一个孩子的作品（图 9），当时我问他："你怎样求圆的面积呢？""一份就是一个三角形，底就是周长除以四，高就是半径，圆的面积就是周长除以四再乘半径再乘 4 个三角形。"

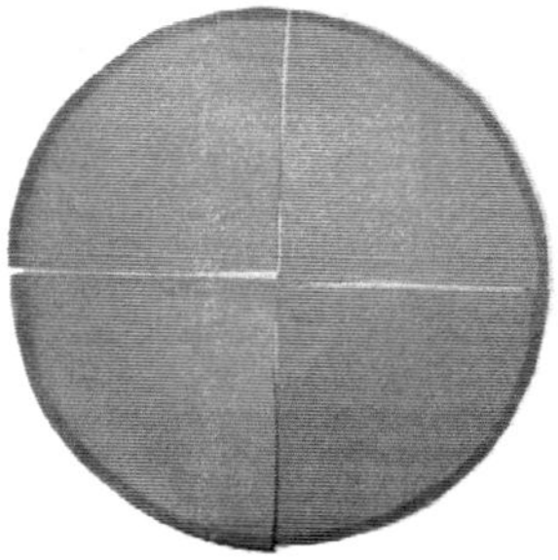

图 9

这个方法我从来没想到过。如果不让他解释的话，我看到这样的拼法肯定认为是错误的。由此我想到了可能有很多孩子的很好的想法就被我们教师扼杀在了摇篮之中。

（三）探究引发思考

1. 相信每一名学生

第一次的课堂我是替学生解决困难，其原因就是不相信学生。第二次课堂上我大胆放手，关注每一个孩子的思维。走进了孩子们的思维，才让我真的感觉到孩子们了不起！只有放开学生，相信学生，鼓励他们大胆地探究，相信他们对数学的兴趣一定与日俱增，主动探究的意识也会逐渐加强，创新能力也得到了培养，学习的后劲也一定会更足。

2.创造性使用教材

以前我是唯教材独尊，认为按着教材讲肯定就没有错误。正是这种思想磨灭了我的创造性，更扼杀了学生的创新精神。本课教材只呈现了把圆分成若干等份，拼成近似的长方形，而最接近学生思维的则是割圆术的思想。如果我只按照教材去讲，第一类和第二类孩子的想法就将被否定，孩子们的自信心就会受到打击。创造性地使用教材需要我们教师有高度的学习热情，在每备一节课的时候，要站在学生的角度多问几个为什么，多去查阅数学资料，让课堂中的数学味道更浓些，数学的根基更牢固些，数学的积淀更厚实些。

3.课后产生疑问

课讲完后，有个小男孩却是满脸遗憾地找到我。他说："原来很期待，因为圆是曲线围的，我想它怎么能转化成其他图形呢？课上完了，弄半天还是一个近似的图形。老师，圆就不能转化成一个标准的图形吗？"我很震惊："你可真是爱思考的孩子，圆可不可以转化成标准的几何图形呢？大家回去可以查一查资料。"男孩有些失望。

学生的话引起了我的思考，圆的面积到底能不能转化成标准的图形呢？这将成为我和学生的下一个研究课题。看来，孩子们的思维在不受禁锢的情况下，是超出我们成人的。我为孩子的问题而高兴，自主探究让他学会了主动思考，发现问题。数学的研究是永无止境的，我要和孩子们一起去主动探究、主动学习，解决孩子们的"为什么"。让每个学生在各自的思维水平上进行个性化的创造，实现"不同的学生学习不同的数学"。

创宽松探究氛围　引学生深刻思考

长陵学校　金晶

科学探究是一种重要的学习方式，也是化学课程的重要内容。而化学是一门以实验为基础的科学，化学实验正是进行科学探究的主要方式，在化学教学中，实验既可以激发学生学习的兴趣，又可以让学生获得新知识，验证巩固原有知识，更加重要的是它还能让学生学会科学的学习方法，提高科学探究的能力，实验的这种作用是无法替代的。

而复习课的课堂枯燥无味、沉闷呆板、知识太过具体化是学生对学习逐渐倦怠的原因之一。本课利用 VC 泡腾片这一时尚用品为教具，激发学生的学习兴趣，大大提升了学生学习探究的欲望，从而达到教与学的统一，使课本真正走进生活。

在探究 VC 泡腾片在水中生成的气体是什么？猜想的依据是什么？设计实验验证你的猜想这个探究问题时，我的教学流程是：

1. 学生自己先进行思考。

2. 针对自己思考的方面小组间成员进行交流讨论，并将讨论的结果填写在导学案上。

3. 小组汇报交流成果。

在进行小组汇报的时候大多数组的猜想：O_2、CO_2、CH_4、CO 、H_2、N_2，然后老师指导利用质量守恒定律及所学知识提出猜想依据，通过讨论交流排除了 N_2（配料表中没有含氮元素的物质）、CO（食物中不能出现有毒的气体）、CH_4（食物中不能出现可溶性的气体，不安全）、H2（食物中不能出现可溶性的气体，不安全），从而最后得出生成的气体可能是 O_2 或 CO_2。

在汇报如何验证生成的气体是 O_2 还是 CO_2 时，同学们设计的实验大都是分别验证二氧化碳和氧气，即用石灰水验证二氧化碳气体，用带火星的木条验证氧气，设计图如下：

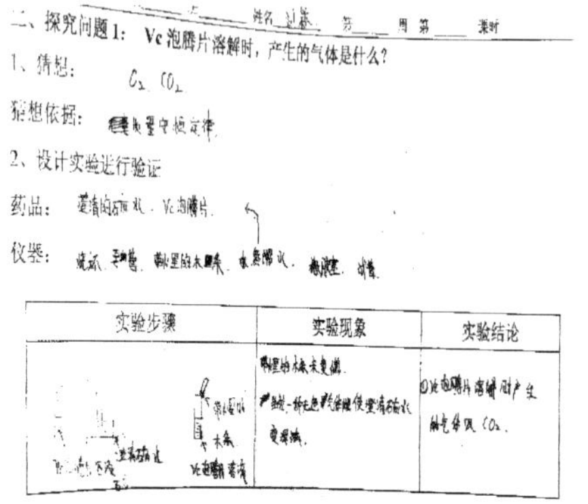

二、探究问题1：Vc泡腾片溶解时，产生的气体是什么？

1、猜想：O_2，CO_2

猜想依据：质量守恒定律

2、设计实验进行验证

药品：澄清的石灰水，Vc泡腾片

仪器：烧杯、导管、带火星的木条、水、铁架台、试管

实验步骤	实验现象	实验结论
	带火星的木条未复燃。产生的气体能使澄清石灰水变浑浊。	Vc泡腾片溶解时产生的气体是 CO_2。

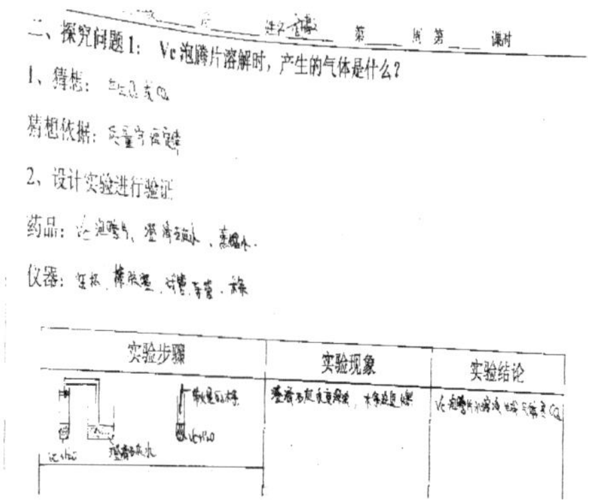

二、探究问题1：Vc泡腾片溶解时，产生的气体是什么？

1、猜想：

猜想依据：质量守恒定律

2、设计实验进行验证

药品：Vc泡腾片，澄清石灰水，蒸馏水

仪器：

实验步骤	实验现象	实验结论
	澄清石灰水变浑浊，木条没复燃	Vc泡腾片溶解时产生的气体是 CO_2

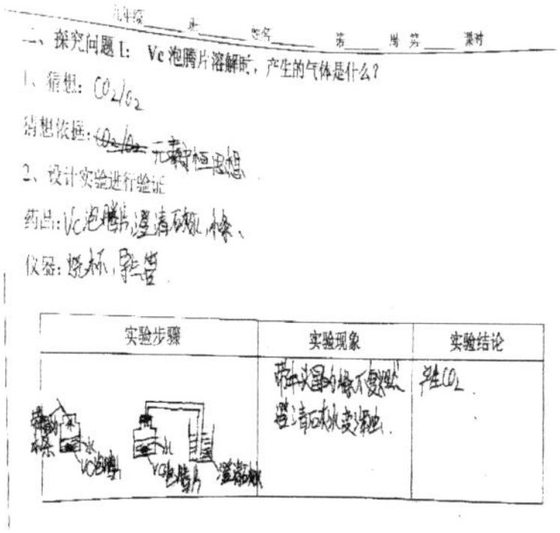

二、探究问题1：Vc泡腾片溶解时，产生的气体是什么？

1、猜想：CO_2/O_2

猜想依据：元素守恒思想

2、设计实验进行验证

药品：Vc泡腾片、澄清石灰水、木条、

仪器：烧杯、导管

实验步骤	实验现象	实验结论
	带火星的木条不复燃，澄清石灰水变浑浊	产生 CO_2

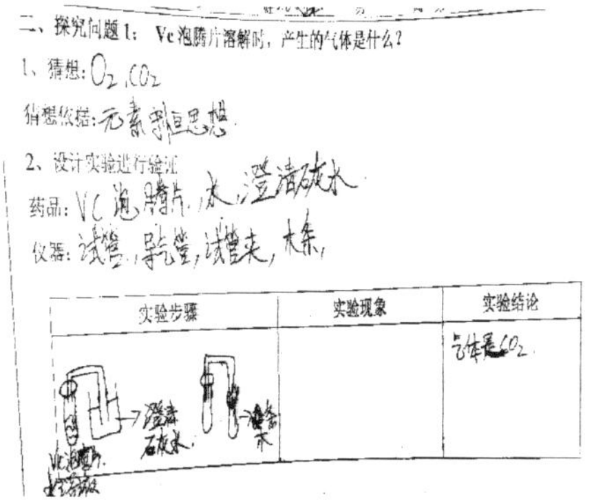

二、探究问题1：Vc泡腾片溶解时，产生的气体是什么？

1、猜想：O_2，CO_2

猜想依据：元素守恒思想

2、设计实验进行验证

药品：Vc泡腾片，水，澄清石灰水

仪器：试管，导气管，试管夹，木条，

实验步骤	实验现象	实验结论
		气体是 CO_2

我就问：还有没有其他的方法进行验证？这个时候DXY同学说他还有其他方法，于是就让他到前面展台讲解他的实验设计，如图所示：

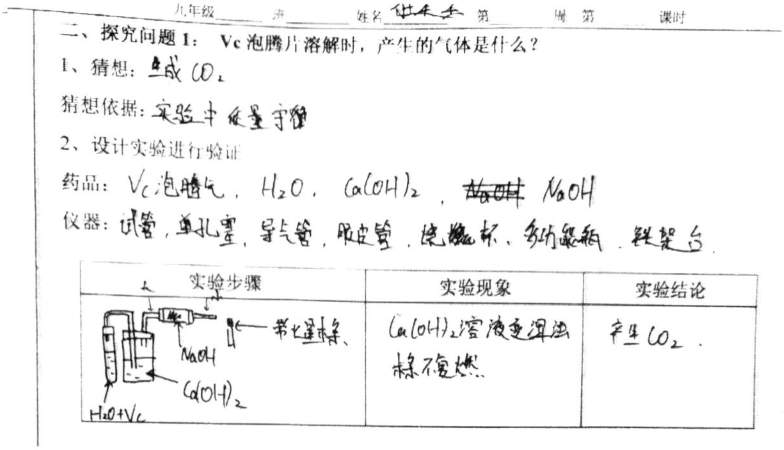

九年级＿＿班＿＿姓名＿＿第＿＿周第＿＿课时

二、探究问题1：Vc泡腾片溶解时，产生的气体是什么？

1、猜想：生成 CO_2

猜想依据：实验中质量守恒

2、设计实验进行验证

药品：Vc泡腾片，H_2O，$Ca(OH)_2$，~~NaOH~~ NaOH

仪器：试管，单孔塞，导气管，胶皮管，烧杯，多功能瓶，铁架台

实验步骤	实验现象	实验结论
	$Ca(OH)_2$溶液变浑浊 木条不复燃	产生 CO_2

他说这两种气体都有可能生成，如何进行验证呢？首先我们先验证有没有二氧化碳气体，所以将产生的气体通入澄清石灰水，若不变浑浊则没有二氧化碳气体，若变浑浊则有二氧化碳气体。然后将气体通过足量的氢氧化钠固体除去二氧化碳气体，除去二氧化碳是怕即使有氧气生成，因为有二氧化碳存在也看不到该有的现象，用固体氢氧化钠是为了不带入水蒸气，排除水蒸气对实验的干扰。

对于DXY同学的实验设计和对实验设计的讲解我真的感到很吃惊，没有想到他会考虑得这么全面，实验设计也是力排各种干扰因素，超出了我对学生实验设计方案的预设范围。由此让我们深切地感悟到，化学教学不再是简单的知识学习的过程，它是师生共同成长的生命历程，再现的是师生“原汁原味”的生活情景。应该给予学生足够的时间和空间去思考、交流和讨论，学生会给我们带来意想不到的惊喜。教学中到处蕴含着丰富的教学资源：在学生奇思妙想中，甚至是胡思乱想中。只要蕴含着闪光点、生长点、转折点、连接点，哪怕是微乎其微，教师就可不断挖掘、开发利用、见机行事、优化教学。巧妙地启迪学生的思维，使课堂真正成为师生互动、生机盎然的舞台，使课堂因动态生成而变得更加精彩。

略读课文的思维训练

——以《全神贯注》为例

亭自庄学校　郑金花

雅斯贝尔斯说过：“教学活动中的读、写、算的学习并不是技能的获得，而是从此参与精神生活，细心地把握其中的美，而不是外在的手的动作和理解运算。”这句话的含义即教会学生掌握一定的思维方法，让学生有意识地训练自己的思维，这对于知识的掌握和运用，往往能起到很大的促进作用。那么略读课文如何训练学生的思维呢，一直是我困惑的地方。

在我多次反复对文本进行解读后，有了一定的想法。

《全神贯注》是一篇略读课文，是以事情发展为顺序的记叙文，文章按由分到总的结构层层铺开。文中对罗丹语言、神态和动作的描写，生动传神，使我们如临其境，如见其人，充分表现了罗丹全神贯注的工作态度和对艺术执着追求的精神。这节课应该紧扣住“全神贯注”这条线索，顺应文章的思路，设计教学步骤对学生进行思维的训练。

1. 关注学习者的思维过程。

在语文教学中教师应引导学生经历整体的感知，形象的建构，对言语进行比较、分析、评价，再与自己的已知相结合，内化成新的图式，从而建构起新的言语认知，再运用这种新的认知进行言语实践，让学生真正历经思维的过程，以此来发展学生的思维。《全神贯注》这一课设计“我们一起跟着茨威格的脚步走进罗丹的工作室去看看罗丹是怎样工作的，请你画出表现罗丹全神贯注的句子，并批注出自己的感受”这一教学环节，就是要求学生感受、发现、交流、表达，通过师生、生生的碰撞，促进学生的思考，关注学生思维过程，真正让学生经历言语学习与建构的整个过程，最终达到知识的获得与能力的增长，以及提升学生的思维品质的目的。

2. 围绕思维发展与提升展开教学

我们知道语文是一门思维性很强的学科，有着自身特殊的思想教育的功能。在语文教学中如能向学生充分展开作者千姿百态的思维过程，把凝结在教材中的知识背后的材料及思维活动过程充分显现出来，再通过科学地思维训练，那么这个过程将会促使学生的思维发展，提升学生的思维能力，提高语文教学效率。在《全神贯注》这节课中我是通过激发学生兴趣来实施思维训练的。上课伊始，通过介绍罗丹的艺术成就和特色，激发学生关注在世界艺术史上有着很高地位的罗丹，他日常的工作又是怎样的呢？这样最大限度地调动了学生的思维积极性，同时也更好地活化了学生的思维。然后又问：为什么茨威格说“比他多年在学校里学到的还要多”呢？这样的问题，鼓励学生围绕主题发表意见、阐述观点。学生立刻启动思维，畅所欲言。同时，整堂课学生在老师的组织引导下进行了个人、小组和班级等多种方式的自主学习，鼓励先学，以学定教，少教多学，让学生真正成了课堂的主人。课堂中注重发展学生的情感和悟感，整堂课的教学成为自在的、素朴的、无形的德育过程，呈现了学生积极、主动学习的场面。

3. 注重审美思维的培养

语文教学内容中包含着生动丰富的文字美，变化有致的结构美，尤其蕴含着动人心魄的人物形象美以及社会生活的美、自然环境的美等等。本节课在传授知识的同时，抓住对罗丹品格的讲解，通过“全神贯注地做事才是最美的”这样的形象去感染学生，使学生体味到人物的心灵美和社会美，受到美的熏陶，培养学生健康积极、美好高尚的情操和审美素养。学生在学习课文中受到了教育,同时在我的引导下进行自我审视,最后达到自我完善的目的。本节课还注重引导学生进入作品的艺术境界。王国维曾说过：“景非独为景物也。喜怒哀乐，亦人心中之一境界。故能写真景物、真感情者，谓之有境界。”这节课，在备课时老师深刻透彻地了解茨威格的人生经历、思想历程、写作背景，深入地剖析作品，进入角色，挖掘茨威格创作时的匠心。于是我们看到教师引导学生在课文中字、词、语、修辞的领悟中受到作品的感染熏陶，发现其实不仅罗丹，茨威格也是一样地全神贯注。茨威格是全神贯注目睹罗丹忘我地近乎疯狂地修改女像的整个过程。体会到茨威格之所以擅长写人物传记，以人物性格塑造和心理刻画，取得了很大成就，是因为他能够这样全神贯注地去关注身边的人和事。紧接着让学生推想一下茨威格当时的动作、神态。借此引导学生与文字相亲，用自己的感觉、知觉、认识、情感去触摸文本，引导学生身临其境，让学生陶醉其间，使之通过亲身的情感体验，很自然地就受到了情感的熏陶。最后让学生说一说还知道哪些全神贯注做事的人？说一说他全神贯注的样子，这样的语言训练其实就是从审美的角度引导学生进行的创意表达。整个教学中学生是在审美体验中，去发现并理解美的实质，树立了正确的审美观，进而去追求美，确实是创造出了语文教学的美好成果，将学生审美思维的培养落到了实处。

相信，如果阅读课中我们能够这样去激活、启发学生的思维，为学生提供更广阔的思维空间，发掘他们的思维潜能，一定会促进学生心智的发展，从而培养学生的语言综合能力。

致周先生书

百善学校　宗硕硕

愚蒙后生拜周先生足下：

学科共建，蒙先生莅临赐教，已逾一年。期间贪授渔之恩，不胜感激。目下期约将近，忆往日之情，心有所悟。请略陈鄙见。固陋之处，幸勿为过。

窃闻之：勤学者，才之泉也；慎思者，慧之源也；善启者，灵之蕴也；泛爱者，仁之端也。凡具此四者，方可登杏坛，为人师，桃李天下。是故师者传道授业解惑，必以勤学慎思律己，以善启泛爱育人。昔者仲尼学鼓琴于师襄子，通乐理而后修《乐经》；颜子终日不违，退而省其私，亦足以发；子夏问《诗》，孔子释之以画，子夏悟之以礼；仲尼有教无类，遂有“由也果，赐也达，求也艺”。由是观之，师道之存续，非一世也，所从来远矣。

及遇先生，屡次奉教，益感先生之教诲甚合古道。犹记执教《祖逖》之时，欲尽己所学，博先生青目，以致耽于“技”而失于“道”，遂课堂之上，顾此失彼，去文本甚远而流于表面，众生亦所得甚微。先生诫曰：“《礼记》云：学者有四失，教者必知之。人之学也，或失则多，或失则寡，或失则易，或失则止。此四者，心之莫同也。知其心，然后能救其失也。教也者，长善而救其失者也。”退而思之，方觉先生所言虽关乎学者，然于教学之策略亦同理矣。要而言之，教学之道，在于师者深悟文本，以己之所得，度学生之可获，精思巧设，惠及众人。此至明之理，令我开慧。

比至《周亚夫军细柳》，先生复诫曰：“文之为德也大矣。昌黎云‘文以明道’，濂溪云‘文以载道’，彼所谓道者，入乎耳，存乎心，蕴之为德行，行之为事业。然于今日之学子，彼道者何哉？余以为‘自强不息，厚德载物’

也。此我华夏之根，自上古以降，未尝易也。教也者，务含英咀华，不可以管窥天，以隙视文，失察于此道也。”乃自躬身亲授，先引我体古人之胸襟智慧，寻民族精神文化之脉络，既而深析学情，秉“道而弗牵，强而弗抑，开而弗达”之道，另辟蹊径，以巧问为纲，层层深入，又纳予鄙见，借我之拙技令众生学以致用，卒有所获。而我亦因思生变，较之往日，授课更为从容，有“享授”之乐，兼换骨脱胎之感。

亭前红叶落善园，师徒情谊待时坚。物换星移，盛夏又至，联盟之约，今日已满。弟子渐熟，尤念往昔之箴言；师恩愈重，更期来日之教诲。愚蒙弟子，感慨良多，书不能悉意，故略陈鄙见，谨再拜。

宗硕硕　敬上

二０一九年八月二十五日

Unit 5　Lesson 15　Life in 1950s

阳坊中学　侯佳术

本课是北师大版《初中英语》八年级下册教材第 5 单元的第 15 课，话题为 20 世纪 50 年代的生活。本课第一课时侧重对阅读内容的理解，引导学生通过阅读获取主旨和细节的信息。在阅读活动中，既注重整体阅读，也引导学生提取细节信息，并关注那个年代的人们生活中的不易，如：睡觉穿袜子，因没有中央供暖而在冬天饱受寒冷之苦等，最后结合表格中的细节信息和语言进行输出性活动。

教授对象为初二（2）班，本班为普通基础班。班里共 36 人，有七八个学生英语基础较好，大部分学生自主学习能力一般。本班学生表达欲望不强，但是喜欢合作学习、小组讨论。考虑到大部分学生的需求，教学中尽量给学生搭设台阶。在小组活动中鼓励学生积极参加，并及时给予肯定与帮助。我认为对他们来说本篇课文的难度比较大，遇到可能会学生因单词量不够导致的理解上的困难。

本课主要讲述了来自英国的 Sheila Galloway 和来自美国的 Tom Harmer 两个家庭在 20 世纪 50 年代的生活情况。课文内容分两段，第一段描述的是 50 年代英国人 Sheila Galloway 一家的家庭生活状况，包括住房、家用电器、业余生活等。第二段描述的是美国人 Tom Harmer 一家在 50 年代，所居住的房子的状况，他们生活中使用的电器、娱乐活动等。 学生们可以通过本课的学习了解美国和英国两个国家的人们在过去的生活状况，并进行对比。从而引导学生联系中国 50 年代的生活状况并分享感受。

（1）文本语言特征：文本整体时态是一般过去时，其中生词有：

machine，record player，central heating，second-hand， fridge，学生可以根据语境猜测出其含义。

（2）文本结构特征：大部分为陈述句，以第一人称的口吻描述当时其家庭的生活状况。

（3）文本文化内涵：本课为第一课时，侧重对阅读内容的理解，关注50年代的人们生活中的不易，如：睡觉穿袜子，没有中央供暖冬天饱受寒冷之苦等，最后结合表格中的细节信息和语言进行输出性活动。通过本课学习，引导学生了解以前人们的生活状况，珍惜现在的美好生活。

这篇课文由两部分组成，分别写的是两个来自美国和英国不同家庭在50年代的生活情况。但由于50年代对于当今学生比较陌生，笔者便联想到利用“时光机器”进行导入，将学生带入50年代。

（1）读前环节

教材中出现了一张家庭黑白照片，照片有鲜明的指向性，其中出现四口之家，以及非常有年代感的黑白电视机。所以笔者决定利用这张黑白照片入手进行读前预测。之后是读前环节，要求学生快速浏览文章找出关键词并回答两个问题，即这两个家庭住在哪里以及两个家庭的主人公的名字。第二个环节则是利用教材中给出的黑白照片让学生快速阅读，画出文中依据，找出这张照片来自哪个家庭。

（2）读中环节

由于学生来自普通学校，笔者便将难度降低，阅读文章的过程便是填表格的过程，根据表格中所提供的信息找到关键词并填入相应位置，在这一环节教师须给予学生充足的信任与时间。这也是笔者的一次大胆尝试。当学生们遇到生词可以根据上下文猜测词义或直接忽略跳过。让学生们意识到有些词汇不认识也不会影响理解文章。这对于词汇量不够的学生来说，是一个很好的阅读技巧，也是一个很好的考试技巧。因为在考试中遇到不理解的生词往往不会影响对整篇文章的理解和题目的回答。在填完表格之后及时进行小组讨论分享自己的答案，同时也要找说明出处，这是一个表达输出的过程也是自我检测的过程。小组讨论之后分别回答问题核对答案。

（3）读后环节

下一个环节则由大组活动转为小组活动，即两人一组任意选择一个对话进行输出，这一步是对学生文章理解程度的一个考察。由于教材的跳跃性很强，我们挖掘的价值观则是过去的生活与现在的生活做对比，使学生了解过去并且更加珍惜当今的生活。但由于文章是关于美国和英国 50 年代的生活，为了联系学生实际，我们则把地点转移到中国的 50 年代。学生都是 00 后，对中国 50 年代的生活了解甚少。于是笔者便利用非常直观的 50 年代中国的生活水平图片进行展示。为了和今天幸福生活进行对比，笔者从网上找到 50 年代中国贫苦生活的照片让学生体会。笔者则同样使用图片来展示现在生活水平的进步。展示完这两组图片之后让学生谈一谈自己的感受。最后一个环节是输出环节，笔者根据文章结构提炼出一篇小短文，其中包含课文中的一些词汇，要求学生诵读。

本次授课建立在我对文本充分分析的基础上，真真切切地体验了理论到实践实施的过程，以下是感受最深的两点：这是一节由复杂到简单的阅读课。学生之所以感觉阅读课枯燥无味一个原因就是文字量大，不知道自己为什么读，不知道读它的意义。从而也就失去阅读的兴趣。而基于文本分析的阅读课则恰恰避免了这个问题。其挖掘出的文章意义。把为老师而读转变成学生自动地为了达到某个目标而读。第二个感受就是流畅，在课堂中学生们学习积极性提高了，学生们的英语基础相对薄弱，但在这节课中同学们表现都很积极，积极参加小组内的讨论并可以勇敢地举手回答问题。由于在课前对文本分析进行了大量准备工作在课堂中每一个环节的逻辑性相对较强，一堂阅读课，输入到输出过程比较流畅，内容也比以往更加丰富。阅读课其实是变简单了。老师在课前所做的文本分析一点不浪费，它的好处全部体现在课堂中。老师与学生都开心，学生能力得到不同层次的提升，一节课下来，每一个学生都有自己的收获。

呵护人生最美好的开端

长陵学校　徐小雪

一二年级的孩子初入校园，对校园的一切充满了好奇与期待。作为一名《道德与法治》教师，我最大的心愿是呵护孩子对校园的好奇心，呵护他们人生最美好的开端。孩子们纯真的笑脸、天真的话语，是对我每一天教师生活的鼓励。在每一课的教学过程中，在与孩子互动的过程中，我都感受到了孩子们对于未知世界的渴望，也更让我明白教好《道德与法治》，意义深远。

一二年级学生，好奇、好动、喜欢模仿，有直观、具体、形象的思维特点。他们学习积极性高，探究意识强，对各种各样的游戏和活动有着浓厚的兴趣。在教学过程中，我一直主张的是寓教于乐，围绕孩子的生活展开问题的探索。我的教学设计主要从孩子的视角出发，将要讲解的内容渗透其中，达到“润物细无声”的目的。其中，在讲授《我爱家乡山和水》时，给我的印象最深，更让我坚信了教学与生活相连接的重要性。

《我爱家乡山和水》一课，希望孩子们在本课可以通过多种实践活动了解家乡的自然、人文环境，了解家乡的故事；同时能够感受家乡的美好，激发热爱家乡的情感。但是学生年龄小，对家乡熟悉的一草一木缺少主动发现美的能力，更缺乏情感体验。长陵学校地处十三陵镇景陵村南，世界文化遗产——明十三陵就在附近。班级学生大多数来自周边村落，比如：昭陵、定陵、长陵、献陵等。孩子们从小生活在这里，但是对于明十三陵的历史价值、经济价值、文化传承价值却知道得不多。如果孩子们想要了解家乡，热爱家乡，还有哪些能比认识“明十三陵”更重要的呢？

我坚信“走近”家乡才能够逐渐“走进”家乡。于是，在学校的大力支持下，组织二年级全体学生按照“石牌坊—大宫门—神路—长陵—定陵”的顺序进行了参观活动。每个小组根据任务单，有目的地进行参观。任务单的问题设置紧紧围绕“家乡”主题，保证了本次参观能够达到实际效果。参观结束后，我鼓励学生去收集相关的传说故事、典型事迹，通过手抄报、记者站采访、视频等多种形式去呈现自己对于“明十三陵”的认识，对于自己家乡的认识。

在上课过程中，这样一个场景让我记忆犹新。根据孩子们的实际参观顺序，我们分小组介绍了石牌坊、大宫门、神路这三个景点，孩子们的介绍绘声绘色，有的甚至还讲起了从奶奶那里听到的故事。课上到这里，孩子们对于自己的家乡已经有了初步的认识，并因为伟大的明十三陵在自己的家乡而感到骄傲，接下来就是我们师生一起认识长陵的教学环节。

首先，3组组长孟林夕从作用、修建时间、规模、构造、保存现状5个角度介绍了享誉世界的祾恩殿。她的小助手单英杰还煞有介事地当起了小老师，进行了提问：“其实祾恩殿最珍贵的东西她还没有提到，你们知道是什么吗？”大家毕竟都是听导游讲解过的，谁都不甘示弱，异口同声地回答：“金丝楠木！”单英杰接着问：“那咱们看到的金丝楠木有多高，有多粗呢？”下面的同学纷纷比画了起来。最后3组的同学为我们做了一个演示，4名同学手拉手才能抱得住一根金丝楠木柱子。他们接着补充：“金丝楠木柱子不仅粗，还特别高，导游阿姨说大概有14米，相当于3个教室叠起来那么高。”认真听的同学们纷纷发出了惊叹声。眼看他们组的分享就要结束了，我实在忍不住插话了。我问道：“祾恩殿建造于600多年前，那时候没有火车、汽车，人们出行几乎就靠骑马坐轿。生长在几千里之外的金丝楠木是如何被运到北京的呢？真是想不明白啊！”我的问题一抛出，又激起了全班讨论的小高潮，大家你一言我一语，争论不休。有的说是纯靠人工去拉、去拽；有的说是等着雨季发洪水去冲……真可谓是天马行空，大开脑洞。在孩子们充分地表达了自己的想法后，我播放了一则《长陵金丝楠木运送纪实》的小视频，为他们解决了疑惑。他们不禁感叹起了我们祖先的智慧。我接着补充：“在600多年的时间里，十三陵地区发生过地震、下过暴雨，但祾恩殿并没有坍塌，也没有漏雨，还保存得如此完好，你有什么想说的吗？”有的说：“这是祖先的智慧，为他们感到自豪！”有的说：“我为生在十三陵，长在十三陵感到骄傲！”有的说：“我们应该好好学习，建设家乡，让她变得更美！”……此时，不用再进行过多的渲染，班级里已经形成了一种“热爱家乡，建设家乡”的浓厚氛围。此后，我们又一起认识了定陵，认识了明十三陵给家乡带来的影响。课的最后，我进行了总结：“不知不觉中，十三陵已经影响了我们生活的方方面面，这些古迹已经成为我们家乡不可分割的一部分。看来，十三陵绝不仅仅是一座建筑，它更是咱们家乡的象征、家乡的灵魂！”

回顾整堂课的教学过程，我主要担任着主持人的角色，基本上由5个小组长带着大家一起交流、汇报。这种完全的放手，得益于孩子们前期大量的调查访问和信息搜集整理工作。同时，这也是我们走“近”明十三陵，走“近”生活的一次尝试。从这次教学过程中，我更加感受到了联系学生的生活实际，挖掘学生的真实生活事件来辅助教学的重要性。引导孩子对生活中的一些行为进行分析和总结，从而让学生明白一些生活的道理，接受生活方面的启蒙教育，同时能够有效地提高学生的知识运用能力，帮助学生解决一些生活中的小问题、小矛盾，有效地丰富学生的生活经验。

教学是一门有缺憾的艺术。即使思虑百遍，在真正上课的过程中，还会发现不足，发现瑕疵。或许这就是教育能够吸引人的魅力之一吧！作为《道德与法治》教师，我会在以后的教学过程中，既关注学生道德素养的提升，又关注学生法治意识的培养，充分发挥《道德与法治》课程的育人功能，德润心灵，法护成长，呵护孩子人生最美好的开端。

专家指导是提升教学能力的捷径

亭自庄学校　常颖

在过去的一年中，我们学校参与了“四校联盟学科建设”项目，我很荣幸能够作为被培养教师参加了本次活动。作为英语学科的“种子”教师，我先后获得两次机会，上了两节课，得到了专家——西城区教研员徐雨玲老师的指导，徐老师从听课到评课，全程认真耐心，并在课后给予我很多具有实用价值的教学建议，徐老师的指导和点拨，帮助我在英语教学方面收获很多。在素质教育和新课程的大背景下，我们教师要提高英语教学效率，提升教学质量，在英语课时相对较少的情况下，我们只有不断追求课堂的有效教学，努力向课堂要效率。专家指导不仅对教师的教育教学和学科专业素养有很大提升，而且也对于促使教师更加关注学生和课堂有许多助益。

一、“专家指导”立足课堂，重视实践能力的培养

“专家指导”聚焦教师、课堂、学生，结合学生的实际水平和能力以及教师的教育教学风格等具体情况，指导教师的教学理念和教学实践。从听评课到交流研讨，每个阶段专家都能够用理论指导教学实践。

二、“专家指导”按需施教，提供有针对性的指导

在专家的引领下，教师获得了个性化的指导，即更加关注教师已有的个体背景和经验，进行“一对一”指导，对每位教师的具体问题具体分析，确保每位教师得到个性化的发展。在有机会参与该项活动的教师中，有经验比较多的老教师，也有刚毕业的年轻教师，还有处在专业发展中间阶段的教师，面对不同水平的教师，专家都能给出个性化的指导：指导有经验的教师培养和提升其

教育理论和教育能力，促使其将教学经验上升为教育理念，提高教研能力；指导年轻教师对不同教学情境的分析和灵活处理能力，帮助他们分析研究教材，把握教学重点、难点，注意教学设计的系统性、精炼性等等；指导处于中间阶段的教师，找出问题、研究对策、突破瓶颈。这些个性化的指导，既尊重了教师和学校的特点，又能促进教师的专业发展以及学科教学的发展。

三、“专家指导”学科建设，推动教学的良性循环

专家指导促进教师成为“反思型”教师。反思是教师专业成长的重要组成部分，在专家的指导和推动下，教师之间以相互讨论、交流、课堂观摩等形式，促进教师对课程标准、教师角色、教学内容、评价方式、教学方式等进行全方位的反思。教师通过不断地自我反思，调整和改进教学实践，教师自己的专业化自主发展能力得到可持续性的发展和提高。专家引领，促进教师成为 “实践型”教师。通过专家的指导，教师在教学实践方面的能力大大提高并拓宽了视野，教师的教学实践能力得到了充分的展示和提升。 专家的引领，推动着教师成为“研究型”教师。专家指导和帮助教师树立教学和研究相结合的意识，把教材教法研究和技能训练研究当作是更新教学理念和提高教学技能的途径。通过教研活动，教师初步形成了自己的教研模式，即发现问题和解决问题，在解决问题的过程中反思和研究，最终提高教学效果。

四、“专家指导”受益匪浅，促进师生的持续发展

通过“四校联盟学科建设”项目的活动，我作为受益教师，收获良多。

（一）建立和谐的师生关系

在英语课堂教学过程中，创设轻松、和谐的课堂教学氛围非常重要，可以让学生处于积极的情感状态中，产生良好的心理效应，更加主动、愉快地学习。教师要努力做到在课堂教学中，尊重每个学生，积极鼓励他们在语言学习中大胆尝试；要特别关注性格内向和学习有困难的学生，尽可能多地为他们创造语言实践的机会；要善待学生的错误，保护他们的自尊心和积极性，培养他们乐于模仿、敢于开口、积极参与、主动请教的学习习惯。

（二）激发学生的学习兴趣

学生语言能力的高低在很大程度上受制于学习兴趣的程度。学生学习兴趣的培养是多方面的，是在一定条件的影响下发展的，由于每个班级学生学习情况有所差异，因此，教师要创设符合自己学生学习需求，能激发他们学习兴趣的教学活动，以此来增强英语课堂教学效果，提高学生的英语学习质量，把新课程标准提出的要求落实到实处。

（三）创设良好的教学情境

英语课必须设计适当的活动和情境，让学生们不知不觉地置身于英语环境中，感受到学习英语的乐趣。情境化教学不仅能够营造氛围和意境，更易于创造、模拟语言学习环境，促进教学有效进行。因此，英语教学必须从学生的生活经验和已有的知识出发，根据教材内容，创设生动有趣的教学情境，使学生通过学习活动掌握基本的知识和技能，激发学习兴趣和求知欲。

（四）因材施教开展分层教学

每个学生都不一样，我们要根据学生因材施教。学生有不同的性格，不同的气质，有些学生擅长听说，有些学生擅长读写……每个学生都有自己擅长的方面。所以我们在教学的时候要充分利用每个学生自身擅长的方面，让他们获得成功的体验。同时，在分配小组合作活动时，也可以根据学生的学习特质、学习状态来分配，让不同的学生相互影响，让他们互相学习对方的长处。对于学习跟不上的学生，教师可以给他们定低一点的目标，以基础知识为主，让这些学生也能达成目标，不泄气。总而言之，就是让每个学生都能达到与自己水平相当的学习目标，取得属于自己的成功，并能始终保持对英语这门学科的学习兴趣，最终达到提高教学质量的目的。

五、结语

“四校联盟学科建设”项目旨在关注我们的课堂，课堂既属于教师，也属于学生，课堂可以说是教师的基地，也是学生的舞台。因此专家指导教师的同时还要更加关注学生，从学生的实际水平和学习能力出发，设计适合学生的教学过程，在培养学生原有优势的基础上，发展学生的核心素养，给教师和学生都带来了不小的收获。专家的指导能够结合学生的学情以及教师自身的教育教学风格，为教师的教育教学注入有针对性的实用方法，帮助教师打开教学眼界，更新教育理念和思维，给教师提供有可操作性的教育教学方法。从听评课到交流研讨，专家都能够用理论指导教学实践，在实践中检验理论、发展理论，达到学以致用的目的。这种以教师发展为基础，以培养学生核心素养为目标的学科建设活动，让教师和学生都能受益。

三 学生成长感悟

郝老师——生命中的那颗启明星

长陵学校　王芙蓉

启明星，寂静深夜中最耀眼的星。也许无人注意，但对于孤寂前行的人，它便是太阳一般的存在。

那是六年前的一个清晨，秋风萧瑟地吹过无知的孩童，我在其中，看着伙伴们一个一个被叫走，心中不免有些失落。终于一个悦耳的声音穿透秋风，穿越人群，传入我的耳朵，年幼的我抬起头，看向那个声源，她微卷的长发正随风飞舞，双眼中的朝气，嘴边自信的微笑让我的目光顿住了，“这是我的班主任。”我心中充满了喜悦，从未想过自己会与这个漂亮的班主任经历那么多，多到影响我的一生。

小小的我，总会犯低级错误，而她总会耐心指导。

二年级毕业考试，作为班中的尖子，我一如既往地被她列在了年级双百的名单，我很开心能被重视，同时也珍惜。可是，老天总是喜欢开玩笑。也可能是我太过自信，总之，结果……一道十分的题空着没做，拿到试卷后，原本有些自信的心好像一路跌到了悬崖底。她把我叫到办公室，仍是那张充满朝气的脸，嘴角的微笑却不见了。“老师，我错了。”我的手紧紧攥着试卷，头低低的。“其实这不是我想听，我觉得这次是对你的锻炼，让你知道，做事一定要细心。”她的声音柔和却又有力，一字一句地烙在我的心上。她用温暖的手，摸了摸我的脸：“加油，相信你可以的。”

四年级毕业，她因病不再教我，我还因此大哭了一场，特别是在得知她的病情后，我真的害怕再也见不到她了，可当她重新与我面对面时，我心中的开心激动无以言表。我不知她在治病的期间都经历了什么，我只知道她回来了，虽然她没有立刻回到讲台，也没有了那几年前的容貌，可她眼中的朝气并未减弱，反而更加充盈了。在我眼里，她永远都是当年满眼朝气叫出我名字的老师。如果说这件事情教会了我什么，我会说：“她用实际行动告诉了我如何面对人生中的风雨。”

小学毕业了，我如愿以偿地考入了心仪的初中。记得当六年级学期接近尾声时，她在操场上叫住了正要出操的我。她拍了拍我的肩膀，微笑着说：“到了初中一定要好好学，使劲儿学，听到没有？”我一个劲儿地点头。那次我从她的眼神中看到了欣慰、满足，我恍惚觉得我没有辜负她的期望，而且，那一句“到了初中一定要好好学，使劲儿学”我一记就是三年。

小学正如四季中的春天，一切都是新的，是有朝气的，小学生正如一棵棵刚被栽下的小树。我很庆幸，我遇到了一个好园丁，她给我悉心地浇水、施肥，让我成长。她教会了我细心、坚韧、永往直前。她塑造了我半个性格，让我变得不骄不躁，不言弃。

我很庆幸在我处在一片漆黑，没有尽头的人生道路中时，有一颗光芒万丈的启明星——郝老师将我照亮。

我的一次成长经历

长陵学校　刘颖媚

暮霭沉沉，沿着窄窄的小径往前走，习惯性地向那所早已荒废的故居一瞟，明知道空无一人，但却因为那次经历，使我顿悟、使我懂得、使我成长。

我的爷爷是一名战士，他曾生活在战火硝烟之中，是在战场上与枪做朋友，认匕首做兄弟的战士。在一次意外中，他被地雷炸伤了，左半边的身体完全瘫痪，于是在他最后几年的时间里，不仅病魔死死缠绕着他，半身不遂的身体更使他苦上加苦。

爷爷在生命的最后几年中，被查出患有脑血栓。这使他说话不清楚，情绪突然变得反复无常，会出现智力障碍、不明事理。那个时候的爷爷像个小孩子一样生活完全不能自理，那一天爷爷被送到了我们家的楼房。

爷爷一进门，最大的变化是苍白的脸庞因为生病而越来越尖细的下巴，微抿的薄唇没有一丝血色。那时的我还小，他的面孔留给我最深的感触是恐惧，而不是心疼。爷爷被从轮椅推上了床，不大一会儿他就开始肆无忌惮地往地板上吐痰，这一处那一处，地板就像被口香糖黏住了一样，看起来既令人作呕，也很难清理。这时的我不开心了，心里想道："地板那么干净，这下被爷爷给弄得那么脏，他可真不讲卫生！"当我拿过垃圾桶放在他床边，并耐心告诉他垃圾桶的作用，叫他不要再乱吐了，只见他笑眯眯地点点头。

天真幼稚的我本以为这样子就没事儿了，可是没想到不一会儿他又吐到了地板上，那垃圾桶那时候好似一个摆设……看着地板脏兮兮的样子，我恼羞成怒，开始变得不那么喜欢爷爷了。

爷爷吃饭的时候，需要爸爸妈妈来喂他。这服务我觉得已经很到位了，可谁知他并不领情，遇到自己不爱吃的菜，就会大发雷霆，变得易怒，跟个孩子一样大吼大叫。情绪化的他眼睛瞪得通红，嘴巴里面即使有饭菜，只要有空间，那就要跟你嚷一嚷。我变得更加不喜欢爷爷了。

别看他已经高龄，但是年轻在战场上的辉煌时刻，他就像台行走的相机，一举一动都记得那么清楚，所以我无聊时就会听爷爷给我讲战场上浴血奋战的故事，那时候觉得他就是我心目中的大英雄！这使我很敬佩他，但那时候仅仅就是敬佩，并无爱戴之情。

时间匆匆而逝，忽然有一天下午，我接到了妈妈打给我的电话，电话的那头仓皇的声音对我说着："你爷爷快不行了，已经被送到抢救室，你快来医院。"听完这句话的我，脑子一片空白，但身体已经奔向医院。在路上我眼神呆滞，甚至怀疑刚刚是不是有人打错电话，是不是我听错了，是不是……总之那一刻的我脑海里想了无数种可能，但就是没有想，爷爷是真的如电话所说。

到了抢救室外面，耳边回荡着救护车的声鸣，眼前浮现心电图此起彼伏的线条，我无助地开始心里默默祈祷："求求你，放过我爷爷好吗？我不嫌弃爷爷了，好不好？我们家的地板还需要他的特殊杰作，我还想看到他吃饭发脾气的样子，我还没有听够他给我讲的往事……"

最终抢救室出来的是盖着白布的一辆推车，可我还有太多太多事情没有看他做……家人们的痛哭声使我更加懊悔,我为什么不在长辈有限的生命里，去好好照顾他，去关心他，去敬爱他？我逼问着自己，真想回过去给自己一记响亮的巴掌。

从那一次后，我懂得了珍惜眼前的亲人们，我希望在今后有限的时间里，去尽我所能孝顺长辈，去尝试理解他们，别等自己岁月在嘀嗒嘀嗒的钟摆摇动着中渐行渐远，才知道后悔，才想要重来。那一次后我成长了，我告诉了自己一定要珍惜眼前人，莫让时间抢先了一步，去阻拦你想做的事！

成长路上的关爱

百善学校　郝天硕

我是一个性格内向、敏感、有些自卑的七（4）班男生。起初，由于我不太爱说话，每天都是独来独往。虽然同学们并没有疏远我，但我总觉得和他们之间像隔着一堵墙。每到课间，看到同学们三个一群、两个一伙地在楼道、班级中聊天，用现在的流行语来说，我真是“羡慕”“嫉妒”啊！

我们的班主任李老师是一位非常和蔼可亲的女老师，她的年龄和我妈妈差不多，脸上总是带着甜甜的微笑，说话的声音非常柔和。无形中，让我对李老师有了几分亲切之感，看到李老师就像看到了妈妈一样。李老师还有一双洞察一切的慧眼，短时间内对班上的同学了如指掌，连每一位同学的字迹都可以分辨得清清楚楚，这让我对李老师更是心生佩服。

刚刚开学两个星期，李老师把我叫到办公室，告诉我这学期要重新选班委，并让我竞争体育委员这一职务，我吞吞吐吐地说：“老师，我不行，体育委员不但要负责体育活动时的纪律，还要在所有同学面前给他们整队、喊口号，我觉得我的能力不够。而且咱们班里有一个小学做过军体委员的，他比我经验丰富，而我只做过几天代理的。”我不敢抬头对视老师的目光，只觉得脸颊是热热的。李老师亲切地说：“你抬起头来，老师觉得你能胜任，没有哪个人是天生会当班干部的。”老师那慈爱的目光让我充满力量。她拍了我的肩膀，坚定地说：“你一定能行，有困难就来找我，我可以帮你解决。”于是老师为我详细讲解了作为体育委员的职责，告诉我认真准备竞选演说词。老师的一番话语给了我几分自信与坚定。就这样，我便在家里精心地准备竞选演说词，反复修改了几次，爸爸、妈妈、爷爷、奶奶都是我的观众，不知道练习了多少遍。李老师也当了三四次的听众，每次听完她都用慈爱的目光看着我说：“明天还想听你的演讲。”竞选的这天终于到来了，我从没有站在大家面前演讲过，内心充满紧张，但并没有胆怯。因为我再次看到台下李老师亲切的目光，听到同学们鼓励的掌声，我的全身充满了力量。我落落大方地演讲着，台下同学们吃惊地听着我的演讲，用不可思议的眼神看着我，热烈的掌声让我感到被从未有过的力量充斥着,我知道同学们也在为我高兴，觉得我不再自卑了。演讲结束，同学和老师都给予我充分的肯定，使我获得了自信，让我坚定了“我能行”的信念。最终我也成功地获得了体育委员的职务。

工作开始了，我每天负责班级中的体育活动，组织人员参加运动，看管纪律。当有人不认真时，我会去提醒他如何去做，并鼓励他可以做得更好；有人在交头接耳时，我会去善意地提醒他；谁随便扰乱课堂纪律，我会严肃地批评他。由于同学们对我的信任，对我工作的支持，我们班每次参加体育活动时都会获得好成绩，一张张“体育优秀班级”的奖状不断地激励着我前行。除了负责班里体育活动的管理，我还组织同学们在跑步前做热身活动，同学们也都十分地配合我，口号声整齐而洪亮。

当然，工作中也有不顺利的时候。记得一次广播操比赛的练习中，我搞不清我们班比赛的位置，总带错队；由于紧张，还总喊错口令。李老师看到我的不知所措，并没有指责，而是带着我找位置，并且帮我找标志物。她陪着我跑点，纠正我的口号，让我更快地找到位置。经过几天的指导，我能十分准确、迅速地找到我们班比赛的位置了，口号也能精准无误。比赛那天，我又再次自信满满，声音洪亮而有力，成功地完成了带操任务。可以说，每一次的收获与成长，我都要感谢李老师的陪伴与帮助。

现在我不但是体育委员，还当上了数学课代表，经常会帮助数学有困难的同学补习功课，给他们讲我的学习方法，现在同学们都喜欢和我在一起探讨各科功课，和我一起参加学校组织的活动。现在的我交了好多朋友，他们都喜欢和我一起学习、一起玩耍。

那个性格内向，甚至有些自卑的男生不见了，楼道中看得到我和同学们一起快快乐乐、有说有笑的身影了；课堂上总能听到我大声回答问题的声音，我变得外向、开朗了，成了一个阳光男孩。

成长的路上我不会忘记那慈爱的目光，不会忘记那一次次的陪伴，不会忘记那一次次的评价和鼓励。我要由衷地说一句："谢谢您，李老师！"

成长的蜕变

阳坊中学　高志远

学校的玉兰花又一次凋谢了，取而代之的是苍翠的绿叶，而我也在这个夏天离开了这个教育我、陪伴我三年的校园。想想这三年还有什么遗憾吗？好像并没有了。再想想这三年自己得到了成长了吗？我想一定是的，这三年我已经从一个稚嫩顽劣的小孩子蜕变为一个坚韧阳光的少年。我得到的所有成长离不开老师们和同学们对我的影响。所以今天我再一次回到了校园，望着一片片的玉兰树林，我非常的感动，过往的琐事一幕幕映入我的脑海中，泪珠也渐渐地从眼中流出。

那年夏天我来到了阳坊中学，遇见了我的班主任黄老师，她中等身材，面庞看起来十分和蔼可亲，从她黑色的大框眼镜中透露出来的目光，是那么的炯炯有神、和善近人。她的声音十分细腻，那是一种来自南方的独特的韵味，黄老师总是把自己打扮得很优雅清新，因此班上很多人把她亲切地称为“黄姐姐”。

最开始我们和黄老师相处得还是很愉快的，但当我们跨过从陌生到熟悉这个过程之后，我就开始了“捣蛋之旅”。我经常在课堂上不顾影响地接话茬，大声讲话，甚至还会和同学打架，从来不顾及别人的感受。伴随着这样种种的作为，我和三班这个大集体的矛盾越来越大。每次犯错被黄老师叫到办公室去的时候，我都以为我会被黄老师痛责，实则不然，黄老师用温柔而又平静的语气告诉我很多道理。她告诉我：“如果你心情不愉快的时候，那就去阳台看看远方吧，浩渺的远方是无边无际。你应多看看多想想，如果一个人的心境过于狭小的话，那他会经常不开心，如果他的心境如天空远方一样包容万物的话，那值得他开心的事会有很多。”这些话我一直铭记于心，并且也付之行动。但是当初二时，发生了一件我一直愧对于心的事。我和同学发生了一些口角争执，起因是一件小事，本可以就此罢住，但由于我的不依不饶，我和那个同学打了一架。过后我被黄老师叫进办公室，我低着头红着脸走进去，可是黄老师并没有批评我什么，只是平淡地说了几句就叫我回去了。那时我心里十分复杂，我宁可黄老师多批评我几句而不是这样，于是我十分惭愧地走进了教室。接下来的数学课，李老师叫我起来，我看李老师的神色十分凝重，我知道这次肯定会大批我一顿。我注意到李老师刚要说话的时候她的泪水就已经下来了，她说：“高志远，你能不能体谅一下黄老师，黄老师这一次都被你气哭了，你自己想想自己的所作所为，对得起黄老师吗？”我那时心里一蒙，恨不得打自己几下，黄老师对我那么好，我还这么对她，心里真的过意得去吗？下课后，我坐在凳子上傻傻地想了好久，内心对黄老师的愧疚久久不绝，我发誓我再也不会去干这些事了，我决定去找黄老师道歉。这一次黄老师的目光还是如以往那样和蔼，她希望我可以变得更好，不要再犯这些本不该犯的错误，把心胸放大，用自己最阳光的一面去面对他人。从这一次起我开始不断地努力，在学习的途中不断锤炼自己的心境，直至如今。

现在的我早已从一名顽劣、经常惹老师生气的小孩子成长为一名即将步入清华附中的高中生，我将谨记黄老师对我的教诲，它就像静海之中的贝壳，在今后的道路上，慢慢孕育出光芒熠熠的珍珠。

评价使我快乐，伴我成长

百善学校　崔可真

我是一名五年级的小学生，在学校这五年期间，我认识了许多的老师和同学，学习到了许多知识。我诚实、稳重、尊敬师长、团结同学、对人有礼貌，遵守学校的各种规章制度，按时上下学，从来不迟到、不早退，按时完成作业。我是班里的小组长，每天都负责收组员的作业以及带着他们打扫教室内和教室外的卫生。

一、事件起因

我们的小组成员有：韩赟昭、施壮、赵水萌、崔雅萱、崔浩哲。初当组长的日子里，我们组的作业总是收不齐，崔雅萱和赵水萌来得晚，作业还总是缺项少项，经常到校之后再补，这就导致我们组的作业总是最后交，我们组也总是受到老师的批评。

二、发展过程

这天，班主任李老师找到了我，对我说："可真，你们组怎么回事啊？每天的作业都是最后交。"我说："李老师，您不知道，我们组崔雅萱和赵水萌每天来得都很晚，而且他俩的作业还不够，不是少一组字就是少一组词，我还得等他们补齐了再交。"李老师想了想说："你作为一名组长，除了管理好自己，还要管理好你的组员，你说这个问题应该怎么解决？""要不您把我撤了吧，我们组有他俩，我这组长的工作就干不好。"我沮丧地说。听了我的话，李老师本来面带笑容的脸立刻就没了笑容，她语重心长地说："孩子，在人生的旅途中，如果遇到困难不想办法面对、解决，而是选择当逃兵，那么你将永远一事无成。”听了李老师的话，我羞愧地低下了头。李老师慢慢地走到我的身边，轻轻地搂着我，继续说道：“你在老师眼里，一直是个好孩子，稳重、聪明，我相信你一定能把你们小组管理好的，对自己有信心吗？”听了李老师的话，我沉默了，心里进行了强烈的思想斗争。终于，我下定了决心，对李老师说：“您放心吧，您交给我的任务，我一定能完成！”我挺胸抬头，在老师面前做了保证。

之后，李老师和我交流了如何让我们组按时交作业的方法，李老师提示我，首先要对崔雅萱和赵水萌两个同学提出要求，要求他们头一天把作业记全，并把作业保质保量地完成，第二天提前几分钟到学校，到校后第一时间交作业，不允许在学校补作业。然后李老师制定了竞赛机制，比一比每天的作业哪组最快交齐，前三组同学奖励小组印章，一个月一总结并评选优秀小组及优秀组长。有了这个奖励，我和组员们都很积极。我们提前到校，到校后第一时间交齐作业，都不用我想着，也不再像以前似的，追着他们要作业了，现在是他们催我、催其他组员交作业。虽然我们在第一个月月末总结时，没能评上优秀小组，但是经过我们几个人共同的努力，在第二个月，我们组终于光荣上榜了。拿到奖状的时候，我们几个人无比兴奋，这是我们共同努力的结果。之后，李老师说：“孩子们，在这个月的评比中，有一位组长，她特别用心地管理自己的小组，在她的带领下，他们小组从落后到领先，他们付出了很多，所以本月的优秀组长崔可真同学当之无愧！”接到老师双手递给我的奖状，我的心情既高兴又沉重，我知道这张奖状也有李老师的功劳，如果没有李老师在背后对我默默的支持和鼓励，我们也不会有今天的进步。同时我又想到：今后工作还很长，我一定要严格要求自己，并带领我的小组成员，做得更好。

三、结果和反思

和李老师相处五年了，虽然李老师生气的时候也会批评我们，但更多的是表扬与鼓励，我觉得正是李老师的鼓励，才让我逐渐告别过去那个浑身是毛病的自己，才有了今天这个相对更好的我。老师的鼓励使我成长，老师的鼓励使我进步，老师的鼓励使我更优秀。我相信，在今后的日子里，只要有老师的鼓励与陪伴，我一定会一步一个脚印、一步一个台阶，做最棒的自己！

四 教育论文

在语文教学中如何培养学生的联想和想象能力

长陵学校　于畅

内容摘要：培养学生的阅读能力和写作能力是小学语文教学的基本任务，小学语文教学的重要目标之一是想象力的培养。新课程标准里对小学语文做了新的要求：既要加强学生语言能力的训练，更要培养学生的创造能力、思维能力、想象力。想象力是小学语文教学的重点内容，有利于提高小学生的语文能力。我们要在课堂教学中创造条件，引导小学生主动地、创造性地学习语文，培养学生的联想和想象能力。

关键词：想象力　培养　创造性思维

培养学生的阅读能力和写作能力是小学语文教学的基本任务，小学语文教学的重要目标之一是想象力的培养。联想与想象既然在小学语文的教学中发挥着重要的作用，那么作为一名小学语文教师，究竟应该按照怎样的思路去激发学生的联想以及想象呢？

新课程标准里对小学语文做了新的要求：既要加强学生语言能力的训练，更要培养学生的创造能力、思维能力、想象力。想象力是小学语文教学的重点内容，有利于提高小学生的语文能力，如：提高素质、增强技能、积累语文……小学生时期是想象力表现最活跃的时期，只有创新的想象，才有创新的活动。创新能力的培养是现代素质教育的重要内容，是小学教育的基础，也是创新教育和想象能力培养的基础。

在小学语文教学中运用联想与想象的方式，具体的思路应该是按照学生学习的特性进行的。从学生识字的阶段开始，就要充分利用课堂这一主阵地，在对学生进行识字、听说读写的教学中，因势利导，充分挖掘教材中的有利因素，以这样的思路来努力培养和提高学生的联想和想象能力。

一、拓展字词教学，激活学生思维想象

在汉字演变的过程中，汉字在形体上逐渐由图形变为笔画，象形变为象征，复杂变为简单；在造字原则上从表形、表意到形声。因此，在识字教学中，抓住这些特点可以有效地培养学生创造性和想象能力。如在教“坐”字时，我先让学生拆字，知道这个字是由两个人和一个“土”字组成的，接着我问学生：“这个字让你想到了什么？”学生们根据这个字形和组成此字的部件，很快想到了两个人坐在地上休息的情景。思维越活跃，想象力就越强。在教学生字时，引导学生根据字音、字形、字义想象编字谜、猜字谜，从而达到识字的目的。使用这些方法既能激发学生学习的兴趣，又能培养学生的想象力，激活学生的思维，从而使学生牢固地掌握了生字。

二、借助多媒体技术

集图、文、声、像于一体的现代多媒体技术，通过借助声、光、电的神奇效果，刺激学生的感官，并用它丰富多彩的信息创造了广阔的空间，是激发学生学习兴趣的最有效的手段。 比如二年级《雷雨》这一课，学生对雷雨前中后的景象理解不是那么深刻，画面感不强。那么利用多媒体技术正可以弥补这些不足。在课堂教学中，我通过展示不同的动态画面并配合相应的音乐背景，通过特定的教学情境的创设，将学生在生活中相关的表象积累引发出来，学生的想象力得到了激发，达到了很好的教学效果。学生通过联想和想象，在相应的情境氛围中，如闻其声，如临其境。不但领略了雷雨前后的不同景象，而且在精神上得到了美的升华。

三、表演课文，激发学习兴趣，培养学生创新欲望

组织学生表演课文中的情景，能让教学情境真切地再现，通过指导学生扮演课文中的角色，还能让学生更深刻地领会课文，当他们站在角色的立场，表演角色的所见、所闻、所想、所感，他们的想象力和创造力就得到了充分的发挥。

《三个儿子》课文中的三个儿子面对着三个妈妈，当他们的妈妈拎着沉重的水桶走来时，力气大的只顾翻跟头，嗓子好的只顾唱歌，他们对妈妈手里的水桶视而不见；而那个“没有什么特别的地方”的儿子，却能帮助妈妈拎水桶，这样的儿子才是真正的儿子。通过孩子们自己的表演，不但让学生深入理解了课文，而且让学生发挥了想象力，通过视觉形象，再现了故事情节，深透地让学生领略了文本的内涵。

在低段阅读教学中教师要善于创设语言文字所描绘的情景，帮助学生加深对所描写事物的理解。在教学《纸船和风筝》一文时，先在黑板上画了一个山坡，一条小河从山上流向山脚，山顶上方画了一朵白云。老师一边描述一边贴图：松鼠和小熊是好朋友，松鼠住在山顶（贴上“松鼠”），小熊住在山脚（贴上“小熊”）。寥寥几笔，两幅贴画，就将学生引入课文所描述的情景中了。教学中，老师请学生把“漂流”“飘浮”这两个词语卡片和“风筝”“纸船”的贴图，贴在图中适当的位置，学生将“飘浮”和“风筝”贴在云朵上，将“漂流”和“纸船”贴在小河里。接着，教师请学生闭上眼睛，想象画面听读：山顶上再也看不到飘荡的风筝，小溪里再也看不到漂流的纸船了。然后老师问学生此刻的心情怎样？学生说：“我很难过，我很伤心。”老师顺势引导：学生不仅理解了“漂流”与“飘浮”，同时对语言的感受也就蕴含其间了。

四、进行阅读训练，发展创造性思维

语文教学最重要的一项就是阅读。通过阅读，学生各方面的能力会得到提升。阅读的手段是感知文字符号信息，而阅读的实质是思考。只有思考，才能发展学生的想象力，提高学生抽象思维的能力。所以，我在阅读教学中特别注意训练学生的创造性思维能力。阅读训练需要有一个独特的氛围，通过这种氛围，将一些积极的信息成功地暗示给学生，就能够触发他们的想象，使他们进入文本的意境。教学的效果就会水到渠成，从而发展了学生的思维。

低段的许多课文充满童真童趣，教师要引导学生想象自己是课文中的角色，去感受、体验、思考，去领会作者要传达的感情，进而培养语感。比如在教学《笋芽儿》一文时，我对学生说："现在，你们都是沉睡的笋芽儿了。"我把"沉睡"这两个字音读得很重，孩子们立刻把头埋下去，有的还打起鼾来。于是我轻轻地说："笋芽儿们睡得可真沉呀！我是春雨姑娘，笋芽儿，醒醒啊，春天来啦！"我继续按照课文的语言引导学生把自己当作文中的角色，孩子们自然地模仿笋芽儿撒娇地说话，模仿雷公公粗重的嗓音说话。入情入境，感受自然。

读好课文是成功进行语文阅读教学的关键，对培养学生的想象力也非常重要。通过阅读，才能实现语言的积累，通过反复的吟诵才能训练学生的语感。在学生的头脑中能不能形成如见其人的画面，只有体会到了才能沉浸在想象之中，才能进一步发展学生的创造性思维能力，学生的语文素养才会提高。

五、说话锻炼想象，展示创造成果

清晰的思维能让说话更加明确而且有条理。正是所谓"言为心声"。要想说话锐利而且有容量，就需要思维的深刻，要想说话意新而且有创见，就需要思维的新颖，要想说话敏捷而机变，就需要思维的活跃。

有些故事性较强的课文，在学生感到索然无味时，不妨来一点创新，让学生自己开动脑筋，放飞想象的翅膀，凭借自己的想象去寻找正确的答案，这样不仅拓宽了学生的思路，而且还激发了学生的学习兴趣。培养了想象能力。如教学《司马光》一课时，我问："你有什么办法能救出掉进大水缸里的小朋友呢？"这个问题让孩子们特别兴奋，瞬时，好多双小手高高地举起来了，我给了好几个孩子阐述自己方法的机会，有的说："可以用水瓢把水舀出来"；有的说："可以拿条绳子把小朋友拉上来"；有的说："可以放根大木棍在缸里让小朋友自己爬上来"；有的说："他们可以一起把水缸推倒"……听完孩子们天真浪漫的想象，虽然有些办法显得稚嫩，但是我仍微笑着点头鼓励他们，使他们感受到回答问题的快乐。最后我又问："你们的方法与司马光的方法比较，哪种方法好呢？"通过比较，孩子们体会到了司马光的机智、聪明，从而使他们对司马光有了深刻的了解，达到了良好的教学效果。

我让学生在学习课文的基础上，去探究更多的方式方法，使学生局限在一点上的思维得到了发散。使他们学会了站在不同的角度去思考问题，寻找答案，学生答案的丰富超出了我的想象。

六、创造有利于想象的时间和空间，激发学生想象活力

宽松的情境是想象的前提，想象是学生的创造性思维。只有在宽松的情境里寓教于乐，让学生感受到快乐和幸福，才能思路开阔，思绪飞扬。在课堂上留时间让学生去想象讨论，给学生想象的空间。在时间和空间充分保证的情况下，学生的思维能力才会最大限度地被激活，想象才会收到预期的效果。如教学《称象》一课时，我用一个透明的大玻璃缸，把曹冲称象的方法演示了一遍，在演示前让学生边观察边思考，曹冲称象的方法。“你能用自己的话来说说曹冲称象的方法吗？”我问。经过反复的演练，曹冲那聪明机灵的印象已深深地印在每个孩子的脑海中。孩子们懂得了曹冲称象的方法，“曹冲能想出这样巧妙的方法称出大象的重量,孩子们能不能也像曹冲一样，开动脑筋，想出比曹冲更好的方法呢？”只见一双双小眼睛望着我直摇头，但我不着急，让孩子再观察思考，我把演示的材料放在手里反复掂量着。不久，一名学生兴奋地站起来，说：“一块石头一般有几百斤重，甚至上千斤。曹冲用石头称象，结果的误差是比较大的。而且石头需要士兵们一块一块地抬到船上，再一块一块地称，又费时又辛苦！我用士兵来代替石头称象。一名士兵的体重只有一百多斤，用士兵代替石头称，误差要小得多。士兵们跑到船上去，不费吹灰之力。最后，只要每个士兵称出自己的体重，全部加起来，就可以知道大象有多重了。这样称不是更快更容易吗？”教室里的掌声一阵接一阵，就这样这节课在孩子们的欢声笑语中结束了。他们没有一味地从别人已经想好的思维角度出发，而是另辟蹊径。这不正是学生发散思维、充分想象之后得到的成果吗？

语文课堂正是学好语文的关键，只要我们善于去发掘、去引导，就能让孩子们心灵深处的图画更好地展现出来，就能让课堂变成一个快乐的海洋。

在语文课堂教学中，留出适当的时间和空间让学生充分展开联想和想象，不仅可以让学生品味、咀嚼、琢磨教材知识，还可以让学生学会独立思考、提问和探究，一堂可以激发学生想象力的课必定是有活力的课。这种激发学生想象力，让学生主动参与的教学模式，对于提高学生的发散思维能力，培养他们良好的情感和价值观意义重大。因此教育作为一项培养人才的事业，小学阶段的教师理应采用恰当的手段来训练学生的联想和想象能力，让孩子感受到生动的场景，让语文课变得丰富多彩，从而激发学生的想象能力，培养学生的创造性思维，真正提高语文教学的效率。

参考文献：

[1] 小学语文字词教学的有效策略 http：//www.docin.com/p-1100083913.html

[2] 浅论如何培养小学生想象力

https：//wenku.baidu.com/view/abbf1f412279168884 86d7ba.html

浅谈班主任家访的策略和艺术

长陵中学　马永珍

内容摘要：家访是每个班主任工作的重要内容，也是学校、家庭、社会三结合教育的具体实施。通过教师登门造访，与学生、家长架起联系与沟通的桥梁，织成家长与教师达成共识的纽带。成功的家访能使家长更加信任老师，使学生更加亲近老师，从而更好地完成教育教学工作，突出“以人为本”的教学理念。

关键词：家访　纽带　教育教学

一、班主任家访的目的和意义

著名教育家福禄培尔曾说：“学校必须与家庭取得联系。学校和生活的一致，家庭生活和学生生活的一致，是儿童时期完善教育的首要和不可少的条件。”家访，是每个班主任工作中不可缺少的组成部分，也是学校、家庭、社会三者结合教育的具体实施。

家访，是学校班主任工作的一项重要内容。班主任要搞好家访工作，进行家、校联系就显得特别重要。成功的家访，可加强老师和家长的联系，保持学校和家庭对学生教育的一致性和协调性，解决一些在学校难以解决的问题，同时，又增进师生感情，提高学生在家学习的自觉性。

当然，家访并不是一件简单的事情，成功的家访能使家长更加信任老师，使学生更加亲近老师，从而激发积极向上的决心。“亲其师，信其道”，这样会给班级工作带来巨大的动力，给教育教学工作带来有益的帮助。相反，失败的家访也会使家长对老师产生不该有的误解，会使学生对老师敬而远之，给老师增添新的烦恼，给教育教学带来阻碍。

因此，家访要掌握正确的方法，不能急于求成，否则，就失去了家访的意义，达不到家访的目的。人人都有家，但家家各不相同，各有特点。家访是让老师走进学生生活的各色环境，切身感受学生的成长环境，了解家长的文化素质，家庭教育状况、人员组成的基础上，对学生进行全面认识、分析、理解，真正实现“一把钥匙开一把锁”。

教师不但要家访，而且还要勤家访，架好和家长沟通的主桥梁。家访是沟通教师、家长、学生心灵的桥梁。家访时三者共处一室，促膝谈心，拉近了彼此心理距离，有利于交换意见，也有助于达成共识，是商量解决问题的合适办法。

老师上门家访，让学生感受到老师的关注和重视，这对学生是个激励，对家长也是个触动，容易在教育上形成合力，产生良好的教育效果。因此，教师家访的重点要放在学生身上，通过与家长谈话，了解学生在家的学习、生活情况，以及在家庭做家务中的表现情况；了解学生的兴趣爱好，了解学生的性格特征，窥探学生的内心世界。这样，通过了解学生的生活内容，发现学生的特长，依据不同的情况采用不同的方法进行教育，也让家长注意利用日常生活中的小事，鼓励增强孩子的自信心、进取心。

二、班主任家访要有计划性

教师家访，要有一定的计划性，要整体策划，要有实施方案。开学初，班主任要根据学生的学习情况和家庭情况，初步制订家访实施方案，做到有目的、有计划地进行家访，如果没有特殊情况则要严格按计划进行。

但在实施过程中，也可以要求学生根据自己在学校与家庭的学习、表现情况，自行申请教师家访，使自行申请与整体安排相结合，既体现了家访的灵活性，又体现师生之间的和谐、民主、平等的新型师生关系。

三、班主任家访前的准备

教师家访一定要有足够的准备。在家访前，针对该学生在校的表现，要客观准确地向家长交代。教师一定有足够的思想准备：这次家访重点是什么，要表扬哪一方面，优点是什么？不足是什么？所以，家访谈话要有方向、有目的，讲究艺术，切不可漫无边际地闲聊。

否则，在家访时，没有准备，漫无边际地交谈，会显得随意性太强，既浪费了自己的时间，也耗费了家长的热情，使家长对老师的谈话失去兴趣，达不到家访的目的。

在反映学生在学校的学习、行为表现情况时，不要一味地告状、批评学生的种种不良行为或只提优点，只说好的方面。要以表扬为主，从赞扬的角度切入话题，对学生的缺点用借桃喻李委婉地指出，通过表扬别的学生在某个方面的优点来提醒家长，让家长明白自己的孩子在这方面的不足，知道今后该朝哪个方向努力。这样，不仅在家长面前给学生留了脸面，拉近了师生距离，也使谈话气氛活跃，场面融洽和谐。

四、班主任家访时的艺术

家访过程中必须注意些什么呢？笔者就以往教师家访中出现的问题谈点体会，供大家参考。

第一，家访前要明确家访的目的，做好充分的准备工作，对被家访的学生要有很深的了解，不至于在家访的过程中手足无措，使家长产生教师对自己的孩子关心太少，家访只是形式而已的想法。另外还要有充分的思想准备，谈什么，怎样谈，如何针对心态层次不同的家长进行交谈。

第二，要尊重学生。特别是那些有多种缺点且学习成绩差的学生，要从爱心出发，不要以偏概全 ，一好百好，一差皆差。应该从表扬其优点开始，打开家访局面，使家长体会到严是爱、松是害，不管不教要变坏；向家长汇报时要挖掘他们在学校的点滴的进步，不要当面告状，不能把家访当作告状的机会，特别不能当着学生的面向家长数落学生，要告诉学生犯了错误并不可怕，可怕的是不改正，改正了就是好学生。

第三，家访中的语气要亲切，不要语调生硬 。 家访中偶尔会遇到极个别素质较低的家长。他们娇惯子女，放任自流，甚至对老师蛮不讲理。教师去家访，首先是客人的身份，不可针尖对麦芒，发生口角，使自己陷入进退两难的境地。谈话要言简意赅，话不投机就适时告辞。

第四，教师是人类灵魂的工程师，处处为人师表，家访过程中，老师的衣着、言谈举止都要体现一个老师的身份。有的家长出于感激之情，会送些礼物给去家访的教师，对此要婉言谢绝，不要接受家长馈赠的任何礼物；家访时选择恰当的时间，切不可在用餐时间上门，并且不要在学生家中用餐，留下一个正面的、光辉的形象也是很重要的。

第五，做好家访记录，及时反馈。家访时，尽量做好记录，一是对家长、学生的尊重，同时是为了及时反馈的必要。每次家访时，班主任要及时地写出详尽的家访记录，把家访过程、家访达成的共识，家访中受到的启发及家访中发现的问题一一记录下来。并根据学生在校内的学习、行为表现，结合家访中了解掌握的资料，及时反馈，对学生重新分析评估，制定新的教育方案和措施，不失时机地对学生进行深化教育。

五、班主任家访后工作的延续

与学生家长保持联系，设好交通岗。电话、纸条、书信是班主任设在学生心灵上的交通岗，家长充当家庭交通警察的角色，与班主任共同采取教育措施加以疏导。班主任可把学生存在的问题和点滴进步随时写信告知家长，家校共同配合教育、督促。如果讲的是学生存在的问题，家长就亮红灯，分析原因、寻找对策、采取措施，帮助学生解决问题。

如果是学生取得点滴进步，家长就亮绿灯，及时给予表扬鼓励，长期这样，学生就能形成良好的心理素质。

六、 班主任家访，是学校、家庭、社会三者结合教育的具体体现和实施

苏霍姆林斯基曾深刻地指出："若只有学校而没有家庭，或只有家庭而没有学校，都不能单独地承担起塑造人的细微、复杂的任务。"家访的过程，是学校、家庭、社会，相互学习、相互理解的过程。在家访中，教师既能向学生家长面对面地宣传教学改革的发展思路，宣传实施素质教育的全过程，又能就学生在学校与社会上的各种行为表现、思想动态等，与家长及时交流沟通，取得家长对学校教育的深刻了解和对教师工作的理解与配合。

同时，教师通过家访能及时掌握家长对学校教育工作中的要求与建议，全面听取社会各方面的意见，积极弥补教学过程中的不足之处，自觉改进教学方法，提高教学水平。因此，有计划、有目的地搞好家访工作，是因材施教全面搞好教学管理和班级工作的重要手段。

七、班主任家访心得

（一）家访工作要及时，要善于发现学生的闪光点，使之撞击产生火花，燃成照亮他前进的火把。

（二）在家访工作中要针对学生的兴趣爱好，帮助他们清除身上的消极因素，扬长避短，积极向上。

（三）家访工作要像医生治病那样“对症下药”，“救死扶伤”。

（四）家访工作应做到全员性，要面向全体，不留教育死角。

（五）家访工作要反复做，不要家访一次就止步不前。

总之，家访工作是班主任工作的一个重要方面，是学校教育在校外的继续。要使家访取得良好的效果，必须根据学生、家长不同的心理特点，分层次进行。以情感心，以理服人，营造一种和谐的气氛，使家长在愉悦的谈话中转变教育观念，理解老师的苦心，领悟到教育子女的方法。家访是一门学问、一门艺术，班主任应做细致的工作，勇于探索、尝试，定能收到明显效果。

而且，适时的家访会融洽师生的感情，减轻班级工作的压力，建议每个老师都能有计划地对学生进行一次家访，使学校教育和家庭教育的联系更加紧密，更有效地督促学生的学习和生活，使学生养成良好的人生观和世界观，更好地学习科学文化知识，成为建设祖国的栋梁之材。

参考文献：

[1] 俞国珠 . 班主任家访的策略 [J]. 教书育人，2010(31):11-12.

[2] 陈作萍 . 浅谈班主任家访的艺术 [J]. 俪人 . 教师，2015(22):266.

[3] 李艳华 . 浅析班主任工作中的家访策略 [J]. 中国校外教育，2010(23):15.

巧用微信促进家校沟通

百善学校　马瑞丽

内容摘要： 现在是移动互联网时代，微信作为新时期的一个主要交流媒介，已然成为人们沟通交流便捷的方式。每一天登录微信，查看朋友圈，回复评论、点赞，聊天互动几乎成了每一位现代人的指定环节。在班级管理中，如何巧用微信，让班级管理能够更加润物细无声，成了非常值得我们探究的话题。

关键词： 微信　班级管理

微信作为新时期的一个主要交流媒介，已然成为人们沟通交流便捷的方式。很多班主任老师为了加强和家长的联系，纷纷建立起班级微信家长群。家长群在生活中方便了老师与家长间的沟通、家长与家长间的联系。在工作中，我们要巧用微信，发挥微信的积极影响，促进班级管理。

一、正视微信的利弊

（一）微信群的优点：打破工作时间、空间的制约和家校之间的界线，实现家校联系的无缝对接，提高家校沟通的效率，让家校联系更紧密。

（二）微信群的烦恼：您在享受微信带来便利的同时，微信也给家长们带来很多影响。

1. 影响家长的日常工作生活

虽然每位家长可以通过微信群了解到孩子在班级的学习表现及学校重要动态信息，但是每天几十条甚至上百条的信息在群里刷新发布，家长们怕漏掉重要信息，必须逐条查看。大量的无用信息占据了微信的页面，很多家长很烦感，严重影响了正常的工作和休息。

2. 浪费手机流量，增加经济负担

对于网络陌生的家长被迫开通微信，每月难免总要多耗很多上网流量。对于经济条件不好的家庭，每个月的上网流量费用总会是一笔不小的支出。

3. 家长缺少监管，孩子沉迷网络

个别孩子以查看微信群里老师的通知或同学的发言为借口，有意、无意间浏览一些带有黄色或暴力信息的有害网站；甚至下载手机游戏来玩，从而导致孩子沉迷网络，也让很多家长非常无奈。

4. 长期玩手机，增加孩子患近视率

据调查，现在孩子近视低龄化与频繁接触手机为代表的数码产品有着密切关系。这是与老师和家长的初衷相违背的。

因此，如何巧妙利用微信网络互动平台，是我们值得思考的问题。

二、巧用微信群提高班级管理效力

（一）制定班级微信管理约定

没有规矩不成方圆。有一次，一个家长帮孩子们买东西，其他家长纷纷用微信发红包支付，结果不明真相的家长抢来抢去，很快就乱成一锅粥。因此，老师要利用家长会的机会，和家长制定微信群管理守则。例如，我们班微信群的管理守则是：

1. 家长使用微信的注意事项

（1）班级群里，每个孩子只加一个号。

（2）孩子之间发生矛盾，不能在群里开战。

（3）不能在班级群里集赞、投票、卖东西、抢红包。

（4）没有老师要求不晒孩子的作品、照片，不炫耀成绩。只关注与自己相关的信息，避免盲目点赞。

（5）不发影响班级团结的言论，不拉陌生人进入班级群。

2. 老师使用微信的注意事项

（1）重要的信息利用飞信或其他家校联系的途径通知，避免哪个家长没收到信息，耽误事。

（2）如果个别学生有问题，单独与家长沟通，普遍问题可以在班群中与家长们交流。

（3）在班群中晒照片要注意公平看待每一名学生，多表扬，少批评。

（4）试着在每一条通知后加上“不用回复”几个字或类似的话语，可以避免大量不必要信息的骚扰。

（5）注意说话方式，传播积极向上的正能量。做班级群中的引导者，对于一些不适合发在班级群里的内容，要予以婉言提醒。

有了这份“班群守则”，我们再也不用担心每天被大量的信息所打扰了。

（二）巧用微信群发挥正能量

1. 让微信群成为学生展示的舞台

我借助微信公众平台加强学生德育建设。我在微信里发布“每月之星”等各种形式的喜报，用以鼓励各方面表现优秀和进步快的学生，树立榜样，促进班级学生共同进步。 这些都会得到家长的极大关注。同时也要把家长的评价和反馈告诉学生，并且告知孩子：家长很在乎他们在校的表现，为了不让家长担心，孩子们一定要好好表现。

班级群也是班级活动图片、视频的宝藏。班级丰富的活动材料，相信家长们都想拥有，在这里浏览、下载，点滴记录孩子成长的足迹，也是每个家庭珍藏的宝贵财富。每当班级和学校开展活动时，可以用手机拍下学生活动的视频和照片上传微信，配上说明文字发出去，让家长浏览、下载和保存。通过多途径展示班级的活力与文化，把家校结合起来，形成教育的合力。

2. 让微信成为家长学习的舞台

班级群能及时反映班级和家庭教育的动态，相互借鉴，共同提高，带动提升班级群家庭成员的整体素质。如有的家庭晒自己孩子整理房间、安静学习、帮家长做家务等，特别是低年级不强调书面作业，以读、背为主的作业，在群内朗朗背诵的孩子给群增添了无限生机，而那些孩子学习被动、生活习惯不良的家长从中学到一些教育孩子的具体操作方法，提高教育孩子的水平。

3. 班级群还是纠错的平台

我在批改数学作业，发现个别孩子列竖式不美观、特别是万以内的退位减法老出错，我都纠正好几次了，效果一点儿也不好。于是，我突发奇想，把这些错题拍成照片，发到微信群，有助于让家长帮助孩子纠正错题。同时也把做得好的作业拍成照片，供家长参考。渐渐地，每个孩子竖式无论在书写还是在正确率上都有了很大的进步。

暑假期间，家长最头疼的就是无人监管孩子的作业，于是我让孩子在微信群里定期发作业，这样孩子们都能按时主动地完成作业，培养了孩子良好的学习习惯。

4. 让微信成为展示家长的舞台

一个人的力量是有限的，家长们的潜力是无限的。本学期，我们邀请家长参加大讲堂和社会大课堂活动，活动开始主动报名的人很少，于是我把参与活动家长的照片制成电子相册,发到班级群里,一来是对参与家长表示感谢，二来是激发家长们参与的积极性。我们牵手家长，巧妙利用这些资源，家校拧成一股绳，我们的工作就会简单很多，其效果也是不言而喻。

5. 让微信成为家校交流的舞台

我向家长推荐“小刺猬家庭教育”公众号，把有关家庭教育的好文章、好故事分享到我们的班级群里。慢慢地我们的班级微信群里热闹起来了，有询问孩子在校情况的，有探讨怎样教育孩子的，有家长之间进行交流的，还有的家长把看到好的文章发到群里一起分享，提高家长们的教育水平，最终形成班级教育的合力。

常言道得好：好教师靠一堂课成就自己，好医生靠一把刀成就自己，好演员靠一台戏成就自己。那么我可以说，就是一个微信群成就了我们这个精彩的家庭。我们给孩子和家长提供了舞台，在这个舞台上，天天上演精彩！我们老师，就是最好的观众，我们只需要不断地呐喊、喝彩、鼓掌，舞台上的精彩会一直上演下去。

论超右脑照相记忆法在小学英语教学中的实施与成效

长陵学校　王春玲

内容摘要： 右脑是图像脑，侧重于处理随意的、想象的、直觉的以及多感观的影像。右脑是通过图像进行思考的半球，所以能够将语言变成图像，不仅如此，右脑还能把数字变成图像，把气味变成图像。右脑将看到、听到和想到的事物，全部转化为图像进行思考和记忆。照相记忆利用的正是右脑的图像处理能力，无论是大段的文字，还是一幅幅的图片，当右脑想记住什么内容时，都先把它们转化成图像摄入脑海，就像照相机一样，把内容在大脑中定格成一幅图。用到时，脑海中的图像便浮现在眼前。

关键词： 超右脑照相记忆法　小学英语　英语教学

科学数据告诉我们：人类的大脑是分为上下两部分的，上面那一部分由表层意识控制，下面那一部分由深层意识（也就是我们常说的潜意识）控制。表层意识位于大脑的左半球，而深层意识则位于右半球。用左脑学英语，主要先帮助我们学习语法，但左脑的记忆回路是低迷记忆，而且不管记住什么，很快就会忘记。右脑则不同，它的记忆让人惊叹，它有"过目不忘"的本事。左右两半脑的记忆力简直就是 1 ∶ 100 万。十分可惜的是：虽然人类拥有这么神奇的右脑，人们却习惯于靠左脑来工作而让右脑在那里睡觉。科学研究证明：人的一生中对右脑细胞的使用不到 10%，即使是爱因斯坦到他去世时，右脑细胞也仅用了约 30%。

一、引导学生抓住右脑记忆的瞬间灵感

1972年美国科学家佩斯理因为发现了左、右半脑的分工，而获得诺贝尔奖，此后科学家也论证了右脑的储存和应用能力是左脑的100万倍。用右脑背单词的方式，是调用右脑的形象化记忆来完成的，所以感觉比较轻松。潘锦标（Tom）先生历经10年解开了背单词痛苦的魔咒，用右脑的记忆方式转化掉了死记硬背的痛苦。

（一）理解记忆法

布鲁纳指出："高明的理论不仅是现在用以理解现象的工具，而且也是明天用以回忆那个现象的工具。"真正的理解有两个重要标志，即动作的词的解释和实际执行动作。前者是指出某种动作所服从的原理，后者是指把某种原理应用到实践中去。也就是说：

1.认真分析识记材料，努力弄清其内容实质。如：grand+ mother =grandmother, bed+ room= bedroom, fa(father)+ m(mother)+ I+ l(love)+ y(you)= family把难词转化成简单词来记忆，这样做，比从头到尾反复念背的做法要高明很多。

2.把所学知识付诸应用，在运用中加深理解。如在三年级第一册书中，我在教授十五课单词时：chicken、hamburger、corn、hot dog、noodles、French fries的教学中，把这些单词穿插在故事中，用多媒体课件展示出来：在装饰着小彩灯、各色气球的快餐店里，动物们将为Mocky举行一个Birthday Party。随着故事情节的发展，课件上逐渐呈现出动物们喜爱吃的食物，教师逐一教授单词。

（二）感官记忆法

心理学告诉我们，对各种感官的多种刺激，容易在大脑有关部位建立起多方面的暂时的神经联系，因而有助于记忆。外语学习分听、说、读、写四个方面，在记忆单词时眼睛要看着、口要说着、耳朵要听着、手还要写着，充分利用视觉器官，听觉器官和言语运动器官等多种器官协同记忆。

1.通过声音的表象来帮助记忆。如在一年级第二册书中动物单词的教授

中，我就充分运用了学生的听力识别能力来对新授内容进行听觉记忆。在活动中，利用多媒体让学生对新授单词有听觉上感知，听到真实动物 tiger, lion, bird, mouse 发出来的叫声，结合老师一问一答的形式，第一时间在学生大脑中留下印象，在以后也会借助对声音的深刻记忆回想起这些单词。

2. 通过视觉识记记忆单词，在看完之后要形成单词字母构成方式的表象，然后让这种表象印刻在大脑中，需要时能够让这种表象再现出来，就算是记住了。如在二年级第一册书中所出现的国家名称 America, Britain, Canada, China, 单从二年级的学生的角度而言，记忆一些有一定难度的单词来说，简单的看看、背背已经是远远不够的，而是要从字母组合入手，通过对单词的拼写来强化记忆。

二、帮助学生运用右脑多角度记忆新知

从多角度去接触一个单词或一句话，在应用中自然地记住。千万不要集中在短时间内按顺序去死背大量的单词,死记的结果只是暂时记住大量单词，而同时无从下手。在用中学，一个词句在这次用时可能没记住，可能会影响学生的暂时成绩，但不要当心，只要学生在积极捕捉这个词句，知道用在什么地方即可，会用一句话比背少数单词的效果要好得多。

（一）比较记忆法

比较记忆，就是将具有某一共同特点的词或语法现象进行比较，找出它们的异同之处和各自的特点，使输入的信息加深对大脑的刺激，从而使记忆变得容易起来。

1. 通过对立比较，记忆时，把相互对立的事物放在一起，能形成鲜明的对比。如三年级第二册书中有 big-small, long-short, fat-thin, young-old, 我在教授时，让学生 4 人一组进行练习。观察教室，比较两个物体，找出反义词，并造句。如：I am short. My teacher is tall. 等等。

2. 通过类似比较，很多事物、知识在表面上极其相似，但本质上却有差异，记忆时，可以找出相似的不同点来，予以比较。如在教授一年级第一册书中的数字单词时，我让学生两人一组，口中念着所学过的数字，按升降调的节

奏两人对拍手掌，要求发音准确，声音响亮。

（二）学科整合记忆法

《基础课程改革纲要》指出：在各科教学中要融合多种学科进行教学活动，使学生始终保持较高的学习兴趣，乐于学习乐于记忆，真正做到素质教育。

1. 简笔画

为了让学生们巩固所学的四会单词（会听、说、读、写），可设计这种游戏："Draw a dog，please. "教师边说边在黑板上画了一只狗，然后让学生迅速在纸上仿画，画好后拿到投影仪上显示给大家看。然后，老师说："Spell the word 'dog'，please. "学生一个接一个地站起来指着自己的画拼 d-o-g，dog。每当一位学生展示完毕，大家给他鼓掌。

2. 歌曲

听歌学英语把枯燥的英语学习融入轻松有趣的歌曲学习中去，因而广受孩子们的喜爱，成为寓教于乐的重要手段。《字母歌》就是一个很明显的例子，当我教了 26 个字母后，就教唱《字母歌》，学生很快就掌握了 26 个字母了。这样学生既唱了歌，又学了英语，一举两得，何乐而不为呢？

三、提高学生掌握右脑照相记忆的强度

集中精力听对方所表达的意思，尽量用最简单的词句表达出来，即使个别单词不会也能马上用其他的词语表达其意。

（一）限时记忆法

在记忆活动中，我们可以利用这种方法，对学生提出时间限制。活动：教师可以通过课上听写的形式来对学生进行检测，给予学生对新授单词一定的复习时间，时间过后，马上听写。开始时只有少数学生能按要求完成，经过一段时间的训练，基本上每位学生都能达标。这说明这些学生不是没有能力学好英语，而是他们平时不肯下功夫。

（二）快速记忆法

这一方法主要以生生合作为主，两人一组，平均分摊等量单词，看谁能

在最短的时间内把单词记下来，能记下来的为获胜者。这个活动以竞赛的形式出现，小学生好胜心强，喜欢表现，因此适当地采用竞赛方法有利于满足学生的求知欲望，保持学习的兴趣。

四、让学生学会右脑照相记忆的灵活运用

创造力的爆发区，每应用一个单词，说出的一句话都体现了其触类旁通、灵活应用的能力。如果实在表达不清楚，再去查字典，问别人，千万不要在不会时马上放弃，这样才能养成灵活应用，独立自信，关于表达的能力。词汇掌握多少无关紧要，随着时间的过去，词汇可日积月累，但这种能力将终身受益。

（一）重复记忆法

英语单词难记易忘，怎样使所学的单词记得容易、记得牢靠呢？重复记忆法是重要的方法，因为重复能强化记忆的“痕迹”。

活动：我在活动前，先把需要的单词列出来：dancer, worker, farmer, policeman, vet, doctor, nurse。这是一个单词拼写游戏，为所学过的单词进行复习，增加单词在学生脑中的复现率。我把横线画在黑板上，表示这个单词字母的数量，如 dancer, 就要在黑板上画五根横线 d_ _ _ _ _，然后请学生猜一猜这个单词所包含的字母。如果学生猜对了其中一个字母，就写在对应的横线上；猜错了就在黑板上画一朵花瓣，画满六朵花瓣就成了一朵花，就算输了。

（二）实践记忆法

任何新事物都要经过实践的历练才能真正发挥它的魅力。在教学工作中，最为常用的复习方法就是“题海”的形式，但这种形式对于师生双方都会觉得很疲惫，而且效果不佳。为此，我把重心转移，注重学生亲身体验。

活动：在课堂教学中，对一些常用的、需要学生熟练掌握的句型，可以用开火车的形式进行操练，这样就能保证每个学生都有开口说英语的机会。我在进行这个游戏是，先由我来提问，第一个学生回答，接着第二个学生提问，第三个学生回答，学生可以请其他同学来回答，这样，就会使每个学生都集中注意力。

使用右脑学习记忆的方法，最关键和最重要的是在学习记忆时头脑中要产生联想，一边学习，一边在心目中不断地描绘出图像。因为右脑具有瞬间接受大量刺激的功能，如加以训练，不仅可开发和保留相当一部分右脑潜能，更可促使大脑神经发展，扩大脑容量，进而有助于左脑的发育，右脑的潜能开发训练可以快速提高学生的学习成绩。特别值得提出的是人对自身右脑潜力的开发与运用尚处于低级阶段，科学家们已经证明：右脑具备的图形、空间、绘画、形象的认识能力，即形象思维的能力，使它处于大脑感知世界的前沿。创造性思维中的“知觉”和“一闪念”是极其重要的，这一个“火花”往往孕育一个新理论、新学说，有的甚至摧毁了原有的思想体系。此时，右脑具有的直观的、综合的、形象的思维机能发挥巨大的作用。

总之，我们教师要在遵循小学生语言学习规律和不同学生生理、心理发展的需求和特点的前提下，依据所学知识的难易程度和学生的实际水平，精心设计教学活动，做到适时适度，切实可行并富有成效。同时，设计有效的英语课堂教学活动还应考虑到活动的实践性、交际性、自主性、探究性和延展性等多种因素。只有这样，才能真正有效持久地提高小学英语课堂教学效果。

参考文献：

[1] 李邦贵 . 用右脑学习英语 [J]. 发明与创新 ,2005(5):37.

[2] 七田真 . 超右脑英语学习法 [M]. 海口 : 南海出版公司 ,2003.

[3] 七田真 . 超右脑照相记忆法 [M]. 海口 : 南海出版公司 ,2004.

[4] 赵淑文 . 心理学新编 [M]. 北京 : 首都师范大学出版社 ,1996.

小学英语课堂提问的有效性

百善学校　任飞

内容摘要：在新课程改革背景下的小学英语教学中，英语教学更加关注学生的人文性。课堂提问的设计也被要求具有适应性，要能面向全体学生；开放性，要能发散学生的思维；时效性，要能激发学生学习的兴趣；探究性，要能鼓励学生提出质疑。

关键词：课堂提问　适度性　开放性　时效性　探究性

新课程改革背景下的小学英语教学中，英语学习不再是机械地练习，而是多组织意义性语言练习活动，引导学生把语言形式的操练转向语言内容的操练。有效的英语课堂，不仅仅要求学生对当堂课知识的理解和技能的掌握，它还包括学生对信息的收集、整理、加工，表达能力的培养，解决学习和生活中实际问题能力的提高。

提问恰恰是教师课堂活动的重要组成部分，也是组织课堂教学的重要手段。苏霍姆林斯基说过，学生来到学校里，不仅是为了获取知识的行囊，更主要的是为了变得更聪明。在教学过程中，教师精心设计课堂提问，创造问题情境，以问题为中心组织教学非常重要。北京版教材把英语教学目的定位在培养英语交际能力和学生的全面发展上，新课标的教学策略也强调教学过程是师生交往、持续发展的过程。所以，问题设计得体、精巧，才能把学生引入问题情境，激发学生求知的欲望，能使学生最大程度地获取信息、激活学生的思维。只有这样合理的提问才能构建这种运行体系，才是促进课堂师生、生生互动的催化剂。课堂问题设计中经常出现的问题有：提问设计较封闭，过分寻求预设的结果；难易设计不合理，忽视全体学生的提高；提问内容较刻板，缺乏思维空间；问答方式较单一，缺乏深层次互动的交流。

一、问题设计要具有适度性，要能面向全体学生

在教学中，教师应当坚持以学生为本，面向全体学生，关注个体差异，优化课堂教学，提高教学效率，为学生继续学习奠定基础。教育要面向全体学生，所以教师在问题设计时，要进行有梯度的设计，做到好、中、差兼顾，要从每个学生的实际情况出发，针对不同层次的学生提出不同程度的问题，这样就会使全体学生都能学有所成，始终保持一种积极进取的学习状态。在小学英语课堂教学中，有些后进生很容易被教师忽视，这些学生在课堂上得不到教师的注意，很少有机会得到教师的提问，产生自卑心理，渐渐地对英语学习失去兴趣。所以，教师应该给他们更多的关爱，给他们提供更多的学习机会和鼓励，使他们得到不同程度的提高。

二、问题设计要具有开放性，要能发散思维

课堂实际教学实践证明，教师的问不仅是解决某些具体的教学问题，还应着眼于培养学生的思维能力。有效的问题有利于加深对课文的理解，更有利于引导学生主动学习，达到教与学的和谐统一，从而提高教学效率。富有启发性的问题和引人深思的问题，更有利于训练和调动学生的思维积极性 。

结合自己的课堂教学经验，总结了以下四种设计开放性问题的方法。

1. 从自然过渡的角度设计

在每节英语课的开始，教师通常会精心设计 Warm up 活动，例如：唱英文歌、诵英语儿歌或是 Free talk 等，然后自然过渡到新授内容。其中 Free talk 因简单操作，随意且能快速地复习常用问答句而颇受教师欢迎。教师可以根据本课的主要知识点精心设计 Free talk 中的问题，自然引导学生从“旧知”过渡到“新知”。比如：“How do you go to…？”主题，教师可以先提问：“Where will you go？”学生可以开放性地回答他们想要去的地方。不同的地方，到达会使用不同的交通工具，引出新授部分：“How do you go to…？”

2. 从情感体验的角度设计

小学生的年龄阶段正具有活泼、好动等特点，他们对语言学习有着独特的感受、体验和理解，特别是对教材文本中出现的一些故事中的人物或事物产生喜爱、厌恶、赞赏、痛恨等情感。例如，北京版五年级下册 story5-1，故事中 fisherman 很喜欢钓鱼，享受钓鱼过程中的新鲜空气和自己独处的时光，可是他钓鱼水平不够好，总是钓不到大鱼，经常被妻子责怪。面对这一场景，教师提问："If you are the fisherman，what will you do？"教师让学生体验主人公情感，发表自己的想法，并以情景剧形式表演出来。

3. 从想象拓展的角度设计

在英语教学中，教师要善于挖掘教材中丰富的文化信息和思想内容，也要给学生留出足够的空间，让他们透过可知部分去想象和思考。同时，教师所提的问题，不仅可以涉及所学课文的一般事实，还可以拓展到相关领域，也可以联系学生自己的生活与学习，启发学生去思考，使学生对所学内容有更深层次的理解。例如：北京版五年级下册 Lesson17，主人公 Sara 和 Yangyang 在谈论多久见一次自己的表兄弟姐妹，Sara 说 Every Christmas，Yangyang 说 quite often，在深挖课文背后的文化信息能够了解到，之前的学习渗透过 Sara 来自美国，现在在中国，而 Yangyang 和他的表兄弟姐妹住在同一个城市，所以见面的频率不同。为什么 Sara 在 Every Christmas 见她的表兄弟姐妹，又涉及文化层次，西方的圣诞节非常的重要，相当于中国的春节，所以，Sara 很重视这个节日，选择和家人团聚。

三、问题设计要具有时效性，要能激发兴趣

从心理学角度讲，越新奇的、越矛盾的、越有探索性的问题，就越具启发性，越能激发学生学习的兴趣和热情。所以在设计问题情境时，教师可以以学生们所喜欢的游戏、书籍、运动、音乐等话题，设计出一些让学生惊奇的情境，引起学生的强烈兴趣。在教学过程中，教师要弱化师长的身份，把自己看作孩子们的伙伴，就更加能吸引学生的兴趣。学生在展开回答时，就更能调动学习的积极性和学习的热情，进行语言知识的学习也就能达到事半

功倍的效果。

四、问题设计要具有探究性，要能鼓励质疑

思维自疑问和惊奇开始。为了巩固旧知，开拓新知，教师经常运用对比、反比、类比等方法提出问题。促进学生深入思考不同事物的相似点和不同点，从而有所收获。这种提问能让学生发现矛盾，激发思维，在比较中提高认识和鉴别事物的能力，养成分析问题的习惯。例如：谈论 My Favourite Pet 这一话题时，教师可以出示一些动物的图片，such as：A dog, A tiger，A lizard，A rabbit，提出开放性问题，Which animal can be a pet？ And why？学生就哪些动物适合做宠物，进行谈论，并说明理由。再例如：在新接触一个新班级的时候，教师会进行自我介绍：Hello，everyone. I am your new friend. Do you want to know my name？学生齐说 Yes。教师在提起学生们的兴趣之后，再追问，Do you want to know something about me？ You can ask me 10 questions about me. Any question is OK. 学生们很想了解他们的新教师，听到这个问题后，各个争着抢着提问，想了解更多关于新教师的信息。这种问题的设计，打破了教师单一提问的形式，让学生成为真正意义上的主体，给学生自由表现的空间，利用“新教师”这一学生不了解的信息源吸引学生，很好地调动了学生学习语言的学习动机和热情。师生之间的信息沟通在生问师答中慢慢地得到平衡，并养成了较强的交际意识。

问题设计是一堂课的“灵魂”，因为问题设计决定着教学的方向。问题设计关系着学生思维活动开展的深度和广度，更能使学生得到个性的发展。

参考文献：

[1] 教育部 . 义务教育英语课程标准（2011 年版）[M]. 北京：北京师范大学出版社，2012.

[2] 苏霍姆林斯基 . 给教师的一百条建议 [M]. 天津：天津人民出版社，1981.

[3] 北京出版社义务教育教科书英语（一年级起点）五年级下册 [M]. 北京：北京出版社，2015.

[4] 胡春华 . 英语教学开放性问题设计五法 [J]. 上海教育科研，2010（3）.

[5] 陈湘 . 谈小学英语课堂问题设计的有效性 [J]. 广东：师道 · 教研杂志，2012（11）.

浅谈依据混合式理论提高山区初中学生英语口语表达能力

长陵学校　刘彦　崔华彬

内容摘要：随着“互联网 +”时代的到来，“混合式”英语教学将传统教学模式与网络化学习相结合，使学生在英语学习中的主体地位得到充分体现，实现学生多元化的自主学习，从而促进学生英语口语表达能力的提高，实现学生学科核心素养的全面可持续发展。本研究从利用 APP 实现学生分层、自主学习，突破记忆层面的问题；根据学情反馈数据，重点提高学生围绕主题意义的口语表达能力和通过分级测试体验成功，促进学生口语表达的可持续发展的策略的应用，来提高山区初中学生英语口语表达能力。

关键词：混合式　英语口语表达能力

李克强总理曾提出“互联网 +”行动计划，鼓励每一个行业与互联网加在一起，相互渗透、整合、创新。教育领域随之发生了一系列的变革，出现了各种各样的学习平台、资源，也催生了微课、翻转课堂等新的学习方式。教师不再是知识传授的主要载体，网络资源为学生提供了多种、高效、优质的学习。实现了英语课堂教学个性化、移动化、数据化的变革，这是英语课堂变革的战略选择。

我校虽为山区学校，但学生人人持有手机。手机早已走进学生的生活，如何更好地引导学生使用多种媒介手段，提高学生英语语言能力素养，是老师们需要攻坚的课题。

一、问题的提出

（一）落实立德树人根本任务要求教学要促进学生全面而有个性的发展

教育部 2014 年发布的《关于全面深化课程改革，落实立德树人育人根本任务的意见》中明确提出：要把核心素养落实到学科教学中，促进学生全面而有个性的发展。山区学生的口语表达能力作为英语素养的一项重要指标，必须得到全面的关注和个性化发展的培养。

（二）课标强调英语教学要关注互联网背景下的教学资源，拓展学习渠道

《英语课程标准》（2017 年版）指出，英语教学要充分利用信息技术，促进信息技术与课程教学的深度融合，根据信息化环境下英语学习特点，科学地组织和开展线上线下混合式教学，丰富课程资源、拓展学习渠道。尤其对于山区学生的英语口语表达能力的培养来说，拓展学习资源尤为重要。教师要选择恰当的数字技术和多媒体手段，确保虚拟现实、人工智能、大数据等新技术的应用有助于促进学生的有效学习和英语学科素养的形成与发展。

（三）混合式听说教学可以满足学生个性化学习的需求

目前班级的听说教学，也都采用多媒体辅助教学，以教师布置听、读、说的任务为主，依托课本教材开展活动，培养学生的口语表达能力。但是学生的语言水平参差不齐，目前的听说教学无法满足学生的个性化需要。学生语言能力的提升，需要借助 APP 等的辅助与支持，针对英语的听说表达进行针对性的练习，以提高其口语表达能力。

二、混合式学习

随着网络技术的迅猛发展，以慕课、微课、学习平台等为代表的 E-learning 新型教学模式如雨后春笋般地发展起来。混合式学习这一概念也随之而生。

混合式（blend-learning）学习就是把传统的学习方法优势和 E-learning 的优势相结合（何克抗，2004），既发挥教师引导、启发、监控教学的主导作用，又要充分体现学生作为学习主体的主动性、积极性和创造性。混合式

教学就是把传统的线下面对面（face to face）课堂和线下 E-learning 网络自主学习有机地整合，从而达到更佳的教学效果的一种新型教学模式。国际教育技术界的共识是，只有将这传统学习与网络化学习结合起来，使二者优势互补，才能获得最佳的学习效果。混合式学习，依托网络，英语朗读、学习、练习方式变得非常灵活。首先，学习的主体可以是个人，也可以是小组或是大集体。学生可以根据个人的喜好进行选择，根据个体情况做好准备，在有准备的情况下进行练习，通过体验成功增强自信心。其次，在网络的自由环境下，我们可以根据自身的喜好，谈论自己感兴趣的话题，在愉悦的氛围之中提高英语口语交际能力。学习不再局限于整片的时间和固定的空间，学习的时间和空间得到极大的延伸和扩大。

三、实施策略

培养学生英语口语表达能力，充分利用 APP，学习软件和网络化平台，调动学生学习的积极性，自主加以练习，分层予以针对性指导，才能提高学生的口语表达能力。我进行了如下的教学实践：

（一）利用 APP 实现学生分层自主学习，突破记忆层面的问题

1. 利用一起中学 APP 开展自主词汇学习，培养学生词汇、语篇朗读的准确性

学生要想准确地进行口语的表达，必须培养训练学生词汇、语篇朗读的准确性。通常，我将词汇的学习前置，在学生学习新课之前，提前让学生们利用一起中学 APP 进行词汇的跟读学习，通过 APP 软件上，出示的单词、相关例句，帮助学生认识新单词，了解新单词的含义，通过例句的学习，准确理解单词的用法。最重要的是通过跟读，学生能够读准单词，保证发音的准确性，只有单词读准确，才能不影响今后听说表达的准确性。初步解决词汇记忆层面的问题。学生也可以根据自己的水平选择喜欢的形式进行自主学习，如单词辨图、单词拼写、中英互译等形式，选择适合自己的进行练习，学习效果更好。

例如：北师大版教材七年级下册 Unit 2 词汇前置学习内容

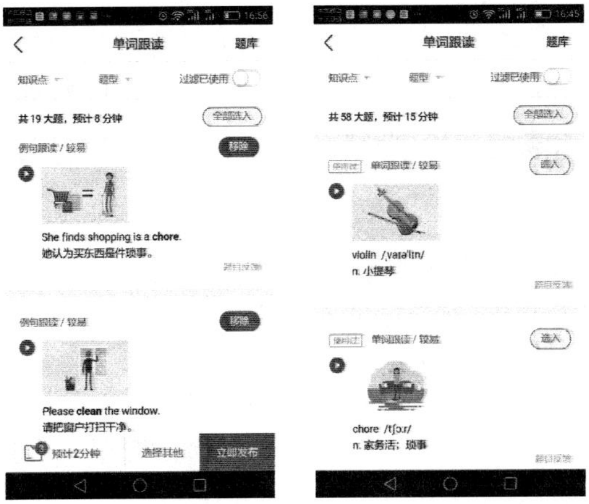

Unit 2 单词的前置学习 单词跟读和例句跟读

如上图所示，学生自主利用 APP，进行单词的跟读，准确发音是学习单词的基础。在学生能够正确朗读单词之后，我就设置例句跟读的任务，帮助学生对词汇的使用有初步的认识，正确理解词汇。在学习任务的布置上，预设了学生跟读单词的次数，为了保证学生跟读的效果，我设置了 2 次跟读，如果第一次学生读得不准确，还可以第二次改进朗读，最大限度地帮助学生做到准确朗读。

2. 利用班级 QQ 群平台，进行课前调研，鼓励学生大胆进行口语表达

初一第一学期，我要教授 Near My Home 的课文，教学目标是学生要能够描述自己家周围的环境。周末，我发布学生任务，利用手机拍一拍自己家周围的景物，使用学过的句型进行简单的英语介绍。可以使用的句型：… is + 介词短语，For example: A small garden is in front of our house. A playground is near the garden. 这样做的目的之一，在于激活学生原有的词汇、句型，描述自己家周围的景物。之二，便是利用手机录视频的形式，调动学生的兴趣，激发学生学习的热情。之三，就是让老师了解学生家周边的景物，在课堂上帮助学生丰富有关景物的词汇，以便学生在学后活动中，真实地描述自家周边景物。学习单词是为了使用它、运用它，这样才能学得牢、记得住。学生喜欢这样有个性的学习任务，都能够很认真地完成，学习的效果明显。

（二）通过分级测试体验成功，促进学生口语表达的可持续发展

在课堂教学中，我除了可以使用常规的PPT课件进行教学外，还可以恰当地添加其他APP，补充应用到课堂的教学中，有针对性地开展教学活动，提高学生的口语表达能力，特别是围绕主题意义开展的口语表达能力培养。

1. 利用课堂上前3分钟开展趣配音“录音秀”活动

趣配音是深受老师和学生喜爱的APP，它的影视动画配音材料涵盖了各个层次英语水平，可以满足各个层次学生的需要。我会在课前导入时，引导学生听和课文有关的听说材料，激发学生的兴趣，同时，还给学生布置听后回答的问题，有目地听，专注地听。学生们最喜爱的还是在此时展示自己趣配音的作品，之前配音听了多遍、模仿得更加用心，语音语调更加地道，那种自豪与成就感油然而生。心理学家洛克曾说过：“受欢迎的作业能激发学生积极的学习动机。”这种配音的作业无论是内容还是形式都是学生所喜欢的，那么学生的学习效果不言而喻。

寒假开学返校第一课，我选取了《我们怀念的年味》趣配音视频，导入了学生们对刚刚过去的春节的热议。学生们热情地分享自己的过节活动、趣事和感受。也通过这一听说资源学习了更多春节词汇、短语的表达。例如：配 People are busy making Spring Festival couplets and hanging Spring Festival Pictures.

Dumplings represent reunion and goodwill…

趣配音 APP

我们怀念的年味配音

课后，我就布置了完成这个趣配音的作业，学生们早早地完成了配音，发到我们的群里打卡，完成得又早，质量又高。特别是在第二天分享的时候，都很认真地听是谁的作品，点评哪些句子配得好，哪些地方还有待改进。互动的交流促进了学生的自主学习语言，大胆地表达自己，更是提高了他们自主学习的能力。

2.听说课中使用一起中学APP进行话题内容朗读与表达练习

（1）在一堂常规的听说课后，往往学生后续活动有跟读或自主朗读的训练，我就使用一起中学的APP，进行学生的自主练习，他们可以根据自己的需要，练习相应的遍数，练习之后，可以看到自己的朗读分数等级，帮助他们发现自己存在的问题，并有机会纠正读音。每个同学还可以使用虚拟课堂的平台，进行分享和相互评价。班级每个同学都可以分享自己的朗读成果或者口语表达的成果，还可以欣赏他人的成果，相互借鉴学习，相互加油鼓励。

（2）在适当的时机，可以使用E听说软件进行听说口语的话题内容测试，帮助学生查找自己的问题，以便教师有的放矢地指导学生口语表达。教师布置的测试任务，学生完成后，学生能够看到自己各个小题的得分情况，老师也能够就学生出现问题较多的题目，进行重点的讲解与强化训练。学生们还可以自主选择做错的题目，反复听、反复练习准确的表达方式，这种练习巩固更加具有针对性和目的性，能帮助学生快速提高表达能力。

（三）根据学情反馈数据，重点提高学生围绕主题意义的口语表达能力

学生测试的结果，是老师关注的重点，它包含学生个性化的数据，在哪些话题的哪些功能句上，学生还存在问题，是教师下一次课需要强化训练的地方。

1.利用QQ群视频功能，围绕重点问题开展课后交流。

随着信息技术的发展，我们随时随地可以使用QQ或者微信。我和学生会在课后开展答疑活动，学生们不清楚的问题，我会逐一讲解。在数据反馈中，学生们普遍疑惑的问题，我们会利用QQ视频，约定时间进行5分钟讨论学习讲解，及时帮助学生解决疑问。

我经常让学生们录制学习成果的分享视频。例如，初一第一学期，学习了介词之后，部分学生总是记得不清楚，表达不准确。于是，我布置了《我

来讲介词》的视频录制任务，学生们一边表演，一边讲解介词。他们只有在准确理解之后才能正确地表达出来，录制视频，不仅可以帮助老师检查学生的学习效果，还可以在不断地反复练习中，提升学生语言表达的准确性，更能够调动初一学生学习的热情，可谓一石三鸟。在学习了初一 Unit4 Lesson12 介绍 2010 年中国达人秀刘伟的课文后，我让学生录制了介绍心中达人刘伟的视频，极大地调动了学生学习的热情、促进了学生语言表达能力的不断提高。在学科育人方面也做到了引导学生体会刘伟的坚强、执着、为梦想不断努力的精神，从而帮助学生形成正确的人生观和价值观。

学生的介词讲解视频

学生介绍刘伟的视频

2. 学生反馈难点，利用微课，进行相似语言点补充学习

学生在表达过程中经常不清楚一些相关词汇的正确用法，学生的表达就有困难。我就将自己录制的微课，传给学生，让他们自主选择学习。观看微课及时弄清相似词汇的正确用法，以便学生表达得更加清楚、准确。

微课视频 take 初中阶段的用法

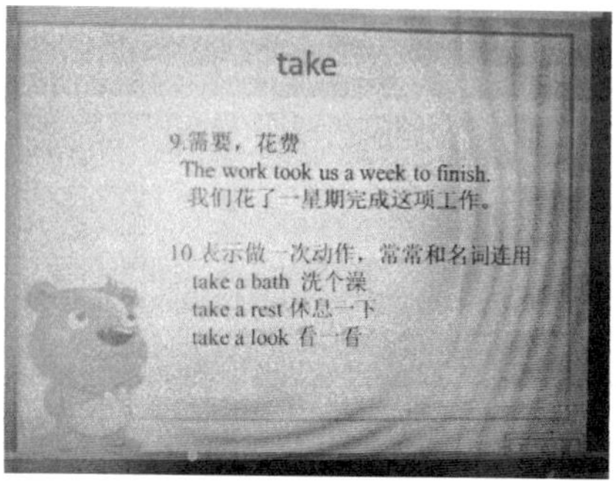

微课视频《不同的说》

（四）鼓励学生自主选择，拓宽练习英语表达的学习渠道

现在有许多学习英语的 APP，学生们可以使用他们来练习英语口语表达。百词斩、Ted 课堂、轻课等，可供学习。教师应引导学生在网络上有选择地下载学习，最大化地优化学习手段，拓宽学习渠道。我们的学生，有的喜欢演讲，他们坚持每天的 Ted 演讲课学习，有的喜欢阅读美文，就进行美文的听和跟读练习。不同形式的学习，帮助学生开阔了视野，增长了见识，也让他们越来越有英语学习的兴趣，越来越有表达的欲望，越来越站在更高的层面上看待世界。

四、实践成果

混合式学习的优点在于将图、文、音、像融为一体，从而更加激发学生的学习积极性、主动性。能使学生的语言能力和学习能力等英语学科核心素养得到更好的提升。学习模式不受时间空间限制，通过微课等多种教学资源，实现了教学内容的多样化，教学方法的多元化，满足了不同学生英语水平差异的个性化需求，使学生在学习中的主体地位得到了充分体现。从而实现对学生英语学科核心素养的全面发展的培养。

经过一个学期的培养，学生们的朗读、表达能力都有不同程度的提升。比较学生初一第一次练习和本学期练习的情况，学生的朗读及口语表达的分数如下：

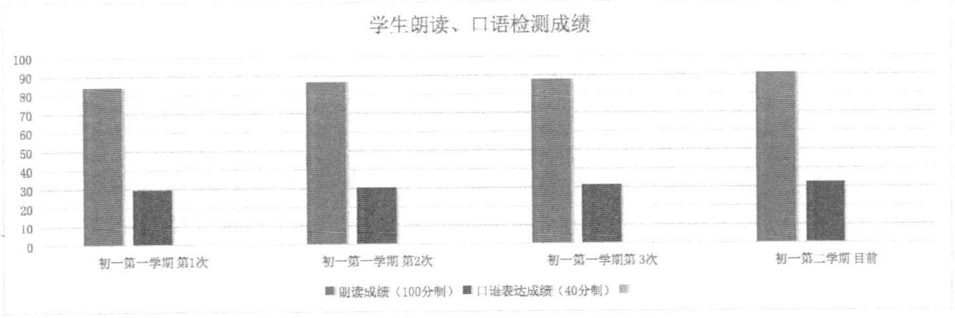

对比学生练习的成绩，能够发现学生们一点一点在进步。同时，学生也养成了良好的朗读习惯，促使其语言表达的准确性、流畅性得到加强，成绩稳步提高。

五、反思展望

利用“混合式”英语教学满足了互联网时代背景下对学生英语学科核心素养发展需求，特别是对于培养学生的语言能力发挥了更大的作用。利用 APP 进行分层自主学习，使得学生打好了词汇的基础；利用软件的大数据有针对性地进行课上口语表达的测试练习，让各个层次的学生有所收获，体验成功；利用软件 APP，根据学情，开展围绕主题的语言表达活动，能够促进学生口语表达能力的提升；学习应是自觉主动的行为，为学生推荐适合的 APP，给予他们自主选择的机会，开展课后的自主学习，让学习成为学生终身发展的需求。在培养学生语言表达的准确性方面还有待教师的进一步思考，如何引导学生表达得更准确，说得更地道，在教学的每个环节上要注意哪些问题，还有待结合各类 APP 进行研究。

参考文献：

[1] 中华人民共和国教育部 . 教育部关于全面深化课程改革落实立德树人根本任务的意见 [z],2014.

[2] 中华人民共和国教育部 . 英语课程标准 .[s],2017.

[3] 郑雪贞 , 朱佳 . 核心素养视阈下“互联网 + 混合式”大学英语教学模式浅析 [J]. 校园英语 ,2018(9):6-7.

[4] 程晓堂 , 赵思奇 . 英语学科核心素养的实质内容 [J]. 课程·教材·教法，2016(5):79-86.

[5] 何克抗 . 从 Blending Learning 看教育技术理论的新发展（上）[J]. 电化教育研究，2004(3):1-6.

[6] 束定芳 关于英语学科核心素养的几点思考 [J]. 山东外语教学，2017(2):35-41.

积分制 促成长 助花开

亭自庄学校 刘唯为

内容摘要：在英语课程教学中，为提高学生英语核心素养，提高英语学习能力，激发学习应该有的兴趣而采用积分制。通过课堂量化评比机制和学生日常学习评价机制，时时对学生的学习进行评价，提高学生学习英语的能动性。事实证明，这些措施成效显著，学生英语能力有了全面的提升，英语学习兴趣有了明显的提高，他们不再惧怕英语学习，在英语课堂中敢于展示自己，同时也对英语学习充满了兴趣。

关键词：英语学习　积分制　评价　兴趣　能力

早在20世纪末，我国就明确提出要实施素质教育，指出：实施素质教育，必须把德育、智育、体育、美育等有机地统一在教育活动的各个环节中。要面向全体学生，以培养学生的创新精神和实践能力为重点，促进学生全面发展和健康成长。要尊重学生身心发展的特点和教育规律，使学生生动活泼、积极主动地得到发展。

《义务教育英语课程标准》（2011版）中也提出："英语课程应该成为学生在教师的指导下构建知识、发展技能、拓展视野、活跃思维、发展个性的过程。"所以作为一名英语老师，我在英语教学中十分注重改进和创新，注重提高学生的英语核心素养的养成，不断提高学生的英语学习能力，激发学生的英语学习兴趣，发挥学生的主动性和创造性等，提高学生的综合素质，培养学生的良好习惯的养成。

下面我与大家一起分享一下，我在英语教学中如何采用积分制来促进学生综合素质的提高的。

一、课堂量化评比机制

在每节课中我都采取激励机制，比如以小组为单位，根据小组内每位成员的表现，每课采取小组加星或减星，每课一总结，优胜的小组，每人获得一元激励币。还有根据课堂小组学习效果评价积分表，每月就学生的各项积分进行汇总,评选出优胜的孩子,一般是选择总积分前五名的学生颁发表扬信。另外对于进步特别突出的学生，我也设立了最佳进步奖小奖状。因此学生们都十分注意自己的课堂表现，通过对课堂积分制的运用使得课堂效果有了很大的提升。

二年级有个小男孩，自控能力很差，总是爱有小动作，淘气、坐不住，在这学期刚开学的时候我们正在学习有关课程的单词，课文里出现了 drawing lessons 这个短语，有点拗口，班上几位同学都读得不是很好，而当我叫到他读的时候，他却读得很准确，我当时怀着十分欣喜的心情立刻就高声询问全班学生："How about…?"全班学生也都齐刷刷地向他边竖起大拇指，边热烈地说："Good, good, very good!"由于他的出色表现，我奖励给了他们组两颗星，这时我看到他的面颊泛红，脸上也露出了害羞的笑容，从那以后，他上课也爱积极回答问题了，而且课堂上的小动作也少了很多了，有了很大的进步。

英语课堂，应该是让孩子，多说多练，多展示的地方，这样才有助于孩子更好地学习和记忆。所以我在课堂教学中充分运用量化评比机制，对于他们课堂的出色表现都给予加分，比如对话表演，照着书读的同学，语音语调没有超过三处以上错误的每人给予一星的奖励，能够背着表演的同学，每人获得至少两颗星的加分，还有争当小老师对于书中重点知识进行 PPT 制作和讲解等，都会得到相应的加分。这样做挖掘出了学生们的无限潜力，有的时候可能会大大超出老师的想象。比如：英语教材中准备了大量的对话内容，而且非常贴近学生的生活实际，语言简单生动，情节趣味性强，学生很容易上口。每当学完一段对话后，我就在听、读、模仿的基础上，让学生扮演角色进行对话训练，然后再围绕主题设计一些新的情境，让学生们自己扮演对话中的人物，用学生自己真实的名字去说或表演对话或故事内容，或更换时间、地点等，让学生进行活用性角色扮演。从效果上看他们很是喜欢，有的时候自己准备道具，自己加上夸张的动作，演得有模有样的，真的是完全沉浸在角色中了。他们就像是一个个真正的小演员，连我都成为他们的观众，为他们的精彩演出，大声喝彩：“Perfect! ”所以孩子们每节课都盼着赶紧到表演环节，他们甚至还提前主动就自己先学习了对话内容，彩排，磨合，练习，就等着上课时一展自己的风采，获得个满堂彩。所以，我感觉上起课来一点也不费劲，更是感到快乐无比。还有，在讲授北京版教材的内容时，有许多涉及中西方节日的有关内容，连我都觉得有难度，得去查很多的资料，否则就是太肤浅了。只讲解书上的内容我觉得不够，所以，我也把任务布置给了学生们，让他们上网，或是阅读相关的书籍，搜集有关中西方节日的内容，让学生在上课的时候集思广益为大家讲解。起初我也只是抱着试试看的态度，因为，我之前并没有大胆地去尝试过，让孩子自己去找资料，完成讲解内容。可是没想到，学生们的积极性是如此之高，第二天一看见我就很激动地跟我说：“老师我找到了一些有关节日的图片，老师我找到一些节日起源的内容，您什么时候要啊？”我很是欣喜地说：“你们太棒了！等上课的时候，你们给大家展示怎样？”学生们也是高兴不已。等到上课了，他们认真地将自己搜集的资料得意地给同学们讲解，俨然就是一副小老师的模样，我也真是为他们高兴，我没想到学生们竟是如此的有能力，表现如此之好，我真为我的学生感到骄傲。课堂积分制的使用极大地促进了学生们的英语学习热情，也培养了学生主动学习的能力，对于课堂教学起到了很好的效果。

学生课堂活动照片

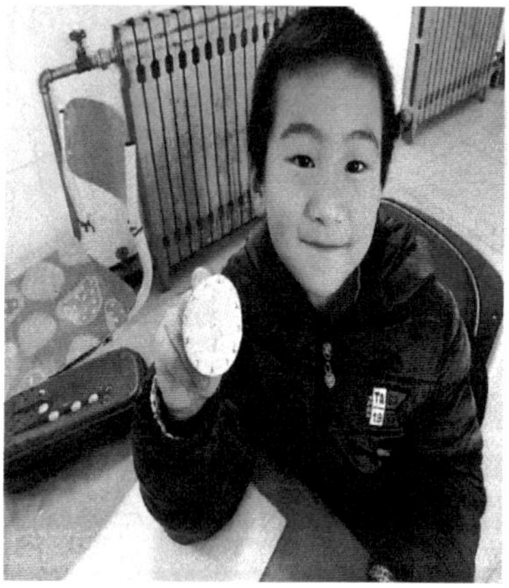

学生课堂活动照片

二、学生日常学习评价机制

（一）小组积分促进机制

小组促进机制，在期末检测前的一个月左右，我都会让学生提前分组，优带弱，一帮一或一帮二，他们组成小组，进行相互 PK，通过测验成绩、课堂表现等方面对各组进行奖励，徒弟进步 5 分以上的奖励一元激励币，10 分以上的奖励两元激励币，有不同的师徒奖励，徒弟考进优秀的师徒都会获得两元的激励币的奖励等。他们可以利用课余时间进行补习，查漏补缺，师傅还会给各徒弟出一些有针对性的作业和练习题，使徒弟能够尽快提高，这种

学生课堂活动照片

奖励机制也对学生小组间，基础薄弱的学生给予了很好的学习促进和提高。

通过他们的小组合作学习，他们也会获得相应的激励币，激励币可以在收获超市里兑换相应的物品，所以各小组间你争我赶的谁也不愿落后。

师徒合作表如下：

____年级师徒合作小组名单

组别	师傅名单	徒弟名单	检测记录					总成绩
			第一单元	第二单元	综合一	综合二	期末	
1								
2								
3								
4								
5								
6								
7								
8								
9								
10								

（二）学生日常学习评价表

对于学生日常学习情况的监督和指导，我设计了一个学生个人英语日常学习情况积分表，如下：

______年级个人英语学习情况积分表

日期：_____年____月

姓名	各项积分	总分数	总分数	各项积分	姓名

注：作业分数，用蓝色字体表示；课堂表现分，用红色字体表示；背课文分数，用黑色字体表示。

对于学生的日常学习包括作业，课堂表现以及背课文等内容进行量化统计，每个月进行统计总结，推优促弱，也收到了很好的效果。

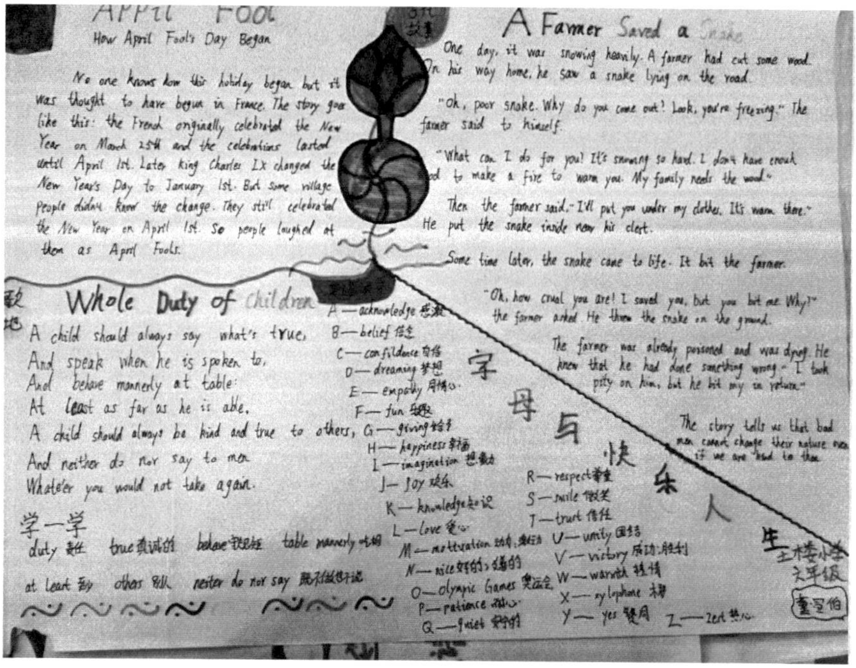

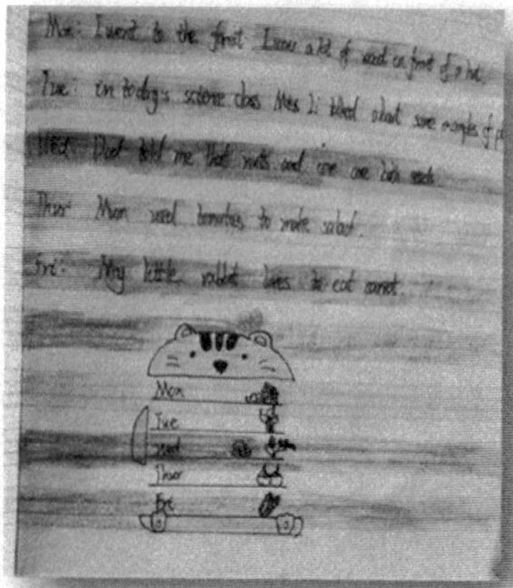

学生多元作业展示图片

另外，随着信息技术的推广和应用，我也注意利用虚拟课堂的评价机制用来促进学生间的相互交流和促进提高，布置有关投票或评价内容的相关题目，让学生进行彼此间的相互学习和交流，促进学生的思维能力和学习能力的培养。

例如：我在课堂中布置了有关“你最喜欢的季节及喜欢的原因”，让学生们进行写作并上传，同学间评选出认为最好的文章并进行投票，说出理由，通过这样的活动，更加有效地提高了学生的作业完成效果，又通过相互间的学习和评价，使学生们能够取长补短，共同提高，收到了很好的效果。

英语学习的听、读内容不能少，所以我也制定了学生英语听读记录表，要求写好每天的日期，听读的时间，家长就孩子的听读情况进行监督签字，让家长也参与到孩子英语学习的成长过程中来，也得到了家长的大力支持。

工作以来，我一直坚持使用积分制，它很好地促进了学生良好习惯的养成。我制定了不同评价方面和形式，在日常生活中以小组竞争，自我规范，家长监督等形式，对学生进行评价，在每周或每月，对学生的量化评比情况进行公布和总结，使学生能够看到自己的进步和不足。积分制促进了学生的健康成长以及良好习惯的养成，同时更加有效地培养了学生的自律能力，对他们今后的发展有很大的帮助。

三、取得的成效

通过以上方法的运用，我所带领的学生的英语能力有了全面的提升，英语学习兴趣有了明显的提高。他们不再惧怕英语学习，在英语课堂中敢于展示自己，同时也对英语学习充满了兴趣，他们乐于在英语课堂中去探索和发现，并体验英语学习带给他们的快乐。课堂教学效果也有了显著的提升，也取得了一定的成绩。

具体成绩如下：

①各班级期末检测成绩名列前茅；

②指导学生多次参加区级活动获奖；

③从 2012 年度至今连续四年被评为校级骨干教师；

④撰写的论文，教学设计、案例，制作的多媒体课件等，曾多次获得国家、

市、区级等不同级别的奖项；

⑤参加的区级校级录像课，观摩课展示活动也曾多次获奖。

四、反思

作为教师，我们要注重学生综合素质的提高，让学生真正地成为学习的主人。通过自己的努力和探索去获取知识，这样学生会充分享受到学习带给自己的成功和快乐以及能力的提升，从而更加愿意主动地投入学习中去，热爱学习，并且在学习过程中能够逐步培养自己各方面的能力，从而为今后更好学习和工作做好准备。不要使学习成为学生的负担，不要使学生为学习所困，也更不要使学生的学习成为家长的负担、老师的困扰、社会的问题，早日使学生从沉重的学习负担中解放出来，真正成为学习的主人。当然，这还有很长的一段路要走，但我相信，随着我们国家的教育改革和社会各界，以及我们党中央对于教育的关注，它会逐步地实现！作为一名小学英语教师，我会不断地学习和钻研，为学生的全面发展和综合素质的全面提高而努力，为国家培养出更多优秀的人才，为全面推进社会主义建设做出贡献！

浅谈农村小学数学课堂中的小组合作学习

长陵学校　许荣华　宗慧芬

内容摘要：农村学生不善于表达，所学内容不能很好地表达出来，教师不能很好地了解学生的学习情况，学生的沟通合作能力不强，而沟通合作是现代社会人们所必不可少的一种能力。在这种思考下我在我的数学课堂中开始尝试小组合作学习。小组合作学习在小学数学课堂中是一种常用的模式，能够有效地创建和谐民主的课堂氛围，有利于培养学生的合作精神和竞争意识，更重要的是学生在小组学习的过程中体验到探索与发现的乐趣，培养了学生的学习能力，从而使学生真正得到发展。通过合理构建小组、明确学习内容等形式使学生真正的参与到小组学习当中，真正地提高小组学习的有效性。

关键词：小组　合作　学习

一、小组合作学习在小学数学课堂中是一种常用的模式

合理的建组机制是小组合作学习有效性的保证，在组建小组时要根据学生的能力、性格、性别等差异情况进行合理的搭配。每个小组人数过多，会影响学生讨论；人数过少，讨论效果欠佳；在多次小组合作学习的尝试过程中发现人数在 4 到 6 人最合适。组内学生如果优等生聚集，他们自我优越性强，而如果小组能力较弱，他们胆怯、自卑、缺乏自信心，常常会讨论冷场。根据这样的思考我在给学生分组的过程中要尽量考虑学生各方面的因素合理组合。我根据学生的综合能力将本班学生分为 A、B、C 三类，再根据组数进行分组。这样所分的每个组能力相当，组内学生能力不同但又有不同层次的

学生既可以合作又可以互助。大组分好后我明确了每个组员的分工，如：组长负责任务的分配、副组长主要负责讨论过程的记录等。最初的小组合作中我都会参与组长的分工情况，课下对组长进行培训，逐步提高组长的能力，经过一段时间后组长的能力越来越强，在课堂教学的过程中每个组的学习讨论也越来越有序了。在学生喜欢上了小组学习后我还给学生经常换组学习，既可以活跃合作的氛围，还培养了如何与不同学生合作学习的能力，还会更换组长培养训练更多学生的能力。

二、"明确学习的内容与目的"是合作学习的关键

学习，离不开问题。合作学习，当然要涉及讨论什么问题、怎样讨论问题以及问题难度的把握等一系列需要教师事先精心策划。在策划问题之前教师要对教材把握准确，明确教材的重难点、小组合作学习的目的，学生在小组学习过程中基本能达到什么程度，出现什么问题也要有预测。所以教师设计的问题要围绕教材的重难点进行设计，在设计问题过程中要有一定的难度和挑战性，也要有一定的梯度和方向性，给学生讨论的问题应明确而具体，层层递进，逐步深入，而不能空洞、笼统、无方向性。否则，小组合作学习必然陷入无序、混乱之中，合作学习的有效性自然很差。

如在人教版五年级上《三角形面积》这一课的小组合作学习中我设计了这样一系列的问题：

（1）你知道三角形的面积公式吗？（这个问题学生可以通过教材知道）

（2）你能根据平行四边形面积公式的推导过程自己试着推导出三角形的面积公式吗？从而证实你所说的三角形面积公式。（学生可以利用转化的思想将两个相同的三角形拼成平行四边形或长方形从而证实三角形的面积公式，这是学生最初想到的也是学生最容易理解的）

在这个问题之下教师还要设计一系列的小问题：

a.把三角形变成了什么图形？怎样变的？

b.所变图形的面积与三角形面积之间有什么关系？

c.所变图形的边、高与三角形的边、高有什么关系？

通过一系列小问题使学生在小组动手操作及交流方向时知道怎样交流，

为后面其他方法的交流打好了基础。

利用多种方法解决问题是数学教学中的重要目的之一，也是训练学生思维的好方法，往往不同方法是在学生在小组交流中产出的。所以再次跟着又提出了第3个问题：你还有其他方法来证明吗？（学生有了第一种方法的提示后很快出现了其他的方法，并根据第一种方法的小问题追问很快在组内进行了交流）

这样一系列的问题设计使学生明确了小组学习的任务是什么，动手操作的过程是什么，交流的问题是什么，更重要的是学生并没有简单地停留在模仿的层面上，而是体会到了小组交流的重要性，探索知识过程的乐趣，学生真正做到了知其然知其所以然，做了一回小小的科学家。这样的学习效果个人学习很难达到的。

三、“个人独立思考”是合作学习的前提

小组合作学习离开了独立思考这个前提就如水上浮萍落不到实处，也就达不到合作学习的目的。生活中，我们都有这样的经验：当我们遇到一个问题时，首先是自己去面对，去想办法解决问题，当一个人的力量难于解决这个问题时才考虑寻求帮助、与人合作。因此，如果只有小组合作学习而缺乏独立思考，学生的自主学习能力将会丧失，学生在小组合作中也就无话可说，或者人云亦云，使合作学习的实效性大打折扣。因此，当我们在教学中提出一个问题后，首先给学生充分的、独立的思考时间，然后再组织学生进行小组合作学习，在组内交流自己的看法，形成一致意见后在班上进行交流达成共识。

如我在讲授人教版四年级上“三位数乘三位数”时先出题目“324×54”，提问：

（1）列竖式进行计算这道题。

（2）4与324相乘是多少？

（3）5与324相乘是多少？

有了前面的复习接着出示“324×254”，提问：

（1）你能试着列竖式进行计算这道题吗？

（2）4 与 324 相乘是多少？

（3）5 与 324 相乘是多少？ 2 与 324 相乘是多少？

由于有了前面的复习导入很多学生已经能够自己列竖式进行计算，只是在第三步相乘中出现疑惑的情况，所以在此环节教学时我让学生先自己去动手进行计算、去发现其中的算法，然后再在组内交流总结每一步的含义及算法。这样学生带着自己的想法参与小组学习，不光使小组讨论有目的性，更重要的是使每个学生都是在有自己的想法和问题的情况下参与到小组合作学习中，特别是学困生也是在有想法、有问题的情况下参与到小组合作学习，改变了学困生往往作为观众的局面，真正使小组合作学习有了实效。

四、“长期合作训练”是合作学习的保障

在合作学习的过程中，我们经常看到表面上课堂气氛活跃，学生学习积极性高，实际上合作学习收获甚微。教室里，有的小组里你说他也说，七嘴八舌、根本听不清谁在发言，更听不清楚谁的思路正确，谁的思路清晰，谁的思维严谨；有的小组张三说什么李四就说什么，人云亦云；还有的小组只有好学生在滔滔不绝地说，学习差的学生只是听甚至开小差。通过思考查阅资料，我发现出现这些情况的主要原因在于学生没有小组合作学习的基础，只是为了形式而开展了小组合作学习。小组合作学习是一个长期训练的过程，如学生的发言训练中低年级的学生或者中高年级刚开始进行小组合作学习时，教师就要给出一定的交流模式。

如我在讲授“乘整十、整百乘一位数”的口算一课时，由于学生较小，语言表达能力有限所以就给了学生这样的交流模式：

出示讨论题：“300 × 2”

（1）想 2 个 300 是多少？

（2）还可以怎样想？

300 表示（　　）个（　　）；先用 3 × 2 得（　　）再乘（　　）也就是在 6 的后面加上（　　）个“0”。学生有了这样的语言交流模式，在交流过程中就不会七嘴八舌了。此时，我在小组最初合作学习时对学生进行具体要求，如：要求学生在其他同学发言时认真倾听，不能随意插话。有不同意见和建议要等其他同学发言完毕时，才能够补充和订正，要听从组长的安排。专门训练一个小组将小组的合作学习过程在班内进行演示；或组织学生观看有关小组合作学习的片段录像，使学生知道小组合作学生的模式。在这些过程中逐渐培养学生表达个人想法、倾听他人观点、调整个人思路、完善他人见解、与人合作、反思评价等各种技能。这样才能使我们的学生在合作学习中有事可做、有话可说、使合作学习落到实处。

五、“多元活动方式”是合作学习的补充

合作学习是学生的一种学习方式，更是教师的一种教学组织形式，学生的合作学习是否有效，同教师的参与指导、组织有着密不可分的关系。因此，在学生开展合作学习的时候教师要走到每个小组当中去，对每个小组的情况做到心中有数，适时地对学生的学习进行指导评价，分配每个小组汇报展示的内容。

如在讲授“三角形面积”时，小组合作学习的过程中，教师要对学生的动手操作及表述进行指导，并根据每个组的完成情况分配展示的内容。这样教师对学生的完成情况做到心中有数，同时对学生的小组展示也做到心中有数。每个小组有了自己的展示内容后由组长进行每个人的任务分配，分配任务时可将较难的问题分给优等生、将容易的问题分配给学习较差的学生，任务分配好后可做好展示前的准备，还可进行演练。这样不仅使每个组都有自己的展示内容，在小组展示的过程中每位组员也有自己的任务，长期训练使每位学生在小组展示的过程中都会充满自信。在小组合作学习的教学组织形式下也要改变教师评价为主的评价方式，转而以学生的评价为主。还是在《三角形面积》一课中，由于每个组都进行了充分学习，所以对每种方法多少都有些了解，在其他组汇报时自己也会认真倾听，在评价时就会准确评价出其方法的优点，对其不足进行补充，这样学生之间的评价是准确的、有效的。当然在学生评价的同时教师要根据学生的评价，来进行适时的点拨。对于学生的评价语言也要进行培训，要以表扬性的语言为主、多找其他小组的优点，使组间形成良好的学习氛围。

总之，小组合作学习使每位学生真正参与到学习之中，使学生成为学习

的主人，学生在小组学习中体验到了合作探究的乐趣。经过一段时间的教学，我发现我的学生上课善于表达了，喜欢与我和其他同学交流想法了。小组学习是不错的课堂模式，但我们要注意的是要根据不同的学习内容调整合作学习的时间，根据不同年龄段调整合作学习内容的多少，只有适合学生的学习方式才是最好的、最有效的。

成为生命中的自己

——记一名随班就读生的教育案例

长陵学校　李小霞

内容摘要：真正的教育是让受教育的个体成为她生命中的自己，特别是对于随班就读生这个特殊的群体，首先应该寻找到他们生命成长的契入点，然后关注他们多元智能中的最强项，给予他们在社会中自立的能力，在教育教学的实践中真正履行教育的使命。最终才能使这一独特的群体展示出他们生命的本真色彩。

关键词：教育　随班就读　生命

在我们的普通中小学里，存在一些因身体残障而难以跟上正常学习节奏的弱势群体——随班就读学生，由于种种原因，很多随班就读学生因为跟不上正常教学进度“很少或很难体验到成功感”，而让这部分随班就读的学生在受教育的过程中，展现他们生命本真的色彩，是让这个特殊的群体获得生命体验以及改变他们教育现状的有效路径。

一、教育是让受教育的个体成为她生命中的自己

世界上本就没有完全相同的两个人，这不仅表现在相貌上，也表现在人的智力、个性等方面。每个个体生命的成长都是在其所处的环境中，依照有巧妙结构的生命原理来活动，并以其独特性来显现自身。联合国教科文组织“国际教育发展委员会”在20世纪90年代就从历史的、社会的和教育的角度明确指出了“人已经成为他自己命运的潜在主人”，当下社会“可以帮助一个

人以一切可能的形式去实现他自己”，教育是实现个人和社会“财富”的根本途径，同时这一思想也为随班就读这个特殊群体的教育提供了方向。

2011 年我接任了初一的语文教学工作，班里有一个中度智障的随班就读女孩小硕，同时她也是特殊结构家庭的孩子，父母离异后她跟随姥姥一起生活。我相信每一个智障的孩子都会如同《地球上的星星》里的小男孩依夏一样，有自己独特的色彩。三年的时间，我时刻思考，如何让她和其他孩子一样能真正成为教育的受益者，如何让她展示自己的特色。我根据她对我的依赖和喜爱，结合她对语文的独特情感，一步一步引导，使她完成了初中的学习，最后考入她理想的职业学校。到 2014 年，盘点她三年的成长如下：

项目	中考语文成绩	随笔数量	Word 文稿	所背古诗文	读书	升入学校
结果	89 分	174 篇	120 篇	42 篇	98 本	北京市昌平职业学校

哈耶克认为：“强制之所以是一种恶，是因为它否定个人选择与实现自己目标的能力与权利，将其降低为别人的工具。”可见教育的终极使命是让受教育的个体成为她自己，教育不应遮蔽每一个生命的色彩，无论她在智力、体力等方面的差异怎样。

二、要寻找生命成长的契入点

一名语文教师的责任和使命，在于面对鲜活的个体，能够寻找挖掘他们生命的本真。霍华德·加德纳的多元智能理论指出个人之间所不同的是每个人的各项智能发展程度不一样。正是这各项智能的强弱不同形成了个体之间的差异，而随班就读的学生是个别差异上比正常人更显著且多样化。找到开启这些智能中最强项的钥匙，是实现对智障群体教育使命的前提，而这把钥匙就是人的基本需要——爱。

爱是人的一种基本需要。在《爱的教育》一书的“译者序言”中，夏丏尊说过一段异常深刻的话：“学校教育到了现在，真空虚极了。单从外形的制度上、方法上，走马灯似的更变迎合，而于教育的生命的某物，从未闻有人培养顾及。好像掘池，有人说四方形好，有人又说圆形好，朝三暮四地改个不休，而于池的所以为池的要素的水，反无人注意。教育上的水是什么？就是情，就是爱。教育没有了情爱，就成了无水的池，任你四方形也罢，圆形也罢，总逃不了一个空虚。” 夏丏尊抨击当时学校教育忽视了人的存在。夏丏尊说：“我们所行的教育是人的教育，当然应当用人来做背景 。”在这三年的语文教学中，面对这个随班就读女孩，我一直努力尝试着，当我拿着她毕业时送给我的随笔，我同时也看到了她绘制的美丽的、环形的、爱的轨迹。

她从别的老师那里了解到我很喜欢语文，其实也谈不上喜欢，我只觉得语文不想（像）理科一样麻烦，所以对语文不是很厌烦。后来再（在）一次谈话中聊到了我的父母和家里的一些情况，我当时没有一丝怀疑，她是怎么知道的这些情况是从哪里来的，我的小学老师都知道这些所以她只是问问就知道。初一时准确地说我只不过是喜欢语文课和对她的好感而已。

——《初见初识》

初教这个女孩，我开始观察她，并快速了解她的各方面的情况，期待寻找到开启生命之旅的钥匙。

某天我依然去李老师那里打字，李老师让我看了她写的作文。——《温暖》

写的是我平时让她注意休息不要太累，多注意身体的话，有时这些话我记不清了，可李老师却没有忘记这些话。

——《共同体验》

这是我和她生活学习中的一个小片段，我从没把她仅仅当作一名学生、一名智障的学生，更把她作为一个孩子、一个朋友、一个人。

李老师是我上中学来的第一个语文老师也是我唯一的一个语文老师……白白的皮肤没加修饰的脸和一头微棕的短发，构成了一个善良、美丽、我心中最美的李老师……李老师很忙，每次到办公室找她总是有老师找她谈事。但李老师从来没有给我们少上一节课。而且课间、中午也能看到李老师找个别同学谈话。她所有时间都在忙我们的事，和全校的教学工作……我喜欢语文课，但更喜欢李老师。

——《李老师》

在这三年中，我担任一个班的语文教学、年级主管、教学副校长工作，但和她中午的相约从没改变。改变的是彼此的了解，彼此的关心和她对我的接纳。

有一个人她和我的关系很好，而且我每天都可以看见她。她在我的心中占了一定的位置。有人问我你过的好吗？我说非常好，他问我为什么？我想都不想的说在家我有很好的家长，到了学校有她，有时她可以理解我。她就是我的语文李老师，我很喜欢她。

——《她——李老师》

每天中午，别人午休的时间，是我们相约的宝贵的二人相处时间，到点她可以自由到我办公室来，从初一下学期到毕业，除我外出和开会，这个约会没有取消过，随着时间的推移，我们的感情在逐步加深，她开始对我完全地敞开了心扉。

2013 年 11 月 13 日，李老师出差了，虽然我很早就知道了这个消息，心里还是不经（禁）难过……

——《李老师出差的日子》

外出的日子，也是我对她最挂念的日子，可喜的是她内心也有一份牵挂。

我经历了人生中两次重要的考试一模、二模考试，在校时间只有二十天了，九月份我们仍然在上学，李老师依然在讲课，讲台上依然是李老师，可在台下听讲的却不是我们了。我永远不会忘记，初中三年，有一个我爱的李老师，让我永生难忘的李老师。

——《经历风雨》

面对即将毕业的他们，作为教师的我，又何尝不是有太多的不舍呢，但看到近三年她的变化和成长，我知道，我用正确的方法叩开了成长的大门。

今天中午我又和以往一样，走进了李老师的办公室……过了一会儿李老师让我和她把茶具洗一下，接着洗完的杯子，回屋放到原处，李老师放了一些茶叶和水，大概过了十分钟，茶泡好了，老师就叫我坐在她身边，老师自己倒一杯茶，也给我倒一杯……我要走时，李老师问我茶是什么味道，我说是爱的味道。

——《爱的味道》

是的，这个味道，更需要我们教育者去耐心品味。

叶圣陶认为以情感为媒介的爱的教育是现代语文教育的理想模式。三年来与这个女孩的相处，目睹她的成长，让我更加明白对随班就读的学生更应以爱作为激发这些弱势群体成长的契入点。

三、应在生命成长中履行使命

教育是人为并为人的，其根本精神在于如何使人成为“人”。

1. 关注多元智能中的最强项

霍华德·加德纳的多元智能理论指出，智能是多元的， 各人的智能光谱各如其面， 各不相同， 存在着个别差异。这一理论为我们分析智障群体的差异和教育方法提供了理论基础。作为教师应主动关注特殊学生之间的个体差异， 确认其智能因素中的最强项，找到这个最强项，她定会满意而能干。

刚开始教小硕的时候，她是一个看似对什么都不热情的孩子，课堂上是基本是流离于外，经过一段时间的了解、观察和相处，发现她并不排斥语文，而且在课堂上我总会给她发言的机会，有时她能对一些文章有自己独到的见解，像在学习《散步》时，大家开始对主题进行探究，各抒己见，这时小硕站起来说:“不只是父母的爱才是爱……”为我们理解文本打开了另外的视角。接下去的时间，我开始逐步把我的藏书拿给她读，三年时间，她几乎读完了我办公室书柜里所有文学、科普、绘本和教育类的书籍，同时我又给她从图书馆借了很多书籍。刚开始她读得很慢，很多不认识的字我和她一起查字典，并教她如何查字典。同时建议她写随笔，刚开始她写起来很困难，我告诉她先观察我们年级的老师，观察好了再写，每位老师写一篇，这才有了她后来的记述六位老师的随笔。这三年她的阅读量和写作量变化情况如图：

图 1　2011-2014 学年度阅读量和写作量变化情况

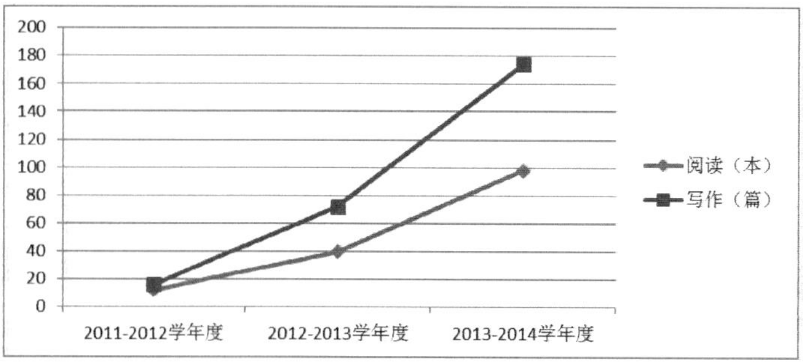

从图 1 中看，在 2011~2012 学年度阅读量是 12 本，写作量（随笔）是 16 篇，二者基本持平。在第二学年度，阅读量、写作次数增加速度加快。到最后一个学年度阅读量达到了 98 本，随笔的写作达到了 174 篇。二者的量都迅猛增加，特别是最后一个学年度，也可以看出，随着时间的增加，写作的篇数要高于阅读量。同时也说明前期的引导虽然见效很慢且有一定的难度，但等找到了她多元智能中的强项，发展起来就会很快。从比例上看，有了阅读的积累和写作的积淀，写作也已经不再困难。

2. 给予她在社会中自立的能力

日本特殊教育重要目标之一，是使每个学生都能获得在社会中自立的能力。无论是身心发展正常的儿童还是残障儿童，也无论其残障的程度有多么严重，都应给予每个人以适合他个人条件的、能使他作为“人”自立于社会的恰当指导。可见好的教育是让孩子成为她生命中的自己，是在适当的时间提供适当的帮助，而无论她是否如常人一般健全。

李老师问我会不会打字，我说不会。从那天以后李老师教我打字，为了学得快一点我把手机的键盘都调成了和电脑一样的键盘……现在我打字的速度终于不是很慢了。

——《共同体验》

在学校除了教给孩子们知识，面对小硕，我考虑最多的还是她将来踏入社会的生存问题。随着她能够独立读完一本书，写一篇文章开始，我就从基本的电脑打字入手，让她把写完的随笔或自己喜欢的文章录入到电脑上，我们约定好每天她到我办公室来，我们除了聊天、看书外，就教她将汉字录入电脑。开始时她不会拼音，我就一点一点地教。到毕业时，来我办公室打字已经进行了近两年，她已将她的大部分随笔，转化成了word文档，她的打字速度也已经和常人无异了。

开学了，那天崔老师找我，说我必须加入一个小组，为什么？这是我的第一个反应。她说社会很大，你不仅要和老师在一起更重要的是小组合作，你要和同学合作好，将来在其他地方也好给你一些帮助呀。可我自己独立已经习惯了，加上事情又做不好，散漫。我可以加入小组吗？我望着老师想……我选择了一组……这节课我和他们一起展示合作，这时我才发现了一个组字的含义：互帮互助。有时我向刘枫问问题，她总是很详细地回答我，并帮我分析帮我讲，她看我的眼神里没有嘲笑轻视，相反眼里多了一个组长对组员的负责任……一组，现在就是我的组，明白了一个组要团结，不能在自己组里做伤害组里的事。

——《加入小组》

这篇随笔记述的是教她如何与人相处。我和年级主任及班主任商量，不能让她再单独坐一组，同时和班里的干部和小组长交代好，如何接纳小硕。由小硕自由选择小组，这样也减小她心理上的压力，也让她易于接纳其他人的帮助。看着这篇随笔，我们看到孩子的内心多么宽广。一些事情不是我们凭借想象她是不是能做到，而是我们给予她怎样的机会和帮助。

除了生存的一技之能，健全的人格也是长久生存的根本。

我的理想则是找一个适合自己的学校，自己喜欢的事情把它学好。我只是这些都是一些想法，这成功与否都是个未知数，不过自己只要有了自己的理想，朝着那个自己的理想奋斗，轻易不放弃，我相信我会成功。

——《我的梦想》

如果现在有人问我你幸福吗？我会自豪的告诉他我很幸福。幸福不是有一个大房子，或是不用上学、或者可以非常高兴地玩一天，我告诉你那不是我的幸福，（我的幸福）晚上放学可以吃到家人烧的饭菜，和家人看电视、快乐地玩，晚上快睡觉的时候，慢慢地看着月亮发出的光照到你的被子上，你就感到幸福……幸福是在学校静静地听老师讲课和自己每一秒的呼吸都会让我感到幸福。

——《幸福》

从这两篇随笔中，可喜地看到，小硕虽然在智力上有短缺，但在人格上却远远高于一些普通人，不仅仅是她相信自己能够成功，我也坚信她会成功，会成为独特的她自己。

世界上本就没有完全相同的人，真正的教育就是要在孩子的多元智力中找到那个最强项，运用合适的契入点，提供给他适时的、成长的机会和帮助，彰显他独有的色彩，让他成为生命中的自己。

参考文献：

[1] 德・亚米契斯 . 爱的教育 [M]. 夏丏尊，译 . 南京：译林出版社，2008.

[2] 夏丏尊 . 夏丏尊教育名篇 [M]. 北京：教育科学出版社，2007.

[3] 杨民 . 当代日本的特殊教育及其对我们的启示 [J]. 中国特殊教育，2000(4):29-32.41.

数学教学中问题链设计引发的思考

阳坊中学　李玉芳

内容摘要：在数学课堂中提问是教师常用的一种教学手段，如果教师能在数学课堂中提出启发性问题促使学生思考，就可以让学生更好地掌握疑难点知识，突破疑难问题，掌握数学学习方法。如果教师能用问题链的形式进行提问，以问题链的形式引起学生的认知冲突，调动学生积极性，促进学生深入地思考，使学生的学习真实有效，就能更好地提高教学效果。本文以一节数学研究课为例，体会问题链在课堂教学中的实际应用，了解问题链设计的一些要求和形式。

关键词：课堂教学　问题　问题链

一、问题的提出原因

（一）比赛中的要求

在课堂教学中提问是教师常用的教学手段之一，而设问是教师在教学设计中的一个重要环节。我们组织教师做教材分析时常说，我采用问题教学法，设计了一系列的问题链，帮助学生突破难点等等；而且在一些数学的微课比赛中，也明确提问了："你这节课的问题链是什么？"那么是不是我们将课堂中的问题串联起来就是问题链？问题教学与问题链又有着什么不同？

（二）"问题、问题链"的理解

著名数学家 P. R. Halmos 曾指出："问题是数学的心脏。"朱德全对教学本质的哲学思考后指出："人的发展促成问题解决，问题解决指向人的发展”，“问题是教师教学的心脏，是学生学习的心脏”。同时问题教学法也源远流长，在布鲁纳的发现学习法中，就提到了教师向学生提出有关问题，引导学生学习、搜集有关资料，通过积极思考，自己体会、发现概念和原理。问题教学法以问题为载体贯穿教学过程，使学生在设问和释问的过程中萌生自主学习的动机和欲望，进而逐渐养成自主学习的习惯，并在实践中不断优化自主学习的方法，是提高自主学习能力的一种教学方法。问题教学法充分体现了学生的主体地位，能有效地激发学生自主学习的主动性和积极性。既然是以问题为载体，也就是在这个过程中教师会设计很多问题引导学生自主学习，那它是不是就形成了我们所说的问题链？问题链是数学知识结构的表现形式，问题链方法是以问题为主线，以发现问题—解决问题—再发现问题为全过程，以适应客观世界运动变化和数学严谨逻辑思维之需要为目的的数学思维方法.

（三）本校情况分析

本校数学组教师队伍分老、中、青三代，青年教师占50%，新教师上课时，经常感觉力不从心、课堂看似热闹但实质性收获没有，一节课下来抓不到重点，往往课后还要大面积地辅导学生；学生也感觉课上会了，但自己做题思考时又困难重重。因此在数学课中设计好的问题链，既可以帮助新教师成长，提高课堂效率，又可以培养学生的思维能力。

我们以一节数学研究课为例，看一看问题链的设计在问题教学中是怎样体现的，有怎样的作用。

二、课堂实施与分析

（一）教学过程简介

本节课是基于学校区级课题《京郊农村中学培养学生核心素养方法途径的研究》下的子课题《利用问题链教学促进学生数学思维能力的深层发展》的一节研究课。3.8 角平分线是七年级《简单的几何图形》一章对角平分线的研究，重在讲清概念及其表示方法。角平分线是在线段中点的基础上继续学习图形的平分，提供了结合图形认识角与角之间数量关系的新方法，是合情推理的新依据，为后面的几何学习奠定说理能力。课标指出：要理解角平分线的概念及其表示方法。老师在一上课就用了 5 分钟时间复习了线段中点的定义、画法、符号语言，30 名学生有 21 名学生三部分完全正确，在定义部分有 5 名同学不能写成完整的文字描述，其他两问各有 2 名同学出现问题，然后老师通过一名学生回答问题后，小组再次整理本题，达到 30 名学生全部合格。然后老师在自主探究环节和例题精讲环节设置了问题链，进行教学。整个教学过程共有 45 分钟，其中复习环节 5 分钟，自主探究 15 分钟，例题精讲 25 分钟，非常遗憾本节课没有小结环节。

（二）具体分析

在自主探究环节中，教师围绕着本节课“类比线段中点，探究角的平分是怎么样的”这一核心问题，设计了三个小问题。

问题 1：折一折，将三角形其中一个角对折，使其两边重合。

对折角发现折痕作用，达到直观感知、创建情境的目的。

问题 2：想一想，折痕与角两边所成的两个角的大小有什么关系？

问题 3：试一试，类比线段中点，尝试归纳角平分线的定义、画法和符号表示。

结合图形，如何选择适当的符号表达方式完成解答，达到总结规律，灵活运用概念的目的。

教师以表格形式呈现问题 3（表格如下），形成了本节课的第一个问题链。

（1）线段中点的定义： 如果点 M 是线段 AB 上的一点，并且满足 ________， 那么点 M 叫作线段 AB 的中点；	类比	（1）角平分线的定义： 如果经过角的________的一条______， 把一个角分成________的两个角， 那么这条射线叫作这个角的角平分线。
（2）画出线段 AB 的中点 M 		（2）画出 $\angle AOB$ 的角平分线 OC 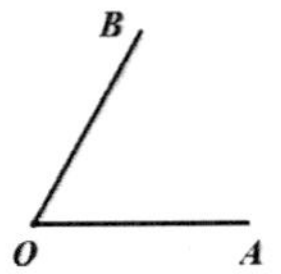

（3）定义的符号语言表示：如上图， ∵点 M 是线段 AB 的中点　（　已知　） ∴	归纳	（3）定义的符号语言表示：如上图， ∵ OC 是 $\angle AOB$ 的角平分线 （　已知　） ∴

这个环节的问题链设计，突出学生的自主学习成果，在对折活动“戏”化数学课堂，直观感知图形平分，促使学生主动参与课堂学习；通过对折三角形，学生手中的三角形纸片变活了，促使学生在自主活动中充分地动手、动眼、动口、动耳、动脑，直观感知折痕的作用，理解角的平分。这种具有明显可操作性的学习活动，促进学生主动参与教学的全过程。在第 2 个和第 3 个问题中，利用类比线段中点，帮助学生尝试独立归纳角平分线的特征，然后同桌交流，最后一人展示，其他同学补充看法，完成自主探究活动，培养学生自主学习能力。问题设计层次深入，同时又让学生有法可依，既教方法，又教思维。

在例题精讲环节，老师也设计了问题链，想帮助学生灵活运用所学知识解决相关问题。例题的设置由易到难，即从例题 1 的一条角平分问题解决方法，到例题 2 的两条角平分线的问题解决方法，最后发展到例题 3 和例题 4 的三条角平分的问题处理方法；利用提问，发挥教师的引导作用，即下面的问题 1 到问题 5，是在学生面临问题，亟需指导的发展区，给予方向引导，促进学生数学思维能力不断发展。

问题 1：三种符号语言表达，如何选择适当的表达方式解决问题？

问题 2：例题 1，从已知出发，题目中已知什么，求什么，你选择了哪种符号语言表示？

例题 1. 如图 1，OC 是 $\angle AOB$ 的平分线，

（1）求 $\angle BOC$ 和 $\angle AOC$ 分别与 $\angle AOB$ 的数量关系。

（2）若 $\angle AOC = 30°$，求 $\angle BOC$ 和 $\angle AOB$ 的度数。

（3）若 $\angle AOB = 60°$，求 $\angle BOC$ 和 $\angle AOC$ 的度数。

解：（1）∵ OC 是 $\angle AOB$ 的平分线（已知）

∴ $\angle$ __ $= \angle$ ________，

$\angle AOB =$ ________（　　　）

（2）∵ OC 是∠AOB 的平分线，∠AOC = 30°（已知）

∴∠ __ = ∠ ________ = ________°

∠AOB = ________ = ________°（　　　）

问题 3：例题 2，从已知条件出发，容易找到方法得到结论吗？

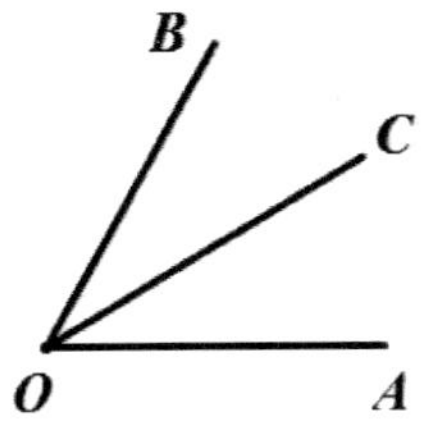

图 1

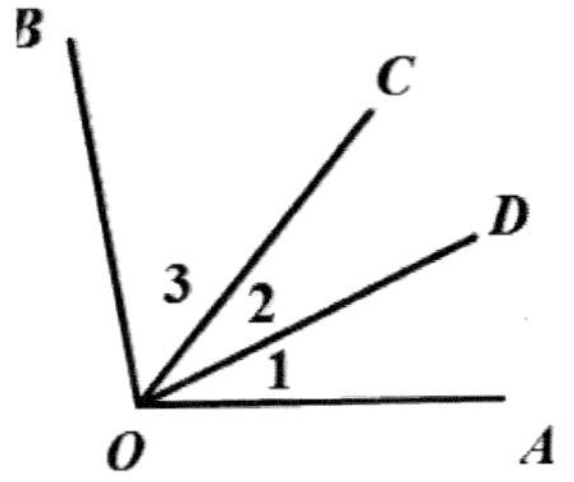

图 2

例题 2. 如图 2，OC 是∠AOB 的平分线，OD 平分∠AOC，且∠AOB=100°，求∠BOD 的度数。

解：∵ OC 平分∠AOB，且∠AOB = 100°（已知）

∴∠AOC__ = ∠ ________ = ________°（　　　）

∵ OD 是∠AOC 的平分线，（已知）

∴∠ __ = ∠ ________ = ________°（　　　）

∴∠BOD = ________+________ = ________°

问题 4：例题 2 中，结合图形，∠BOD 可直接由角平分线的倍分得到？∠2，∠3 可直接由角平分线的倍分得到？∠AOC 可直接由角平分线的倍分得到？

问题 5：例题 3、4 中，结合图形，∠DOE 是由哪些角的和与差构成？

例题 3.（1）如图 3，若∠AOB = 120°，OC 是∠AOB 的平分线，OD 是∠AOC 的平分线，OE 是∠BOC 的平分线，求∠DOE 的度数。

（2）如图 4，若∠AOB 是平角，其他条件不变，则∠DOE = _____°

（3）如图 5，若∠AOB 为任意角，OC 是∠AOB 内部任意一条射线，其他条件不变，

那么∠DOE 与∠AOB 的数量关系是 ________________。

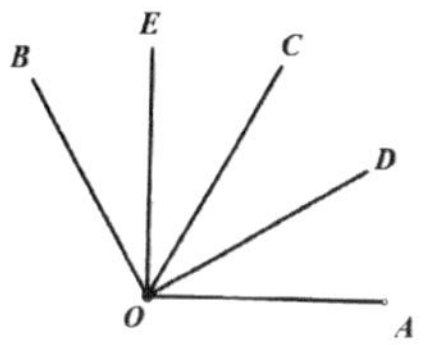

图 3

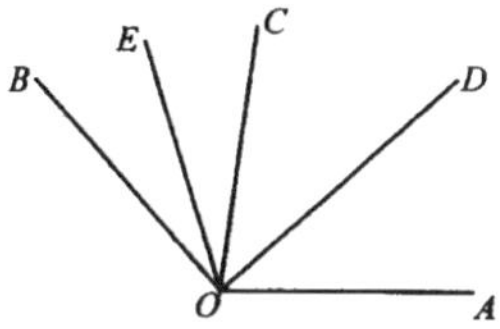

图 4

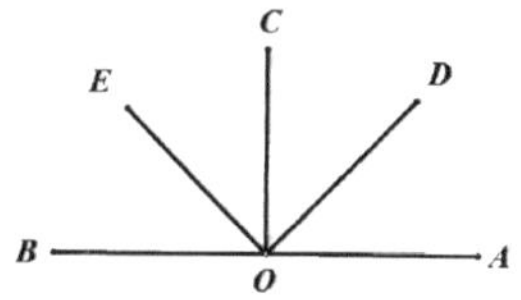

图 5

例题 4. 如图 5，OD 是 $\angle BOC$ 的平分线，OE 是 $\angle AOC$ 的平分线

（1）如图 6，若 $\angle AOB = 90°$，$\angle AOC = 60°$，求 $\angle DOE$ 的度数。

（2）如图 7，若 $\angle AOB = \alpha$，$\angle AOC = 60°$，则 $\angle DOE =$______。

（3）如图 8，若 $\angle AOB = \alpha$，$\angle AOC$ 为任意锐角 β，则 $\angle DOE =$

______。

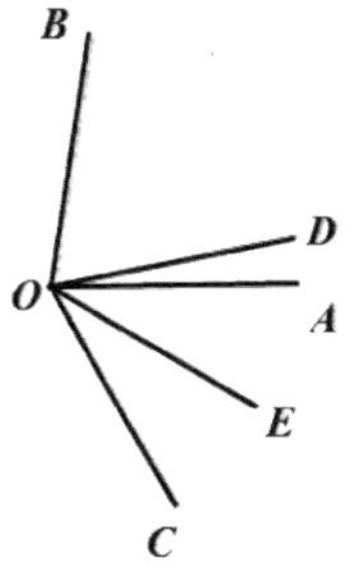

图 5

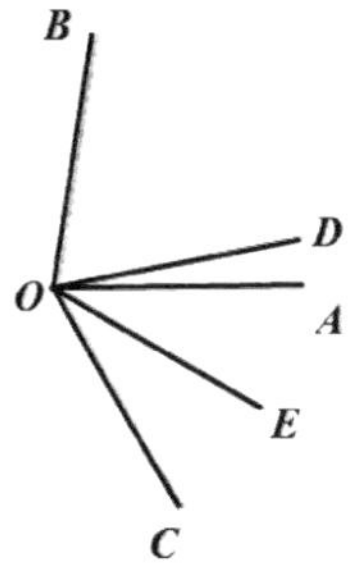

图 6

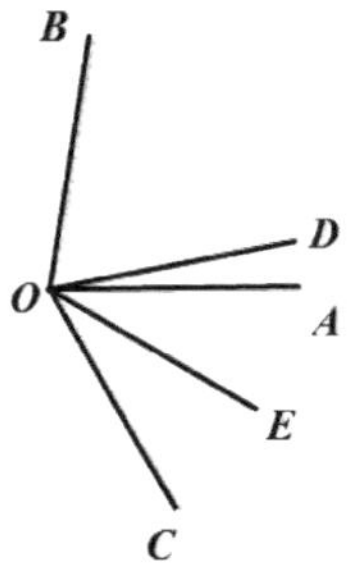

图 7

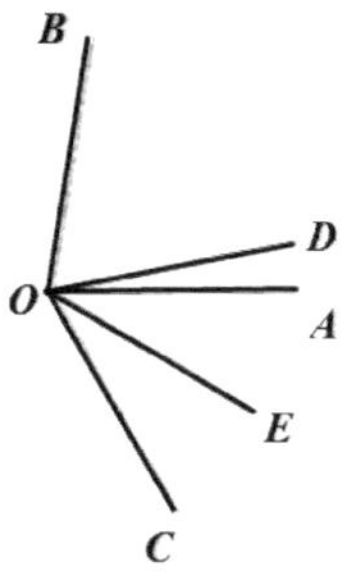

图 8

这一环节问题链的设计遵循了由低到高，由易到难的原则，同时教师把求解过程，挖空处理，并标注数字角，缩小难度梯度的同时，增强学生的数字角应用意识，真正实现通过有梯度的题目设置达到巩固新知、学以致用的目的。引导同学们梳理符号语言说理过程，学生将未知角转化为容易求的角的和，再利用角平分线的倍分关系，完成角的求解。但在例 2 时出现了学生做题速度和正确率的明显降低的现象，整个班只有 3 人完成。分析出现问题的原因，一是前期预设学生对线段中点的知识掌握出现偏差，虽然定义的学习掌握了，忽视了学生用线段中点解决问题的掌握。二是教师思想认识有偏差。潜意识中认为以学生为主体的课堂就是要靠学生自己思考得出、并完成问题的解答，因此，课堂上为了体现学生的“主体地位”，把设计的问题摆出，

就等学生“自主”生成答案，过分强调学生的“主体地位”而忽略了教师的“主导作用”，导致课堂学习气氛的沉闷，浪费时间。三是对于学生预设太过乐观、设计的问题链梯度大，没能发挥问题链的引导作用，造成了在例 2 时学生自主生成时间过长，而且正确率不高，给学生造成挫败感，直接影响后面问题的解答。由于时间原因，例 3 与例 4 作为课后拓展，从课后的调研反馈中，两道题的三个小问的通过率大致是：（1）80% 的通过率，（2）50% 的通过率，（3）10% 的通过率。

三、反思

尽管本节课最终没有完成预期的学习任务，但在教师教学过程中，教师利用问题，使学生的所学知识与好奇心产生互动，从而产生问题，引导了学生思维，展示了学生的思维过程。在解决问题的过程中，学生的思维得到拓展，从而将一个问题链变成了学生的思维链，提升了学生的思维能力。由这一教学过程，我们想到了，在设计问题链时应该有什么要求，到底应该设计什么样的问题。

问题链的设计要求：

1. 要围绕一个核心目标，以教材为依据，紧扣教学的核心内容。

2. 要切合学生实际水平和认知规律。教师可以把一个难题分解成几个小题，给学生一些台阶，让学生不断地在解决小题的过程中增强自信，激发学生对后续问题研究的热情。

3. 要由易到难、由简至繁、层层深入，体现问题之间的梯度。

4. 要有多方位的拓展，由一个问题出发，可以联想到与之相关的问题。通过一系列相关问题链的研究，将问题研究得更透彻，理解得更深入。

5. 问题链的设计要能引发学生思维，达到学生思维能力的提高。

问题链的问题设计形式：

1. 探究性问题，例如本节课中的自主探究环节中的问题，引起了学生的认知冲突，充分发挥了学生的主观能动性，提高了学生的课堂地位。

2. 引导性问题，例如本节课例题精讲中的问题，通过分层次设计，满足了不同学生对数学学习的需求，从而提高课堂教学质量。

3. 记忆性问题，例如本节课例题精讲中的前两个例题的呈现方式，帮助学生强化记忆知识点及符号语言的书写形式。

4. 趣味性问题，例如本节课自主探究环节中的前两个问题，创设了轻松的数学学习氛围,激发了学生对初中数学的求知欲望,提高了学生的学习效率。

总之，问题链的形式可以是多样化的，只要能激发学生思维，提高课堂效果，符合学生的心理特点和认知水平与教学内容，那这个问题链就是有效的，对于我们的教学就是有帮助的。同时教师在不断设计问题链的过程中，自身的教学能力也在不断地提高。

参考文献:

[1] 李豪飞 . 问题引领课堂：数学课堂中问题链方法的探析 [J]. 数学学习与研究，2018(15):94.

[2] 唐恒钧 ,HAZEL TAN, 徐元根 , 张维忠 . 基于问题链的中学数学有效教学研究——一项课例研究的启示 [J]. 数学教育学报 ,2018,27(03):30–34+44.

[3] 史小琴 . 问题链教学模式在初中数学中的应用 [J]. 成才之路 ,2014(18):78.

[4] 包君 . 高中数学教学问题链设计维度刍议 [J]. 新课程导学 ,2014(20):44–45.

[5] 程晓艳 . 职专数学教学问题链的设计 [J]. 林区教学 ,2013(05):90–92.

[6] 冉华兵 . 探索初中数学问题教学 [J]. 成功 (教育),2010(08):38.

[7] 朱德全. 基于问题解决的处方教学设计 [J]. 高等教育研究，2006，27（5）：83-88.

[8]HALMOS P R. The heart of mathematics [J]. The American Mathematical Monthly, 1980 (87): 519–524.

关注学生的计算“错误” 提高学生计算能力

亭自庄学校　李桂金

内容摘要：“计算”在小学数学课程中占据重要的位置。掌握计算方法，培养学生计算能力是计算教学应达到的目标。在平时的教学中，往往因为学生计算上的失误，失去了不少不该丢的分数。深入分析学生失分原因，不单是因为马虎造成的，更关键的是对算理算法的理解和掌握不到位，所以没有达到正确熟练地计算。

作为计算教学，我们认为教给学生运算的基础知识不仅要让他“知其然”，更应“知其所以然”。在计算教学中，教师除了要充分利用学生已有认知引出问题，引起认知冲突，引发数学思考，进行探究性学习以外，筛选和有效利用课堂生成资源，尤其是典型错误计算资源的捕捉与利用更能发现学生的真问题，真正读懂学生。

关键词：计算　错误资源　有效运用

一、直击现状

数学的基本元素主要是数、量、形，而维系这三个元素的纽带就是计算。计算是支撑小学数学的最基本框架，是教材编写的主线，它占据着小学数学一半以上的教学时间。计算并不仅仅是一种单纯的技能，它更是一种基本的数学方法和数学意识，也是公民应该具备的数学素养之一。

新课程实施后，计算教学与问题解决的过程相结合，使计算教学中蕴含的数学思维价值得到了进一步的开掘。但一个不争的事实是，学生的计算正确率在下降，计算速度明显降低。在小学中段（三四年级）学生中，这一现象尤为突出。

为了解中段学生计算能力的现状，笔者对四年级38名学生进行了以下几项计算能力的初步调查，结果如下：

表1　小学四年级某班计算能力初步调查统计表

项目	调查测试内容要求	错误人数	正确率
口算（一）	千以内数的加减乘除一步或两步口算，共20题，直接写出得数。 例：32+268　640÷40　124-65　46×5-3	10人	76.7%
口算（二）	千以内数的加、减、乘、除四则口算，共8题，直接写出得数。 例：40+80÷4+80　560-320÷40×70 40×8+40×80　（450-50）÷8	16人	62.9%
笔算（一）	千以内数的加减乘除四则运算，共6题。 例：128-6×8÷16　64×（12+65÷13）	14人	67.4%
笔算（二）	万以内数的加减乘除四则运算，共6题。 例：10000-（59+66）×64（315×40-364）÷7	27人	37.2%
简算（一）	共9题，都需要简算。 例：25×89×4　937-258-342 185×18+15×18　468×99+468	9人	79.1%
简算（二）	共9题，有些可以简算，有些不能简算。 例：246-175+25　125×25×4×8 125×88　15×6÷15×6	15人	65.1%

调查发现，学生每一类计算的正确率都没有超过80%，而万以内数四则运算的正确率更在50%以下。同时，学生的计算速度也不容乐观，且个体差异甚大，最快20分钟以内完成，而最慢则超过40分钟。

二、追根溯源

小学中段学生计算能力的缺失，对于解决数学问题、提升数学思维能力等诸方面都产生了严重制约，也为其今后的发展埋下了隐患和障碍。追根溯源，产生这一现象的主要症结如下：

（一）数学思维发展滞后

小学中段学生的思维正处于由直观向抽象的转变过程中，逻辑思维逐渐形成，但还未能摆脱具象思维。面对复杂的思维过程，学生往往缺乏一定的“序”，思绪多样但找不到切入点，无法清楚表现思维过程。而计算过程则更多地运用抽象思维，尤其在小数、分数和大数目的四则运算中，需要学生能熟练地运用数学化的抽象思维和能力。这一思维的发展滞后，造成了中段学生的计算困难和障碍。

（二）教学要求相对较高

小学中段的计算担负着承上启下的地位，在继续学习口算的基础上，重点转向笔算的学习。

表 1　小学中段数学“数的运算”教学内容汇总表（北京版）

三年级上册	三年级下册	四年级上册	四年级下册
1. 会口算整十数、整百数乘一位数和商是整十、整百、整千数的一位数除法，能口算两位数乘一位数和比较简单的一位数除两位数，会估算。 2. 会笔算多位数乘一位数、两位数和三位数除以一位数的除法，并会乘法验算。 3. 会根据四则运算顺序解决加减乘除混合运算，会用脱式计算两步式题。	1. 掌握两位数乘 10 或两个整十数相乘的口算方法，掌握两位数乘两位数的笔算方法。 2. 会用两步计算解决连乘、先除后乘（或再除以）与先乘后除等简单的实际问题。 3. 会进行同分母分数（分母不大于 10）的加减运算；初步解决简单的分数加减法实际问题。 4. 会进行一位小数的加减运算，会应用一位小数解决生活中的简单问题。	1. 会笔算两位数乘三位数的乘法；能运用运算定律进行一些简便运算，并能解决简单的实际问题。 2. 会口算整十数除整十数、整十数除整百整十数，被除数和除数都是两位数的没有余数的口算除法；能正确笔算两位数除两三位数的除法，并且能用乘法验算。能用估算方法解决实际问题。	1. 理解小数加减法的意义，掌握计算法则，能够比较熟练地进行小数加、减法笔算和简单的口算。 2. 认识整数加、减法的简便算法对于小数同样适用，并能应用这些方法进行小数的简便计算。

从表中可以发现，中段涵盖了整、小、分数的计算，其中以整数运算为主，这为学生形成科学、合理的计算知识体系奠定基础，也为进一步系统学习小数、分数的四则运算做好铺垫。由于这一阶段的计算内容多，学生常常

还未熟练掌握前一种计算技能，马上又要学习另一种计算。各种整数、分数、小数之间的错误迁移，各种运算关系之间的混淆，再加上数感的相对欠缺，不少学生便会常常产生“我怎么老是算错”的感觉。

（三）学习习惯形成不良

1. 整体感知，缺乏精细理解的能力。心理学研究表明，小学生的知觉常常表现为比较随意，不能准确找出事物的主要方面或特征，以及事物各部分之间的内在联系。同时，中段学生由于理解能力还比较弱，在计算时往往会出现一些由于缺乏精细感知造成的错误，如出现将38抄成83，将“+”看成“×”等。

2. 定式思维，缺乏深入分析的意识。由于在某一类运算学习中练习总是过于强调这类题目，长期练习使学生的思维形成定式，或者学生大致了解题目后就凭自己平时解题经验进行解答，结果造成错误。如在计算 $25\times4\div25\times4$ 时，由于该题的结构与 $25\times4\div(25\times4)$ 相似，学生在计算时往往容易错误地算成 $100\div100=1$。有时，学生片面关注一些特殊的数据也是造成错误的原因。

3. 依赖性强，缺乏自我评价的能力。自我评价能力是构成数学能力的重要组成部分。自我评价计算结果的能力差，容易导致学生对作业的完成采取消极被动的态度。不少学生计算时，只管算完，不管算对，见题就解，不去验算。而家长出于“好心”将孩子的作业全部演算一遍，如有错误帮助孩子改正。久而久之，“造就”了学生的依赖性，使其失去了自我评价的能力。

4. 草率计算，缺乏规范草稿的习惯。由于低年级学生不太需要打草稿，因此，到了中段许多学生仍没有养成规范草稿的习惯。一部分学生在计算时即便口算不出来，往往也懒于打草稿。有些学生打草稿时，稿纸密密麻麻、见缝插针，或是竖式写在书或本子的边角上，位置不够时挤着写，从而造成计算错误。

三、有效对策

作为计算教学，我们认为教给学生运算基础知识，不仅要让他“知其然”，更应“知其所以然”。在计算教学中，教师要建立起以“尊重”为核心的可持续发展的价值观，除了要充分利用学生已有认知引出问题，引起认知冲突，引发数学思考，进行探究性学习以外，筛选和有效利用课堂生成资源，尤其是典型错误的计算资源的捕捉与利用更能发现学生的真问题，真正读懂学生。通过多种教学策略和途径来提升学生的计算能力和水平。

（一）错误资源的捕捉

捕捉错误资源，是修正错误、完善认知的前提。作业中的错误容易寻找和捕捉，但那些在课堂上即时生成的错误更是宝贵的教学再生资源，那么如何捕捉计算教学中生成的错误资源，更好地修正错误、不断深化学生对知识的理解和掌握，使教学更有针对性和实效性呢？

从 2013 年开始，我们深入开展了教学实践方面的探索与研究，在实践中不断归纳总结反思提炼，最终达成共识：认为对错误资源的捕捉可以体现在三个不同方面：第一，深挖文本精心预设错误；第二，用智慧捕捉“意外”错误；第三，分析积累作业中的错误。

1. 深挖文本精心预设错误

在教学时，教师做到深挖文本，精心备课，在深入研究教材，领会教材编写意图的同时，遵循“心中有学生、眼中有资源”的原则，在课堂教学前和过程中，更注重知识的预设与生成，在进行预习反馈的过程中，做到全面分析学生学习的起点，了解学生已有的计算体系及其与新学计算之间的联系，思考学生对于新学计算会有哪些前期认识，尤其是会有哪些错误或模糊的前期认识，并预设出相关策略，从而为预防计算错误提供了重要资源。

举例：

凭借经验精心预设学生错误

三位数乘两位数笔算乘法教学，针对“145 × 12”这道题，在备课中，老师结合自身对教材和学生的了解，预设了两种计算方法，三种笔算中的错误情况。

第一：两种计算方法

预设：方法 <1> 拆分法

145×10=1450　145×2=290　1450+290=1740 （或其他拆分法）

预设：方法 <2> 笔算

第二：三种笔算中的错误

①对位问题。学生在计算两位数十位上的数字去乘三位数时，得数的末尾对准了个位而不是十位，因此得数是三位数。

②乘数十位上的数字没有乘被乘数百位上的数字。

③计算错误：最后一步加法未加进位数。

通过预设，教师在备课中能分别针对这些情况预设出了相应的解决策略，对课堂教学做到了胸有成竹，结合学生在新授环节中生成的问题，及时调整教学进程，真正做到了以学生为主，教学效果就水到渠成了。

2. 用智慧捕捉“意外”错误

新课程改革下，课堂呼唤学生的“自主、合作、探究”，而真探究必然伴随大量差错的生成。“错误”是一种宝贵的教学资源，教师要善于捕捉有利于课堂教学、有利于学生思维发展的有价值的错误。在充分展开错误的思维过程中，不断深化对知识的理解和掌握。

课堂捕捉错例资源做到“四注重”：

（1）注重开放学习空间，给学生提供主动探究的时空，做到人人参与，人人经历体验。

（2）注重行间巡视，发现和了解每个错误生成的过程，及时抓住错误资源。

（3）注重生生纠错，形成生生互动，让学生自主学习，体验成功的乐趣。

（4）注重总结归纳，对错误资源及时归纳整理分类，在总结中提升学生的学习能力。

这种强化当堂反馈的教学形式，促使老师深入了解学生真问题，进行真研究。

3. 分析积累作业中的错误

及时分析学生错例，有利于学生了解自己的知识缺陷。因此，错例收集和积累是非常必要的。它不仅能让教师对自己的教学内容有更清晰的认识和理解，同时也可以更好地了解学生的学习情况，而且还可以作为教学辅导的重要资源。主要体现在三个方面：

（1）错题找错因：每次新授课作业批阅后，要求学生通过错误原题寻找错因，用简单的话在错题下面写出错误的原因，然后另起一行进行改正。平时的作业就运用这样的错题积累形式，长期坚持促使学生的计算准确性不断提高。

（2）练习重分析：每次的课堂作业、练习册、单元检测卷等，教师都非常重视对学生出现的各种典型错误的记录，并从教师、学生两个方面分析原因，不仅要分析错误原因和种类，还要分析各种错误现象所占的比例，提出解决方法。每次记录都抓住要点，既解决了问题，也为以后的教学提供了经验。

（3）复习重积累：我们提倡每个学生都建一个错题本。学生把平时在作业练习、单元检测、考试训练中做错的典型题目，“剪切”下来，“粘贴”并整理在错题本上。通过建立错题本，学生可以正视自己的失误和缺点，整理的同时认真分析，寻找问题的症结。时时对自己加以警戒，培养严谨学习的态度和方法。作为复习反思的重要学习材料。

（二）错误资源的运用（从课例入手）

针对调查中出现的问题及学习中出现的障碍，我们立足于课堂，以课例研究为着眼点，教师以研究者的角色从合作备课、授课、互动评课全过程的参与下，使问题逐渐清晰得以解决。从课例研究中，我们探索出了能够使学生理解和掌握算理算法，提高计算正确率和计算速度的突破口，从而形成教学策略。

教学方法及策略主要体现三个方面：第一，通过对比迁移构建新知的算法；第二，精心收集典型错例详细讲评，强化算理；第三，抓住课堂生成错例，强化算理算法。

以课例为例，谈谈我们在实践研究中的一些具体做法：

我校数学组重点从中段教学入手，开展计算教学研究。上学期，以四年级《三位数乘两位数笔算乘法》计算单元为重点，研究如何利用小学计算错误资源深入理解算理、算法。

1. 通过对比迁移构建新知的算法。

《三位数乘两位数的笔算》是在学生学习了两位数乘两位数的基础上进行教学的，和两位数乘两位数相比，算理和算法是完全一致的。本课教学的关键就是如何引导学生把两位数乘两位数的算理和算法迁移到三位数乘两位数中来。因此，本课的设计，让学生独立探究学习掌握三位数乘两位数的算理和计算方法。在探究的过程中体会新旧知识的联系，激发探索计算方法、解决实际问题的兴趣。

（1）教学时，先通过创设情境出示两位数乘两位数的笔算乘法：

“王阿姨徒步观光旅游，每分钟约行走 45 米，12 分钟行走了多少米？”

学生独立练习，教师指名板演，并组织反馈。通过这个复习环节，唤起学生已有的知识经验，对已学的知识进行归纳整理，回顾算理及算法，同时为新授做充分的铺垫。

（2）在此基础上，激励学生接受新知的挑战，进行启发谈话：

谈话：李阿姨乘火车去旅游了，让我们一起来看看。请你认真观察，从图中可以获取哪些信息？（学生分析，获取数学信息）并且提出数学问题。

让学生结合乘法意义或数量关系独立列式，揭示课题后，学生自主尝试计算 145×12。学生在已有知识经验的基础上，顺利地将两位数乘两位数的笔算方法迁移到三位数乘两位数中来，教师结合教学预设，从学生运用的不同方法中，恰当抓住时机，引导学生理解三位数乘两位数的算理和每一步计算结果所包含的意义，做到理法相融。同时，沟通了口算乘法与笔算乘法的联系，强化了笔算乘法是最优化的方法。（板书）

$$\begin{array}{r} 145 \\ \times\quad 12 \\ \hline 290 \\ 145 \\ \hline 1740 \end{array}$$

145×12=1740

290 ← 2 个 145　　← 2×145=290

145 ← 10 个 145　　← 10×145=1450

1740 ← 12 个 145　　← 1450+290=1740

通过这样的教学，学生能够熟练地掌握三位数乘两位数的思考过程，使抽象的算理具体化，更便于学生理解和接受。

在教学新授环节，教师讲授完“145×12”这个三位数乘两位数的例题后，在剖析分析学生错例过程中，发现了另外一种笔算形式：“12×145”

```
     1 2          1 4 5
  × 1 4 5       ×   1 2
  ---------     ---------
      6 0         2 9 0
    4 8         1 4 5
  1 2           ---------
  ---------     1 7 4 0
  1 7 4 0
```

让学生交流不同的计算方法，在比较中得出：用竖式计算类似的题目时，通过交换两个乘数的位置能使笔算方便一些。这样既突出了本课教学的重点，又进一步完善了学生的认知结构，强化计算方法的最优化，有利于学生合理、灵活地进行计算。

2. 精心收集典型错例详细讲评，强化算理。

在平时作业练习中，老师非常珍视学生的错误，将计算错误分类记载，从共性错误中发现典型错例，特别找出算理不清、法则模糊、方法不对的典型错例，在平时作业练习中，老师非常珍视学生的错误，将计算错误分类记载从共性错误中发现典型错例，特别找出算理不清、法则模糊、方法不对的典型错例，进行精心收集，组织剖析根源，找出“病因”。然后再有针对性地设计一定数量的练习，有目的地进行“治疗”。

在《三位数乘两位数》单元复习课中，针对学生平时经常错的题目、类似的问题在课堂上进行再次反馈，并进行系统的改错题型的练习。练习要求：判断对错—找出错误处—分析错误原因—改正。同时，在进一步的巩固练习中，强化算理，掌握算法。

更关键的是当堂捕捉到学生即时生成的错误资源，当堂修正，能让课堂因错误而更精彩。

3. 抓住课堂生成错例，强化算理算法。

在课堂教学中，老师做到了及时抓错纠错，了解每一名学生的解题情况，进行有针对性的练习反馈，注重学生参与，注重算理算法的理解与巩固，抓住错因，总结提升。

四、研究评价

通过对课题研究的不断深入，教师在教学观念和教学行为上都发生了很大的转变，我们把中年级计算教学的研究经验推广到其他各年级，学生的计算正确率得到明显提升。研究取得了初步的成效。

（一）教师队伍专业素养得到提升。

1.教学观念更新：更加关注课前预设与课堂生成，以学生的错误作为教学的第一手材料，真正做到以学生为中心，尊重每一名学生，珍视每一个错误背后所潜在的价值，用欣赏和发展的眼光去看待和评价学生的错误。

2.课堂效率提升：教师们更注重平时课堂教学实践的研究。认真上好每一节常态课、研究课和评优课，做到讲练结合，注重反馈，在学习反馈中发现问题解决问题，不断积累丰富的错误资源和解决问题的策略、方法，为更好地解决学生的计算问题奠定了坚实的基础。

切实摒弃题海战术，从课堂小测，单元检测等练习中汲取学生的错误，进行专项练习和举一返三的有针对性的练习，提高了课堂效率。也激发了学生的计算兴趣。

3.同伴互助式教研突显：教研组、年级组对计算专题研究不断深入，针对学生中的问题老师们能够随时交流切磋，教研无处不在。骨干教师发挥着带动引领作用，青年教师主动上研究课，从课例研究中提升认识、总结、反思，在浓厚的教研氛围中进步和成长。

（二）学生的计算习惯和能力逐步形成，正确率提升。

1.通过严格规范计算要求：在计算时，学生能够自觉做到审题认真、计算规范、书写工整，作业和试卷整洁，其中包括草稿在内。

2.学生形成良好的意志品质，能够认真思考，遇到难题有信心，有质疑问难的学习态度和面对错误的良好心态。

3.形成检验的习惯，计算时力求做到一看、二想、三算、四查。做到了只要计算必用草稿纸（出现问题连同草稿一并上交检查）。会用重算法、逆算法、估算法等自觉验证结果的正确性。

4. 计算正确率明显提升。

2017 至 2018 学年期末检测计算正确率统计：

本校学生计算正确率研究前后对比

年级	一年级	二年级	三年级	四年级	五年级	六年级
研究前	96%	95.8%	94%	93.5%	93%	95%
研究后	99.3%	99%	99%	98.8%	97.70%	97.8%

五、研究反思

对于学生计算错误资源的研究与利用，我们还主要基于实践层面上的研究，研究还没有提升到一定的理论高度。在教学实践中，教师只关注到学生的计算"错误"，分析了学生出错的原因，对"错误"做法背后的想法分析得较多，对于学生计算正确做法背后的想法研究相对较少。能不能提炼出更多有价值的东西，抓住更多可利用的数学资源来服务于我们的课堂，为学生的终身发展服务是我们今后教学研究的方向。

总之，我们要更深入地了解学生、分析学生，有针对性地开展教学。学生的每一种做法都有它可利用的价值，我们要辩证地去看待，善于捕捉为我所用。以新课标精神为指导，做可持续研究，研究永无止境。

参考文献：

[1] 王林全 . 当代中小学数课程发展 [M]. 广州：广东教育出版社，2006.

[2] 陈爱玉 . 新课标背景下小学数学计算教学的策略研究 [J]. 西部素质教育，2015（15）:88.

[3] 伊静 . 新课改背景下小学数学计算教学提升策略探究 [J]. 中国校外教育，2016（3）:94.

浅谈中国民间美术中的色彩

阳坊中学　李寒冰

内容摘要：民间美术色彩是传统民族色彩之源，它与原始色彩观念直接相关，蕴含着悠久的历史和丰厚的文化底蕴，其内涵和寓意远超过了一般色彩的审美功能。中国民间美术的色彩观念在遵照历史的、传统的观念前提下，用色讲究视觉意匠，重视色彩的视觉心理效果、民间美的象征、寓意性，同时又讲求色彩的视觉美感效果，重视色彩整体效果轻松、明快、鲜艳、热烈，最终形成了具有鲜明民族文化特征和独特审美趣味的赋色体系。

关键词：中国民间美术　民间美术色彩　色彩体系 # 色彩对比关系　文化内涵

一、什么是中国民间美术

中国民间美术是由中国人民群众创作，以美化环境、丰富民间风俗活动为目的，在日常生活中应用、流行的美术。民间美术是组成各民族美术传统的重要元素，为一切美术形式的源泉。新石器时代的彩陶艺术，中国战国秦汉时期的石雕、陶俑、画像砖石，其造型、风格均具有鲜明的民间艺术特色；魏晋时期后，士大夫贵族成为画坛的主导人，但大量的版画、年画、雕塑、壁画则以民间匠师为主，而流行于普通人民之中的剪纸、农民画、刺绣、印染、服装缝制、风筝等更是直接来源于群众之手，并装饰、美化、丰富了社会生活，表达了人民群众的心理、愿望、信仰和道德观念，世代相沿且又不断创新、发展，成为富于民族乡土特色的优美艺术。

二、了解民间美术色彩

中国民间美术的色彩呈现着中国文化之精神，同时也表达了人们祈福迎祥、求吉避凶、驱邪禳灾的民俗心理。古人独有的“五色”色彩观念，使中国色彩区分于西方的“色调”理论，正是因为中国色彩有自己的调色赋色法则，虽然制约着华夏民族的色彩选择，却赋予了中国民间美术色彩的文化内涵。色彩对比的本质特征是激活人的视觉鲜明度。近现代色彩研究总结出各种性质不同的七种色彩对比，它们是色相对比、明度对比、冷暖对比、补色对比、纯度对比、面积对比和同时对比。色相对比是最直截了当表明人类色彩生命本质的色彩对比，它的用色是依人对色彩相貌的审视而产生的联想和心理感受。约翰内斯·伊顿在《色彩艺术》一书中认为：“色相对比是七种对比中最简单的一种。它对色彩视觉要求不高，因为它是由未经掺和的色彩以其最强烈的明亮度来显示的。”由于色相对比鲜明强烈的视觉冲击力，被许多都市里的专业艺术家视为色彩粗俗和缺乏高雅，即而他们对民间美术中大量的色相对比的应用持贬低的态度。但事实上，驾驭色相对比其他那些相对柔弱的色彩对比要困难得多，全面把握这种色彩结构的本质也是难度很大。色相对比是在人类绘画历史上出现最早的色彩对比。它最直接地表明人类原始时期本质的色彩需要。

三、民间美术色彩中的基本颜色

中国传统的赤、青、黄、白、黑这些最基本的原色，以其鲜明饱满的色彩性格傲然矗立，它们并列时所形成的充满生命张力的色彩效果使其他所有的色彩结构黯然失色。而在绘画色彩结构中，最基本的色相对比是红、黄、蓝，或者红、绿、蓝。这些高纯度的颜色，经过不同面积的调和，便组成了稳定的色彩结构。

红色：新的红色稳重舒适，个性丰富，较之以往的红色少了几分夸张。这些粉色既不张扬也不会太过可爱，散发出的成熟感对男性和女性都极具吸引力。冷色的影响较明显，同时出现新的珊瑚色调，用较高的亮色及柔和的肤色带来了一丝暖意。

黄色：柔的中性色调有种强烈的包容感，给人安慰，让人放松。如同蜡烛微光和香槟酒般的优雅色彩，增添了温暖和魅力，营造出一种摇曳隐约的氛围。带点绿意的黄色已被纯正的黄色取代，后者更阳光、乐观、愉悦。

橙色：该色彩在红辣椒的鲜亮色与砖土的自然色调之间实现了平衡。传达出强大、活泼和炫丽的意境，表现得更为自信。皮革的深褐色表现出丰富深沉、对比鲜明的质感。

中性暖色：色泽更饱满，更具吸引力；颜色齐全，适合不同品味、不同使用场景。鲜活的自然色彩让人联想起兽皮、蛇皮、皮毛和羽毛等，添加了强烈的动物感染力。绿色的影响带来了新的方向——卡其色调柔和又放松，给人成熟而世故的视觉感受。

绿色：该组色彩包含了从怡人的暖黄绿色到舒缓的冷蓝绿色的所有颜色，所形成的图像既传统又具有未来风格。它表现出水果蔬菜的水灵鲜活与可食用的特质，提醒着我们去感受大自然的慷慨。充满活力，果冻状亮晶晶的色彩表现出了科技和城市的影响力。

蓝色：该组色彩由前几年的自然蓝色过渡到了复杂的人为调和蓝色——美丽闪亮的釉面蓝是其代表。绿松石、宝石与珐琅的色彩清澈而真实，为夸张的蓝色系增添了些许异国风情，墨水般的深蓝色让人联想起临摹书法时的平静和安详。乐观、闪亮的中色调展示了摩洛哥瓷砖和马赛克的美，蓝宝石色、深蓝色和水绿色创造出一种罕见的优雅组合。

紫色：这组色彩包含许多带红色色调的颜色，显得温暖而可靠。较冷的蓝紫色带有浆果柔和而饱满的颜色，显得朦朦胧胧，它来源于现实生活——每种色彩都有微妙之处，极易与室内各部分搭配。容易让人联想到灰渣和矿石一类的颜色，简朴却非常实用。

四、民间美术色彩中的对比关系

民间美术讲究色彩的色相对比的同时也讲究色彩的冷暖对比、补色对比、纯度对比、面积对比。

冷暖对比是对人的感情产生最大影响力的色彩对比，伊顿认为它是所有色彩对比中最为响亮的。由于民间大众对热闹、红火、喜庆气氛的积极追求，冷暖对比所产生的丰富色调风格恰好满足了百姓的情感需求。“青紫不并列，黄白不随肩。”“红搭绿，一块玉。”“紫是骨头绿是筋，配上红黄色更新。”这些民间口诀中既有红与绿的冷暖对比，也有红与黄的邻近色对比。其中紫绿为冷色，具有沉静和后退感，而红黄为暖色，具有跳跃和前进感。在一幅固定的画面中，不同面积的冷暖对比的使用，使得画面即充分表达了红火热烈又不失稳重协调。补色对比为最鲜明的色彩结构。由于民间美术的整个情调是开朗乐观的，特别表现在色彩上更是鲜明、响亮、火辣辣的，为了夸张地突出其美艳、艳丽、鲜明、丰满，补色对比常常为老百姓的首选。有诀曰：“黄马紫鞍配”“红马绿鞍配”“黄身紫花，绿眉红嘴，显得鲜明。”俗语说亦有“红花要靠绿叶扶”“红离了绿不显，紫离了黄不显”的说法。这些平易、朴实，在民间广为流传的设色口诀，虽然不来自高深的色彩理论和色彩实验，却恰当地表达了民间审美思想和传统文化观念。在追求丰富色彩的同时，又极其讲究色彩的冷暖对比、补色对比所表达的色彩心理情感效应。河北杨柳青年画则是善于处理色调和谐中的多种对比关系，而不是以色彩的冷暖调子的配置来作为处理色彩关系的重要手段，更不是依靠单纯的原色对比，取得色彩的强烈效果。如软色和硬色的对比，薄色与浆色的对比；水色与石色的对比等，组成和谐明快的色调。

在各种表现绘画的色彩秩序中，纯度对比是最为明显的色彩秩序，它表现出单色性色彩本质的秩序感。这在民间绘画、服饰、刺绣、建筑中尤为突出。其中敦煌石窟的顶部藻井图案上创造性的对纯度对比的使用最具特色。如我们常见藻井图案以蓝色不同纯度构成的纯度对比，色彩清淡简洁，配合以红色及白色不同纯度构成的纯度对比，建立起严谨而自然的色彩秩序。

色彩面积的对比起到最直接的作用是控制色彩的视觉平衡。在一幅具体的艺术作品中，由于色彩面积的大小、集中与分散，形成了色彩面积的节奏。大多数的色彩面积的对比是使用一块占主体地位的色彩确定画面的基调，以小面积的色块形成对抗、反衬、呼应的色彩面积关系。红色在中国民间与吉祥，热闹、喜庆是分不开的，大面积的红色与其他色彩的配合在不同场合的应用为老百姓所熟悉。一张红底色的纸配以黑色方正遒劲的毛笔字，就是过年的对联。占主体地位的红底色透出的喜气配合字体的黑色疏密有致的穿插构成了独具中华特色的黑红色系经典搭配。

五、民间美术色彩选择的文化内涵

从民间工艺设色的整体观念和特征来看，不难发现其对传统色彩观念有依有背，既遵循了传统色彩的象征、意义和内涵，具有深沉的文化底蕴，同时又重视色彩的视觉审美效果，呈现出斑斓多彩的热闹景象。可以这样说，色彩在民间既是观念的、历史的，又是现实的、审美的，它不仅诉诸于视知觉，同时还受到文化传统、社会环境的制约，包含着丰富的内容。因此对民间美术色彩的认识就不能仅仅停留在现象的描述上，而必须对包蕴其中的观念性含义和文化历史内容予以领悟和把握。

民间美术的色彩，是根据华夏民族古老的五色观进行组织搭配的，在五色的观念内涵上，根据需要去突出某一色的主旋律，以达到审美表达和生存上的追求。民间美术的色彩不同于西方的色彩美学，从固有色到条件色，进而到纯科学的色彩分解。也不同于宫廷画、文人画所追求的审美情趣，显而不露的淡雅超俗。民间美术的色彩，是意念造型的自由理想色，色彩的抒情意义只是就基本的艺术精神和整体对应的关系而言的，对色彩的具体把握有时缺乏更自觉、更个性化的色彩感受，而往往以能激扬感官亢奋作为潜在的自然依据，带有原始的自然选择印记。使读者更清晰地了解民间美术色彩的选择不是纯客观视觉的，而是以伦理化和宗教化的色彩选择习俗为根据的。

历代传承的色彩选择习俗赋予民间色彩以独特的语义，使供人娱目的色彩富有深刻的文化意蕴和丰富的历史内容。通过进一步的研究，我们不难发现色彩在民间美术里不仅仅是一种视觉美感的呈现，根本的意义在于它首先是情绪和情感的刺激和对应物，是积极乐观情感的宣泄。民间美术的色彩真实反映了劳动人民的内心世界、情感体验及歌颂理想、乐观向上的浪漫主义理想。

民间美术的色彩是千百年来劳动人民集体意识和劳动积累而得出的经验结晶，表现了他们的愿望、心理、信仰和生活观，与民俗活动有着极为密切的关系。所以它们的用色十分单纯，在生活中产生并服务于生活。民间美术的色彩是最自由、最有生命力，没有刻意雕琢，不做作的，最简单却寓意着民族特色。但是这些朴素的文化财产正在时尚的潮流中流失，希望大家重视和保护。

百善学校初中语文文言文学习现状的调查研究

百善学校 李颖 米雪

内容摘要：初中是培养学生文言能力的重要阶段，而文言文也是民族文化的重要组成部分。随着课程改革不断深入，文言文学习在语文学习中的重要性将益发凸显，这对教师教学能力提出了更大挑战。因此，探索适合农村校学生的文言教学体系是落实课改的必由之路。针对这一情况，为了更好地提高百善学校初中语文教师文言文教学的能力以及初中学生文言文学习的素养，我们开展了百善学校初中语文文言文学习现状的调查研究。本调查主要从四个方面进行调查：1. 对学生进行文言文学习的兴趣调查，根据调查情况分析初中学生文言文学习的兴趣与文言文学习水平的关系；2. 针对学生自主学习文言文过程反映出来的情况，分析学生自主学习文言文的现状以及存在的问题，为教师如何进行文言文教学指明思路；3. 针对学生在课堂学习文言文的现状分析目前教师组织文言文教学存在的问题及改善方法；4. 从学生角度提出一些可行性建议，以培养学生学习文言文的兴趣，提高学生学习文言文的素养和能力。

关键词：初中语文 文言文 学习兴趣 自主学习 教学策略

一、调查目的

国家《语文课程标准（2017 年版）》明确指出课程目标：“具有独立阅

读的能力，学会运用多种阅读方法。有较为丰富的积累和良好的语感，注重情感体验，发展感受和理解的能力。能初步鉴赏文学作品，丰富自己的精神世界。能借助工具书阅读浅易文言文。背诵优秀诗文240篇（段）。诵读古代诗词，阅读浅易文言文，能借助注释和工具书理解基本内容。注重积累、感悟和运用，提高自己的欣赏品位。”

在新课标的指引下，我们的传统文言文教学已经不能满足学生的发展需要。传统的教学模式更偏重于“言”的教学，学生在学习文言文中也多呈现出死记硬背的模式。而文言文作为民族文化与民族精神传承的载体，其本质是“言为表，文为里”，换言之，“以言悟文，以文会言”才是文言文教学的目标所在。

我们希望通过调查研究，进一步了解我校学生在自主学习文言文和课堂上学习文言文的现状，从而为我校初中语文文言文教学策略的调整和探究提供参照，最终达到提高教师文言文教学能力和提升学生文言文学习素养和语文学业水平的目的。

二、相关概念定义

文言文：文言文是用古汉语为基础的书面语写的文章，其特征是注重典故、骈骊对仗、音律工整，包含策、诗、词、曲、八股、骈文等多种文体。本课题的主要研究对象为初中语文部编版教材（共六册）中的文章，主要包含诗、词、记、说、铭等文体。

文言文教学：文言文教学是语文教学内容之一，训练学生借助工具书阅读并理解浅易文言文的能力，提高学生中华传统文化的素养。语文新课标要求学生在初中阶段能阅读浅易的文言文,能借助注释和工具书理解基本内容，并注重积累、感悟和运用，提高自己的欣赏品位。

“文”与“言”结合：“言”指字、词、句本身所指代的意义及作用，如实词、虚词的不同用法，以及各种文言文特殊句式、通假字、一词多义的辨析等。“文”指文本所蕴含的人生感悟、道德准则、审美情趣等。所谓“文”与“言”结合是指在文言文教学中，既要注重字词的讲解和文意的疏通，又要注重内容的理解和分析。本研究认为在初中语文的文言文教学中，应转变传统“文言分离”“重言轻文”的教学方式，做到“文”与“言”结合，“文”与“言”并重，不要顾此失彼。既帮助学生掌握古代汉语的语言形式，又帮助学生理解古代文学在现实社会中的重要意义。

教学策略：属于教学设计的有机组成部分，即在特定教学情境中为完成教学目标和适应学生认知需要而制订的教学程序计划和采取的教学实施措施。本课题的教学策略研究专指为实现“文”与“言”结合而制定的教学方法及设计的教学过程。

三、调查实施与数据整理

本调查主要采取问卷调查法和结果统计分析法，选取百善学校初中全体学生作为调查对象。数据统计包括：1. 学生对文言文学习的兴趣调查；2. 学生自主学习文言文情况的调查；3. 学生课堂学习文言文的现状调查；4. 以学生角度提出关于文言文教学的可行性建议。

（一）学生对文言文学习的兴趣调查

针对我校初中学生学习文言文的情况，对初中三个年级 237 名参加测试的同学数据进行整理，结果如下：

选项	小计	比例
喜欢	175	73.84%
没感觉	35	14.77%
不喜欢	27	11.39%

表 1

如表 1 所示：这是关于学生是否喜欢文言文课文的情况，有 73.84% 的同学喜欢文言文课文，有 11.39% 的同学不喜欢文言文课文，有 14.77% 的同学对待文言文课文没感觉。

选项	小计	比例
感兴趣	40	19.05%
老师讲解生动	59	28.1%

课文选篇丰富、有吸引力	59	28.1%
能增长知识	52	24.76%

表 2

如表 2 所示：这是关于学生喜欢文言文的原因调查，有 28.1% 的同学因为老师讲解生动，同样有 28.1% 的同学认为课文选篇丰富、有吸引力，有 24.76% 的学生因能增长知识而喜欢文言文，有 19.05% 的同学认为感兴趣。

选项	小计	比例
不感兴趣	51	21.52%
老师讲解古板枯燥	13	5.49%
课文难懂、缺乏吸引力	140	59.07%
没多少用处	33	13.92%

表 3

如表 3 所示：这是关于学生不喜欢文言文的原因调查，有 59.07% 的同学认为课文难懂、缺乏吸引力，有 21.52% 的同学因为不感兴趣，有 13.92% 的同学认为学习文言文没多少用处，有 5.49% 的学生因为老师讲解古板枯燥。

选项	小计	比例
文言文	63	26.58%
现代文	174	73.42%

表 4

如表 4 所示：这是关于学生喜欢文言文还是现代文的情况，有 73.42% 的同学喜欢现代文，仅有 26.58% 的同学喜欢文言文。

选项	小计	比例
没兴趣	15	6.33%
词语难懂	124	52.32%
难背诵	44	18.57%

不会翻译	54	22.78%

表 5

如表 5 所示：这是关于学生认为文言文学习有哪些困难的调查，有 52.32% 的同学认为词语难懂，有 22.78% 的同学认为困难在于不会翻译，有 18.57% 的同学认为文言文难背诵，有 6.33% 的学生因为没兴趣。

（二）学生自主学习文言文情况的调查

选项	小计	比例
只是小学学过几篇	117	49.37%
自己接触过一些名篇	66	27.85%
阅读过文言书籍	54	22.78%

表 6

如表 6 所示：这是关于学生进入初中前接触文言文的情况，有 49.37% 的同学只是小学学过几篇，有 27.85% 的同学自己接触过一些名篇，有 22.78% 的同学阅读过文言书籍。

选项	小计	比例
优	26	10.97%
良	90	37.97%
一般	110	46.41%
差	11	4.64%

表 7

如表 7 所示：这是关于学生评价自己以前的文言文学习水平的情况，有 46.41% 的同学认为学习水平一般，有 37.97% 的同学评价等级为良，有 10.97% 的同学评价为优，有 4.64% 的同学评价自己以前的文言文水平较差。

选项	小计	比例
经常预习或提前背诵	65	27.43%

偶尔翻看一下	132	55.7%
老师布置预习才预习	29	12.24%
不预习	11	4.64%

表 8

如表 8 所示：这是关于学生上课前是否会预习文言文的情况，有 55.7% 的同学偶尔翻看一下，有 27.43% 的同学经常预习或提前背诵，有 12.24% 的同学老师布置预习才预习，有 4.64% 的同学不预习。

选项	小计	比例
预习，并查阅相关资料解决疑难	67	28.27%
预习，并找出重点和难点	35	14.77%
预习，并画出不懂或有疑问的地方	98	41.35%
粗略地看一遍	37	15.61%

表 9

如表 9 所示：这是关于学生预习方法的情况，有 41.35% 的同学预习并画出不懂或有疑问的地方，有 28.27% 的同学预习并查阅相关资料解决疑难，有 14.77% 的同学预习并找出重点和难点，有 15.61% 的同学粗略地看一遍。

选项	小计	比例
经常复习、练习	107	45.15%
很少复习	124	52.32%
从不复习	6	2.53%

表 10

如表 10 所示：这是关于学生文言文学习的课后复习及练习情况，有 52.32% 的同学很少复习，有 45.15% 的同学经常复习、练习，有 2.53% 的同学从不复习。

选项	小计	比例

经常	57	24.05%
偶尔	137	57.81%
没有过	43	18.14%

表 11

如表 11 所示：这是关于学生使用工具书的情况，有 57.81% 的同学偶尔使用工具书，有 24.05% 的同学经常使用工具书，有 18.14% 的同学从未使用工具书。

选项	小计	比例
看过一些	133	56.12%
偶尔看过	86	36.29%
没有	18	7.59%

表 12

如表 12 所示：这是关于学生进入初中后是否看过文言文资料、书籍的情况，有 56.12% 的同学看过一些，有 36.29% 的同学偶尔看过，7.59% 的同学没有看过文言文资料、书籍。

选项	小计	比例
有	122	51.48%
没有	28	11.81%
不知道	87	36.71%

表 13

如表 13 所示：这是学生关于文言文是否有好的学习方法的情况，有 51.48% 的同学有好的学习方法，有 11.87% 的同学没有学习方法，有 36.71% 的同学不知道。

选项	小计	比例
查找词典	149	62.87%

问别人	48	20.25%
凭感觉	31	13.08%
跳过去	9	3.8%

表 14

如表 14 所示：这是学生阅读文言文时有不懂字句会如何做的情况，有 62.87% 的同学会查找词典，有 20.25% 的同学问别人，有 13.08% 的同学凭感觉理解，3.8% 的同学选择跳过去。

选项	小计	比例
多阅读、背诵	57	24.05%
老师多讲解	71	29.96%
多做练习	46	19.41%
多阅读课外书	63	26.58%

表 15

如表 15 所示：这是学生认为怎样学习文言文效果会更好的情况，有 29.96% 的同学希望老师多讲解，有 26.58% 的同学认为多阅读课外书，有 24.05% 的同学选择多阅读、背诵，19.41% 的同学认为多做练习有助于提高学习文言文的效果。

选项	小计	比例
完全读不懂，不想读	13	5.49%
读懂一些，但不理解全篇	100	42.19%
部分不懂，但不影响理解文言意	113	47.68%
很有自信，完全能掌控	11	4.64%

表 16

如表 16 所示：在对“面对当前考试中课外文言文阅读题或面对一篇全新的文言文你有怎样的感觉”这一调查中，有 47.68% 的同学部分不懂，但不影响理解文言意；有 42.19% 的同学读懂一些，但不理解全篇；有 5.49% 的同学完全读不懂，不想读；有 4.64% 的同学很有自信，完全能掌控。

（三）学生课堂学习文言文的现状调查

选项	小计	比例
对感兴趣的内容很认真，不感兴趣的就干别的事情	39	16.46%
上课内容听不懂时会走神	80	33.76%
认为上课内容已经很懂了，不用听	10	4.22%
基本不会走神	108	45.57%

图表 17

如表 17 所示：这是学生课堂学习文言文的专注度的情况，有 45.57% 的同学基本不会走神；有 33.76% 的同学上课内容听不懂时会走神；有 16.46% 的同学对感兴趣的内容很认真，不感兴趣的就干别的事情；有 4.22% 的同学认为上课的内容已经很懂了，不用听。

选项	小计	比例
不记笔记而愿意想，会配合老师的节奏	31	13.08%
老师让记什么就记什么	53	22.36%
会记自己认为重要的笔记，但常常听不到老师讲的下面的内容	47	19.83%
一面听一面把老师讲的和自己认为重要的内容记在书上	106	44.73%

表 18

如表 18 所示：这是学生课堂学习文言文的听课方式的情况，有 44.73% 的同学能一面听一面把老师讲的和自己认为重要的内容记在书上；有 22.36% 的同学是老师让记什么就记什么；有 19.83% 的同学会记自己认为重要的笔记，但常常听不到老师讲的下面的内容；有 13.08% 的同学不记笔记而愿意想，会配合老师的节奏。

选项	小计	比例
完全按老师的要求进行，没有主动对问题进行探究	62	26.16%
主要精力放在解题上，没有对基础知识进行认真复习	31	13.08%
既注重对基础知识的复习，又注意解题及解题后的反思、总结	77	32.49%
主动对问题进行探究，并经常与同学一起讨论、交流	67	28.27%

表 19

如表 19 所示：这是学生的课堂表现的调查情况，32.49%的同学既注重对基础知识的复习，又注意解题及解题后的反思、总结；有 28.27% 的同学主动对问题进行探究，并经常与同学一起讨论、交流；26.16%的同学完全按老师的要求进行，没有主动对问题进行探究；有 13.08%的同学主要精力放在解题上，没有对基础知识进行认真复习。

选项	小计	比例
课文分析	183	77.22%
语文知识讲解	181	76.37%
应试训练	128	54.01%
语言知识与人文精神的传递	145	61.18%

表 20

如表 20 所示：这是文言文课堂教学内容偏重的调查情况，77.22%的同学偏重于课文分析，76.37%的同学偏重于语文知识讲解，61.18%的同学偏重于语言知识和人文精神的传递，54.01%的同学偏重于应试训练。

选项	小计	比例
浓厚兴趣	76	32.07%

能通读课文	21	8.86%
提高自读能力	46	19.41%
掌握基础知识（词汇、技巧等）	94	39.66%

表 21

如表 21 所示：这是学生对课堂实现目标的调查情况，39.66％的同学认为课堂目标是掌握基础知识，32.07％的同学认为课堂目标是浓厚兴趣，19.41％的同学认为课堂目标是提高自读能力，8.86％的同学认为课堂目标是能通读课文。

选项	小计	比例
教师讲，学生听	23	9.7%
师生共同探讨	104	43.88%
教师引导下学生自主探讨	34	14.35%
教师参与，学生小组互助学习	76	32.07%

表 22

如表 22 所示：这是对学生认同的课堂教学方式的调查情况，43.88％的同学认为应该是师生共同探讨；32.07％的同学认为应该是教师参与，学生小组互助学习；14.35％的同学认为是教师引导下学生自主探讨；9.7％的同学认为课堂教学方式应该是教师讲，学生听。

选项	小计	比例
以学生为主的讨论交流	73	30.8%
在老师指导下的自主学习	97	40.93%
自学前提下的专题讨论	37	15.61%
老师讲授指导	30	12.66%

表 23

如表 23 所示：在对课堂活动方式的调查中，40.93％的同学认同在老师指导下的自主学习，30.8%的同学认同以学生为主的讨论交流，15.61%的同学认同在自学前提下的专题讨论，12.66%的同学认同老师讲授指导。

选项	小计	比例
简单评定“对”或“错”	12	5.06%
多种角度评价，并能引导深入思考	195	82.28%
探讨式，没有简单结论	25	10.55%
表扬	5	2.11%

表 24

如表 24 所示：这是对教师课堂评价方式的调查情况，82.28%的同学认同多种角度评价，并能引导深入思考；10.55%的同学认同探讨式，没有简单结论；5.06%的同学认同简单评定“对”或“错”；2.11%的同学认同表扬的方式。

（四）以学生角度提出关于文言文教学的可行性建议

学生有关文言文教学提出的建议主要集中在：从教学内容上，建议多增加一些文言基础知识的积累，拓展更多的课外文言文；从教学形式上，希望老师在课堂上创设更多情境，以自主学习为主，小组合作探究（师生或生生参与）。从教学手段上，希望老师加入更多的资料（如图片、文字、影像等），要寓教于乐，生动形象，增加趣味性。

四、分析与讨论

（一）学生对文言文学习兴趣的分析与讨论

通过数据的整理与比较可以发现：在面对文言文课文时，70% 多的学生喜欢，仅有近 30% 的学生不喜欢或不清楚，惊喜地发现在我校初中学生中，喜欢文言文的学生占较大部分，这为我们研究文言文的课题提供了一大动力。他们喜欢文言文的原因在感兴趣、老师讲解生动、课文选篇丰富有吸引力、能增长知识中的比例较为平均。针对不喜欢文言文的学生而言，近 60% 的学生认为课文难懂、缺乏吸引力是他们不喜欢文言文的原因。在现代文和文言文学习中做选择，70% 多的学生认为现代文更好学。在文言文学习中遇到的困难中，近一半的同学认为词语难懂，并且有 20% 多的学生因为不会翻译而形成困难。由此可见，我校初中学生中喜欢文言文的学生占大多数，也存在部分学生不喜欢文言文课文。而文言文无论是从“文”上理解还是从“言”中积累学习，学生理解并运用起来较为困难，容易产生畏难心理。

（二）学生自主学习文言文情况的调查

通过数据对比，我们发现，近一半的学生在进入初中前接触文言文并不多，仅是小学课本里学过的几篇，自己接触过一些名篇甚至阅读过文言书籍的学生均占少数。绝大部分学生评价自己以前的文言文学习水平“一般”，可见大多数学生认为自己以前学习文言文水平并不高，自信心不足。面对当前考试中课外文言文阅读题或面对一篇全新的文言文时，近一半的同学能够大致理解文言文意思，同时也有 40% 的学生只能读懂一些，无法理解文言文意思，除此之外仅有绝少数同学完全读不懂或者完全可以掌握。基于此情，我们分析，进入初中后，面对每学期语文教材中出现的篇目，无论从篇目数量还是从篇目字数上均有所上升，并且在试卷中会出现一篇全新的课外文言文，部分学生便无所适从。

在课堂之外的自主文言文学习过程中，经常预习或提前背诵的学生占少数，一半多的学生会偶尔看一下，老师布置才预习以及不预习的学生也有少部分。在预习过程中，近一半的学生会圈画出不懂或有疑问的地方，较少数学生会有意识地查阅资料解决疑难或是找出重点和难点，同时还有 15% 的学生仅是粗略地看一遍。遇到疑难字词的理解时，近 60% 的学生偶尔查阅工具书，仅有 24% 左右的学生经常查阅工具书。除预习外，一半多的学生在课后很少复习。

《礼记》中提道：“凡事预则立，不预则废。”由此可见事先准备和提前复习的重要性。面对初中教材中的文言文篇目，较大部分学生并未具有良好的预习和复习习惯，对课内篇目的熟悉程度不深的情况下开始进入课堂学习，学习效果不理想，并且仅凭课堂上老师的引导和资料的扩充来完成文言文知识的积累。

与老师们交流后，我们认为在学生学习文言文的兴趣方面以及自主学习文言文过程中，总结以下几类问题：

1. 与小学相比，初中生面对的文言文篇目无论从数量还是从字数上均有所上升，并且在考试中会出现全新的课外文言文，学生过渡较为困难。

2. 文言文的语法习惯、文章内容与现代生活大相径庭，学生理解起来有难度，易于形成畏难心理。

3. 学生并未养成良好的自主学习习惯，课前预习不扎实、不深入，并未充分利用工具书辅助自身学习。在对文言课文较为陌生的前提下开始课堂学习，吸收效果不佳；课后复习并未重视，未得到文言知识点的及时巩固和积累。

（三）学生课堂学习文言文的现状调查

通过对数据的分析和对比，我们可以看到，学生对文言文课堂学习有着自己的思考和需求，大部分学生在初中阶段希望通过文言文课堂学习提高自己的文言文学习能力，近一半的学生希望在老师引导下获得自主和独立思考的时间与空间，对于课堂教学的形式也有近一半的同学认同师生共同探讨。

根据调查，大部分学生在课堂上的需求有两个维度。首先他们认为文言文学习离不开老师的具体指导。的确，针对课内篇目的文言知识点，在学生充分查阅资料的基础上，仍需要教师进行有指导性的总结和归纳。针对课外拓展阅读的文言文篇目，需要老师进行意义价值的判断。另外，学生普遍诉求在课堂上拥有一个“有弹性”的空间，即能够拥有自主和独立思考的时间和空间。他们认为，老师的一味灌输并不能激发自身的学习兴趣与热情，如果自己能够参与独立思考和自主活动中来，会提升文言文的学习效率。

在学生思考或自主活动的过程中，学生投入学习的状态专注，才能使新接收的信息进行更好地认知与加工，从而进行个人对知识的理解输出。所以，为了防止教师精彩地讲授，而个别或部分学生却心不在焉的情况，我们更应在关注学生个体的基础上，采取多种方法集中学生的注意力，主动调动学生对课堂的热情与参与度，以达到更好的文言文学习效果。

（四）以学生角度提出关于文言文教学的可行性建议

整理了学生角度提出的关于文言文教学的建议后，我们分析，在教学内容上，学生认为，如果仅仅依靠每册书内的几篇文言文，无法积累到更多的文言知识点，故希望拓展更多的课外文言文；在教学形式上，学生更愿意接受自主、合作、探究的学习方式，而非教师专注讲、学生一味听的传统课堂模式；在教学手段上，因文言文距我们当今时代较远，很多思想文化学生理解起来抽象而不具体，故学生希望教师寓教于乐，多加入更多的资料辅助他们理解。

五、解决方案与对策

（一）学生层面

针对学生自身方面原因导致的兴趣问题及自主学习文言文的情况，我们应该采取一些什么措施呢？经过对学生的调查研究和我们自身的观察总结，有以下几个方面可以去改变这种局面。

1. 打通学生已有的文言知识积累，激发学习兴趣

陶志雅老师指出："除调动学生脑中的'潜'知识外，还可以根据某种联系吸纳新知识。如此一来，学生就会走出'合上课本一无所知'的尴尬局面，让头脑变得'沉甸甸'。"[1]在进入初中阶段时，可先让学生自主梳理并总结小学阶段接触过文言文的知识点，对其进行复习巩固，在学习新篇目时，及时与学生已有的文言知识积累做对接，尽量减少学生面对较长文言文的畏难心理。

教师搜索或亲自动笔写一些与当下热点信息有关联的文言篇目，学生自主学习，打通古与今的时代隔膜，激发学生学习文言文的兴趣。

2. 指导学生做实课前预习和课后巩固，引导自主学习

赵冰华和康健老师指出："学生自主性和积极性没有得到充分发挥，最终是教师教得累，学生学得苦，费时费力却效率低下。"[2]在学习课内文言文时，大部分学生没有良好的预习及复习习惯。教师对学生进行针对性指导后，学生应有意识地提高对课前预习及课后复习的重视，从而通过自身努力解决疑难获得成功感和获得感。学生变被动为主动，既激发了文言文的学习兴趣，

又为老师的课堂教学提供了有效的辅助作用。

（二）教师层面

针对学生学习文言文的兴趣以及自主学习情况的调查数据，语文教师应在教学策略上进行如下调整：

1. 鼓励学生产生学习热情，言传身教激发兴趣

较大部分学生喜欢文言文，这对我们来说是个绝佳的突破口。我们应对这些学习文言文热情较为高涨的学生进行及时的鼓励及方法指导，使之坚定对文言文学习的向往之情。教师可尝试结合身边生活完成文言下水文，提供学生阅读，增加学生学习文言文的兴趣并激发个别学生尝试写短篇文言文的动力。

2. 明确课外学习任务，提供自主学习方法

教师应提前让学生准备好工具书——古汉语词典，备在手边，在预习过程中充分利用。学生进入初中后并未形成自主学习文言文的意识，教师应加以明确，并拓展预习任务的类型。熊兆武老师发表了如此观点："具体定向就是根据教学目的和学生实际设计具体的'引而不发'的预习题。"[3] 如果教师设置了合理且有效的预习任务，学生便会在自主学习中有的放矢。

同时，授之以鱼不如授之以渔，教师应及时给学生以自主学习文言文方法的指导。如石家庄第九中学的王颖老师提出："教师在教授文言文时要善于用趣味性和情境性的记忆方法，学生记忆一些枯燥的、零散的知识有一点的障碍，如果能够使用此类记忆方法，不仅能够使学习记忆得更牢，还能使学生经久不忘，在碰到学习时用的情景时还能学以致用。"[4] 在学习文言文后，教师可总结一些趣味性十足的记忆方法，从而激发他们学习文言文的兴趣，帮助学生做到课后的有效巩固。另外，在学完一篇文言文后，可组织小组合作将知识点进行串联和梳理，并在全班内展示，在其理解的基础上进行记忆，而并非让学生死记硬背。

3. 增加课外拓展阅读，训练学生文言语感

课内的文言文篇目对学生来说是远远不够的，为了巩固、提高学生的文言素养，教师应及时为学生补充课外文言阅读篇目。高传芳老师认为："要

提高学生的阅读水平，必须注意运用综合、比较、归类的方法，让学生能触类旁通，举一反三。”[5]打通不同文言文篇目的界限，建立有系统化的文言知识点积累。

4. 专注自身人文修养，提升教师个人素质

初中新教材中的文言文选篇多是些脍炙人口的名篇，且对学生精神世界的培育与滋养发挥着举足轻重的作用，它“厚积着一个古老民族的情感和精神，潜存着汉民族生命的根基和热情”。[6]这就要求我们教师在文言文教学中不能仅停留在字词句的解释上，文言文也要上出人文情感，让学生浸润在中国传统文化精华的滋养中，情感上产生共鸣。这个环节，意在探求教材的可研究价值，对教师自身的素养也提出了很高的要求，教师必须深入钻研教材，挖掘教材内容本身的人文内涵，才能很好地在课堂教学中将人文情感呈现出来。

带领学生与经典同行，引导学生积贮人生体验，积蓄高尚情感，积聚优雅趣味，从而丰富学生思想，启迪学生智慧，开阔学生胸襟，砥砺学生心智。经过长期的熏陶渐染，学生的气质就会发生悄然的变化，精神境界就会一天天高尚起来，最终成为心灵完善、人格健全的人。

5. 结合“文言结合”策略，转变课堂教学方式

教师应有意识并且有能力来打破传统文言文教学模式的“僵局”，随着时代发展以及学生的需求，教师应做到与时俱进。改变逐字逐句解释翻译的教学内容，过于机械、死板的教学风格，以及老师“满堂言”的教学方式。否则有碍于学生语言的建构和运用、思维的发展与提升、审美的鉴赏和创造、文化的理解和传承这四个核心素养的培养。教师应该通过教学手段的变化，多种方法的并用，让学生在愉快学习知识的同时，能力也有所提高。文言文教学最容易走入“以教师的教代替学生的学”的误区，其结果是教师教得累，学生学得苦，因为课堂缺少探索和研究，学生处于被动接受知识的状态，知识掌握势必不牢。

黄勤权老师提出：“‘翻转课堂’既能拓宽基础好的学生的知识视野，又能照顾到基础薄弱的学生，有利于激发他们学习文言文的热情。”[7]文言

文教学同样应倡导自读、质疑、讨论，强调以学生的自主学习为中心，让学生自己去探究课文，发现问题，然后通过师生互动，相互讨论，最后解决问题。教师在课堂教学过程中重点关注学生的思维是否在课堂中得以充分的发挥，学生的能力是否在课堂中得到培养和提高。让学生合作、探究，培养理解、分析推断能力，以积累必备的文言知识，掌握一些必要的语法规律，迁移成一定的阅读能力，为将来自由阅读、学习和研究古代历史和文化著作打好基础。

教师在授课时要做到“文言结合”，既要注重字词的讲解和文意的疏通，又要注重内容的理解和分析。转变传统“文言分离”“重言轻文”的教学方式，做到“文”与“言”并重，“文”与“言”结合，不要顾此失彼。既帮助学生掌握古代汉语的语言形式，又帮助学生跨越时空界限，理解古代文学在现实社会中的重要意义。此次调查问卷让我们充分认识到研究文言文教学中“文”与“言”结合策略的课题对学生学习文言的正向影响和在我校开展的必要性和紧迫性，我们会以课题为依托，在研究过程中深入探索更多的文言结合策略，增强学生的文言阅读能力，提升教师教学与科研水平，促进学校文言教学的整体发展。

（三）学校层面

赵改霞老师曾这样表述：“在初中阶段学习文言文，是学生接触传统文化的起点，为进一步地认识了解并热爱祖国文化打下基础，对学生的文化素养的形成起着非常关键的作用。”[8] 可见文言文学习在初中阶段的地位之重要。而在现阶段的语文教学工作中，文言文教学是所有模块中较为薄弱的一个环节，同样也是百善学校语文教研组致力于研究的课题，为了提升校内初中生的文言文学习效果，建议学校层面可以做到以下两点：

1. 引领教师更新教学理念，转变教学模式

学校应当及时更新教学理念，改变教学思想陈旧的教师组故步自封的局面，开展教师专题培训，引入新理念、新思维、新方法。引领学校语文教师走出传统课堂的教学模式，以满足学生对文言文学习课堂的实际需求，以适应高效提升学生语文素养的目标。

2. 提供展示平台，开展丰富多彩的活动

学校可以为学生搭建展示平台，进行学习成果的量化与展示。如文言文诵读比赛、话剧改编展示、用现代汉语描绘文言画面的征文比赛等等。丰富多彩的活动，既充分调动了教师教学及学生学习的积极性，让学生不“畏”学而“愿”学，又在活动的准备及展示阶段使学生对文言文内容的理解不断深入。

参考文献：

[1] 陶志雅 . 浅谈“学与用”并重的初中文言文教学模式 [J]. 语文教学通讯，2017,（11）.

[2] 赵冰华，康健 . 中学文言文教学困境及思考 [J]. 忻州师范学院学报，2015,8.

[3] 熊兆武 . 中学语文教学与教法 [M]. 陕西：陕西人民教育出版社，1989.

[4] 王颖 . 浅谈初中语文教学中培养学生学习文言文兴趣的方法 [J]. 教育现代化，2016,12.

[5] 高传芳 . 授之以渔，提高效益，培养初中生文言文自主学习能力 [J]. 教研视点，2017,2.

[6] 曹明海，陈秀春 . 语文教育文化学［M］. 太原：山西教育出版社，2004.

[7] 黄勤权 .“翻转课堂”在初中文言文教学中的运用 [J]. 中学课程资源，2018.

[8] 赵改霞 . 浅谈初中文言文教学在语文教学中的重要性 [J]. 教学研究，2016,11.

在初中数学课堂教学中撬动学生思维发展的研究

百善学校　杨秀明　张振梅　张巧革

内容摘要：华罗庚说“科学是实事求是的学问，来不得半点虚假”；“独立思考能力，对于科学研究或其他任何工作，都是十分必要的。在历史上，任何科学上的重大发明创造，都是发明者充分发挥了这种独创精神”。我们作为数学教育者，要像呵护自己的眼睛一样去呵护孩子的自然成长，要像尊重数学家一样尊重孩子的思维发展。在课堂内培养孩子独立思考的能力，让他们通过课堂上下的自主学习，丰富自身的知识储备，构建“和谐尚善”的学习环境。只有让数学课堂真正成为师生学习体验的审美空间，思维碰撞的交互空间，传承与创新并存，辩论探究与理论证明相结合，才能让学生懂得实事求是做学问，才能开启智慧的航舰，只有这样，数学课堂教学才能不断焕发生机与活力。本文就校内数学组 8 位教师“践行尚善课堂理念，促进学生思维成长”的实践，浅谈构建尚善数学课堂，引领学生思维成长的策略及其应用价值。

关键词：习惯 + 空间　尚善数学课堂 # 独立思考　思维成长

我校在“和谐尚善 同生共长”基础理念的引领下，提出了“习惯 + 空间”的教学核心理念，全体教师在此核心理念的指导下，深入研究课堂教学，在教学工作的各环节中争取做到“实、细、恒、新”，老师们多方合作整合教材并创造性地设计课堂教学，引导学生在课堂上充分地进行思维碰撞，与文本对话、与主干知识对话、与实验现象对话、与教师对话、与同伴对话，体验学习过程和学习乐趣，养成独立思考、合作探究、书写规范、语言表述完整、展示交流大方、倾听文明、评价有依据的习惯。数学教研组在全校研究的氛围下，进行了深入的课堂教学研究，提出了“尚善数学课堂”，并在问题矛盾与解决的过程中不断完善教学理念。

一、主题聚焦

对课堂教学的研究是一线教师永恒的研究课题，学校数学教研活动本着立足课堂、寻找问题、策略研究、解决问题的思路对课堂教学研究开展了一系列实践活动。

（一）数学课堂的共性

我们通过设置问卷、发放问卷、分层访谈学生和部分家长等方式对学生对数学学科、数学课堂、数学教师的认识，对数学活动的期望及对数学的学习兴趣等方面进行了调查。调查集中反映了：有的课堂过于沉闷、有的课堂虽然活跃但缺少内容、还有的盲目地采用学习共同体的学习组织形式。因此数学教师基于新课程理念和初中生心理健康标准的相关要素，分析查找了“我校数学课堂教学”的弊端，得出我校现在数学课有以下几个共同的特点：

1. 设置形式单一，即以教师提问学生回答的形式进行数学知识学习的推进，造成学生精神上高度紧张，甚至不喜欢数学课。

2. 设置任务单一，即以知识点反复练习为主要任务，少有对思维和创造性有帮助的教学内容，使得学生缺乏兴趣。

3. 设置活动单一，即全体学生“一刀切”，没有因学生不同学习水平而进行分层设计，使得后进生为难情绪严重，尖子生缺乏有深度的思维训练。

（二）明确主题

在调研分析后，我们通过问题梳理与聚焦，明确了研究的方向，要构建适合我校学生思维发展的数学课堂，从而提升学生的数学素养。为此我们将研究主题定为“构建尚善数学课堂，引导学生思维发展”，围绕这一主题进一步研究我校数学课堂中存在的问题，进而优化数学课堂结构，使其满足学生学习的需求，让课堂成为学生有效学习的主阵地。

（三）主题研究的目的

1. 通过对本主题的研究，加强教师对课堂教学设计的思考，逐步形成我校数学教师良好的备课思维方式和备课态度，真正将学生的发展放到课堂的中心。

2. 通过对本主题的研究，逐步构建符合我校教学核心理念的数学学习策略，从而形成积极的学习心理品质。

3. 通过对本主题的研究，以“学案引导学习共同体研究”为载体，构建新的学习方式，充分发挥学生学习的主体性，培养学生的参与意识、问题意识，培养学生独立思考习惯与合作交流学习意识，激发学生自主学习的精神，使学生拥有自主学习能力，最终达到学生思维发展的目的。

4. 通过本主题的研究，促进我校数学教师的教科研意识，营造教科研氛围。强化和规范数学组的集体备课教研活动，从而提高教师的业务能力。

二、研究依据

1. 积极心理学

积极心理学之父塞利格曼认为“积极心理学研究对象是平均水平的普通人”，它要求心理学家用一种更加开放的、欣赏性的眼光去看待人类的潜能、动机和能力等。积极心理学利用心理学目前已比较完善和有效的实验方法与测量手段，来研究人类的潜能和美德等积极方面。构建尚善数学课堂正是尊重人的发展，注重欣赏和情感的一种学习活动，离不开积极心理学的应用。

2. 有意义学习理论

奥苏伯尔的有意义学习理论告我我们，在学习一种新知识时，学生在教师提供的学习资料的引领下，会尝试运用已有的知识，从不同的角度去吸收新知识，最后把新知识纳入已有的认知结构中，成为自己的知识。有意义学习理论强调学生在新知识的学习中，认知结构起着决定性作用。因而尚善数学课堂要依托于学生原有知识结构，尊重学生的原有差异，去设计课堂教学活动。

3.维果茨基的“最近发展区”理论

维果茨基认为学生发展有两种水平：一是已经达到的发展水平，表现为学生独立解决问题的智力水平，二是他可能达到的发展水平，在这种水平下学生需要借助老师的引导、学习共同体集体的智慧，才能解决问题。这两种水平之间的距离就是“最近发展区”。所以，教师在进行尚善数学课堂教学前要合理地进行前测，诊断学生的思维衔接点，以帮助学生成功通过“最近发展区”。

4.建构主义理论

建构主义的提出者皮亚杰认为，知识不是通过教师传授得到，而是学习者在一定的情境即社会文化背景下，借助学习过程中的其他人（包括教师和学习伙伴）的帮助，利用必要的学习资料，通过意义建构的方式而获得的。因此尚善数学课堂要突出学生的独立的思考，同时让学生学会研究、合作，引导学生如何学习，搭建思维发展的阶梯，使学生学会构建知识体系。

5.人本主义学习理论

其代表人物罗杰斯认为，教师的任务不是教学生知识，也不是教学生如何学习知识，而是要为学生提供学习的手段，至于应当如何学习则应当由学生自己决定。教师的角色应当是学生学习的“促进者”。而尚善数学课堂的构建则以这一学习理论为基础，应处处体现学生的主体地位，各类问题活动的设计都要从学生原有的知识水平、思维水平、心理水平出发，这样在一定程度上就能引导学生思维发展，从而使学生自愿地投入整个学习过程中。

三、实践研究过程及成果

（一）常态课诊断，梳理尚善数学课堂习惯

2015 年 9 月，依托于学校提出的“习惯＋空间”教学核心理念，本校数学教研组开展“常态课诊断，梳理尚善数学课堂习惯”研讨会，流程为“设定数学习惯—常态课诊断—梳理数学习惯—确定本校尚善数学课堂习惯”。

八位数学教师历时一个学期，查阅文献、访谈、实践，依据初中学生学习数学的特点，从以下 4 个方面归纳梳理出本校尚善数学课堂习惯，并对学生进行培养：

1. 培养学生听课的习惯

（1）培养学生用“心”、用“脑”去听课，进入角色去听课，这样才不会受到外界的干扰，集中精神学习。学生要学会听课，学会倾听新知识，复习旧知识，并要注意易错之处和老师上课的重点、难点，听出老师的解题方法、技巧，听老师提出的问题和同学回答的问题。

（2）培养学生边听边想的能力，想到预习时存在的问题和不懂之处，想一想老师的解题方法与自己的解题方法有什么不同。看到什么知识点就要想到有关的性质、定理、公式等，要紧跟老师的思维一起运转。

（3）培养学生积极、热情的学习态度，能够主动回答老师提出的问题，提出自己不懂的问题，提出不同的解题方法。回答问题时，排除心理和思想负担，勇于表现自己。回答问题时要毫无顾虑地回答自己所想，回答正确不骄傲，回答错误也不懊恼，敢于面对失败，大胆发言，积极表达。

2. 培养学生做笔记的习惯

上课做笔记并不是简单地将教师的板书进行抄写，而是培养学生对所学知识进行整理的能力，它包括教师的思维方法和学生本人思考的过程和成果以及存在的疑难。语言是思维的载体，做笔记的过程是语言操作的过程，也是大脑积极思考的过程，能培养人的思维能力。做笔记还能使学生听课的注意力更加集中，课堂学习效率更高。

3. 培养学生勤于思考、认真观察的习惯

培养学生观察数学图形要“观思”结合，听课要“听思”结合。让学生养成良好的思考习惯，即做完题后要反思，不懂的问题要长思，概念规律要深思，关键知识要细思。同时还要培养学生善于观察的习惯，首先，要提出明确的观察任务，引导学生有目的、有计划地进行观察。其次，要教给学生观察的方法，使学生的观察做到有序、全面。最后，要创造条件让学生进行各种观察，如观察教具演示和数学实验，观察数学模型、函数图像、几何图形。

通过以上的培养和训练,使学生形成善于从细微处发现问题的敏锐的观察力。

4.培养学生大胆质疑、勇于创新的习惯

尚善教师要积极地鼓励学生大胆发表自己的见解,打破常规的思维方式,提出富有独创性的解决问题的设想或方案，用批判性思维、怀疑的目光审视整个教学、学习过程。在课堂教学中要允许学生提出反面意见，在问题讨论中要创造条件让学生争辩，在作业中发现学生不“循规蹈矩”的创新解法要给予表扬。向学生介绍数学史上因“怀疑真理、异想天开”而取得的重大成就,激励学生向前人挑战，打破学生对科学家的迷信，使学生懂得科学的探索是无止境的。

（二）课例分析，总结尚善数学课堂空间

本校尚善数学课堂习惯的培养与落实大大提高了数学课堂的严谨性，但教师在课堂上仍多采用“教师讲，学生答“的注入式教学方式，常常制约学生思维的发展。基于此，2016 年 3 月，本校教研组为了打破传统沉闷的注入式教学方式，提出“以学生为中心，以活动为主，在教师的指导下，学生与同伴合作交流，一起分析、解决问题的过程，强调人人参与，人人都有表达和交流的机会给学生最大限度的思维自主发展空间”——采用参与式的教与学方式。如九年级（2）班的赵老师说：“学生基础知识薄弱，要讲的内容太多，只能采取一问一答一记的方式授课，不然太耽误时间，讲不完。”八年级（3）班的夏老师说：“我们班的学生比较内向，课堂上死气沉沉的，来来回回总是那几个尖子生‘抢风头’，别的学生就是‘金口难开’，感觉这种模式像老牛拉破车，寸步难行啊！”

带着这些困惑，数学组开展了课例分析系列教研活动，总结了我校数学尚善课堂应给予学生的学习空间。课例如下：

授课教师	课题名称	授课班级	研究目标
赵婷婷	相似三角形的判定	九（2）班	独立思考与合作分享的关系
张晨曦	二元一次方程组的解法	八（3）班	思考多样解法并方法本质归一
陈欣欣	分式的定义	八（1）班	定义教学中学生活动的设计

杨悦昕	合并同类项	七（2）班	借助生活经验引起学生深入思考，培养学生提问题的能力

全组数学教师进行了实地听课，结合研究目标进行课堂观察并做记录，之后数学组开展了主题研讨，总结并梳理尚善数学课堂空间的给予契机，研讨如何更多地给孩子提供思维成长的空间。

1. 在课堂引入时给予学生个人思考的空间：无论是情境引入、复习引入游戏导入还是学案导入，都是切入数学课堂教学主题的形式。在导入环节，要将导入材料划归为数学问题，此时教师要给予学生时间进行独立思考，并将学生独立思考的想法与班级其他同学分享，在分享中引导学生间进行思维的碰撞，产生矛盾冲突或达成一定共识，提升学生思维的敏捷性。

2. 在活动设置上给予学生最大化的多个感官共同参与的空间：尚善数学课堂是由一个个数学活动构成的，教师不仅重视各活动之间的联系，更要重视活动中学生的获得。教师要立足学科本质，挖掘数学的科学要领，为学生设置多样的活动，如：动手试一试、设计解决问题方案图、你说我写他展示、几何画板寻思路等，让手、脑、口、眼并用，既尊重直观又讲究科学的推理，又能提升思维的灵活性。

3. 在思维交错处给予学生提出问题的空间：知识的形成与发展、师生的进步都是在不断地试错、思维碰撞后再总结经验进而慢慢提升的。在课堂上教师要在各环节和活动的衔接处下功夫，从开始引导学生发现问题，到学生养成发现问题的习惯并提出问题。课堂上给予学生发现提出问题的空间，教师进行板书整理记录，让孩子在提出问题的空间中养成科学提问的习惯与能力，提升思维的深刻性。

4. 在问题解决、成果呈现时，给予学生展示交流的空间：问题解决并达成共识是每位学生的期待。教师要抓住学生心中的期待，给予学生分享展示的空间，让学生尽情地表达内心的想法，把课堂还给孩子们，把梳理知识的过程交给孩子们，从而深化学习共同体的功能，提升思维的独创性。

5. 在小小结时给予学生独立梳理总结反思的空间：一节课的小结是整个学习过程的沉淀，我们认为课堂小结是由一个个活动后的小小结组成的。因而我校数学组提出教师要设置小小结，并让学生进行阶段性的总结与反思，通过这个空间的给予，指导学生养成总结梳理习惯，并逐渐渗透成果意识，提升思维的系统性。

6. 在课堂练习时给予学生小组帮扶互助的空间：数学课堂上少不了课堂练习的环节，它是学生对所学知识与能力进行巩固与内化的过程。这个空间的给予上老师们意识很强，这个过程正是小组帮扶互助的好时机，同时是弥补差异的时机，对于程度好的孩子通过自己的输出提升自我，程度较弱的孩子给予他们慢慢来的机会，这个空间能够帮助学生们互促互进，尊重差异。

7. 在作业书写时给予学生选择的空间：作业是尚善课堂教学的另一种学习方式，我们称之为隐课堂教学，教师要抓住隐课堂这块这地。因而教师在布置作业时要进行设计，在尊重学生差异、尊重教材、尊重课堂教学的基础上，进行分层作业的设置，同时用激励性语言将各层级的作业串联起来，形成一个整体，在形成隐课堂内容的同时，又可以作为显课堂教学的有力补充。这里教师要提出明确要求：选择适合自己的作业认真完成，并选择一个新任务进行挑战，最后试着小结自己的作业收获与困惑。给学生这样的空间做到了课堂教学阵地的延伸。

（三）骨干展示，提炼尚善数学课堂12个关键词

通过近两年对尚善数学课堂的研究，数学组三位骨干分别进行了课堂教学展示，力求落实尚善数学课堂总结出的“习惯 + 空间”。

授课教师姓名	课题名称	授课班级	研究目标
杨秀明	解直角三角形	九（3）班	学生课堂数学习惯的培养；课堂上最大化地提供学习空间与学生思维发展的关系。
张振梅	列一元一次方程解应用题	七（1）班	
张巧革	三角形内角和	八（2）班	

这三节课的推出，不仅是前期研究成果的实证，更是我校数学尚善课堂的有力模型。通过对这三节课的进一步研究，我们总结出了尚善数学课堂教学的12个关键词，这12个词为：1. 习惯；2. 空间；3. 尊重；4. 友善；5. 高期待；6. 情趣；7. 自主；8. 参与；9. 示弱；10. 批判性思考；11. 高质；12. 实

践。教师能否落实这12个关键词，对推动学生思维成长及学生非智力因素的发展，都起着重要作用。我们还拟定了我校尚善数学课堂教学的评价表，规范教师教学思想和行为，用以进一步进行课例研究。

尚善数学课堂教学评价表

授课人：　　授课班级：　　授课时间：　　综合分数：

一级指标及权重	二级指标	满分	得分
教学目标 10%	①符合课标、教材以及学生实际，体现出学生认知、情感、思维方面的能力水平。	5	
	②符合教学内容的安排，且达成度在85%以上。	5	
教学过程 20%	①在知识引入、诱导方面自然恰当，难易适度。	4	
	②知识结构安排合理，重点难点突破方法有效。	4	
	③在同化感知、巩固运用等方面，条理清楚、层次分明。	4	
	④面向全体、体现差异；引导学生参与、体会、掌握知识形成的过程；重视习惯培养、空间的给予、12词的落实。	8	
教学方法 20%	①教学方法灵活，符合学习内容。	10	
	②在习惯培养形成中，教学方法能够促进学生有效学习。	10	
学生活动 20%	①学生积极参与课堂教学活动。	6	
	②学生学习兴趣浓厚，体现出探究与合作意识。	6	
	③学生能够多向交流，自信发言、广泛展示，有自己的思考。	4	
	④学生活动中有一定的思维深度。	4	
教学功底 10%	普通话规范；板书字迹工整规范、设计简明；教学技术手段运用熟练、恰当、实用；教案书写科学规范；作业设计适度。	10	
教学效果 20%	①四分之三以上学生基本掌握课堂教学内容，并有一定思考。	10	
	②通过教学使学生形成自己的学习方法，并能灵活运用基本知识解决问题，同时减轻学生课后的学业负担。	5	
	③教学中渗透的思想、方法、理念能引起学生的共鸣和进一步的思索。	5	
特色加分（10分）	充分挖掘心理、科技、德育教育要素，挖掘学科教育的内涵，整合课堂教学资源，取得一定的教学效果。	10	
诊断评价			

（四）中考成绩的进步，印证着我们的成果

下表为我校近五年中考数学成绩统计：

中考年份	及格率	优秀率	平均分
2015	96.2%	43.4%	84.2
2016	97.5%	47.2%	83.6
2017	96.7%	53.6%	92.4
2018（满分 100 分）	98.5%	54.2%	82.1
2019（满分 100 分）	97.2%	61.2%	80.3

通过数据分析可知：经过这样的课堂改革，学校的数学教学质量没有下滑，尽管及格率上没有明显的上升趋势，但从优秀率和平均分两方面能够看出尚善课堂教学实施的优势。我们坚信，通过我们的研究和实践，数学教学质量会向着我们的理想状态发展。

四、困惑分享，思路展望

经历了两年的实践研究，我们的教师在成长，我们的课堂在变化，我们的孩子们也在润物无声地实现着转变，这些变化都离不开尚善数学课堂对思维的引导。然而我们在经历的过程中并不是一帆风顺的，更不是所有的研究结果都是按照我们的设计出现的，以下是在研究过程中存在的一些困惑：

1. 尚善课堂教学是否需要规定一定的模式，没有模式教师直接接入不容易把握，有了模式就限制了老师的开创性。

2. 我们一直强调独立思考，对于后进生独立思考很多时候是时间空间的空白，如何让后进生参与到独立思考中来，而不依赖于同伴的帮助。

3. 教师学科基本功较为扎实，但在课堂教学实施过程中组织能力差距不齐，如何有实效性地培养青年教师。

4. 对数学课堂中每个细节的研究还不到位，需要就某个细节进行具体的实践研究，形成全组共同的行为目标。

接下来我校数学组将采用微格的形式对尚善数学课堂的每个环节进行研究，一方面为青年教师快速把握课堂进行全面提升，另一方面形成我校尚善课堂教学的风格和特点，引导学生思维成长，提升学校数学教学质量。

参考文献：

[1] 张金凯 . 打造高效课堂的实践与思考 [J]. 现代教育科学 .2010(04):83-84.

[2] 邵光华，卢萍 . 基于学生分析问题能力培养的教师专业发展路径研究 [J]. 教育理论与实践，2015(2):31-34.

[3] 熊万国 . 分析和解决问题能力的组成及培养策略 [J]. 中国校外教育 ,2015(1):124.

[4] 叶尧城，向鹤梅 . 全日制义务教育数学课程标准教师读本 [M]. 武汉：华中师范大学出版社，2002(6).

基于混合式学习的整本书阅读策略的研究调查分析报告

亭自庄学校　张远

内容摘要：通过问卷调查、随堂听课、访谈和座谈会的形式，对亭自庄学校语文教师和七八年级学生进行了调查，要求他们对整本书阅读中的相关问题，分别根据教学实际情况和整本书阅读现状，做出真实的反映。然后语文教师结合具体情况，开展有针对性的研究，寻找出解决问题的教学策略，促进学生阅读。

关键词：混合式学习　整本书阅读　策略

一、调研目的

语文课外阅读活动是语文学习的重要组成部分。它对于开阔学生视野，发展学生智力并形成学习能力有着极为重要的意义。教育部印发的《关于全面深化课程改革，落实立德树人根本任务的意见》中首次出现“核心素养”这一概念。“核心素养”是指学生应具备的、适应终身发展和社会发展需要的必备品格和关键能力。结合语文学科的特点和教育部的要求，《语文课程标准》把“语文核心素养”分解为四个维度：语言能力、思维能力、审美情趣和文化修养。而课外阅读，为学生展现了一个平时难得一见的奇妙世界。它指导学生认识人生，热爱生活；它召唤学生张开思考的风帆，在书海中遨游；它启迪学生仰以察古，俯以观今，寻求信仰的力量、精神的支柱；它引导学生获取知识，发展个性，建立自己的知识结构，有助于提升学生的语文核心素养。

《语文课程标准》也明确提出："培养学生广泛的阅读兴趣，扩大阅读面，增加阅读量，提倡少做题，多读书，读好书，读整本的书。"《语文新课程标准解读》："初中生要学会制订自己的阅读计划，广泛阅读各种类型的读物，课外阅读总量不少于260万字，每学年阅读两三部名著。"课外阅读是语文实践活动中最重要、最普遍、最经常的形式之一，是课堂阅读的继续和拓展，是阅读能力训练的必不可少的组成部分。在开放的语文教育体系中，课外阅读不是游离于语文教学过程之外的"点缀"，而是语文教学的重要组成部分。鉴于这些，初中语文课外阅读的指导势在必行。

二、调查的时间、对象、方法及内容

2019年3月-4月，我们课题组采用问卷调查、随堂听课、访谈和座谈会的形式，对亭自庄学校6名语文教师和七八年级120名学生进行了调查，要求他们对整本书阅读中的相关问题，分别根据教学实际情况和整本书阅读现状，做出真实的反映。我们旨在了解学生阅读现状，找寻能够激发学生阅读兴趣的方式，促进学生阅读，拓宽视野，培养情怀，提升素养。从调查数据（见下表1和表2）可以看出，尽管整本书的阅读非常重要，但综观我校初中语文课外阅读现状，却不容乐观。

表1　亭自庄学校整本书阅读情况·学生调查表

你喜欢读书吗？（%）		你每天阅读课外书的时间是多少？（%）		你认为课外阅读对学习成绩有帮助吗？（%）		你每年的阅读量是多少本？（%）		大多数阅读什么类型书籍？（多选题）		你认为什么因素较大地影响了自身阅读兴趣的提高？（多选题）	
喜欢	39	1~2小时	0	有帮助	18	5本以上	0	古今名著	89	功课压力太重	72
一般	27	半小时以上	28	可能有	53	4~5本	13	泡沫文学	53	静不下心，读不下去	75
不喜欢	18	半小时以内	59	没帮助	41	2~3本	77	悬疑科幻	10	读书环境的气氛不浓	44
不读书	16	从不看	13	妨碍学习	8	1本	10	教育书籍	30	自身的阅读基础过于薄弱	23

表2 亭自庄学校整本书阅读情况·教师调查表

你喜欢读书吗？（%）		你每天阅读课外书的时间是多少？（%）		你每年带着学生阅读多少本？（%）		你每学年开设的阅读指导课程有多少节？（%）		你觉得读书对学生有怎样的影响？（多选题）		你认为什么因素较大地影响了学生阅读兴趣的提高？（多选题）	
喜欢	33	1~2小时	0	5本以上	17	每周一节	17	开阔视野，增长学识	83	功课压力太重	33
一般	50	半小时以上	33	4~5本	0	两周一节	17	深入思考，提高理解能力	83	静不下心，读不下去	100
不喜欢	17	半小时以内	50	2~3本	66	每月一节	49	积累语言，提高写作能力	67	读书环境的气氛不浓	100
不读书	0	从不看	17	1本	17	未开设	17	受到触动，获得启发	100	自身的阅读基础过于薄弱	33

三、调查数据分析

学生对整本书阅读的态度突出表现为以下几方面的问题：

1. 学生缺乏读书兴趣。

由于没有真正体会到阅读的乐趣，所以不想读。我们不难发现，学生在看电视、玩电脑还是看书的兴趣选择上，大部分学生选择的是前两者。可见，电视、音像、网络等大众传媒的普及，也会营造不良的外部环境，给学生的阅读带来负面影响。另外，很多学生去看书，只是因为教师和父母的规定而不得不读，有些孩子宁可发呆也不愿拿起书本，即使捧起书本，也不是全身心地投入其中，阅读效果可想而知。有些家长为了提高孩子的作文水平，专为孩子选择作文辅导用书，这些功利性阅读使学生对阅读的兴趣大打折扣。阅读兴趣的丧失，造成了学生阅读量少，语言的吸收和积累不够，阅读质量不高的局面。从某种意义上说，阅读兴趣的丧失，是学生阅读的最大敌人。

2. 学生缺乏有效阅读。

学生在课堂上学到的阅读方法，尚不能自如地迁移到课外阅读中去，有的该精读的不知如何精读，草草读过，不求甚解；只需粗读的却迟迟不肯放手，浪费了许多宝贵的时间；或是读而不思，缺少内化过程，阅读纯粹是“读”，没有“背”“抄”等帮助记忆、积累的手段，缺少深度思维。我们会经常发现，虽然有些孩子读了不少书，但仍然语感不强，语言不丰富，阅读和写作能力平平。

3. 家庭缺乏读书氛围。

生活的快节奏以及家庭文化的缺失对学生的课外阅读带来了很大的负面影响。大人们忙于工作，忙于挣钱，忙于应酬……很少人有时间去潜心阅读，甚至连一些消遣性的杂志也懒得去翻阅。处在这么一种社会背景和家庭环境之中，学生很难会养成潜心阅读的习惯。可以说，家庭阅读文化的缺失，无论是对学生的阅读兴趣培养，还是对阅读积极性的调动，都造成很大的负面效应。

那么，针对这不容乐观的课外阅读现状，作为语文教师，我们反思语文教学工作，主要表现在三个方面：首先，教师课外阅读指导的意识不强。往常的教学中，我们绝大多数精力都在关注教材中单篇课文的教学，而忽略了学生课外阅读的指导。就连教材中的选读课文以及配套阅读的语文读本，很多老师都关注不够，更不要说课外阅读的教学了。因此，老师课外阅读指导的意识不强，也会导致学生不想也没时间读课外书。

其次，缺乏课外阅读方法的指导。教师在课堂上教学一篇课文，教师精心设计问题，课堂引导学生自读课文，边读边思考边批画、做旁注。教给学生默读、浏览文章，但这些阅读方法都是针对某一篇文章。对于整本书的阅读，学生该从何入手、怎样批画、批注什么等，老师极少指导。在课堂上指导读整本书更是少之甚少。缺少了方法的指导，学生不会读书。另外，教师在教学中，对课内外阅读的联系重视不够。如何由课文的教学引发相应的课外拓展是我们需要思考的问题。

再次，缺少对整本书阅读的评价。平时的教学中，我们会评价哪个学生的发言精彩、谁的作业工整正确率高、谁的测试成绩优秀，我们很少会评价哪位同学读的书最多、谁读的书非常有价值等。缺少评价机制，学生也缺少了读书的热情。

教师对课外阅读指导的意识不强、方法不够、缺少评价，致使学生课外阅读大多处于“放任自流”状态。绝大多数的学生采用的是通读的方法，偶尔摘录和写读书笔记，那些常写读书笔记的，字数也是寥寥无几，或者当成负担，收获甚小。

最后，完善教学措施，拟定研究策略《国家中长期教育改革和发展规划纲要（2010- 2020 年）》中明确指出：“信息技术对教育发展具有革命性影响，必须予以高度重视。”“互联网 +”时代的到来，信息技术为课堂教学注入了新的活力。在全区教育信息化发展迅速的形势下，ipad 教学普及校园，我们开始借助网络虚拟平台对整本书阅读进行了大量实践，探索基于混合式学习的整本书阅读策略的研究。

“混合式学习”是近一二十年在互联网背景下产生的一种学习模式。北京师范大学教育技术学院何克抗教授提出，所谓“混合式学习”就是要把传统学习方式的优势和网络化学习的优势结合起来，也就是说，既要发挥教师引导、启发、监控教学过程的主导作用，又要充分体现学生作为学习过程主体的主动性、积极性与创造性。北京师范大学黄荣怀教授指出，虚拟学习环境可以为“混合式学习”提供三个方面的支持，包括向学生提供有关课程各方面的信息，弥补学生课堂学习的不足，以及提供在线学习资源供学生访问浏览。在虚拟学习环境的支持下，“混合式学习”形成三个方面的主要特征：学习资源提供的灵活性、为个别化学习提供支持及提高教学效率。

那么，“基于混合式学习的整本书阅读”指的又是什么呢？北京教育科学研究院基础教育研究中心李卫东主任提出，整本书阅读不只在课堂上进行阅读和讨论，而是将阅读延展到家庭等任意空间，且灵活采用线上、线下的学习方式，至少一部分是在线讨论、探究，至少一部分是在实体课堂上由教师介入指导的阅读学习，还有至少一部分是学生的自由自主阅读。课堂学习、在线互动、非课堂非在线自主阅读，这三个模块整合在一起，形成完整的整本书阅读体验课程。

在实践、研究的过程中，课题组成员即我校语文组教师带着学生阅读了多部经典著作，其中线上线下、课内课外、从网络课堂到实体课堂再到各个博物馆的社会大课堂，学习形式灵活、多样，学生可以从中获得更多新的思路、新的触动、新的感悟。具体路径如下：

（一）课堂导读与微课学习相结合

在阅读一部著作之前，可以上一节名著导读课，帮助学生初步了解作品的概况、写作背景、阅读价值等等，还可设置疑问制造悬念，激发学生的阅读兴趣。课下，可以通过线上上传微课视频，导读、推进、指导学生阅读学习。

（二）自主阅读与在线指导相结合

学生在自读小说的过程中，结合线上相关阅读任务，完成整体把握、提取信息、形成解释、欣赏评价、运用迁移等能力的培养，以此驱动学生深度阅读。学生在网络平台中分享自己的理解、感悟，了解别人的看法，互相肯定，互相评价，互相启发。

（三）合作学习与展示分享相结合

学生的合作学习与展示分享是值得鼓励与关注的。通过小组的分工协作、相互启迪，完成相应的阅读任务；通过展示和交流阶段性阅读成果，促使学生精心提炼和表达。学生还可以向网络平台上传演讲、讲故事、朗诵、戏剧等视频作品，参加班级、年级比赛，促进学生更好地阅读。

（四）写作训练与综合实践相结合

读写结合，学生在阅读过程中完成读书随笔、若干微型写作。学生将这些作品上传至网络平台，通过线上分享、互学，提升写作水平。再有，利用地方资源，学生可以走出课本、走出课堂，参与社会综合实践活动。例如学生读《朝花夕拾》时，走进鲁迅博物馆；学生读《骆驼祥子》，走进老舍纪念馆，学生近距离地触摸作品的“灵魂”，揣摩和感知作者的创作灵感。

（五）跨界阅读与衍生影像相结合

学生可以通过朗读、诵读、听书，以及观看电视剧、电影、纪录片等影视作品，把抽象的文字具体化，增加阅读的立体感、饱满度，加深学生的认识、理解，加深学生的感悟。

综上所述，基于混合式学习的整本书阅读教学实践切实有效。正如李卫东老师所述：理想状态的整本书阅读应是冲破语文教学狭小格局的深阅读、深度学习。这种学习需要精读、泛读的灵活转换，课内阅读和课外阅读的深度整合，正式学习和非正式学习的对接融通，保持教学的弹性，为学生的个性化、差异化阅读和学习留有充足空间。

参考文献

[1] 黄荣怀，马丁，郑兰琴，张海森 . 基于混合式学习的课程设计理论 [J]. 电化教育研究，2009.

[2] 李卫东 . 混合式学习：整本书阅读的策略选择 [J]. 语文建设，2016.

[3] 吴欣歆 / 机遇与挑战 [J]. 中学语文教学，2017.

移动互联网环境下农村中学“跨越课堂”教学模式的研究

亭自庄学校　张春勇

内容摘要：教育不仅要促进人的智慧发展，还要促进人的生命成熟。作为科学性很强的生物教学，其功能已不仅是传授和继承科学知识，更要与现代网络技术相融合，力求培养学生的学科素养、科学探究精神以及相应的科学方法，我们将生物知识的学习作为一种载体，培养学生的社会责任感，促进人生观、世界观、价值观的形成。“跨越课堂”就是在互联网环境下，将课堂延伸到家庭，让学生将家中的学习与课堂上的学习连接为一个整体，实现可监控、可督导的一种教与学的模式，主要由“课前研学”“课上研展”和“课后研做”三个部分组成，实现对原有课堂教学模式的突破，主要体现在学习时间、学习方式、学习空间的提升与突破，从而实现“跨越课堂”教学模式。

关键词：互联网　跨越课堂教学模式 # 课前研学　课上研展　课后研做

随着社会科技的发展，信息技术的广泛应用，教育不再局限于学校内或某一地，而是以互联网技术为核心，向课外、校外、家庭、社会拓展。教育的目标从“传递知识”转变为“发展心智”，知识的主要载体则由书籍自然过渡到互联网和移动智能学习终端。教学方式由“线下”转向“线上”或“线上与线下相结合”，教学的组织形式也从单一的“他组织”（如传统学校）向“他组织”与“自组织”（如学习社群）相结合转变。随着人们意识的更新，原有的教学方式和途径已不能满足师生的需求。众多的教育部门、教育机构都在改革探索中。其中运用较多的就是在课堂上运用Pad和网络平台传授知识，学生借助现代化手段学习，全国各个学校也出现了很多的Pad实验课。

首先，如何发挥Pad等移动终端的最大作用，扩展Pad的使用途径，不再局限于单纯的拍照上传、回帖等形式？

其次，互联网环境下便于信息沟通和学习，那么如何能扩展学生学习的空间，由学校课堂上跨越到课下在家的学习，实现学生学习的步步留痕？

最后，现在社会不仅需要专业精尖的人才，更需要综合能力强的人才。在Pad的使用过程中，如何让学生实现知识的迁移和学科间知识的跨越和综合运用？

在可持续发展教育理念的影响下，为了学生的终身发展，培养学生终身发展的品格和能力，研究出适合学生发展的互联网环境下“跨越课堂”教学模式的研究非常有必要。

“跨越课堂”教学模式有别于常规课堂。它是指在网络环境下突破教与学时间和地点的限制，突破原有课堂的教学45分钟的教学概念，通过“课前研学”“课上研展”“课后研做”三步具体实施，实现学习时间、学习空间、学习内容、学习方式的多重跨越的步步留痕的教学模式。

一、“课前研学”—发掘与发现的过程

它是在移动互联网环境下，利用锐学堂、虚拟学校两个平台开展的自主研究与学习过程。在这个过程中首先由教师创建与本节内容相关的论题（与新知识相关的资料、微课、问题、视频等）发布到班级平台，学生利用终端开展信息搜寻、自学、回帖、互评、讨论，此过程我们称之为“课前研学”，在这个过程中学生根据自我理解能力针对主题通过对网络及身边资源的甄别与思考做出相应的解答。在这个过程中学生学习的内容已突破课本的限制，网络资源是学生拓展视野、产生质疑的有利资源，学生通过自学、讨论、总结这一过程的体验，使学生学会自主学习、学会思考、学会表达，然后通过互评开展学习交流，从而在课前就开展了生生互动与师生互动的学习方式，同时教师可以随时监测到学生的学习动态并给予恰当的评价与鼓励。

例如图 1 所示，在尿液的形成一节中笔者以“尿液的成分探究”为题让学生在课前完成研学任务。

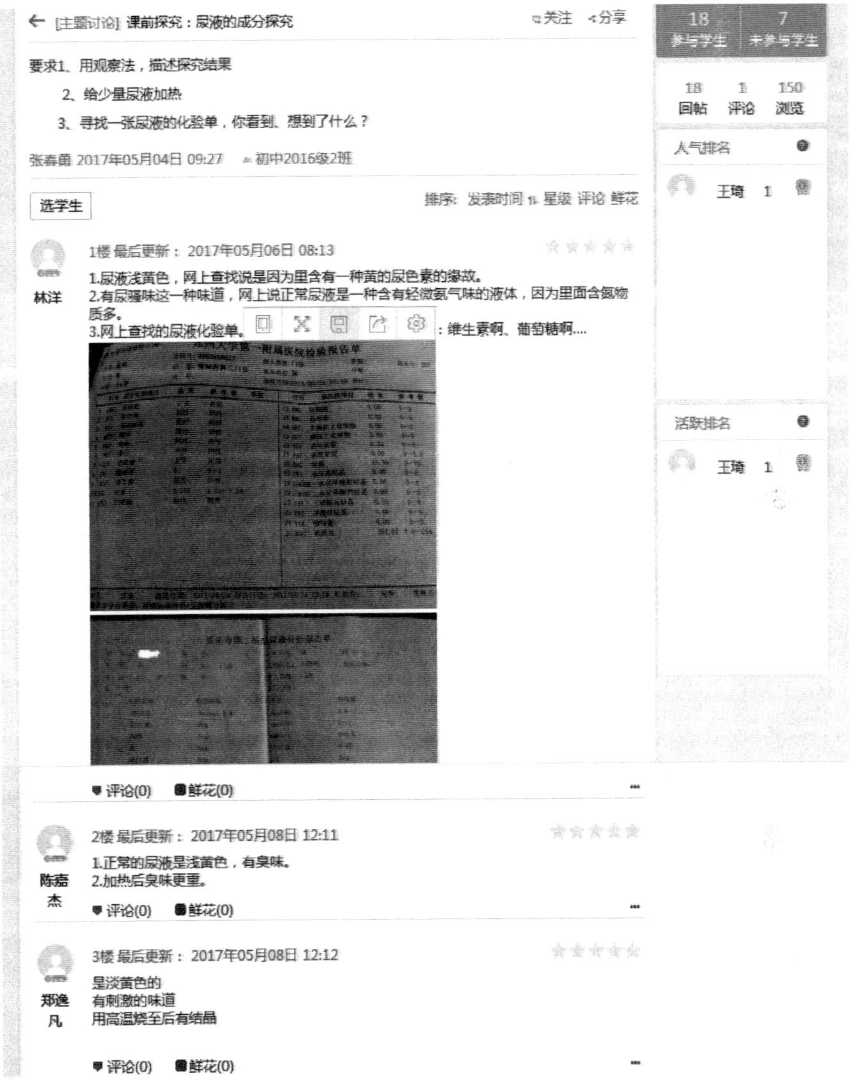

图 1 “课前研学”任务学生自主学习及讨论部分

1. 结合生物学科的特点，利用网络平台教师充分利用维果斯基的“最近发展区理论”，根据学生生活经验实施开放性问题引导策略，让学生在课前利用网络与身边的资源开展开放型自主学习，引发学生思考与积极讨论，亮明自己的观点，激发学生的学习兴趣。在这个过程中，教师可以随时看到学生针对主题展开的讨论，发现学生在知识与认知上存在的问题和亮点，为引入新课提供可靠的信息，为设定恰当的教学目标和难点的突破提供有力的依据。

2. 课前研学的要点是：要求教师有明确、恰当的研究目标，主要实施任务驱动型的教学策略，在这个过程中明确研什么、学什么。充分发挥网络教学的特点在步步留痕的教学过程中形成学生的成长轨迹。

二、课上研展—探究与分享的过程

它是以“课前研学”部分反映出的问题或者亮点为切入点，让学生当面展示、交流、分享的过程，同时通过学生间的展示教师会结合学生展现出的问题、难点、亮点与误区有针对性的点评、讲解，让学生在探究、讨论、分享的过程中进一步完成本节的教学目标。

例如图 2 所示，在生物生殖多样性一课中，课上学生通过 Pad 观看教师推送的视频和文字资料，完成小组探究任务之外，可选择其他探究任务进行扩展学习，上传学习成果，进行展示与交流。其他小组结合资料提出质疑，进行深入探究。学生在展示成果的过程中分享不同的思维方式与研究视角。

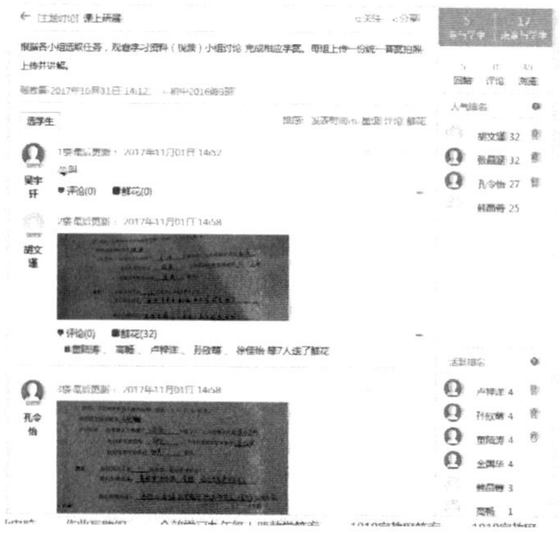

图 2 “课上研展”环节学生探究与分享成果

三、课后研做检验与提升的过程

“课后研做”是针对本节学习心得与收获，并在网络上晒出相应的实践成果，从而让学生看到自己的成长过程。在这个环节中，学生的研与做包括两方面的任务：一是根据课上研展环节提出新的质疑，结合所学的知识查阅资料，自主研究学习的过程，然后将自己的问题及研究过程传到平台，和大家进行分享；二是学生综合运用多学科知识设计一个实践小任务，将实验过程或者实践过程发布到平台上展示自己的成果与大家共同分享。

例如：在学习了《人的呼吸》的内容之后，课后研做的任务是：学生自己根据课上所学，体验、制作呼吸运动模拟器。通过此次活动，能直观地呈现呼吸运动的发生过程，帮助学生认识到肋骨、胸骨与呼吸协调配合改变胸腔容积使气体进出肺。在本次模拟实验中，所用的实验材料由学生自选，所以学生制作的过程中投入了极大的热情和兴趣。此外，通过学生自己亲自动手制作模型，将学生的学习活动拓展到课下，其学习方式也从教师指导的被动学习转变为任务引领下的主动学习，学习效果也会事半功倍。

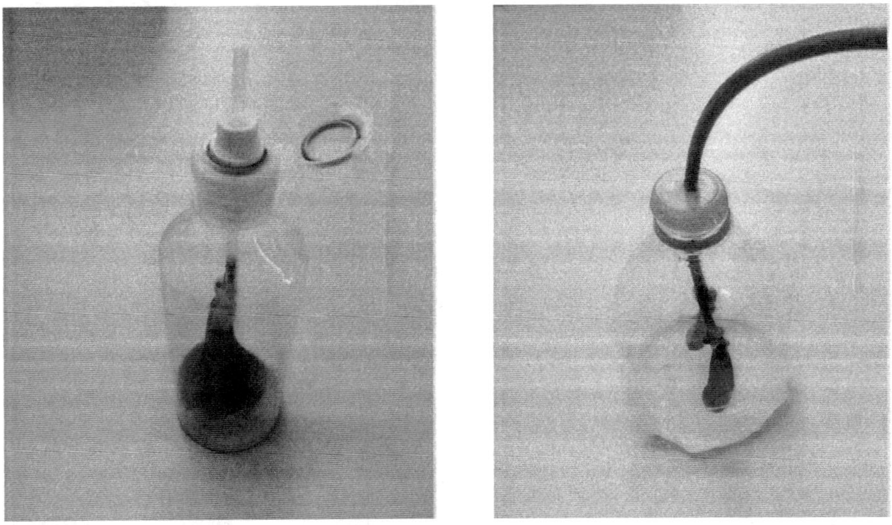

图3 呼吸运动模拟器

同学们在学了生态系统以后，同学们自主选材，利用一个玻璃瓶、两三株水生植物、若干沙石，为各种水生小动物创造了一个生态平衡的“小世界”。以照片和视频等方式记录实验现象，并根据自己的实验结果发布到平台。这一实验引了起学生们的热烈讨论：为什么他的生态瓶中的小动物可以存活12

天以上，而我的却只活了3天？为什么阴天时，瓶中的小动物不爱动？……同学们积极查阅资料，互相比较，探究原因。同学们在研与做的实验中深刻认识到生态系统平衡的重要性，从而形成和强化了保护生态系统和生态环境的意识。

图4 生态瓶的制作

“跨越课堂”与传统课堂截然不同，与翻转课堂也有本质区别。它是以学生学习过程中形成的问题为切入点，以学生思维过程为线，以“课前研学”“课上研展”和“课后研做”三个环节中的探究与分享活动为载体，以知识综合运用为目标的跨越时间、空间、内容、学科的教学模式。它不仅体现在师生角色的变化、教学环节的变化上，同时也突出了在网络环境下的可监控、可督导的步步留痕等教学特点的教学模式。

综上所述，随着互联网技术的普及，教与学不再受时间和地点的限制。移动互联网环境下使“跨越课堂”突破传统的教学模式成为可能，实现学习时间、地点、内容上的多重跨越，学生在发现问题#探究解决问题#分享展示成果#实践检验成果过程中，构建综合学科知识体系，培养学生终身学习能力。

参考文献：

[1]方海光，张景中．教育软件可用性评测研究[J].电化教育研究，2008(2):

68-74。

[2] 方海光 . 基于 ESVUM 模型的教育软件价值评测框架的研究 [J]. 现代教育技术，2008(9):120-124。

[3] 李玉顺 . 信息技术与教育教学深度融合的发展需求与趋势 [J]. 中国教育信息化，2014(12):3-8.

[4]. 李玉顺，杨振涛等 . 平板电脑在教育教学中应用发展的现状 [J]. 中小学信息技术教育，2014(04)73-78.

[5] 庞维国 . 自主学习理论的新进展 [J]. 华东师范大学学报 ,1999(3):68-74。

[6] 庞维国 . 自主学习——学与教的原理和策略 [M]. 华东师范大学出版社，2003.

[7] 于爱荣等 . 基于移动互联网的翻转课堂教学模式研究 [J]. 大学教育，2015(12):47-48。

构建心理健康教育校本课程体系促进学校健康持续发展的研究

百善学校　张起生

内容摘要：我校以教育部《关于加强中小学心理健康教育的若干意见》（1999年9月）及《中小学生心理健康教育指导纲要》（2012年修订）为指导，根据学生生理、心理发展特点和规律，将积极心理学的理论与方法引入校本课程的开发中。构建起以“认识自我、管理自我、发展自我”为线索，内容涵盖目标设定、探索自我、人际关系、学习方法、时间管理、职业生涯规划等方面的心理健康教材框架。在心理健康教育校本课程的实施过程中，我们探索心理健康教育校本课程的有效管理模式，从而建立“123”心育管理模式，逐步形成“三点一线”心理健康教育网络；探索“积极课堂”，强化有效教学行为，总结出“积极课堂”的四个策略：积极情绪策略、体验成功策略、民主自治策略、个别辅导策略；用好心理健康教育教材，优化心理教育的显性课程；因材施教，关注有差异教育的多样性。从而建设心理健康教育特色学校，促进了学校快速发展。

关键词：心理健康教育校本课程　健康持续发展

课程建设是深综改的主要任务，为了实现课程育人的目标，本着将各项活动、常态工作课程化的发展思路，基于学校发展的整体问题分析、确定课程发展落脚点，以点带面，逐步推开课程建设创新之门的策略，在学校课程建设顶层设计引领下，将“构建心理健康教育校本课程体系，促进学校持续健康发展”作为学校整体课程推进的落脚点，全面深入地开展研究、总结、再研究工作。

一、透过现象看本质，抓住关键求突破

2015 年 7 月，在学校心理健康教育取得阶段性成果后，我校进一步提出了“夯实心理健康教育，全员全学科开展融合性教育教学，为学生的可持续发展做好基础性工作”。为此，学校进一步从调研出发，发现新问题，开展更深入的研究。

通过调研我们发现：65% 的学生来源于周边 13 个较为封闭的自然村，35% 的学生属于“外来务工人员子女”；学生家长专科及以上文化水平占 1.6%，中专文化水平占 58.3%，受拆迁影响家长对孩子顺其自然、放任自流；女教师占教师总数的 82.5%，有些教师在教育工作中欠缺科学的方法指导；青年教师占教师总数的 57.5%，教师工作热情高，但是教育教学经验不足。校内学生问题层出不穷，老师焦头烂额地处理来自学生和家长的问题，这些问题慢慢在影响家校关系。本校教育教学质量较为稳定在全区中等层次，提高的空间有，但苦于没有更好的策略；一些学生寻找各种途径转到教育教学质量较高的学校，优质随迁学生转回原籍，农村“教育移民”的现象热度没有减轻。

我们运用《中学生学习动机调查问卷》，从学习动机过强或过弱、学习兴趣是否存在困扰、学习目标是否明确等几个维度进行调查。调查结果显示：三个年级在“学习动机过弱”一项的比较中呈现出上升趋势；在“是否存在目标明确”的比较项中，仍然显示出上升的趋势，表明我校学生学习目标不明确，学习动机两极分化现象较为严重。

从学校生源、家长素质、学校教育教学现状及地域特点出发，我校决定以心理健康教育工作作为学校发展的突破口，构建心理健康教育校本课程体系，促进教师的专业成长，提升教育教学质量，践行办学理念，促进学校健康持续发展。

二、探索规律精设计，落实理念达目标

我们一直在思考：怎样才能有效开展心理健康教育工作？如何才能够使全体师生受益？通过理论学习与实践探索，我们发现：只有心理健康的教师，才能教育出心理健康的学生，因此我们将师生的心理健康及教育工作纳入了学校十二五和十三五规划中。学校领导干部率先垂范，在开展各项工作中首先思考人的心理认同，体现着“师生共同成长”的办学理念。把“为学生服务、为教师服务、为家长服务”确定为心理健康教育工作目标，本着“全员参与、共同关注、务求实效”的工作思路，立足于营造学校心理健康教育氛围，本着“人人参与，共同发展”的理念，从教师和学生这对学校情境中矛盾对立统一的两个方面入手，寻求更适合当前现状的有效的心理健康教育途径。

由于我校地处百善地区，“善”又是中华民族传统美德，而“友善”更是社会主义核心价值观。因此我校将“和谐尚善同生共长”作为学校的办学理念，将“善”与校园文化建设融合起来，将“善”与心理健康教育工作融合起来。

领导“从善如流”，教师“循循善诱”，学生“敏而善学”；领导与群众之间、老师与学生之间“亲善”“和善”，处事“勿以善小而不为”“择善人而交，择善言而听，择善行而从”，因而将“善”字落实到教育教学与学生成长的每一个环节，需要寻找多种渠道和载体。着力打造心理健康教育校本课程，是学校“以善为本”的教育情怀的自然流露，是为了让“善”文化润物细无声地进入每个学生的心田的一项重要举措。

学校心理健康工作领导小组通过人心工程建设，依托共青团、工会开展丰富多彩的教师活动，每年的五四活动、教职工运动会、教师节庆祝活动、元旦联欢……不但缓解了教师工作压力，而且帮助老师走出困境，增强了教师间的互相理解，缩小了人际心理距离。

我校坚持“请进来，走出去”的原则，力求通过教师专业化培训、提高教师自身心理健康水平和施教能力，营造和谐的人际环境，来实现教师的个人成长与素质的全面提高。

三、统筹规划细实施，推进特色求发展

（一）构建心理健康教育校本课程体系

在心理健康教育的研究和实践过程中，我们本着边研究、边探索、边实践、边调整的原则，不断总结经验，构建心理健康教育校本课程体系。

（1）明确心理健康教育校本课程目标

表1　课程目标

课程总目标	使学生学会学习和生活，正确认识自我，提高自主自助和自我教育能力，增强调控情绪、承受挫折、适应环境的能力，培养学生健全的人格和良好的个性心理品质；对有心理困扰或心理问题的学生，进行科学有效的心理辅导，及时给予必要的危机干预，提高其心理健康水平。
年级分目标	
七年级	适应中学阶段的学习环境和学习要求，设定适合自己的学习目标；学会基本的人际沟通方法；积极参与人际沟通，能够换位思考，学会表达积极的、具有建设性的意见和建议。
八年级	探索学习规律，寻找适合自己的学习方法，提高学习效率；直面生活中的不如意，体验其中积极的一面，培养应对失败和挫折的能力，对自己的情绪进行有效管理；认同自己的性别，建立健康的性别角色，把握与异性交往的尺度。
九年级	探索自我，建立正确的自我认知，接受不能改变的自我；探索课余时间管理；了解自己的优势和能力，培养职业规划意识，树立早期职业发展目标。

（2）构建系列化心理健康教育校本课程内容

我校心理健康教育内容设定为“适应成长、沟通无限、人际交往、学习策略、情绪调适、性别角色、自我认知、休闲娱乐、生涯规划”九个模块，每个模块下设若干个主题，每个模块和每个主题对应一种积极的心理品质，各主题均有具体的活动目标。

以第一册第一单元“适应成长”为例（见表2），分别依序设计适应初中学习生活、寻找成长动力、设定学习目标、积极参与课堂活动等主题，让每个学生不仅懂得如何适应初中学习生活，而且探索自己的优秀品质，不断发扬优秀品质，愿意积极参与课堂及其他活动。

表 2　心理健康教育校本课程主题示例

单元		课题	积极品质	行为表征
第一册	第一单元适应成长	第 1 课 适应新的学习生活	好奇心	总想知道更多；总希望知道、了解更多的事物。
		第 2 课 追求成功	开放的思想	多角度、多层次考虑问题，并从各个角度来检验问题。
		第 3 课 设定学习目标	信仰	有信念，有理想和目标，相信每个人每件事都有更高的目的和意义，
		第 4 课 我为课堂添光彩	公平	对人一视同仁，对事公正合理，不会使自己的偏见影响任何决定。

（二）心理健康教育校本课程的实施

1. 探索心理健康教育校本课程的有效管理模式

我校将心理健康教育贯穿在学校教育的全过程，并逐步形成“123”心育管理模式，即“一为主、两条线、三阵地”。“一为主”指以专兼职心理教师、班主任为主，“两条线”指显性课程（心理课、班级管理）和隐性课程（学科渗透、校园文化建设）两条线，“三阵地”指学校、家庭、社区，逐步形成相互协作的心理健康教育网络。

2. 探索心理教育的显性课程，优化课堂效果

（1）总结心理健康教育活动课“六环节”教学法

七至九年级每周每班开设一节心理健康教育活动课。通过创设课堂情境，帮助学生分析问题的成因，探索解决问题的方法，寻找适合自己的方法并加以运用。每一主题的心理健康教育活动课都安排6个环节（见表3），从易到难，层层递进，达成训练目标。

表 3　心理健康教育活动课环节

活动步骤	活动目的
热身活动	引发参与者的热情，活跃气氛。良好的气氛意味着友善、平等、民主，使参与者乐于表达，积极参与，为辅导奠定基础。
发起阶段	通过创设的活动情境，引发参与者提出问题，发现问题。

问题探究阶段	关键阶段，主要任务是让参与者开放自我，积极阐述意见，谈出自己对生活的体验，从不同角度寻找解决问题的方法。
收获汇集阶段	观点汇集的时刻，在大家观点交流的过程中感悟规律性的东西，有所收获。
尝试实践阶段	在寻找解决问题方法的同时，结合实际生活中的问题尝试实践。
自我设计阶段	把所学的方法收获迁移到生活中，找到一个适合自己的起点，把目标和行动结合起来，达到实效性。

（2）研究制定心理健康教育活动课的评价标准

从心理健康教育活动课的主题是否明确；活动内容设计及方式是否科学合理；授课教师驾驭课堂的能力；活动效果及对学习生活的影响等维度进行评价。

3. 发现学生心理困惑，开展个别心理辅导。

从观察学生外显行为入手，及时捕捉学生的心理动向，发现学生心理困惑，及时开展个别心理辅导，如有疑难问题则推介到专业机构。

学校建设了心理专用教室，包括：和善轩——心理咨询室，面向师生开放；悦善轩——心理体验室，用于放松及沙盘游戏，面向师生开放；修善轩——心理宣泄室，放置跑步机、宣泄人，面向教师开放；识善轩——团体辅导室，面向师生开放。心理辅导室建立几年来，接待近500人次的师生和家长的来访咨询，对于少数有严重心理问题的学生及时转介，确保无校园安全事故发生。

4. 全学科教学渗透，推进工作深入开展

我校在学科渗透心理健康教育研究中总结出了“寓”“引”“创”特色学科渗透法。“寓”即寓心理健康教育的目标于各学科教学之中；“引”即引导学生自主领会心理健康教育内容；“创”即创设恰当的教学情境。

学校学科教学中形成了特有的味道：教师积极关注每一名学生；创设民主、平等、和谐的课堂氛围；制定分层目标，让学生感受被肯定、被激励的快乐，促进学生把积极意愿转化成积极行为；鼓励学生合作学习，培育发展和谐人际关系能力。以学生的兴趣为起点，以成功体验为根本，满足学生心理需求，为每个学生体验成功铺设阶梯。

制定《学科渗透心理健康教育评价标准》。该评价从教师的组织能力、注意中心点、教学态度、教学机智、教学境界、师生情参与状况、情绪状况、交往状况、学生是否有成就感等几个维度进行评定，每学期与学校尚善课堂教学研究与展示活动相融合，对全体学科教师进行评价与指导。

5.班级管理融合心理健康教育

班主任是学校心理健康教育教育团队的重要力量，每学期学校由德育副校长牵头，专职心理教师为班主任们开展2次心理健康与班级管理的系列培训。日常班级教育与管理中，班主任有意识地运用所掌握的心理辅导理念、技巧、方法，将一些辅导的原则内容融入日常班级工作中，通过主题教育、个别辅导、书面谈心等方法主动“干预”学生心理问题，帮助学生形成良好个性品质，使之人格健全发展。

为树立“学习自主、行为自律、身心健康、个性发展”的典型形象，自2012年起，我校启动“阳光男孩、阳光女孩”评选活动。迄今已经评选出105名阳光男孩和116名阳光女孩，学校将他们的照片和事迹张贴公布，对学校所有学生起到积极向上的同伴榜样带动作用。

6.弘扬校园“善”文化，活化心理健康教育的隐性课程。

我校在校园人行道旁，教室、图书馆的墙壁、教学楼走廊上到处悬挂张贴“和谐尚善同生共长”“校荣我荣校耻我耻”“自强不息追求卓越”等意气奋发的口号和图画。楼道文化以“善己”“己善”“善他”“他善”为主题。“善己”就是善待自己，首先悦纳自己，其次不断完善自己；“己善”就是要做一个善良的人；“善他”就是善待他人；“他善”就是善待自然万物，树立人与自然和谐相处的观念。我校让每块墙壁、每块画牌都在微笑，利用校园文化的渗透性和弥散性，在整个校园里营造一种浓厚的心理健康教育氛围，使学生不知不觉地接受心理健康教育。

四、建构多元化心理健康教育校本课程评价

课程评价，既包括学生学业的评价，又包括课程本身的评价。

（一）学生学业的评价

我们采用定量分析为主，定性分析为辅的评价方式，采取形成性评价和终结性评价相结合的评价方式。

前期和后期测试对比看学生变化。通过问卷调查测试，分析变化数据，分析学生心理素质和心理健康程度变化。

观察记录学生活动表现定性分析。注重学生在实施课程过程中的表现，采用观察法记录学生在开展心理健康教育活动中的行为表现（情绪状态、活动表现、日记等），分析确定学生前后变化的情况和程度。

表 4　学生观察记录表

姓名	情绪状态	活动表现	可能原因

（二）课程本身的评价

从校本课程是否达到了预期的目的；校本课程的预期目标是否有效；校本课程是否适合学生和学校的需要；是否选择了恰当的教学方式；是否采用了恰当的评价方式等几个维度进行评价，由课题组核心成员听课评价。

五、励精图治见成效，砥砺前行促提高

（一）学生勤奋友善健康向上

我校参加《基于学校－家庭一体化的纵向心理健康教育和心理疏导的应用示范研究》项目研究。该项目选取了北京市 12 所中小学作为样本，共考查了近 5000 名中小学生，我校初一、初二两个年级共 170 余名学生参与了调查。

为了全面考查中学生的学业行为表现，选取了 5 个二级指标，依次为学习投入、学习毅力、学习策略、学业中的心理需求满足和成就目标定向，每个二级指标下分别设有三级级指标（见表 5）。

表5　学校学生学业行为指标及结果

一级指标	二级指标	三级指标	结果
学业行为	学习投入		高
		认知	无差
		情感	高
		行为	高
	学习毅力		无差
		兴趣持久性	无差
		努力持久性	无差
	学习策略		高
		认知策略	高
		自我调控	高
	学业中的心理需求满足		无差
		自主	无差
		胜任	高
		关系	高
学业行为	成就目标定向		/
		掌握目标	高
		表现趋近	无差
		表现回避	高

调查发现，学校中学部学生的学习投入水平显著高于本次调查的八所中学的平均水平。其中，学生在行为与情感两个层面的投入水平显著高于八校平均水平；而认知维度与八所学校相比差异并不显著。就学习毅力而言，学生在学习毅力的总体水平，及努力持续性和兴趣持久性两个分维度水平上，与八校平均水平没有差异。

男生和女生在学习投入水平及其三个维度：认知、情感和行为维度上的差异显著，不同性别学生在学习毅力水平之间的差异不显著。从使用学习策略的情况来看，学生使用认知策略和自我调控的水平均显著高于八校平均水平。在学习中的心理需要满足水平上，学生在胜任和关系两大方面的心理需要满足水平显著高于本次调查的八所学校的平均水平，对自己在学业上能达到某种水平较有信心，同时，也更多地体验到周围环境和他人的支持。在成就目标定向这一指标上，学生掌握目标的水平显著高于八校平均水平，表现回避的水平显著高于平均水平，而表现趋近的水平与平均水平无差别。可以看出，学生在学习活动中更多地抱有掌握目标，即以掌握知识提升能力为学习目标。

表 6　学校中学部与八校学生学校态度的差异比较（平均数 ± 标准差）

学校	样本量	学校喜欢	学校回避
八所学校	3081	3.36 ± 0.95	2.52 ± 0.89
百善学校中学部	171	3.57 ± 0.98	2.43 ± 0.87
t		2.83**	−1.32

表 6 结果表明，在学校喜欢维度上，学校中学部初一、初二学生得分显著高于与本次调查八所学校学生的均值，在学校回避维度上与均值不存在显著差异。总体来看，该校学生学校态度处于较积极水平。

（二）教师爱岗敬业开拓创新

在教育观念上，我校教师“团结进取、博学善教、学生成长，教师发展”的认识与作风逐步形成，并落实在教育教学实践中；在教学方法上，教师更注重了关注学生的个性、情感、态度的培养；心理健康教育校本教材《追求卓越实现理想》获得北京市基础教育课程建设优秀成果评选北京市二等奖；学校承担市、区级心理健康教育专题现场会、研讨会、公开课等活动 16 次，学校教师 300 余人次教育科研成果评审评比活动中获奖，心理健康教师多次赴内蒙古克什克腾旗、阿鲁科尔沁旗为中小学教师开展心理健康教育培训。我校青年教师快速成长，目前我校已经有 1 名教师成长为市级骨干教师，3 名教师成为区级学科带头人，区级骨干教师达到 29 名。

（三）学校办学品质得到提升

2015—2019 是我校心理健康教育课程作为学校整体课程建设落脚点全力

推进的时期，心理健康教育校本课程的实施，极大地丰富了学校的课程内容，并对体育、科技、劳技、语文等学科的学习起到了帮助和提高的作用。三年来，我校被评为德育工作先进学校；北京市教育科研先进学校；北京市健康促进学校；我校连续3年来被评为昌平区教育教学质量优秀学校，学校获得市区、乃至全国15项荣誉称号，北京市通州区西集中学、北京市昌平区长陵学校、江苏省徐州市第八中学等多家单位多次来我校参观学习心理健康教育的经验和成果。学校教育质量大幅提升，已由原来的农村薄弱学校成为昌平区农村优质校、窗口校，社会影响不断扩大。

六、问题与展望

心理健康教育校本课程体系的构建，促进了学校的特色发展，然而这一工作的开展仅仅是我校教科研工作的剪影。我们清醒地认识到随着教育对象、教育方式、教育环境的改变，我们的教育教学改革将永无止境，还需要我们不断深入探索、解决新问题，进一步提升教育教学质量。

通过调查我们发现：部分教师在学科教学、班级管理、师生交往、家校互动中都存在一些“困惑”。面对这些“困惑”只是说一说，有的仅仅是“牢骚”“埋怨”，很少去深入地探究这些困惑背后的真实原因，尝试探索解决办法。因此需要我们在今后的教科研工作中加强教师培训，帮助教师提升把“问题”变成“课题”的能力，发现“真问题”开展“真研究”。提升教师的论证能力，科研计划的设计能力，科研信息、资料的收集、整理能力，科研成果的分析、总结能力等。

针对我校的体制特点——农村九年一贯制学校，我校成立了中小学语数英教研大组，共同研究针对农村九年一贯制学校各自学科如何有效衔接、如何在培养学习兴趣的同时培养相关学科的核心素养，提升学科能力。

我们本着“发现问题—分析问题—提出策略—实践操作—总结提升”，最终达成螺旋式上升的教科研工作思路，不断推进教师的发展，学生的成长，学校办学品质的提升。

1. 在工作中，语文组的老师们发现我校大部分学生表达能力欠缺，提出开展《九年一贯制农村学校在语文课堂教学中培养学生自信表达的策略研究》的课题研究；数学组的老师们发现能把思维过程表述出来的学生成绩普遍优于不能表述的学生，提出开展《九年一贯制农村学校在数学教学中培养学生表述思维过程的实践研究》的课题研究；英语组的老师们发现中小学生对于英语综合实践活动的兴趣，远远高于英语课堂，而学习一门语言最重要的就是学习兴趣，于是提出开展《九年一贯制农村学校英语综合实践活动课的实践研究》。目前语文组与英语组的研究课题已经申报昌平区“十三五”规划课题。

2. 近年来，农村中学生的“异性交往过密”等现象较为突显，这些现象给学校管理教育工作带来了许多困难，同时容易诱使未成年人走向犯罪，进而危及社会的安定。健康的异性交往是塑造健全人格的需要，不仅有利于学习进步，优势互补，提高学习效率，而且有利于个性的全面发展，使性格更为豁达开朗，情感体验更为丰富，意志也更为坚强。因此，研究农村中学生的异性交往现状，无论对学生的健康成长、家庭的幸福和谐，还是对学校的教育管理、社会的安定发展，都有十分重要的现实意义。我校德育工作小组的教师提出开展《引导青春期学生健康异性交往的实践研究》的课题研究。

百善学校正在向着人文和谐校园、人民满意学校的教育理想策马扬鞭。在今后的工作中，我们将继续加强学习，努力实践，营造全员科研的氛围，使教科研工作再上一个新的台阶！

参考文献：

[1] 周仁康 . 走向智慧的校本课程开发 [M]. 北京：国家行政学院出版社，2013:36.

[2] 徐玉珍 . 校本课程开发的理论与案例 [M]. 北京：人民教育出版社，2003:12.

[3] 阳志平等 . 积极心理学团体活动课操作指南 [M]. 北京：机械工业出版社，2009:89.

[4] 彼得森 . 打开积极心理学之门 [M]. 侯玉波，王非等，译 . 北京：机械

工业出版社，2010:137.

[5] 鲍道宏 . 校本课程开发与学校文化建设丛书：文化统整与校本课程开发 [M]. 福州：福建人民出版社，2018:153.

[6] 李子建 . 校本课程发展、教师发展与伙伴协作 [M]. 北京：北京教育科学出版社，2018:11.

[7] 李臣之 . 校本课程开发 [M]. 北京：北京师范大学出版社，2015:141.

[8] 张广利 . 校本课程开发的实践与思考 [M]. 福州：福建教育出版社，2013:254.

聚焦课堂教学，提升教师核心素养

阳坊中学　张琳琳

内容摘要：本文详细地总结了我校自引入全面应用现代化教学平台的实践探索过程，进而总结了在进行平台推广时的经验，以通过教学改革而达到提升教师核心素养的目的。

关键词：信息化　教师核心素养

2016 年 9 月，教育部正式发布《中国学生发展核心素养》，意味着党和国家把学生发展核心素养的培养问题放到了前所未有的高度。明确只有具备良好核心素养的教师，才能在工作中言传身教，培养出具有核心素养的学生，换句话说，就是教师须以自己的核心素养培养学生的核心素养。因此，教师就必须多方面修炼自己，提高自己的教学能力、研究能力、管理能力、创新能力等等，也就是说，教师应该是一个懂教学、擅管理、会研究、有高度的教师。

我校在提升教师核心素养过程中，借助联盟校学科建设项目，定期邀请市级专家走进老师的课堂，“狠抓”教师的课堂教学。各学科专家对老师手把手的指导、对老师的教学过程逐个环节的修改、与老师一句一句的交换意见，明显发现老师们思维变得更活跃，思路变得更宽阔，思考也更全面了。各教研组教研在经过指导后变得更有效，研讨更充分，教学设计更符合学情，为培养学生学科核心素养提供保障。

一、项目推动学校整体教学工作，使之更细、更实、更深入

1. 由多点式成为直线式

近两年学校教学计划重点放在教师队伍培养上，以课堂为载体，锤炼教师基本功，采取以赛促思、以赛促研的形式开展，一事一议一赛，老师疲惫、评委辛苦，收效得不到认可和追踪。项目组专家的到来，促使我们整合规划，进一步突出重点，使多点性活动串联成讲顺序、讲过程的线性实效活动，朝着探寻扎实校本研修、减负增效的目标前进。

2. 校内学科教研有了更强的生命力

我们深知学科教研的主题应围绕“课堂、学生、教材、教法、教师”开展，然而校内教研常因各种原因使得研究有主题欠实践、有实践欠深入、有深入欠提升、有提升欠成果的现象。集体备课这个基础性的校本教研常会因时间紧张不能保证参与的热度，实效性不够。专家到来冲击着各教研组的备课，与专家建群网上备课交流成为常态，聚在一起分析问题也成为最美的画面，定期的校本教研再也不是形同虚设，一系列的变化都源自专家的下校指导。在老师心中，我们要把整个教研组内的研究成果呈献给专家，让专家在此基础上进行指导，我们才能有进一步前进的后劲。过程是化压力为动力的征途——一遍遍地备课、磨课、听课、评课、改课再上课。从精选课题，到钻研教材；从设定目标到突破重、难点；从各环节的衔接到教学课件的美化；从师友互助到师生互动；每个步骤，我们都精雕细琢，每句讲解，我们都反复推敲，力求做到尽善尽美。“一个人走可能走得快，但一群人一起走可以走得更远。”在准备的过程中，老师们最大的感受是，自己不是孤军奋战，整个组的老师都是战友。可以说，每一位种子选手的每一节研究课，都凝聚着组里老师们的智慧。每一节研究课的成功完成，都是默默地做了许多琐碎工作的幕后老师们群策群力、同心同德的结晶。

二、项目实施以来所做的工作

1. 高度重视，开好五会，确定方案，明确职责

一是，开好学校领导班子会。依托四校联盟学科建设项目开展总方案，研讨适合各学校具体情况的可操作的实施方案。确立以校长为领导小组总指挥，教师干部制订活动方案并负责项目活动组织协调，教研组为具体实施主

体的组织形成。

二是，开好教学领导小组会。召开教育教学领导、年级组长、教研组长参加的教学领导会，会上解读学科建设项目开展的目的、要求，并根据学校制订的方案进行详细工作部署，明确职责。

三是，开好全校教职工大会。由校长传达四校联盟学科建设项目实施精神、目的意义，并给老师们提出了具体要求。教学干部做活动方案解读。

四是，开好学科教研组会。各教研组高度重视，达成共识，抓住机会，齐心协力共同发展。确立种子选手，形成教研组活动方案。

五是，开好教学领导阶段研讨会。项目实施第一个月，校长、相关干部、所有教研组长、备课组长就四方面开展研讨，分别是学科建设听评课开展以来，具体落实的做法；专家进校指导后的效果；专家进校指导中发现的问题；本学期后面的活动如何整改完善。各教学指导分享收获，进行了问题研讨。

2. 根据方案，把握环节，立足实效，发挥效能

一是，课表重排。为有上课、听课任务的学科老师，空出时间，保证学科有专家进行研讨，每周老师们争取能跟专家学习半天。

二是，与专家建立微信群，方便及时沟通交流。教师发展中心领导与专家使用微信沟通，协调听评课的临时调整，协调接送时间、地点、司机等，提前安排车辆；教研组长与专家通过微信沟通需要解决的问题、困惑，把种子教师教学设计传给专家审阅等。

三是，各教研组长协调安排本校活动和跨校活动。本组种子教师提前一周确定上课课题，教研组集体备课，试讲后评议修改教案，形成以教研组（备课组）为单位的集体智慧结晶，提前两天将教案发给专家指导，上课当天教研组全员参与听课，评课，写出反思，教研组每次活动当天写出活动总结并根据学科特点做出分析。跨校参加活动教研组、备课组协调车辆，克服困难参加活动。

四是，重点负责这个项目的教学干部，要配合四校及专家团队，安排并落实听评课形式调整等工作的协调，并及时修改方案，利用多个微信群、QQ群通知落实，确保责任人收到并督促其落实，并在学校不同类QQ群做好各

种任务提醒、反馈、表扬、指导等。教师发展中心全体老师协助完成本活动相关内容，如签到、卫生、接待、拍照、录像、制各种统计表、收集并整理纸质和电子版材料等，确保各环节有专人负责，活动过程材料有专人收集整理。

五是，为确保专家指导的持续性，我们为专家准备了听课本，有专家对种子选手教学设计、教学过程的看法，有专家听课、评课的指导痕迹，有专家对我们教研组、备课组的长期规划。期末时进行了统计与收集，作为我们的资源，号召老师进行参照吸收学习。

三、项目实施以来专家给我们的帮助和收获

1. 项目助推干部的成长

拓宽干部的视野与反思：学校里的干部、教研组长能够与市级专家结缘是我们的福气。一直以来，干部们也常常走进老师们的课堂，听老师们说课、分析教材，和老师们一起分析学科教学问题。这两个多月来，干部和教研组长与老师们一起向专家学习取经，一起研究教学设计、一起讨论课程改革、一起探讨新中考。在专家们的帮助下，我们开拓了非本专业教师学科教育教学的视角。自我反思一下，平时指导老师时有的地方武断了，有的地方带着自己的个人色彩，有的地方功利性太强了。作为教学干部要有和学科教师共同成长的心态，而不是站在高处与教师对话，才能走进老师的心里。

2. 从五个改变细说收获：

第一，教育教学观念有改变。

老师们开始从教转向研究。研究教学，以学生为主体，以师生互动为基础，以教师为主导，变教为导，变学为思，以导促学，养成乐学、活学、易学和会学，主动进行自我完善；研究学生，学生是教学的主体，让孩子愿意学习、学会学习、学会生活，就要求教师在学生面临精神压力和心理压力大的情况下加以引导，保持沟通，帮助学生培养健全的人格和良好的心理素质。

第二，对备课的理解有改变

备课有课标意识，教材意识，学情意识。深挖教材是教师应该具备的最为重要的能力和素质；教学设计中不同的重难点的呈现和解决，可以作为适时调整课堂顺序的依据；学生活动的设计要更具开放性、探究性，顺应学生思维的发展,能够引导学生挖掘知识背后的规律,发展学生思维的深度与广度;关注学生活动时的经验积累，通过活动设计与实施落实学科素养。

第三，教学模式有改变

更深入地理解学科教学改革，探讨新中考改革。老师们在课堂中注重激发兴趣，引发思考，推动组内合作，培养良好学习习惯、创新精神和创造能力，为终身教育打好基础；按“设疑→组内合作交流→教师指导提升→掌握知识形成能力”的教学进程不断提升教学水平，以问题链、任务驱动的探究式，师友互助的课堂教学模式逐步形成；推动了PAD在教学中得到有效应用；实验更多地从学生角度设计问题，注意问题的有效性，对实验的结果有评估。

第四，课堂评价有改变

有意义的课堂评价，有利于激发学生课堂积极性，有利于学生形成正确的答题规范。作为一名教师，不但要教好书、教活书，而且还要关心学生的心理健康。老师们认识到自己不但要有丰富的知识，还要有健康的身体和心理，要通过客观、真实，又不失人文关怀的评价方式，塑造学生的健全人格。

第五，课堂延伸的认识有改变

老师们认识到，读书是最好的化妆品，读书能使你变得有内涵、有修养、有风度，这样的人眼睛里闪烁的是迷人的光彩，这样的老师在课堂上才能游刃有余。同时学生读书习惯和能力的培养为各学科审题提供了基础和保障。

四、项目实施以来引发的思考

1. 有项目就有了推动力：项目实施需要一个过程，在这个过程中每走一步都要思考是否脚踏实地，而且前进的每一步都要对准方向：有计划、有任务驱动、有实施过程、有督评、有成效。学科建设这个项目让四校活动又一次掀起高潮，给予了我们前进的动力。我们在思考，在开展学校研究工作时，应更多地采取项目推进的方式，应该跟着学科建设这个项目走下去，这样的话，我们点点做事的思路会尽快转变的。

2.项目推进要见成效，固化细小成果，从而增进信心。《学记》中有这样一句话：“独学而无友，则孤陋而寡闻。”这次活动中，各学校的老师相互听课，取长补短。不管是校园的自然景观、文化氛围，还是教师风采、学生面貌，都是一种收获。每一节课，专家都深入课堂认真听课，课后点评时总能一针见血地指出课堂教学中存在的问题，并提出行之有效的改进建议，为讲课老师们指点迷津，指明道路。不管是评课时的探讨还是平时茶余饭后的交流，总能听到种子教师们说：“每次备课时的纠结和上课后的困惑，在专家点评后，都能豁然开朗、茅塞顿开。”不禁感叹：专家者，传道授业解惑者也。

五、项目实施以来的困惑

项目实施以来，各教研组备课组收获很多，同时有了一些思考，产生了不少困惑，需要得到专家下一步的指导。

语文组感觉知识琐碎，如何更好地整合，形成较为系统的模块，集体研讨欠缺方法，学生思维能力该如何训练等问题。

数学组提出引入环节中问题的设计及学生活动探究环节问题的设计、学生交流的时机和教师引导的时机、哪种课适合预习、哪种课不适合预习、如何上好复习课、培养学生解题方法等问题还有疑惑。

英语组感觉不能带学生获取更广泛的知识，教研活动单一，关于实践语境中理解并迁移词汇、句式和篇章的能力有待提升。

物理组提出备课的时候没有考虑物理课程标准，没有对课标深入研究。实验的设计没有目的性，问题设计还需合理，师生都需要规范。

生物备课组提出深入研磨教材、考试出题方向是现在急需解决的问题，应注重学生实验中探究能力的培养等。

化学备课组感觉，进行教学分析和书写教学设计的能力有待提高。把握整个教学流程，要注重问题链的设置和对学生思维引导技巧。在初三化学的复习阶段，通过指导明白了如何设计一节好的复习课，但具体实操尚有很大提升空间。学生分析、归纳、自述能力的培养不够。

地理备课组觉得课堂中总是为了落实知识点而落实，在“有趣有用有参与”方面欠缺，学生能力提升和创新方面不够，情境设计与问题的提出如何紧扣考点等问题是教学工作的重心。

历史备课组提到历史教学的时序性、历史味有待强化，课件制作中史料的精选、非重点内容如何处理、历史学科知识体系如何形成等问题。

政治备课组提出了教学模式应用中学生自学时间的把控问题，在教学中如何去训练学生的核心能力，如何突出学科的核心素养，学生运用知识分析解决实际问题能力如何培养等问题。

师傅领进门，修行靠个人。我们常对学生这么说，而于我们教师又何尝不是呢。一个人真正地成长、进步，最重要的还是要通过自己的思考、分析、概括、总结和实践，有意识地主动地去改变、去提高。只有把别人的意见和建议，真正地消化、领悟，内化为自己的经验，做到“学而思，思而行”，才能不断地突破自我、完善自我。相信，我校教师会在市级学科建设项目中积淀自身的成长力，一定会继续发挥优势、改正不足，不断努力、不断反思、不断充实、不断进取，运用学到的知识，去上好每一节课，让课堂更精彩！

基于发展学科核心素养的初中英语学科实践活动的实践与思考

亭自庄学校　徐菁玲

内容提要：培养初中英语学科核心素养，是实现学生德智体美劳的关键，也是教育部“立德树人”的要求，更是促进具有中国特色社会主义教育事业能全面、健康发展的重要方式。本文从核心素养的理论内涵及意义出发，进而分析目前我国在初中英语教学实践活动中的现状及实践活动课程设计的案例，最后对如何更好发展以核心素养为中心的初中英语实践活动提出思考与建议。

关键词：核心素养　英语教学实践活动　思考与建议

一、学科核心素养的概述

（一）核心素养的理论内涵

在《关于全面深化课程改革落实立德树人根本任务的意见》中提出，核心素养的理论内涵是指学生应适应终身发展及社会发展所需的品格及关键能力，是学生应具备的关键、必要的共同素养。它应该包括以下四个方面：

1. 语言能力。全面培养学生的语言意识和语感，能在英语语境中整合性运用所学知识，理解其中意义，学会鉴赏并能与人进行交流。

2. 文化品格。指在经济全球化的背景下，学生能获得文化知识，了解文化内涵，比较文化差异，并“取其精华，去其糟粕”，形成正确的文化知识素养，正确的价值观，具备跨文化交流能力。

3. 思维品质。指学生的逻辑思维性、批判创新性等方面表现出的水平，这是个人思维、个性特征的体现。要求学生能够辨析语言现象，搜集、归类、分析及整合信息，能厘清信息的内在逻辑，清晰表达自己观点，具备多元思维的能力。

4. 学习能力。指的是学生能积极主动学习英语，拓宽学习渠道并提升学习效率。“授人以鱼不如授人以渔”，教授知识的同时也希望学生学会如何自主有效地学习。

（二）培养学生核心素养的重要意义

培养初中英语学科核心素质，其实就是让学生从学习知识，运用知识，再提升到整体的英语素养。这既是教育部“立德树人”的要求，也是实现学生德智体美劳的关键，更是促进中国特色社会主义教育事业能全面、健康发展的重要方式。随着我国课程改革的不段深入，国家对于初中英语学科的教育要求也从单纯的“听说读写”四个英语基础知识与能力的掌握，即“of English”提升到促使学生能在基本字面上了解英语语言背景的文化，进一步了解英语文化，即“with English”的阶段，最后希望达到的是培养学生的对于英语语言整体的信息梳理，逻辑辨析能力，真正培养学生学科核心素养，使其保持有学习积极性，育才更要育德，并拥有创新意识，为今后的发展奠定基石，该阶段是英语学科教育的外延，即“beyond English”。

二、初中英语教学实践活动中的现状与案例分析

（一）初中英语教学实践活动现状阐述

1. 注重学生基础知识，忽视核心素养的培养

目前“填鸭式”的教学方式应还是我国英语教学的方式，其根源是我国的优秀教育资源仍处于贫乏阶段，供小于求，因此只能用应试教育中的分数来衡量学生的学习成果，从而导致了家长和学生本质上只关注学生的基础知识的掌握和分数的提高而忽视综合素质的培养。学生在求学过程中机械式、流程式、一味固化地接收所学的基本知识，因此背负了过多的重担。学校的唯分数导向论也使得学生除了分数别无追求，教师育才不育德，忽视学生的

逻辑能力、创新能力、沟通协调能力的培养，学生也因此认为学习仅仅是学习知识，成为学习机器，分数制造器。这与教育体制改革所提的“素质教育是相违悖的。

2. 学习只在课堂上，缺少课外实践活动延伸

目前学习的主要场地还是在课堂上，时间也集中在45分钟里，巨大的升学压力也使得教师只关心学生在课堂上所学习的知识是否能全盘接收，对于考试中的重点难点是否已经掌握，而很少关心学生在学习以外是否有心得体会或学习收获。教学的主体本应是学生，但目前的教学实践中，教学的主体依然是教师，而学生仅仅是处于被动接受的一方。同时，学校、老师也都没有在课堂以外有效组织实践活动，无论是所学还是所关注的，也都没有跳离出书本一步。这种教学方式仅集中在知识层面的攻克上，无法起到调动学生的学习积极性与开拓学生的综合素质方面能力的作用。

3. 英语教学方法缺乏创新，师生间互动少

英语教学其实是一种语言教学，语言学习注重的是沟通交流，最终目的也是为了能与他人进行无间隙、清晰明了的沟通。因此，学生的语言表达能力与沟通交流能力更是需要多加锻炼，但是迫于当前的教育背景与教学氛围，学生所学的英语无法学以致用，学生只花精力在“读写”中，对于真正英语沟通中的“听说”模块是相当薄弱的，成了名副其实的“哑巴英语”。教师在教学过程中的方式方法也缺乏创新，仅仅是授课式的教学，师生间的交流少，难以引起学生的兴趣与共鸣，教学效果姑且不论好坏，但也同样没有落实核心素养的培养要求。

4. 学科间的联动少，学科学习枯燥且乏味

语言其实是一门工具，英语学科的教学也不仅仅是为教而教。内容决定形式，形式只是一种手段，而英语的学习也是一种手段。本质上我们需要将英语应用到其他学科的学习中去，才能真正实现英语学科学习的根本目的。例如，数学是最能锻炼学生逻辑思维能力的学科，音乐是能培养学生艺术素养的学科，但是在目前的教学中，与其他学科的联动甚少，难以谈及能培养学生的综合素质能力。有意愿留学的学生连国外最简单的数学题都无法看懂，

其实这也从另一方面说明我国的教育需要革新改进。

（二）初中英语学科实践活动课程设计案例分析

目前英语学科实践活动基本有两种类型：1. 结合教材话题做学科延伸。根据课本话题结合学生实际创造情境，进行实践活动。2. 结合学校的主题活动开展一些跨学科的综合实践活动。

以下引入的案例是来自我校七年级学生的英语实践课堂，课堂内容是围绕北师大版七年级上册中要求学生掌握的语言技能 likes and dislikes 开展的。本节课的设计理念是给学生创设一个英语环境，让学生表达对目前社团的喜好，并提出意愿，根据自己的意愿组建新的社团并介绍。目的是想培养学生综合语言运用能力和团队合作的意识。希望在本节课学习结束时，学生能够用英语：

1. 谈论自己是否喜欢现在参加的社团活动；

2. 表达自己对社团的意愿；

3. 根据自己的喜好组建新的社团并制作海报；

4. 通过海报介绍自己的社团。

在课堂开始前，教师主要任务是以引起学生的关注与兴趣，因此通过向学生提问与出示问卷，来调查学生是否喜欢现在参加的社团活动。学生以小组为单位，组长进行最后的汇报的形式。

Talking about your feelings of those clubs you join.

—Do you like…?

—Yes, I do./No, I don't.

…likes…, …doesn't like…

以上特定话题的设计都是为了让学生参与度更高，同时加强团队合作的能力。课堂前设计这样的师生互动环节，能最大化引起学生的回忆，并能从而为以下关于参加的社团活动的内容分享奠定基础。同时，小组讨论的学习模式能使得学生更能自主地投入学习中，从被动式学习转为主动式学习。另外，在通过与其他学生一对一的交流当中，也能加强学生的自信，并加深同学之间的了解，学生的主体地位也能有所上升。教师在该环节中属于小组讨论活动的组织者，起到总结归纳、促进交流的作用。同时，Pad 平台的应用也让学生有更好的展示空间。

在初步热身后，课堂中需要根据教材的大致内容，加以适当的引导帮助学生进行梳理。让学生思考他们想参加什么样的社团活动。可以通过以下的方式：

1. 学生做出选择。如果想留在原有社团，表达想让社团组织什么活动；如果想参加新的社团，表达想在新社团中参与什么活动。

2. 每个社团选择一名学生代表做统计。

--Which club do you want to join?

--I want to join…

--What do you want to do in this club?

--I want to …

表 1

Name	Which to join	What to do

在整体的课堂进行的过程中，选取学生根据这些问题进行依次的发言，教师也可以给学生一些关于本校 Clubs 的提示，引导学生思考与回答。例如：Football、Sports 、Science、Photography、Dancing 等。这样的方式能给学生创造语言环境，让其锻炼听写语言准确性，积累单词，句子表达，及整体语感能力，逻辑思维能力，极大地提高了学习的效率。

在学生进行对所给出的社团做出选择后，就让学生通过之前的选择，组建新社团。所选取的形式如下：

1. 教师明确相应学习任务。出示样例海报，与学生共同分析一份宣传海报应该具备哪些要素，时间、地点、将要做的事情和社团标志。

2. 学生小组合作，制作海报。

3. 学生小组介绍自己制作的海报。

What is there in this poster？

There is…in a poster.

Our group’s name is…

We will have this lesson…

We will …

该环节同样采用的是小组讨论的方式，同时Pad录制小视频上传到平台，这种方式能为学生增加语言输入及输出的机会，提高学生的综合运用能力。在小组学习中，学生能增加与他人交流的机会，同时加强自主意识，提高积极性，整体语言环境也会轻松，提高同学之间相互帮助、相互学习的意识。同时，让学生自己设计海报，使学生的代入感加强，让学生在语言表达过程中建立起自信，能在日后可能会出现的真实语境中完成很好的表达交流，综合发展学生的语言能力。同时通过这种创造性的活动也会给学生带来许多的乐趣，并在此过程中掌握了实际运用能力。

课程的最后，教师出示自我评价表格，让学生做自我评价。让学生能对课堂上所掌握的知识做一个回顾，也能让学生更好地去应用所学的知识。

表2

Task	Yes	Not sure	No
I can say I like/don’t like…			
I can say which club I want to join and what I want to do.			
I can finish a poster with my group and introduce our club.			

三、关于发展核心素养的初中英语实践中的思考与建议

（一）关于发展核心素养的初中英语实践中的几点思考

1. 教学需要贴近学生实际，引起学生共鸣

学习的主体是学生，在教学中，如果要充分引起学生的关注与兴趣，就需要先从学生的日常生活开始切入，才能让学生有内容可说，有内容可述，

也不至于让课堂冷场。同时，对于身边事物或是曾经接触过的事情，学生的记忆也会更为深刻，虽说教学以传授知识为主，但是这也是师生双方相互了解、相互交流的过程，因此从实际开始课程，能充分引起学生的共鸣，增强课堂互动，提高教学效率。

2. 抛砖引玉，引导学生自己解决问题

学生是会独立思考的个体，有句话为“一千个人有一千个哈姆雷特”，学生的思维方向，看待事情的角度也不会全然相同，在教学中，如果要真正培养学生的思维逻辑及思维发散能力，就要充分地引导学生去思考问题，解决问题。例如，在讨论天气时，喜欢什么样的天气，为什么喜欢，相信学生会有自己不同的见解。同时在布置关于自然灾害的问题时，可以适当询问学生如果遇到龙卷风，你该怎么做以及你会怎么做。在讨论中指引学生去思考，同时还能让学生学会基本逃生的知识技能，这也是综合素养的体现。因此在教学过程中，需要多关注学生的自主活动上，引导学生参与思考，使教材—老师—学生三者体现有机整合。

3. 处理好输入及输出的关系

目前在教学活动中，依然是以输入为主，学生按照传统方式去“看背”，但是相对来说“说写”的输出则相对较少。教师在教学时需要帮助学生在理解和掌握基本的英语知识技能之后，学会运用英语思维去思考，并获取相应的英语经验。处理好输入与输出的关系，就能让信息读取—信息加工—信息输出的全过程更为顺畅，也能使知识呈螺旋式上升形态进行输入和输出，让学生的综合能力进一步加强。

（二）关于发展核心素养的初中英语实践中的建议

1. 注重课本知识与课外延伸阅读的实践结合

目前的教学过于注重课本上的知识，忽视引导学生进行多方位的阅读。因此在讲授课本知识内容的同时，需要多注意以课本延伸阅读和实践活动作为补充。鼓励学生自主学习能力，还能培养学生的创新意识，真正锻炼学生的实践能力。教师可以适当挑选一些适合当下阅读的书籍与文摘，定期分享给学生，鼓励学生去阅读，阅读后可以提交读后感或是进行小组讨论。既能让学生学习到书本以外的丰富知识，也能加深同学之间的友谊，促使他们相互分享，共同进步。

2. 开展综合实践教学活动，培养学生的综合能力

综合性实践教学活动包括情境式角色扮演、演讲、辩论、诗歌朗诵、自创音乐剧场等多种形式。例如演讲与朗诵，能鼓励学生尽情地“说”，培养学生勇敢、自信的可贵品质；情境式的角色扮演则能引导学生进行相互的交流学习，提高学生参与感，也能让学生相互之间的团队合作精神得以体现；自创音乐剧场难度较大，需要教师因材施教，但是该方式能培养学生的创新实践能力，组织策划能力。总之，教学形式可以多样化，寓教于乐，学生更能深刻认识教授的知识。

3. 增强学科联动性，让英语应用更多样化

英语是融合性极强的学科，通过学科联动的方式，让学生在多维体验中学习并运用英语，不仅更能体现出英语本身的价值，而且搭建了一个真正应用于生活的实践平台，让学生在接触英语的同时更能学习到其他学科的知识，得到相应的熏陶，可谓是一举多得。

4. 将“互联网 +”运用到日常的英语学科教学中

“互联网 +”技术是当今的潮流，“互联网 +”是创新 2.0 下的互联网发展的新业态，是知识社会创新 2.0 推动下的互联网形态演进及其催生的经济社会发展新形态。因此运用“互联网 +”，将其技术结合到日常的英语学科教学中，可以达到之前教学中未所完成的高度。例如使用 Pad 教学将知识架构体系重新整合起来，使知识更融通并合理。通过虚拟学校平台进行统计学情调查、数据，及时反馈，自主学习等，让学生与教师积极互动，并成功地实现了学生课堂练习及时反馈。通过分组研讨、资源共享，得出相应的结论，既培养了学生主动探究、互相学习的习惯，又能使其充分体会到知识迁移的妙处，享受英语研究的乐趣。

5. 开展专题讨论活动，培养学生的道德素养

“教书育人”也是教学中需要达到的目的，开展关于人物的专题讨论活动，充分挖掘优秀人物的品质，能起到“榜样”的作用，培养学生去学习优

秀人物的意志品质及道德人格，成为真正德才兼备的社会栋梁。

总之，教师的责任是要育才育智育德缺一不可。核心素养的培养，需要以学生为主体，并注重提高学生的实践运用能力及逻辑思维能力。在这过程中，也需要初中英语学科的老师多加思考，积极尝试与探索，不断对教学实践活动中的内容形式进行创新改进，为培养出具备高素质的社会人才做出最大的努力。

参考文献：

[1] 刘艳 . 浅谈在初中英语课堂培养学生核心素养的实践 [J]， 教育科学：全文版 , 2016(8):194.

[2] 周奕君 . 初中英语学科教学中学生核心素养的培养 [J]， 亚太教育，2016(24):31.

[3] 张玉玲 . 在初中英语教学中全面提升学生的核心素养 [J]， 读书文摘，2016(11)181–182.

[4] 杨溶 . 核心素养体系下的初中英语课堂教学探索 [J]， 校园英语，2016(20):108.

[5] 吴秧芬 . 素质教育在初中英语教学中的实施 [J]， 基础教育，2002(11):43–46.

[6] 李燕君 . 初中英语教学中培养学生的创新实践能力策略研究 [J]， 现代阅读 : 教育版 , 2013(3):465.

[7] 项维娜 . 在英语教学活动中培养学生的核心素养 [J]， 中国校外教育旬刊 , 2016(23):89–90.

[8] 潘娜 . 让教学机智在课堂中闪光——初中英语课堂教学案例及分析 [J]. 教学月刊：中学版下， 2010(213):43–45.

亲子阅读有效促进学生阅读习惯养成

亭自庄学校　黄莹

内容摘要：书籍是人类进步的阶梯，阅读能力是当代学生必不可缺的技能，唯有坚持读书，养成良好的读书习惯才能逐步提升学生的阅读能力。然而，帮助学生养成爱上阅读、主动阅读的良好习惯，除了老师在学校的循序善诱以外，家长的培养更是重中之重。良好的阅读习惯应当从小养成。作为家长，我觉得更有责任教会孩子去热爱阅读和享受阅读，让孩子走进文字的世界，体会不同的人生故事，这对孩子以后在成长的道路上树立人生观与世界观将产生重大的影响。

关键词：亲子阅读　阅读活动　阅读兴趣　阅读习惯

一、什么是亲子阅读

什么是亲子阅读呢？亲子阅读，就是父母与孩子一起阅读。孩子和父母通过亲子阅读来增进感情，他们一起走进书中的故事，感受作者传递给他们的情感，体会作者的表达，从而提升孩子的阅读感悟能力并能丰富孩子的课外阅读量。孩子与父母一起阅读，可以共同汲取知识，共同进步，孩子与父母的沟通增加了，感情也会递增，可以共同收获读书带来的欢笑与共鸣。通过亲子阅读，可以让孩子更勇敢、有自信、增加对知识的渴望，最后收获快乐的果实。

二、亲子阅读的重要性

1. 孩子接触各种类型的书籍有助于培养想象力，增长知识。

2.亲子阅读让家长享受和孩子读书的过程，增进亲子关系，增进亲子交流。

3.可以增强学生的语言能力和表达能力，从而提升写作能力。

4.使学生在参与活动中、体验感受中形成内化的行为习惯，养成爱读书的好习惯。

三、亲子阅读方面存在的问题

有的家长会认为亲子阅读就是每天给孩子讲故事，不需要孩子的参与和配合，故事讲完了亲子阅读也就结束了。因此他们对亲子阅读的认识与解读都不准确，存在着以下几个问题：

（一）对亲子阅读的认识不到位

有些家长认为亲子阅读是不识字的小孩子才需要的一种阅读方式，他们对此不屑一顾，认为孩子识字后就不需要家长陪伴读书。曾经看到一位家长跟孩子一起读书，面无表情，毫无朗读感情可言，而孩子呢，听得索然无味，他充满疑惑地看着这一页页图文并茂的画面，仿佛他自己都在问，难道这就是读书吗？这样子读书，只会让他对书越来越反感。

（二）对图书的选择不到位

调查发现，不少家长在为孩子准备阅读材料时带有很大的盲目性和主观性。70% 以上的家长只是凭自己的喜好和判断为孩子选书，较少考虑到孩子的需求和意愿，而且在为孩子选择图书时更多地是从教师推荐、名师推荐的范围来选择，范围较窄。

（三）有效陪伴的时间不到位

随着生活水平不断提高，现如今的家庭，在经济上相对宽裕很多。可是人们愿意花费大笔的金钱在装修、吃喝、购物、玩乐等事情上，却舍不得用少许的费用布置实用的书房，购买孩子喜欢的书籍，致使孩子无法拥有温馨宁静的阅读环境，并且很少有家长愿意投入时间和孩子一起进行亲子阅读。在电视、电子游戏和网络构筑的声光世界中，我们的孩子与书本的距离越来越远。

（四）家长的指导方法不到位

经过和家长的沟通中了解到，在家里，家长与孩子共同阅读时只是自顾自地读，缺乏与学生的思想碰撞与交流，学生与家长没有有效沟通，亲子阅读的目的就没有达到。学生的认知毕竟相对浅显，此时正是需要家长站出来将阅读内容内化升华并传递给孩子，双方共同感悟、共同收获。并且家长也没有留给孩子更多观察和想象的空间，更没有给孩子语言表达的机会。

四、在亲子阅读活动中培养学生阅读习惯的有效方法

世界著名教育家苏霍姆林斯基指出："凡是没有学会流利地、有理解地阅读的人，他是不可能顺利地掌握知识的。"作为家长，一定要掌握一些与亲子阅读活动有关的方法，并且运用一定的教育策略，培养学生阅读的兴趣，养成良好的阅读习惯，从而提高阅读的水平和效果。

（一）创设亲子阅读环境，激发学生阅读兴趣

1. 选择适合孩子的图书

孩子阅读兴趣的有无、阅读能力的强弱，与图书的选择有着较大的相关。所以，合适的图书应该是符合孩子的年龄特点和当前发展水平的、迎合孩子兴趣的读物。

（1）低段：可以选择一些故事内容生动有趣、情节简单、形象突出、画面清晰、色彩鲜明、内容易理解的图书。

（2）中段：可以选择一些情节稍微曲折、内容健康向上、人物善恶分明、以动物小说为主的图书。但画面要生动活泼，背景不过于复杂。

（3）高段：图书的故事情节要相对长一些、复杂一些。此外，还可为他们选择一些知识类的故事书，以拓展知识面，利于孩子的语言表达能力和思维能力等的进一步发展。

2. 创建亲子阅读环境

创设良好的阅读环境能进一步激发孩子的阅读兴趣，使孩子在与环境的相互作用中接受书面语言。在房间中选择一个相对安静、明亮的区域，设置孩子便于取放的图书架、提供适合孩子阅读的书籍，创设一个温馨、轻松的

阅读环境，提高亲子阅读的兴趣。

3. 开展图书借阅活动

为进一步推动亲子阅读，营造亲子阅读氛围，促进亲子之间的感情交流，我校每学期都会购置分享阅读的图书，鼓励家长孩子多读书，开展了图书借阅活动，班级中都配有图书角与图书管理员，有明确的图书管理制度，这样促进学生们借阅图书带回家与父母一起共同阅读，教育孩子爱护图书，认真填写借阅记录。家长们和孩子们也非常主动地捐献很多经典图书来扩大图书角的藏书量，在教师、家长和孩子的一同配合下，我们的图书借阅活动开展得很顺利，也为孩子提供更多的读物。

4. 建立家校共育的阅读关系

我校在开展亲子阅读活动中，为了构建家庭与学校之间的互动联系的平台，鼓励家长和学生能每天坚持阅读，我们每个学期都会举办“书香家庭”“书香班级”“读书之星”的评选活动。奖励表彰能够坚持亲子阅读的家庭，授予“书香家庭”荣誉称号；表彰班级读书氛围好，孩子读书效果好的班级，授予“书香班级”荣誉称号；表彰阅读习惯好的学生，授予“读书小达人”等荣誉称号，这样的活动还能将大家聚集到一起，家长们将亲子阅读的经验和收获与大家交流分享。

（二）开展丰富的亲子阅读活动，提高学生的阅读能力

为了更好地促进亲子阅读的效果，学校开展了丰富的亲子阅读活动，培养学生的阅读兴趣，养成良好的阅读习惯。

1. 中低段学生开展亲子阅读活动，我校亲子阅读活动已经开展一段时间，孩子们和家长的热情高涨，阅读活动也在有序进行。通过亲子阅读活动，孩子们的语言表述能力有所提高，阅读量和词汇量也大大增加，家长对早期阅读也有了进一步的认识，大多数家长能每天坚持和孩子共读一本书，并把读书照片发给老师。通过开展亲子阅读活动，观摩教师的导读课，让家长亲身参与学生上课过程，与孩子共读一本书，让家长了解在学校教师如何指导学生看书，如何带领学生理解书中内容。通过专家的讲座提升家长的经验，引导家长如何挖掘每一本书籍的深层含义，让家长了解即使是一个小小的绘本，

虽然看似简单，但是图片中有很深的含义，帮助家长转变亲子阅读的观念，引导家长指导学生阅读的方法。在活动结束后，教师带领家长讨论本次活动的收获及疑问，让家长更能深刻地了解到如何进行亲子阅读活动，也纠正了家长在家错误的阅读方式。

2. 高段学生开展“沈石溪动物小说”读书交流会

《纲要》中指出：在语言领域“发展幼儿语言的关键是创设一个能使他们想说、敢说、喜欢说、有机会说的环境。”与他人分享自己的收获与感悟，能使学生的语言表达能力、口语发展能力得到进一步提高，锻炼、丰富学生的词汇、句子，有利于学生综合素质的健全与发展，更重要的是锻炼学生的胆量，培养学生自信与勇气。学生进入高年级以来，阅读水平有了明显的提高，也养成了每天阅读的好习惯。为学生营造一个学说话、敢说话、会说话、勇于表达的语言氛围，为学生提供一个展现自我的舞台，高年级组举行读书交流会，培养学生良好的阅读习惯。

我们还邀请家长来参与比赛，做评委，亲身参与到活动之中，活动还设置了趣味的亲子互动，增进亲子感情。通过这次讲故事比赛，我们看到了很多孩子的进步和变化。不仅口语表达能力有了提高，孩子的表情，朗诵水平也得到了提高，这些孩子利用平时练习讲故事的机会不断锻炼自己的胆量，与人沟通和交流能力得以提升，更练就了良好的心理素质。在表达的过程中，书中的精彩篇章也时时刻刻对学生成长发挥着潜移默化的积极作用。

（三）创建奖励机制，形成教育合力

为了鼓励学生、家长共同读书，搭建互动桥梁，增进家园互动，形成教育合力。我校在学期末启动了“书香家庭、书香班级”表彰仪式，并颁发奖状和图书。通过评选，可以充分发挥家长教育资源，进一步激发家长培养孩子良好阅读习惯的热情，鼓励学生与书为友，展现家庭“亲子阅读”的多样性，有力促进我校亲子阅读活动的开展。

亲子阅读是一种美丽的休闲，记得西方一位教育家曾经说过：“阅读是一种终生教育的好方法。”培养起孩子的阅读兴趣，使孩子喜欢读书，是父母献给孩子的最好礼物。热爱阅读可以改变孩子的一切，使孩子受益终身。

亲子阅读的目的，不是识字，不是背书，不是教给孩子道理，只是希望孩子能爱上阅读，一个爱阅读的孩子，将来一定是一个具有心灵感知力并愿意与人分享的可造之才。

“最是书香能致远，阅读之乐乐无穷”。我相信，有了家长的尽心陪伴，亲子阅读一定能为孩子一生的成长插上腾飞的翅膀，能为孩子一生的发展奠定坚实的基础。

参考文献：

[1] 顾晓鸣 . 家庭教育专业化培训教程 [M]. 青岛：中国海洋大学出版社，2011.

[2] 莫提默 J. 艾德勒 . 如何阅读一本书 [M]. 北京：商务印书馆，2004.

百善学校初一年级学生英语学业水平与学习兴趣的调查研究

百善学校　樊海龙　车路平　张起生

内容摘要：农村初中英语教学一直是教师、学校和家长关注的难点问题，我们在追求提高学生英语学业水平的同时，更应该注重培养学生学习英语的兴趣。只有激发学生学习英语的兴趣，才能高效地参与到英语学习中。针对这一情况，为了更好地提高百善学校初一学生英语学业水平，我们开展了英语学业水平与学习兴趣的调查研究，本调查主要采用英语学业水平测试、问卷、访谈等形式，从主观和客观两个方面进行调查：1. 对学生进行英语学习兴趣调查，根据调查情况分析初一学生英语学习的兴趣与英语学习学业水平的关系。2. 针对英语学业水平测试反映出来的情况，从听说读，语言知识运用，阅读，写作几个层面的能力来分析学生的英语现状以及存在的问题。针对相应的影响因素提出一些合理的可行性建议，有效地培养学生的学习兴趣，促进学生英语学习。

关键词：初一学生　英语学业水平　学习兴趣　教学策略

一、调查目的

国家《英语课程标准（实验稿）》明确指出："此次英语课程改革的重点就是要改变英语课过分重视语法和词汇知识的讲解与传授，忽视对学生实际语言运用能力培养的倾向，强调课程从学生的学习兴趣、生活经验和认知水平出发，倡导体验、实践、参与、合作与交流的学习方式和任务型的教学途径，发展学生的综合语言运用能力。”

在新课改的背景下，我们的传统英语课堂教学已经不能满足学生的发展需要，也不能培养出社会所需要的拥有英语综合运用能力的新型人才。而北京2018年的中考英语改革更是让我们英语教学改革势在必行。北京中考改革后听说占40分，改革后如何进行英语听力口语的培养成为我们思考的问题。英语是一门语言，与我们的母语学习是一样的，只有通过不断地听、读、模仿、实践才能掌握并灵活运用。因此，中小学生的英语学习都应该贯彻实践性原则，而贯彻实践性原则的有效途径就是开展英语综合实践活动课。通过开展中小学生感兴趣的丰富多彩的英语综合实践活动课，使学生实现自主学习，自我内化，自我体验，合作交流，最终达到英语听、说、读、写综合语言运用能力的提高。

通过访谈我们了解到：英语教学形式单一，缺乏实践活动课，教学内容单一；缺乏课外拓展，教学手段单一，缺乏课内外资源整合；中小学学段知识割裂，主题分散学生缺乏灵活运用和展示英语的平台。我们希望通过调查研究，进一步了解我校学生英语学习兴趣现状，学生英语学业水平现状，以及英语学习兴趣与英语学业水平直接的内在关系，为百善学校英语教学献计献策，进而提升学生的英语学习兴趣和英语学业水平。

二、相关概念定义

本文中的英语学业水平主要指学生在语言技能（听、说、读、写）和语言知识（语音、词汇、语法、功能、话题）这些方面所达到的程度。英语学习兴趣是指一个人在学习英语过程中的一种积极的认识倾向与情绪状态。学习兴趣大体上可以分为直接学习兴趣与间接学习兴趣两种，前者是由所学材料或学习活动——学习过程本身直接引起的。后者是由学习活动间接引起的。教学策略指在特定教学情境中为完成教学目标和适应学生认知需要而制订的教学程序计划和采取的教学实施措施。

三、调查实施与数据整理

本调查主要采取结果统计分析法和问卷调查法，选取初一全体学生作为调查对象。数据统计包括：初一年级学生英语学业水平测试结果数据，初一年级学生英语学习兴趣调查数据。

（一）初一年级学生英语学业水平数据整理

针对全区统测的情况，对初一年级 96 名参加测试的同学数据进行整理，结果如下：

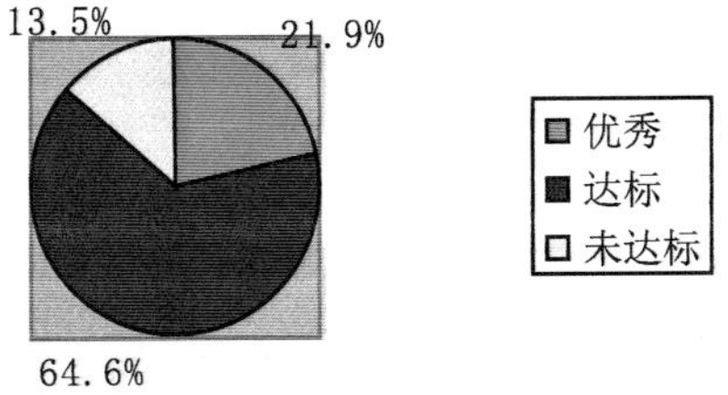

图 1

如图 1 所示：这是关于英语听说读能力水平的测试情况（其中满分为 40 分，达到 34 分为优秀，得分在 24~33 之间为达标，未到 24 分为未达标），有 21.9% 的同学达到优秀，有 64.6% 的同学达标，有 13.5% 的同学未达标。

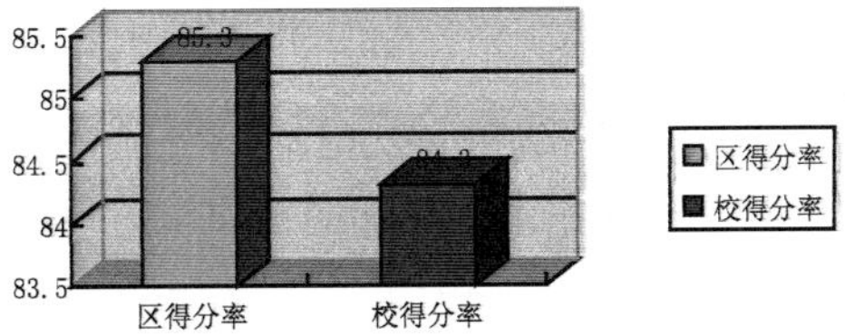

图 2

如图 2 所示：听说读能力水平测试部分全区的平均得分率为 85.3%，我校的平均得分率为 84.3%，低于区 1 个百分点。

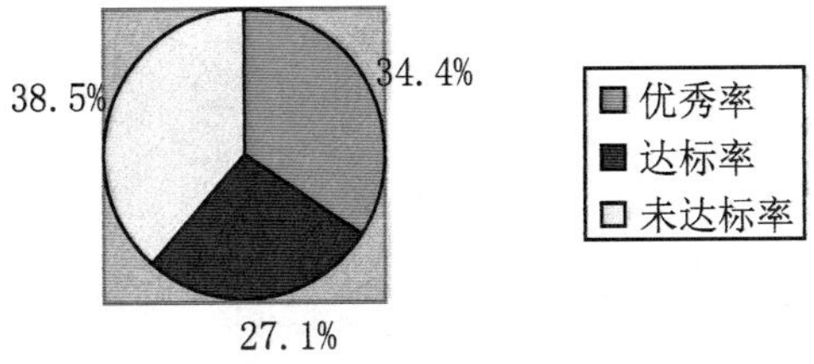

图 3

如图 3 所示：这是关于学生语言知识运用方面的测试情况（其中满分为 12 分，得分在达到 10.2 分为优秀，在 7.2 分 ~10.1 分之间为达标，未到 7.2 分为未达标），有 34.4% 的同学达到优秀，有 27.1% 的同学达标，有 38.5% 的同学未达标。

语言知识运用测试部分平均分	
全校平均分	75%
我校平均分	66.7%

表 1

如表 1 所示：语言知识运用测试部分全区的平均得分率为 75%，我校的平均得分率为 66.7%，低于区 8.3 个百分点。

学生阅读能力方面的测试部分平均分	
优秀	59.4%
达标	31.3%
未达标	9.4%

表 2

如表 2 所示：这是关于学生阅读能力方面的测试（其中满分为 38 分，达到 32 分为优秀，得分在 23 分 –31 分之间为达标，未到 23 分为未达标），有 59.4% 的同学达到优秀，有 31.3% 的同学达标，有 9.4% 的同学未达标。

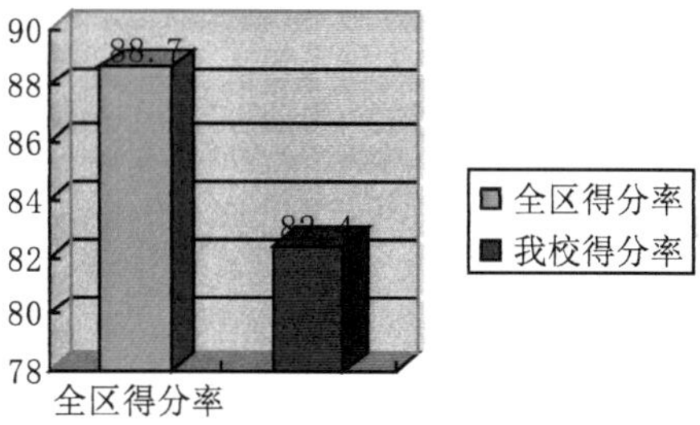

图 4

如图 4 所示：阅读能力测试部分全区的平均得分率为 88.7%，我校的平均得分率为 82.4%，低于区 6.3 个百分点。

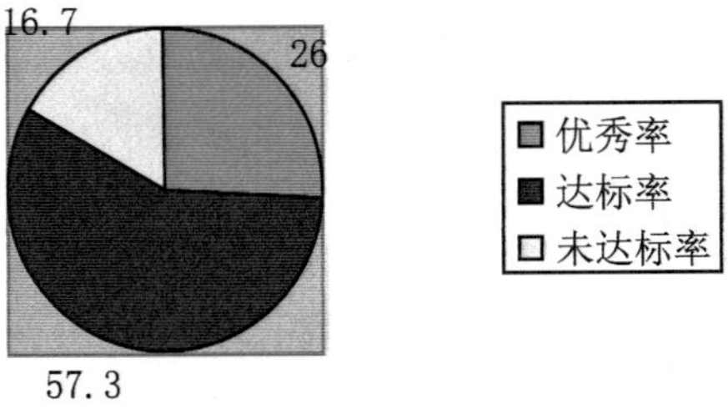

图 5

如图 5 所示：这是关于学生写作能力方面的测试（其中满分为 10 分，达到 8.5 分为优秀，得分在 6 分 -8 分之间为达标，未到 6 分为未达标），有 26% 的同学达到优秀，有 57.3% 的同学达标，有 16.7% 的同学未达标。

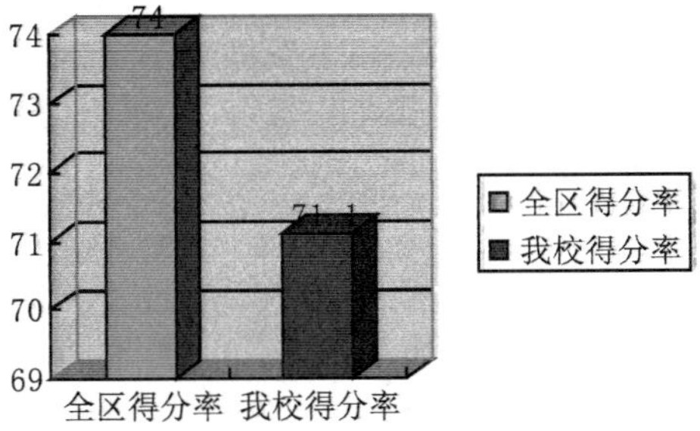

图 6

如图 6 所示：写作能力测试部分全区的平均得分率为 74%，我校的平均得分率为 71.1%，低于区近 2.9 个百分点。

（二）初一年级学生英语学习兴趣调查数据整理

为了了解学生英语的学习兴趣，我们自编学生英语学习兴趣调查问卷 12 道题，对初一年级的 96 名同学进行了问卷调查，结果统计如下：

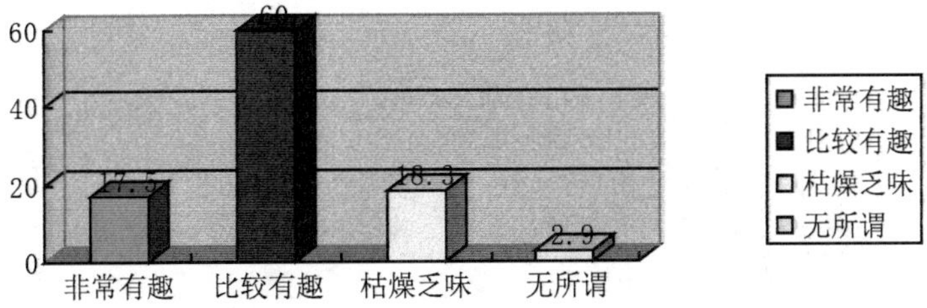

图 7

如图 7 所示：在对“你认为学习英语有趣吗？”的调查中，有 17.5% 的同学认为英语课是非常有趣的，有 60% 的同学认为比较有趣，有 18.3% 的同学认为比较枯燥，有 2.9% 的同学表示无所谓。

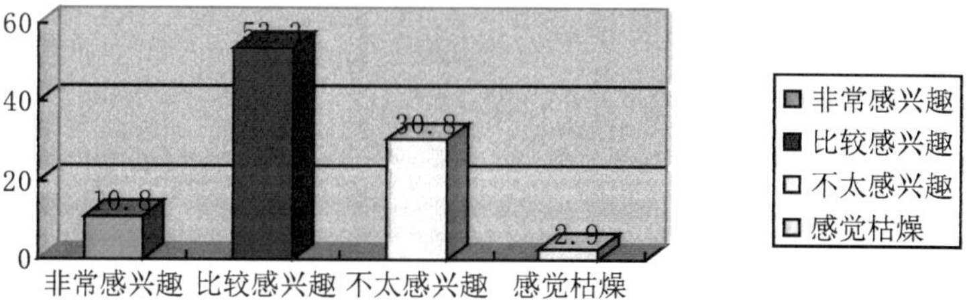

图 8

如图 8 所示：在对“你认为现在学习的英语课本内容有趣吗？”的调查中，有 10.8% 的同学认为非常感兴趣，有 53.3% 的同学认为比较感兴趣，有 30.8% 的同学认为不太感兴趣，有 2.9% 的同学感觉枯燥。

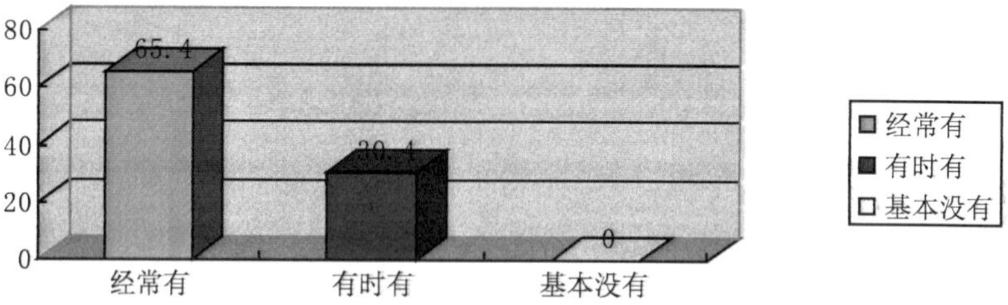

图 9

如图 9 所示：在对“在英语课堂上，老师是否会拓展英语课本的相关内容？”的调查中，有 65.4%的学生认为经常有；有 30.4%的同学认为有时有；有 0%的同学基本没有。

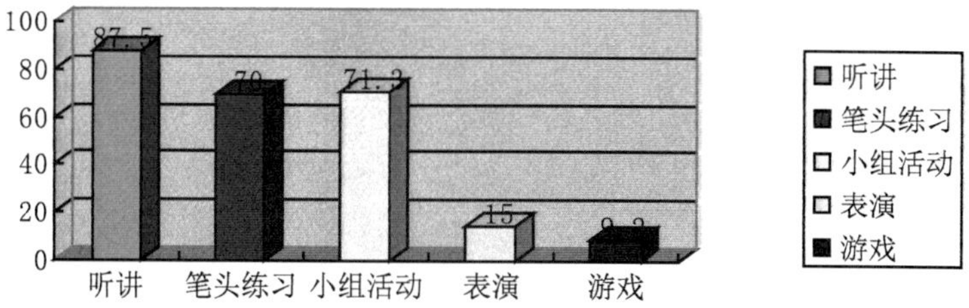

图 10

如图 10 所示：在对“在英语课堂上，你在学习英语主要采取哪种形式？”的调查中，有 87.5%的同学表示主要采取的形式有听讲；有 70%的同学表示主要采取有笔头练习；有 71.3%的同学表示采取的形式有小组活动（如：对话，讨论，情景对话等）；有 15% 的同学表示主要采取的形式有表演；有 9.2%的同学表示主要采取的形式有游戏。

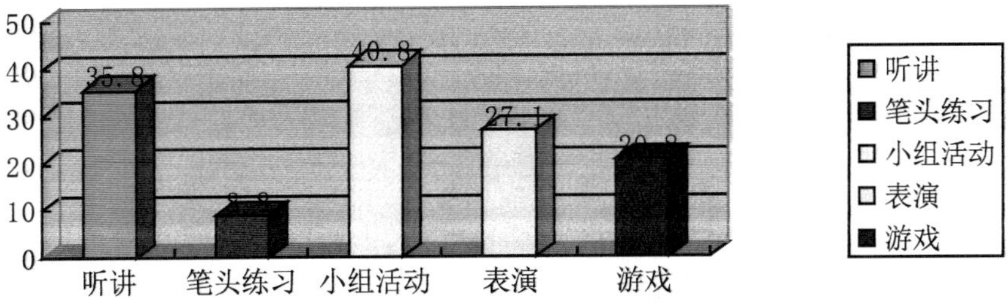

图 11

如图 11 所示：在对“在英语课堂上，你最喜欢哪种学习的形式？（可多选）”的调查中，有 35.8% 的同学表示喜欢的学习方式是听讲；有 8.8%的同学表示喜欢的学习方式是笔头练习；有 40.8%的同学表示喜欢的学习方式是小组活动；有 27.1% 的同学表示喜欢的学习方式是表演；有 20.8% 的同学表示喜欢的学习方式是游戏。

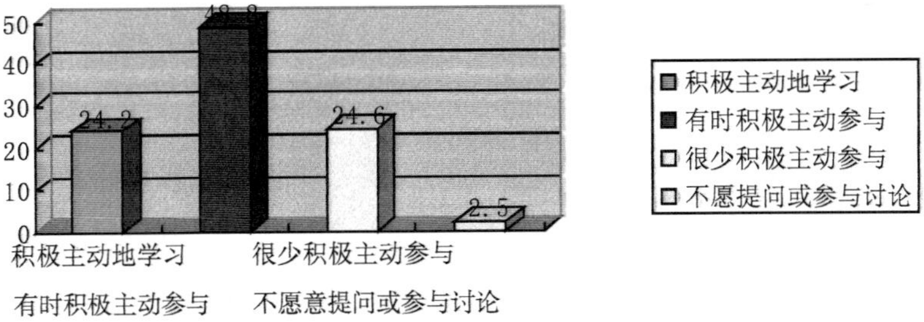

图 12

如图 12 所示：在对“在英语课堂上，你参与英语学习的情况（可多选）”的调查中，有 24.2% 的同学表示能够积极主动地学习；有 48.8% 的同学表示有时积极主动参与；有 24.6% 的同学表示很少积极主动参与；有 2.5% 的同学表示不愿提问或参与讨论。

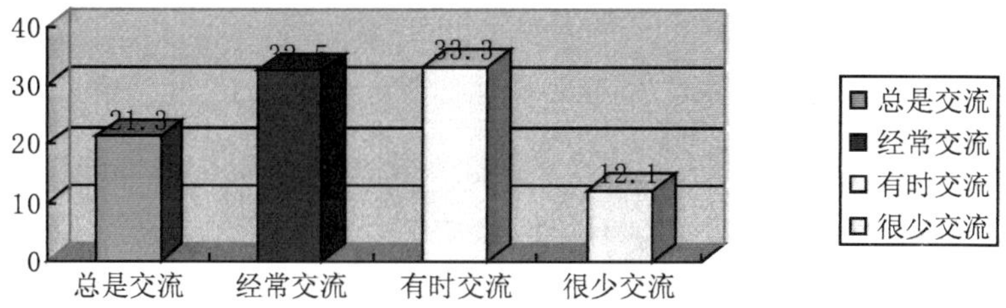

图 13

如图 13 所示：在对“在英语课上，你和同学交流的情况”调查中，有 21.3% 的同学表示总是交流；有 32.5% 的同学表示经常交流；有 33.3% 的同学表示有时交流；有 12.1% 的同学表示很少交流；有 0.8% 的同学表示根本没交流。（图中未呈现最后一项数据）

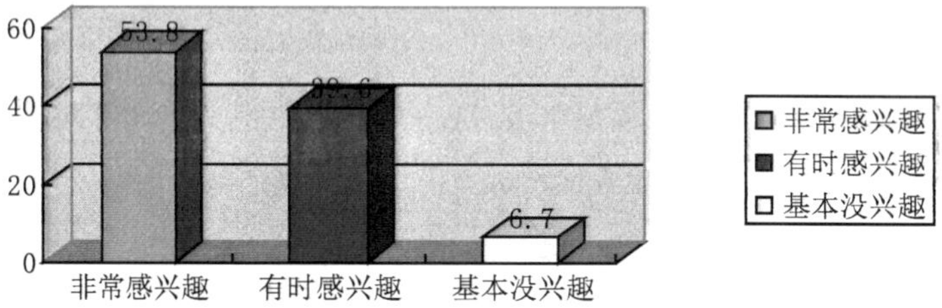

图 14

如图 14 所示：在对“你对小组表演学习这种形式感兴趣吗？”的调查中，有 53.8% 的同学表示非常感兴趣；有 39.6% 的同学表示有时感兴趣；有 6.7% 的同学表示基本没兴趣。

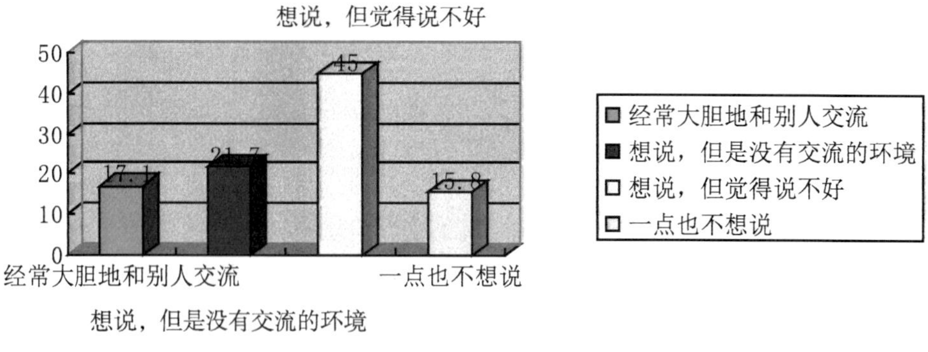

图 15

如图 15 所示：在对“课下和日常生活中，你是否积极主动运用英语进行交流？”的调查中，有 17.1% 的同学表示经常大胆地和别人交流；有 21.7% 的同学表示想说，但是没有交流的环境；有 45% 的同学表示想说，但觉得说不好；有 15.8% 的同学表示一点也不想说。

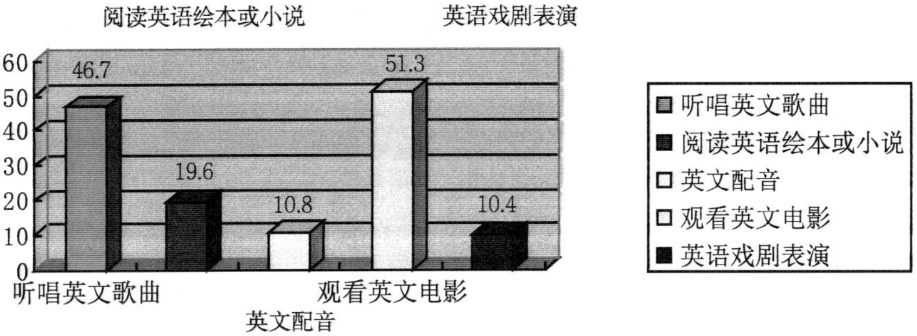

图 16

如图 16 所示：在对“在英语学习方面，除课本内容外，你还希望通过哪些途径来学习英语？”的调查中，有 46.7% 的同学表示希望通过听唱英文歌曲；有 19.6% 的同学希望通过阅读英语绘本或小说；有 10.8% 的同学表示通过英文配音；有 51.3% 的同学表示希望通过观看英文电影；有 10.4% 的同学表示希望通过英语戏剧表演。

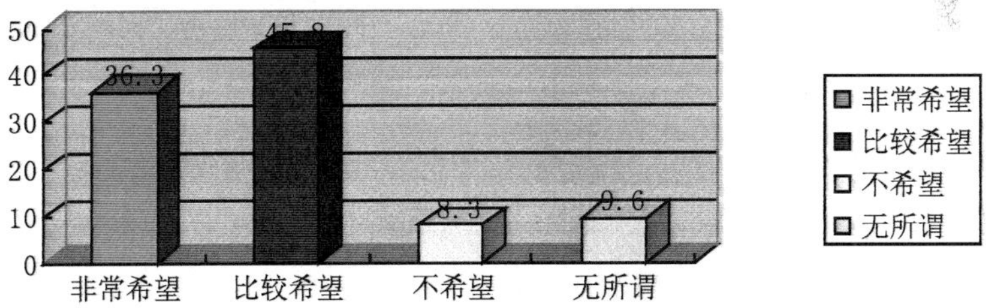

图 17

如图 17 所示：在对“你希望学校帮同学们搭建更多的英语展示平台，让同学们有更多的交流和展示的机会吗？”的调查中，有 36.3% 的同学非常希望；有 45.8% 的同学表示比较希望；有 8.3% 的同学表示不希望；有 9.6% 的同学表示无所谓。

四、分析与讨论

（一）初一年级学生英语学业水平数据的分析与讨论

通过数据的整理与比较可以发现：我校初一年级学生英语学业水平和全区相比整体偏低，而且听说读、语言知识运用、阅读、写作四项能力均低于区平均水平。各项能力与区得分率相比较，发现语言知识运用能力比区平均得分率相差 8.3 个百分点，阅读能力与区平均得分率相差 6.3 个百分点，写作能力与区平均得分率相差 2.9 个百分点，听说读能力与区平均得分率相差 1 个百分点。另外，通过我们自身的比较，可以发现我校初一学生英语学业水平呈现非正态分布，并表现出较为严重的两极分化，而且以语言知识运用能力方面最为严重。

在本次测试后，我们逐题分析了每个题的得分情况以及同学参加测试所反映出来的情况，问题主要体现在：

1. 听说读方面，学生单词、句子等读得不够准确，有些同学的语音语调还存在着比较严重的问题。通过与一个班的同学进行调查了解到，班级中有一半的同学觉得听文段的语速比较快，反应不过来，信息的获取量不够，造成回答不出来。另外，由于学生的语言知识运用方面比较弱，不能很好地把听到的信息再加工进行转述。

2. 语言知识运用方面，表现在学生的词汇量不足，语言知识掌握得不够扎实或者根本就不会，整体的基础都比较弱。

3. 阅读方面，语言知识中出现的问题也严重地影响了学生的阅读能力。学生的词汇量不够，是学生文章读不懂的重要原因之一。另外一方面的原因是学生在阅读中缺少有效的阅读方法和策略。

4. 在写作方面，学生习惯于背诵范文，一旦需要灵活运用，在词汇和语法的运用上就会出现很大的问题，表现为基础的语言知识不够扎实。

针对水平测试中出现的问题，与部分老师进行了交流，我们认为之所以造成这样的结果，有以下几个方面的原因：

1. 听说读能力的提高需要多方面知识和能力的储备，目前学生基本局限与课堂上课本内容的重复和模仿，学生发自内心的积极主动参与比较少，学生们的兴趣比较缺乏，学生真正意义上的语言实践机会比较少，学生的听说读输入量和输出量都不够。

2. 学生的阅读量少，老师的课堂教学基本只局限于课本内容，学生的扩展比较少，而且即使留了课外阅读作业，由于缺少指导和引领，没有帮助学生们养成阅读的兴趣，不利于学生词汇的积累以及阅读能力的提升。

3. 教材衔接问题比较大，中小学采取两个版本的教材，造成中小学英语教学不是一个完全贯通的体系，在知识的衔接方面存在着问题，造成相当一部分学生在接受起来出现难的问题。

4. 学生存在严重的分层情况，而且这种分层从小学中年级就已经开始，一部分学生英语知识和能力都不错，他们能顺利地过渡到初中的学习，但还有一部分同学基础特别弱，甚至在心理上已经放弃了对英语的学习，而且这部分同学数量不小。面对这种情况，教师不能很好地选择合适的教学内容和形式，来满足不同学生的需求，影响着学生们的学习兴趣，进而影响学生的英语学习。

（二）初一年级学生英语学习兴趣问卷调查的分析与讨论

何为学习兴趣？兴趣是一个人倾向于认识、研究获得某种知识的心理特征，是可以推动人们求知的一种内在力量。既然是一种内在力量，那就从一定意义上说明了学生产生不想学习最根本的原因是内因，学生内在的心理因素起决定作用。

学生最初学习英语一定是满怀信心并且是充满兴趣的，可是在之后的进一步学习当中，每个学生便开始遇到各种不同的困难，这个时候如果没有坚强意志去克服困难，在学习上就会产生讨厌学习情绪。有研究认为学生自身因素主要包括学习动机不明、自卑感较强、自制力较差，由于学业负担过重而产生逆反心理。另有实证研究证明乐学与厌学的学生在人格特征上差异显著。内向、情绪不稳定的学生易产生厌学情绪和行为，厌学学生的人格类型属于高级神经活动类型的弱型或接近弱而不灵活的类型，这种类型的学生往往表现低水平动机、低水平学业和易形成非适应性成就动机类型。

一类是，这些学生在上小学的时候就不爱学习，属于传统意义上的差生，他们从来不认为学习是一件有意思的事情,也不会觉得学好学差有什么区别，久而久之，更不会对英语产生兴趣。

另一类是，在小学学得还行，中等成绩，可等到课程多了，尤其是初中之后，老师要求严了，作业多了，开始发现学习很吃力，比如说英语单词不会念，作业完不成，成绩也是一次不如一次，这样下去逐渐产生了自卑心理，认为自己笨，学不好，从而不学了。

还有一类是，学生的兴趣发生了转移，这种转移基本上就是有走向歧路的倾向。比如说他们心中坚信着“学习英语无用论”，并且开始喜欢上抽烟、打架等等，从此更是一发不可收拾。

通过问卷的统计，可以看出大部分同学对英语还是比较感兴趣的，他们想把英语学好。在对课堂教学内容的调查中，发现选择非常感兴趣和感兴趣的同学都是成绩相对比较优秀的同学，他们对教材比较适应，课上积极思考，也能很好地适应教师。学习成绩一般的和学习较差的同学，他们对教材的内容看不懂或看不太懂，会觉得教材比较枯燥，对教材中的内容也不感兴趣，这些都对学生的学习产生不利的影响。

在课堂教学形式上，大部分老师以课堂讲解，做练习，小组活动为主。对学生进行访谈后，我们发现学习成绩较好的学生，各项活动都很有兴趣参与，尤其是能够展示自身能力的活动，而学习成绩一般的学生倾向小组讨论交流，集体协作来完成学习任务；学习成绩差的学生，对听和练习都不太感兴趣，对表演类的比较感兴趣。

在课堂外的学习态度和积极性方面，我们发现有一些同学，他们因为英语学习成绩比较好，比较自信，愿意抓住身边的机会去展示自己、提升自己，在展示和自我提升的过程中，自己的英语得到训练，使英语的整体素质得到提高。而中等的同学属于比较观望的状态，他们想参与，但是对自己又没有充足的信心，在观望中错失训练的机会。英语基础比较弱的同学，在英语学习方面，对自己没有什么要求，对英语学习没有积极性，这样下去就会越来越弱。从这可以看出，这说明学生英语学习的积极性和主动性，会对学生的英语学习成绩产生一定的相关影响。

通过以上分析，我们认为：

1. 学生的学习兴趣和学生的英语学业水平是呈正相关的，英语学习兴趣越高，学生的成绩相对比较好，能力也比较强，他们就更愿意参与到英语学习过程中，体验到成就感，就会使兴趣得以保持；相反，学生兴趣越不足，就越不愿意参与到英语学习中，成绩会越差，能力也会越弱。

2. 不同的孩子有不同的兴趣点，我们发现无论是优秀生、中等生还是后进生，在英语学习中，都有自己的兴趣点。他们会根据自己的情况或其他专长来选取自己喜欢的参与方式，这也就需要老师帮助他们找到更适合他们，更能激发不同学生兴趣的教学和学习形式，例如：听唱英文歌曲、观看英文电影、表演英语戏剧、阅读英文小说等。

3. 有一半多的孩子愿意在英语的环境下多沟通，多交流，但是一方面是这样的机会少，另一方面是有的学生缺少胆量，需要学校和老师给孩子们搭建展示的平台，激发学生的兴趣，使语言得到运用。

根据学生英语学业水平测试的分析以及学生学习兴趣问卷调查所反映出来的问题，我们认为应该从以下几个方面制定对策：

（一）学生层面

面对这种学生自身方面原因导致的兴趣问题，我们应该采取一些什么措施呢？经过对学生的调查研究和我们自身的观察总结，有以下几个方面可以去改变这种局面。

1. 注意把孩子原有的兴趣与知识学习联系起来，以培养和激发新的兴趣

孩子上了初中以后往往会有各自不同的兴趣点，教学应该因材施教。比如这个学生动手能力很强，那么我们可以让他动手去制作一些英语卡片，这样不但发扬了他的兴趣，也在其中收获了英语知识。

2. 准确判断孩子不喜欢学习的原因，并帮助解决

孩子不喜欢学习的原因非常复杂。如果我们加以探讨就会发现实际上并不是孩子不喜欢读书，而是某种因素导致的，如上学被老师批评了、读错了字遭同学的讥笑、想看电视却被迫写作业等等。这些原因逐渐在内心堆积起来后，渐渐地对学习失去了兴趣。

这个时候，教师就需要发挥非常重要的作用，教师应该去多加鼓励学生，给他们更多的自信心。

3.让孩子做老师，提供运用知识的机会

父母可以与孩子一起学习，让孩子做老师去教父母，试着交换一下教和被教的地位，孩子站在“教”的立场，会提高其学习的欲望。同时，为了使对方明白，自己必须深入地学习并抓住学习内容的要点，这对于其自身的学习有很大的帮助。

（二）教师层面

针对学生英语水平测试反映出来的学生英语水平现状，以及学生学习兴趣所反映出来的问题，英语老师需要在以下几个方面进行教学策略的调整：

1.教学内容方面：

（1）整合教材的内容，使教学内容难易度适合我校学生的接受水平。围绕教学目标以及学生的基本情况，灵活合理整合教材内容，对教材中难度较大的内容或活动进行删减或替换，优化课堂教学，提高教学效率。让教材真正的“为我所用”“为生所用”，成为适合我们学生实际水平，又让孩子们感兴趣的教学资源。

（2）补充学生感兴趣的内容，激发学生的学习英语的兴趣。通过调查，我们发现学生对故事类的内容非常感兴趣，可以根据孩子的情况，开设故事小说阅读等内容，从而激发学生们的英语阅读兴趣，促进阅读能力的提升。

（3）研究九年英语教材内容，使教学内容主题化、系列化。我区中小学英语教学采用的是两套不同版本的教材，使知识在衔接方面存在很大的问题，作为九年一贯制学校，我校有条件对九年的英语教学内容进行整合，使教学内容更加的系统化、条理化，使知识等方面建立衔接，促进学生英语整体水平的提高。

2.教学形式方面

（1）课堂教学形式灵活化。单一的教学形式，即使是比较好的方法，也会使学生失去学习的兴趣，为了能激发和保持学生的学习兴趣，教师在教学中要采用灵活多变的教学方式。我们在教学中常用的有讲练结合和小组合作的方法，针对学生自身的特点以及教材的内容，我们还可以多尝试情景对话、英语小游戏、课本剧表演等方式，让学生在课堂中充分体验、实践，参与到学习当中。

（2）课外学习形式多样化。通过调查，学生喜欢多样的英语学习方式，比如唱英文歌曲、英语配音、小说的阅读、戏剧的表演等。这些形式能够调动孩子们更大的兴趣，让学生们主动参与到英语学生过程中，在不觉中提高学生运用语言的能力。因此，我们需要给学生提供各种各样的学习方式，一方面调动学生学习英语的积极性，另一方面提高学生英语的综合素养。

（三）学校层面

1. 创设英语学习的校园文化。学校和班级开展学生的学习成果及成长进步情况展示，比如书法作品、手抄报等展览、开辟英语学习园地等，从而激励全体学生学习优秀典型，培养良好品质，创设英语学习环境。

2. 搭建英语展示的平台。定期举行各种形式的英语竞猜，比如，英语诗歌朗诵、英语配音比赛、英语戏剧表演等，为学生们搭建展示的平台，让学生们人人参与，个个体验，在实践、参与、合作与交流中，使语言得到运用，综合能力得到提高。

3. 开设英语综合实践课程。我校虽然是中小学九年一贯制学校，中小学部也一直针对所出现的问题开展各种教研活动和教学研究，但是多以年级或学段组织活动，没有形成九年一贯制的教学和活动体系。通过开展九年一贯制英语综合实践活动课的研究，形成课程整体目标，按学段制定不同的实践活动课内容，使每个学段围绕不同的主题，开展各项综合实践活动，可以构建九年一贯的英语综合实践活动课体系。在教学内容方面，通过对教学资源进行整合和开发，可以使学习内容更加的丰富多彩，贴近学生的生活。在组织教学方面，通过实践可以形成课内与课外学习相结合的形式，进而提高学生英语的学习兴趣，促进学生的口语表达能力以及阅读能力的提高。通过英语综合实践课的开展，促进学生在体验、实践、参与、合作与交流中学习语言，运用语言，培养其探索和创新的精神，促进学生英语核心素养的提升。

参考文献：

[1] 叶奎芳．从激发兴趣入手促进中小学英语衔接 [J]. 教科文汇：中旬版，2010（3）．

[2] 胡玉琳．农村中小学英语教学的衔接与过渡 [J]. 中学教学参考，2010（12）．

[3] 倪景红．对七年级学生英语学习现状的调查与思考 [J]. 学生之友，2010（5）．

[4] 浦红梅．综合实践活动课中教师有效指导方式的研究 [J]. 考试周刊，2018（3）．

[5] 张志兰，杨青．初中英语综合实践课背景下的英语学习策略探究 [J]. 校园英语，2017（46）．

[6] 王昌林．小学英语综合实践活动课的生活化实施策略 [J]. 学科教育，2014（8）．

[7] 张立丹．小学英语综合实践活动课开展策略 [J]. 中外交流，2016（35）．

[8] 陈晓丽．别样风采的英语课堂——记一节小学英语综合实践活动课 [J]. 校园英语，2012（5）．

[9] 蒋林敏．激发和培养农村初中生学习英语的兴趣 [J]. 中国农村教育，2012（2）．

[10] 马恒花．培养学生学习英语的兴趣探讨 [J]. 科技创新导报，2012（7）．